山东省高校教学改革研究项目研究成果

地方应用型高校
创新创业教育体系深化研究
（上册）

地方应用型高校创新创业教育体系深化研究课题组　编

西南财经大学出版社
Southwestern University of Finance & Economics Press
中国·成都

图书在版编目(CIP)数据

地方应用型高校创新创业教育体系深化研究(上、下册)/地方应用型高校创新创业教育体系深化研究课题组编.—成都:西南财经大学出版社,2017.12

ISBN 978-7-5504-3261-1

Ⅰ.①地… Ⅱ.①地… Ⅲ.①地方高校—创造教育—研究—中国 Ⅳ.①G640

中国版本图书馆 CIP 数据核字(2017)第 267244 号

地方应用型高校创新创业教育体系深化研究(上、下册)

地方应用型高校创新创业教育体系深化研究课题组 编

责任编辑:李 才

助理编辑:王青杰

封面设计:何东琳设计工作室

责任印制:朱曼丽

出版发行	西南财经大学出版社(四川省成都市光华村街 55 号)
网　　址	http://www.bookcj.com
电子邮件	bookcj@foxmail.com
邮政编码	610074
电　　话	028-87353785　87352368
照　　排	四川胜翔数码印务设计有限公司
印　　刷	四川五洲彩印有限责任公司
成品尺寸	185mm×260mm
印　　张	40
字　　数	855 千字
版　　次	2018 年 1 月第 1 版
印　　次	2018 年 1 月第 1 次印刷
书　　号	ISBN 978-7-5504-3261-1
定　　价	198.00 元(上、下册)

前言

QIANYAN

2015年，“地方应用型高校创新创业教育体系深化研究”被批准为山东省本科高校教学改革研究项目。课题组成员在课题负责人的带领下，集团队研究之优势，在经过充分论证的课题设计框架下，围绕地方应用型高校创新创业教育体系的构建，对过去已有成果进行梳理、整合和重构。在完善创新和创业基础教育体系、构建创新创业实践教学平台，实现创新创业实践全面“落地”方面开展了大量的工作。通过近两年的探索和实践，我们课题组在地方应用型高校创新创业教育和教育体系的构建方面取得了大量的理论研究成果和实践成果。尤其是在研究过程中，我们不断总结、取长补短，先后采取“走出去”“请进来”的办法，在学习一些兄弟院校关于创新创业教育成功经验的同时，及时聘请有关专家学者对中期的研究成果进行论证，促使我们在地方应用型高校创新创业教育中不断前行。为了不断总结经验并及时查漏补缺，我们课题组决定组织编写本书。本书分上、下两册对前期取得的研究成果分别按照理论研究成果和实践成果进行总结。上册为创新创业教育理论成果，下册为创新创业教育实践成果。在创新创业教育理论成果中，课题组组织具有扎实的创新创业理论和实践能力的教师对自2012年以来编写并出版的包括《创业基础》在内的创新创业教育七部系列教材进行修订完善，课题组成员亲自撰写或指导学生撰写创新创业教育研究论文二十七篇，建设创新创业精品课程七门；被批准包括教育部校企合作协同育人、山东省教育科学规划、山东省教学改革研究项目等有关创新创业类立项课题五项。在取得的实践成果中，课题组在2015—2017年指导学生进行创新创业竞赛并获得省级以上奖励五百余项，通过创新创业训练入住学校孵化基地的项目和实体公司十九个，课题研究取得了预期的效果。同时，我们认为课题研究的最大目的是推进高校的创新创业教育、助力在校生综合素质的提升。通过高校创新创业教育的研究，应该说受益最大的是在校大学生。这从取得的实践成果——无论是取得的竞赛奖项还是注册的实体公司，特别是建立的“创新创业实验班”都可以明显地看出，同学们的综合素质得到了很大的提升，为他们顺利走向社会提供了很大的帮助，同时也足以证明我们课题研究的实际价值和意义。两册书中收录的创新创业教育理论成果和实践成果只是课题组成员围绕课题的研究框架取得的阶段性成果，课题有结题，但研究无止境，我们课题组成员有信心和决心在国家加快实施创新驱动战略、全面深化高校创新创业教育改革的号召下，在我国大众创业、万众创新的热潮中，我们会继续结合课题的研究不断深化总结和提炼，拿出更高水平的研究成果，让高校的创新创业教育真正落到实处。

课题负责人：郑晓燕

2017 年 12 月

目录

MULU

第一部分　创新创业教育研究论文

第二部分　编写出版创新创业教育教材情况

第三部分　获批创新创业教育课题

第四部分　创新创业教育精品课程群建设情况

第五部分　创新创业教育成果获奖情况

附录 山东省2015年度教学改革研究项目“地方应用型高校创新创业教育体系深化研究”进展情况

第一部分

创新创业教育研究论文

基于国内外比较的我国应用型高校创新创业教育深化研究

郑晓燕　杨颖　彭萍　姜英华

随着国家创新发展战略的不断深化，创新创业教育已成为高等教育的重要内容之一而备受关注，也激发了高等教育领域对创新创业教育研究的热情，从而涌现了一批研究成果。但是，与国外已经成熟、科学的创新创业教育研究比较而言，我国目前关于创新创业教育的相关研究尚处于起步阶段，尤其是关于创新创业教育体系的研究零散不系统、缺乏翔实的内容、实践指导性不强，这一现状使得全面、系统的创新创业教育体系的深化研究成为当务之急。有鉴于此，本文在梳理国内外已有研究成果的基础上，结合国内研究存在的问题，借鉴国外成熟的研究成果，根据我国应用型高校的特点，构建全新的创新创业教育体系，力求为我国创新创业教育体系的后续研究提供新的切入点，丰富我国创新创业教育体系研究成果。

一、国内外创新创业教育体系研究现状

（一）国外研究现状

随着创新教育和创业教育研究的不断深入，美国的创新创业教育体系日渐成熟，先后有 1 600 多所大学形成了系统完善的创新创业教育体系，每一学校又根据各自的情况形成了相对独特的创业教育体系。百森商学院重点围绕创业课程体系的构建开展研究，运用课程整合理论，有机融合科学教育和人文教育，将与创业有关的社会知识与创业意识、创业核心能力培养等整合，构建了创业教育课程体系。这一基于课程整合理论指导的课程体系为此后美国高校创业教育课程教学提供了基本范式（Kuratko，2005）。

蒂蒙斯为美国大学创业教育设计了学科化的基本模式，明确提出创业教育课程体系的两大核心要素是理论课程和实践课程。他在百森商学院开设的创业课程教学时，对具体教学内容进行系统化整合，分别从战略与商业机会、创业者、资源需求与商业计划、创业企业融资和快速成长五个方面具体讲授。McMullan 和 Long（1990）更加关注创业的知识课程体系的构建，形成了以创业意识、创业知识结构、创业能力和创业实务操作为主体的创

业课程体系，并强调相关基础课和专业课的有效辅助。加里博士则将创业教育课程作为取得学位的重要条件之一，提出应从大学本科生阶段开始开设创业教育课程，到研究生阶段及 MBA 教育阶段都应该继续开设，创业教育课程以必修课和选修课的方式贯穿于大学本科到研究生教育的全阶段，必修课主要开设在大学本科的三年级，选修课可以开设在大学本科的四年级，只有完成全部课程取得学分才可以取得学位。这一创业教育课程学位模式在加里博士任职于扬斯敦州立大学和威斯康星大学期间得到全面应用。

从以上国外研究成果和实践探索可以看出：创业教育在国外高校发展迅速并已进入成熟阶段，社会和高校已普遍认识到创业教育的重要性，也已形成实施创业教育的理念。已有理论研究已经设计出了科学、系统的创业教育体系，理论研究设计的创业教育体系也已经在实践中得到全面应用，实现了理论向实践的转化，产出规模大，经济效益显著。但不可忽视的是，国外特殊文化背景和社会制度下设计出的独有教育体制与我国的教育体系存在巨大差异，从而使产生于这种制度环境下的创业教育研究成果直接应用于我国高校的可行性低，可操作性不强。

（二）国内研究现状

哈尔滨工程大学王永友（2003）最早开展了国内创新创业教育体系的研究。他的创业教育体系主要包括目标体系、内容体系、专家体系、过程体系四个方面。王永祯（2004）提出了创业教育的基本模型。二者的研究可以看作是对创业教育体系研究的开端。

2005 年，国内学者开始了对创新创业教育体系的集中研究。其研究视角主要包括三个层面：一是创新创业教育体系构成要素研究；二是创新创业教育体系的分子系统研究；三是不同类型高校的创新创业教育体系研究。

在第一类研究中戴育滨（2008）、曲殿彬和许文霞（2009）、余为（2010）等学者的研究成果基本代表了当前学界的研究水平。他们构建了由目标体系、制度体系、课程体系、保障体系和评价体系五要素构成的创新创业教育体系。杜海东（2011）设计了由核心部分、辅助部分和支撑部分构成的三层面创新创业教育体系。谈晓辉等（2015）总结了中南大学开展创新创业教育的实践经验，对创新创业教育体系进行了探讨。王占仁（2015）构建了四层次“广谱式”创新创业教育体系，其四层次分别为“通识型”创新创业启蒙教育、与专业教育融合的嵌入型教育、“专业型”创业管理教育和“职业型”创新创业继续教育。这一层面的研究特点是对创新创业教育体系的探讨缺乏具体指向和可操作的具体策略。

对创新创业教育子系统研究最集中的是创新创业教育课程体系设计。李景旺（2006）提出了由学科课程、活动课程和创业实践课程三类构成的创业教育课程体系。而杨雪萍（2008）和余为（2010）的研究都从课程修读的性质将创业教育课程分为必修课和选修课，并进一步指出如企业管理、市场营销等课程为必修课，而如财务管理、经济法等课程为选修课。纪玉超、沈文青（2010）更加注重现有教育教学体系和创业教育课程体系的有机融合，提出将专业课程与基于实践特色的模块课程融合的融合理念。鲁淑华（2012）将创业教育课程分为普及型和专业型两种，并分别就这两类课程何时开设、如何实施教学等问题进行了探讨。鞠志宇等（2015）对应用型本科高校创新创业教育课程体系从潜在课程和显性课程两个方面进行了研究。

对创业教育课程体系开展的研究，虽然观点不同，但学者们基本认可了以下观点，即：系统性和综合性是创业教育课程体系的突出特点，实践性更是创业教育课程的本质属性，这在客观上要求创业教育理论课程与实践课程的有机结合。创业教育课程与专业课程密切相关，二者也必须有机融合。应当看到，创业型人才的培养是一个系统工程，需要校内外结合、课内外结合、理论与实践结合。作为创业教育体系重要分支之一的创业教育课程体系虽然对开展创业教育具有举足轻重的作用，但并不代表创业教育体系的全部。要确保创业教育取得实效，在科学设计合理的课程体系的同时，高校还必须考虑相应的目标体系、内容体系、制度体系、实践体系的设计。

也有其他学者开展了创新创业教育体系中包括课程体系建设在内的其他子系统构建的研究。如：薛慧（2014）在研究创新创业课程体系建设的同时，还分别就创新创业教育保障体系的构建和创新创业教育实践育人体系的设计进行了深入的探讨。焦烈、王尧（2015）开展了创新创业教育实践教学体系构建的研究，提出了校内实践平台与校内外实践项目相结合的实践教学体系，并分析了相应的保障机制建设。

按照高校不同类别对创新创业教育体系进行分类研究的文献中，主要从研究型高校和应用型高校两个角度切入。童晓玲的博士论文对研究型大学创新创业教育体系展开了全面研究。她提出构建研究型大学创新创业教育体系的基本原则是：既符合创新创业人才培养规律，又能与现有大学教育体系有机融合。她设计的研究型大学创新创业教育体系涵盖四个维度，即环境维度（外部政策和社会舆论环境）、子要素维度（内部体系模块）、运行维度（运行模式）和机制维度（运行机制）。对应用型高校创新创业教育体系的研究相对较多。张素红等（2012）、贾学彬（2012）、白绍业（2014）从各自所在学校的角度研究了创业教育体系的构建。张素红针对金陵科技学院的实际情况构建了该校以保证体系、课程体系和活动体系为核心要素的创业教育体系。其课程体系根据课程性质不同具体划分为必修课、选修课、讲座课和模拟实践课四个模块。贾学彬主要从培训体系和保证体系两个层面设计了宿州学院的创业教育体系。白绍业从课程体系和实践体系两个方面进行了简单分析。朱柏青、陆富彬（2012）对应用型本科院校创业教育课程体系、课外创业教育方式和人才评价进行了论述。张建斌、张颖洁（2013）分析了基于就业导向的创业教育课程设置、教学模式和保障体系的构建。侯亚辉（2013）把创业教育体系分成创业课程模块、创业大赛模块和创业论坛模块。戴贵芬（2014）的研究仅仅提出了创新创业教育体系构建的初步思路，没有形成成熟的研究结论。徐礼堂和陈旭阳（2011）构建了集目标体系、过程体系、保障体系和评价体系于一体的地方高校创新创业教育体系。虽然对象是地方高校，但地方高校的人才培养主要是应用型人才培养，因此，他们的研究也属于从应用型高校的视角开展的研究。

二、国内外创新创业教育研究比较及存在的问题

经过对国内外创新创业教育体系和相关创新教育、创业教育研究成果和发展脉络的梳理，可以发现，国外相关研究具有以下四个显著特点：第一，相关研究体系成熟，在形成科学课程体系的基础上，已构建了系统的创新创业教育体系；第二，创新创业教育的实践探索为理论研究成果的形成提供了重要的依据，尤其重视研究成果的实践价值；第三，创新创业教育的实践产出价值高，已培养出一批具有创新创业精神和创新创业能力的优秀人才；第四，虽然国外相关研究已经成熟，也有大量可资借鉴的经验，但由于体制、文化、环境和高校管理模式等方面与我国存在较大差异，许多研究成果不能在我国高校创新创业教育实践中直接应用。

国内已有研究成果则表现出以下三个突出特点：第一，大量研究成果集中于课程体系的设计，虽然不同学者就创新创业教育体系的概念和实践等问题进行了研究，但研究成果呈现出零散、各自为政、以阶段性为主的现状，并没有形成一个科学系统的体系；第二，已有研究较多地集中于创业教育体系的探讨，没有准确定位创新教育与创业教育的区别与联系，研究重点有失偏颇，使创新创业教育体系的内涵失去完整性；第三，近两年来虽然关于创新创业教育体系的研究逐步增加，也提出了相关的设计思路，但都只进行了简单的构想和思考，没有系统、完整的体系构架，更没有较为翔实的研究成果。

综上所述，国内外研究现状表明，当前创新创业教育的研究存在以下三个突出问题：第一，目前，国内对于国外的创业教育体系研究成果的直接借鉴的可行性差，没有与真正的国际化创新创业之路接轨；第二，国内创新创业教育体系的研究成果没有形成系统、科学的创新创业教育体系框架，多局限于某一层次或某一环节的研究，缺乏系统性的整合，从而使创新创业教育体系不具有长期性和开放性；第三，创新创业教育体系设计囿于高校内部，忽视了与社会创新创业教育的关联性，表现出两个极端的教育模式——或强调创新创业教育之术而忽视创新创业教育之道，或强调创新创业教育之道而忽视创新创业教育之术；第四，忽视了创新教育的特殊性以及与创业教育的有机融合；第五，缺乏适应不同类型人才培养诉求的针对性研究及应用成果。

三、我国应用型高校创新创业教育深化研究的切入点及应采取的措施

（一）我国应用型高校创新创业教育深化研究的切入点——构建应用型高校创新创业教育体系

基于已有研究成果，结合我们的创新创业实践经验，运用系统论工具，我们构建了地方应用型高校“一二三四”创新创业教育体系，“一”即一个科学的体系——创新创业教育体系，“二”即两个基础教育子系统——创新教育和创业教育，“三”即三大实践平台——创新创业实践基地、大学生创业孵化基地和大学生创业教育创新试验区，“四”即四大保障机制——组织机构保障机制、师资保障机制、资金保障机制和创新创业成果评价机制。

（二）应对措施

1. 完善创新创业教育课程体系

创新创业型人才的培养是一个系统工程，需要校内外结合、课内外结合、理论与实践结合。创新创业教育课程体系是创新创业教育体系的一个分支，是高校开展创新创业教育的核心部分。高校创新创业教育除了要设计合理的课程体系，还要具备相应的目标体系、内容体系、制度体系、实践体系等。对于创新创业教育课程体系的设计原则，首先，要体现课程体系的统一性。其次，创新创业教育课程体系要与整个课程体系相融合，与专业建设相衔接。再次，要做好理论课程与实践课程相结合的文章。因此，可以说，对创新创业教育体系的研究更多体现在对创新创业教育课程体系的设计与研究中。

创新创业教育课程最突出的特性是其实践性。根据大学生在不同阶段的特点，在突出校内实践平台与校内外实践项目相结合的实践课程体系设计的前提下，需要分层次构建较为系统和完善的创新创业教育课程体系。我们在从类别上划分为创新创业教育必修课、创新创业教育选修课的同时，更加注重从课程的性质上对创新创业教育课程进行设计，将其划分为理论课程体系、实训课程体系和实践课程体系三部分内容。如我们根据会计学专业的学生入学后的不同阶段进行课程分布设计，使其更加突出创新创业教育的特色。如表1所示。

表1　　应用型高校会计学专业创新创业教育课程体系图

课程 学期	创新创业理论课程	创新创业实训课程	创新创业实践课程
第一学期 第二学期	创新创业启蒙 大学生科技创新教育、 创业基础	沙盘实训类课程	创业基地孵化

表1(续)

学期＼课程	创新创业理论课程	创新创业实训课程	创新创业实践课程
第三学期 第四学期	创新创业方法 创业项目设计	财务预测与分析实训 商业实战模拟	校园营销实践
第五学期 第六学期	强化创新创业所需 会计专业知识	创新创业竞赛	创业基地实践
第七学期 第八学期		企业实习	创业项目运行

2. 强化创新创业教育的递进式阶段性培养教育

从2012年开始，项目组依据教育部办公厅《普通本科学校创业教育教学基本要求（试行）》的通知精神，结合我校作为地方应用型高校开展大学生创新创业教育的实际，融合各专业课程特点，进行精品课程群建设和优化重组，形成以创新通识课程为基础，以创新专业课程为提升的地方应用型高校创新创业教育理论教学体系；借助创新科研训练、大学生科技竞赛、创新创业认知实验等培养学生的创新思维和创业能力，搭建以创新创业实践基地、大学生创业孵化园和大学生创新创业示范园为支撑的创新创业实践教育平台，完成创新创意识别、新产品研发与制造、实用新型技术开发与设计等实践教学任务，实现知识向能力的转化，形成完善的地方应用型高校创新创业教育实践教学体系，并以此为基础，将创新创业课程分为知识传授、思维培养、素质提升和能力培养四类课程，进而将理论课程与实践实训充分结合，分为四个层次对在校大学生进行递进式阶段性培养，取得了良好的效果。

（1）传授创新创业知识，开启创新创业历程

科技创新教育是指传授给学生最新的科技知识、研究方法，并通过参与研究过程进行有效的知识更新，将各学科交叉融合，发现新领域、新方向、新方法，让学生在学术氛围中拓宽知识范围，提高学术境界，增强对社会需求的适应能力。但从目前国内高校开展大学生科技创新活动的情况来看，由大学本科生主动承担并积极参与的科技创新及科研项目还不多，因为大学生仅仅利用课余时间参加科技创新活动，缺乏较为系统的科技创新指导，他们的科研及科技创新能力还没有真正地培养起来。尤其是刚入校的低年级大学生，他们对新鲜事物很容易产生兴趣，但知识结构却很单一，这就需要让他们认识到进行科技活动的重要性和必要性，提高参加科技活动的主动性和积极性，萌发开发智力、提高能力的动机。因此，我们首先以大学生科技创新教育理论为引领，以更加贴近大学生从事科技创新活动的兴趣爱好为切入点，引导在校大学生树立以人为本全面发展的理念、人文精神的理念、创业就业的理念，了解大学生科技创新教育在素质教育和创新性应用型人才培养

中的地位与作用，知悉大学生参加科技创新活动的流程及大学生科技创新活动及竞赛的种类，进而调动学生学习的积极性和涉猎其他学科领域的主动性，开启高校大学生在校期间的科技创新活动历程，为他们积极参与创新创业、大胆实践夯实基础。

（2）锻炼创新创业思维，唤醒创新创业意识

创新思维是创新能力的核心要素之一，是创新活动的灵魂。创新创业训练开展就是开发和引导创新思维。创新思维能力的强弱，将决定一个人未来的发展前途。大学生思维的突出特点是：独立性较强，有一定的广度和深度，形象思维与逻辑思维在大学生的思维中相互渗透。因此，我们要重点培养学生以下方面的创造性思维：第一，培养延伸思维。在基本理论和专业基础知识上，将他人的逻辑思维认识向前推移，探求未知的领域或知识，进而丰富和完善原有知识体系。第二，培养扩展思维。不断尝试推广，举一反三，扩展研究的对象范围，从而扩展认识，不断突破。第三，培养运用思维。运用普遍性原理，反复实验，寻找本质和规律。第四，培养逆向式思维。否定原实验实践推导出的结论或思维方式，用新的思维方式进行探究，从而获得突破性进展。第五，培养幻想思维。在目前已有理论知识和实验实践条件下，幻想不可能成立的某些事实或结论，进而获取新的认识。第六，培养奇异思维。对事物进行超越常规的思考锻炼，鼓励学生敢想敢做。第七，培养综合思维。在认识过程中，将各种观点、结论及思维方式等加以综合运用，在总结提炼中寻求突破。目前大学生普遍存在科技创新意识淡薄、竞争意识不强的现象。我们要让学生充分认识科技创新的重要性，开展丰富多彩的科技创新活动，积极引导并带领学生参加各级各类大学生科技创新活动和创业大赛，不同学科之间交叉融合，开拓新领域，学习新知识，拓宽视野，从而培养学生的创新意识和创业思维，强化创新创业意识和观念。

（3）营造创新创业氛围，提升创新创业素质

创新创业素质是多领域多学科知识支撑的一项综合素质。对奠定了一定理论知识基础，专业基础课逐步开设的大二学生而言，在这一阶段，营造创新创业的氛围、培养创新创业素质就显得尤为重要。从社会创新需求与人类创新活动的基本关系来看，应让学生学会对社会创新需求进行准确判断、把握和敏锐预测，善于观察、独立思考并勇于挑战，培养学生张扬的个性等。首先，创新活动的自觉性和创业行为的有效性取决于人们对社会创新需求的判断、把握和预测，因此，要让学生主动地将理论研究、科学研究成果与经济社会发展的实践结合起来，自觉开发创新创业潜能，培养创新创业素质。其次，独立思考能力和善于挑战的勇气是获得新发现、形成新的认识和新的见解的基础，所以要培养学生学会观察、善于观察的能力，让他们掌握观察方法，不禁锢于现有的结论，不盲从他人的观点，敢于突破传统见解，超越已有认识。再次，个性特征是创新创业的内在要素，没有个性就没有创新，并且个性化的程度还决定着创新创业的有效程度。不承认个性就否定了求异性思维，创新就失去了内在的基础。因此要创造各种环境和条件，使个性得到张扬，重视个性的形成。创新创业素质的培养在一定程度上依赖于浓厚的学术氛围和良好的创新创

业教育环境，不同专业学科间相互渗透、交叉融合，营造良好的教风、学风，让持有不同观点的专家、学者、师生平等对话，保护学生的好奇心、自信心，以更好地激发学生的创新灵感。

（4）磨炼大学生的创新创业意志，提升他们的创新创业能力

创新创业是一个复杂而艰辛的历程，不可能一帆风顺、一蹴而就，强烈的愿望、坚定的信心、明确的目标、有组织的计划和行动是坚持创新创业之路的必备条件，所以大学生必须具备坚强的创新创业意志，才能在创新创业路上不断前行。创新创业能力具有普遍性和可开发性，每个大学生都具有创新创业能力，但在开发前还仅仅是一种潜能，所以，我们的主要任务是通过创新活动、创业行为来激发和提升大学生的创新创业能力，使他们产生新思想、认识新事物，进而获得创新性成果。对于高年级的学生，他们已具有一定的创新能力，能及时敏锐地洞察现实中存在的问题，并能通过思考提出自己的观点、意见和建议，在方法运用上也有自己的改进意见和措施。所以，只要我们在课程设计中融入创新创业元素，就能够激发他们的创新创业愿望，让学生积极主动地参与科技创新活动，充分挖掘其创新创业潜能，发挥自身的主观能动性，把创新创业与个人兴趣爱好紧密结合，从而取得创新创业的实际成果。

3. 打造一支创新创业教育的专业化师资队伍

随着社会发展对人才需求的变化和部分高校向应用型转型，无论是社会还是高校的人才培养都在呼唤创新创业教育。随着创新创业教育课程近年来在一些高校开设，特别是李克强总理提出大众创业万众创新号召之后，高校掀起了一轮“双创”热潮。随之而来的是大批高校纷纷开设创新创业课程，而创新创业教育师资的缺乏也自然成为高校普遍存在的难题。对此，有的高校只能由专业课教师兼任，有的是由辅导员兼任。其结果是创新创业教育课程虽然开设了，但效果可想而知。因此，打造一支具有创新创业教育专业知识背景，长期从事相关研究，具有较为丰富的创新创业社会实践经验，同时热心大学生创新创业教育的教师队伍势在必行。

首先，打造一支“双师型”的创新创业教育师资队伍。高校可以利用校企合作以及校外教学实践基地、大学生创业基地等社会资源，整合校内外创业指导教师，采用送出去和请进来的办法，将创新创业课程的理论和实践进行有机划分，发挥他们各自的优势和特长，使校内外有机互补，使学生通过创新创业课程的开设，在学到理论知识的同时，创新创业能力有所提升，为顺利就业打下良好的基础。同时，也培养出创新创业的双师型教师队伍。

其次，以创新创业大赛为引领，形成创新创业教育合力，打造一支专兼结合的创新创业指导教师团队。高校可以通过出台政策，对热心创新创业教育的专业课教师给予政策倾斜，鼓励兼职创新创业教育师资队伍从事创新创业教育和指导，使他们有余力和干劲加强自身的创新创业知识的补充和完善，以此缓解高校目前实施创新创业教育过程中师资不足

的现状。

再次，从长远发展来看，高校的创新创业教育是一项长期的综合性工程，师资队伍建设必须从长远角度出发，制订培养和引进并行的计划，对校内的创新创业教育教师进行上岗培训的同时，营造有利于创新创业教师成长的氛围，支持他们用创业教育的思维引导和激发学生的创业意识，带领学生完善团队、识别商业机会、创新商业模式，直至带领学生拿出完备的商业计划书，斩获各级创新创业大赛奖项、摸清创新创业之道，让在校生真正实现创新创业教育理论与实践的双丰收。

4. 打通应用型高校国际化创新创业之路

随着高等教育大众化的来临，特别是高等教育国际化成为我国高校的常态，如何使大学生通过国际化办学走出去，得到高质量的国际化教育和实践机会，使其更加适应国际化对人才的需求，成为高校目前应用型人才培养的突破点，而打通国际化创新创业之路、将我国目前的应用型高校强调的人才培养与国外创新创业教育接轨正是适应这一要求的关键所在。应用型高校可以借助互派留学生、交流访学等方式了解和借鉴国外创新创业教育政策及经验，探讨国际化创新创业教育应对策略，通过积极开展合作办学的途径，输送学生走向国外，亲身体验国外创新创业教育，甚至直接参与创新创业实践环节，实现与国外创新创业教育的衔接，打通应用型高校国际化创新创业之路。一是借鉴国外已有的创新创业教育政策及研究经验。我们在与加拿大拉萨尔学院的合作办学洽谈过程中发现，拉萨尔学院的国际化创业就业已成为加拿大的品牌，他们之所以在学生就业方面有他们的优势，主要取决于学生的创业方面。他们为大学生提供了很好的平台，包括专业的设置如服装设计、服装营销、酒店管理、餐饮服务、旅游管理、企业管理、计算机数据库管理、计算机网络等非常有特色，所以包括各国留学生在内的学生在校期间，即可实现边学习边创业，而在完成学业的时候，通过创业即可成功就业。而且，通过合作办学，我们可以尝试通过国外大学为学生提供的创业就业平台，让走出去的学生在国外学习的同时，通过国际化创业实现在国外就业。二是探讨国际化创新创业教育应对策略，深化中外创新创业教育的研究与实践。借鉴拉萨尔学院在促进大学生创业就业方面的研究成果和成功的经验和做法，推动我们的在校大学生国内创业的同时，通过与拉萨尔学院的对接，探索出一条大学生国际化创业的成功之路。三是完善国际化创新创业的体制机制，为学生顺利就业特别是国际化创业就业打下坚实的基础。

"接地气"的创新创业教育在探索中前行

——经济管理学院人才培养结硕果

郑晓燕

早在2008年，德州学院经济管理学院就大胆提出了创业教育、素质教育、知识教育、能力教育和就业教育"四位一体"的教育理念，在工商管理专业试点开展人才培养模式的改革，将大学生创新创业教育放在了教书育人、提升大学生综合素质的重要位置。经济管理学院坚持"强基础、搭平台、重引导"的工作原则，在注重打造良好的创新创业教育环境、优化创新创业的制度和服务环境的基础上不断营造鼓励创新创业的文化环境。

2012年8月1日，教育部办公厅下发《普通本科学校创业教育教学基本要求（试行）》的通知以后，经济管理学院更加认识到创业教育的重要意义，在认真领会其深刻内涵和基本要求的基础上，在更深层次、更宽领域提升创业教育的质量和效果。经过近6年的探索实践，我院在创新创业教育方面已经探索出一些成功的做法。

一、搭建组织机构，健全体系平台

围绕创新创业教育，经济管理学院党政领导首先带领全院教职工主抓团队建设，由动员到团队攻关，由点到面打造了一支业务精湛的师资队伍。在开展国内外大学生创新创业教育体系构建文献研究的基础上，融合我院开展大学生创新创业教育的实践探索经验，明确了地方高校经管类专业大学生创新创业教育培养目标，设计了地方高校经管类专业大学生创新创业教育内容和教学方法，搭建了地方高校经管类专业大学生创新创业教育理论课程体系和实践教学体系，形成了理论教学体系与实践教学体系并行，以创新创业教育精品课程群平台、大学生科技文化竞赛平台、科技创新活动平台和创新创业实践基地平台为载体的"两体系、四平台"的地方高校经管类专业大学生创新创业教育体系。"两体系、四平台"的搭建解决了现有大学生创新创业教育体系不健全、不系统的顶层设计问题，实现了地方高校经管类专业大学生创新创业教育的系统化和科学化。

创新创业通识教育与技能训练有机融合的理论教学体系和以模拟实操为核心的实践教

学体系，既体现了高等教育人才培养的基本要求，又凸显了地方高校经管类专业大学生创新创业教育的特殊性。同时搭建的四个平台使理论学习和实践操作的结合得以实现，从而形成了一个系统科学、可操作性强的大学生创新创业教育体系，填补了国内相关理论研究的空白。

二、建设精品课程、系列教材，夯实理论基础

根据地方高校大学生创新创业教育的需求，融合经管类专业课程的特点，经济管理学院通过借鉴、吸收和整合初步设计出创新创业教育理论课程体系。基于这一体系，经济管理学院组织团队开展精品课程群建设，优化重组，最终形成了以创新创业通识课程为基础，以创新创业技能课程为提升的地方高校经管类专业大学生创新创业教育理论课程体系。至今，经济管理学院已成功开设五门校级精品课程，并正在申请省级精品课程。

经济管理学院在成功建设校级精品课程“大学生科技创新教育”“创业管理”的同时，为经管类各专业 2010、2011 和 2012 三届本科生 2 226 人开设了“大学生科技创新教育”和“创业基础”特色课程，并荣获德州学院一等奖、山东省三等奖。2012 年，“创业基础”作为公共选修课开始面向全体在校生开设，选课学生涉及 10 余个专业，选课率达 100%，每学期选课学生达 300 余人，使得经济管理学院创新创业类课程建设由点到面，在全校全面铺开。

借助创新创业教育精品课程群建设平台，通过梳理已有研究文献和总结大学生科技竞赛活动的实践经验，经济管理学院组织有创新创业专长的教师组成团队编写并出版了贴近大学生科技创新活动和创业活动，兼具理论指导与案例分析的 32 万字的《大学生科技创新教育》教材，2012 年创新创业教育团队按照教育部关于创业教育的提纲要求，组织编写了 28 万字的《创业基础》教材，于 2013 年 1 月正式出版；2013 年又配套编写了《创业基础案例与实训》教材，形成了创新创业教育系列特色教材。系列教材与相关研究论文、研究课题共同形成了立体化的理论研究成果。这些成果也推动了以“大学生科技创新教育”和“创业教育”为核心的校级精品课程群的建设，为在校大学生系统学习创业知识和技能提供了理论支撑。

目前，经济管理学院创新创业教育团队成功编写并正式出版了《创业基础》《创业基础案例与实训》《大学生科技创新教育》《创业融资》《创业营销》《商务礼仪与谈判》和《创业与就业》七部创新创业教育系列教材，形成了反映大学生创新创业教育特点、符合大学生创新创业教育规律的地方高校经管类专业大学生创新创业教育内容体系，解决了大学生创新创业教育缺乏规范教材的问题。特别是从教师如何授课的角度编写的集理论分析、案例剖析、实训实践指导流程于一体的系列教材和配套多媒体教学课件资源直接提供了系统规范的授课资源，其中，《大学生科技创新教育》《创业基础》及《创业基础案例

与实训》已被学校经管类专业作为专业特色课教材使用，解决了创新创业教育教学方法设计的问题，而且为创新创业教育全面普及和推广提供了全新的教学资源保障。

三、点面结合，实践环节见成效

“不登高山，不知天之高也；不临深渊，不知地之厚也。”实践是思想的真理，创新创业教育理论没有实践的支撑，只是纸上谈兵。经济管理学院党总支为给学生创造良好的氛围，自2011年在经管类专业探索性建立的至今已有三届学生的“创新创业实验班”和2012年批准的省级创业教育创新实验区，通过每年的大学生科技竞赛、学术研究、创新创业活动以及大量的校企合作实践项目等平台，培养了大学生的创新思维、创业能力，真正实现了在校大学生知识向能力的转化，最终实现了创新创业教育实践环节的落地。

2011年，经济管理学院创新创业教育实验班正式运行。实验班采取多种途径，开展了形式多样的学生创新创业教育活动。通过举办学生创业培训、讲座、论坛，组织学生参加“挑战杯”大学生创业计划大赛、“ERP”、“三创赛”、“创业大赛”、“创富大赛”等大学生科技文化竞赛，开设大学生科技创新教育课、创业基础课，举办创业教育报告会，实验班多渠道引导学生参与科研创新项目，扶持学生自主创业，不仅增强了学生的创业意识，而且有的在校生已经开始创业，并且初步尝到了创业的甜头。

在国际经济与贸易、会计学、工商管理和市场营销四个专业中探索性建立的至今已有三届学生的“创新创业实验班”（包括卓越会计师和电子商务等专业），已面向社会聘任12位创新创业实践指导教师，指导大学生参加校内外科技创新和社会实践活动。实验班先后有5个创新创业项目进入学校孵化基地，其中1个创业项目成为德州市第一个在校大学生正式注册的创业项目，被《齐鲁晚报》作为大学生创业明星进行报道。“创新创业实验班”通过校企合作项目——花生油的生产、管理、销售等进行全过程的创业实践，成效显著。目前，创新创业实验班也开始向全校各专业招生，实现了本成果在全校的推广应用。

2012年省级创新创业教育实验区的批准和建立为经济管理学院创新创业教育提供了更为广阔的空间。创新创业实践园区促成了校企合作创新创业实践教学基地的建成，使经管类专业在校生实现了从原材料采购到生产、销售、管理等完整创业活动的全程体验和实际操作，为创新创业提供了完善的实践环境，真正实现了理论教学与课外实践活动的齐头并进，有效解决了理论与实践脱节的问题。

自建立以来，创新创业试验区已完成两轮创业项目从生产到销售各环节的实际运行，完成了三批产品的销售和回款工作，产值逾30万元，已吸引全校理、工、文、医、艺等学科学生的广泛参与。这一平台也为在校大学生的自主创业提供了实践条件，带动一批学生开展自主创业并取得实效。德州学院经济管理学院2009级毕业生张浩、刘杰成功创业的典型事迹被《齐鲁晚报》先后于2013年6月4日和6月5日分两期报道。张浩创办的德州市首家求职网站“求职空间”和“麻雀网”网站经营正常，效益良好。

创新创业实验班和试验区的建设带动3 000余名大学生参加科技竞赛项目。2009—2013年，每年参赛人员不少于1 000人次，每届35%以上的参赛学生获得省级以上奖励。经济管理学院主要领导亲自指导并带领学生参加各级各类竞赛活动，其中2009年经管学院指导的“挑战杯”大学生课外学术作品获山东省特等奖、全国三等奖；2010年指导的《“有你我心喜（University）”校园网络商城创业计划书》荣获第七届“挑战杯”中国大学生创业计划竞赛山东省特等奖、国家银奖，不仅填补了德州学院大学生“挑战杯”科技竞赛活动的空白，而且实现学校建校以来该奖项零的突破。2012年由肖凤华、任天晓指导的《无价职堡》获得“创意、创新、创业”三创赛省级特等奖、国家级一等奖。经济管理学院的大学生创新与技能学分总分也因此连续四年获得全校第一的好成绩。

加强指导教师团队建设是科技竞赛活动取得成效的重要保证。为了使大学生科技竞赛活动深入开展，避免一窝蜂和临阵磨枪等短视现象的出现，我们在全院60余名教师中按照比赛类别分四个指导小组，分别组成指导教师团队。在近三年的比赛中，我们始终把对参赛团队的组建作为一项持续进行的工作，效果十分显著。2009—2013年，教师指导学生参赛并获得国家级奖励247项、省级奖励200项。每年申请参加大学生研究计划项目的人数和大学生发表论文的数量显著增加，近三年学生公开发表学术论文421篇，全校排名第一。在老师的指导下，学生成功申请专利10余项。

依托创业教育创新实验区质量建设，我院先后有五个创新创业项目进入学校孵化基地，分别为2009级国际经济与贸易专业的张浩创建的“麻雀网”求职空间，2009级工商管理专业的刘杰创建的至诚企业管理咨询有限公司，2011级国际经济与贸易专业的徐梦蕊创建的“蒹葭采采——苇你所属”苇编制品网店，2011级会计学专业的曹伟伟创建的“好生活，好时尚”德州学院大学生团购网和2011级国际经济与贸易专业的史艳花创建的“我的流动厨房（自由我煮义）”等。其中有两个项目在学校创业孵化基地立项，并成功注册公司。这也是全校创业孵化基地创建以来第一批真正实现公司化运作项目，目前已进入公司正常运转阶段。同学们在孵化基地按照公司的运营模式进行实质性操作，为同学们积累创业经验打下了良好的基础。同时，2013年经济管理学院取得了教育部国家级创新创业训练项目3项，获批全国国际商务人才培养基地，这在全省是唯一一家。

四、创新人才质量观，有效推进大学生创业就业

创新创业教育更加重视对学生能力的培养。随着活动的开展，经济管理学院开始重新审视本院的人才培养目标。自2013年开始，经济管理学院就把高就业质量和高成才率作为衡量和评价学生就业的重要标准，把通过公务员、事业编制、“三支一扶”、银行、央企

和上市公司总部等岗位考试而被录取和就业的与考取研究生同等对待，摒弃了以学历“论英雄”的偏见。2011 年，经济管理学院高就业质量率达到 36%。

面对大学生就业难、创业更难，以及经济管理学院连续几年毕业生数量全校最多的现状，创新创业教育在一定程度上实现了以创业带动就业的目标。学生在创业过程中积累了经验，锻炼了能力，在潜移默化中对就业能力也有一定的提升。

经济管理学院工商管理专业的毕业生刘杰创办了德州市第一家由在校生注册的有限责任公司——至诚企业管理咨询有限公司。他在接受《齐鲁晚报》的专访时说“就业也是一次创业”，只是利用你之前积累的经验来经营你的工作。2009 级国际贸易专业的王庆和目前就职于齐鲁期货德州营业部。他也说道：通过在校期间的创业实践不仅能够找到理论与实践的差别，而且能够发现自己的兴趣是否真的在这份工作上，并明确自己未来的道路，更重要的是这段经历还能够为自己将来的就业选择增加砝码，让自己脱颖而出。

近三年来，经济管理学院在综合就业率 100%的前提下，实现了本院毕业生网上签约总人数全校第一，选调生等高质量就业人数全校第一的目标。创新创业教育活动促进了经济管理学院学生的充分就业，取得的成果显著。

用理论的浪花去推动学生思考的风帆，用实践的火花去点亮学生创业的梦想。经济管理学院努力让创新创业教育成为培养高素质人才和促进高质量就业的有效渠道，让创新创业实践真正成为促进学生茁壮成长的“接地气”的教育形式。风雨六载，经济管理学院的创新创业教育从无到有、由点及面，在艰难的探索和尝试中坚定地向前迈进。“路漫漫其修远兮，吾将上下而求索”，相信经济管理学院会在党总支的带领下，披荆斩棘，艰苦奋斗，乘风破浪，共筑经济管理学院创新创业教育更加美好的明天！

“四位一体”的创业教育创新实验区运作模式构建

相子国（德州学院经济管理学院 山东·德州 253023）

摘　要：创业教育是集素质评价、知识学习、能力训练和就业指导“四位一体”的综合教育体系。基于这一理念，德州学院创业教育创新实验区对大学生创业素质评价与选拔机制、创业知识学习内容与方法、创业能力训练系统和创业带动就业模式进行了有益的探索和实践。

关键词：创业教育；“四位一体”理念；创业教育创新实验区

设立和建设创业教育创新实验区，是实施教育部高等教育质量工程的重要内容。德州学院从2007年启动创业教育创新实验区工作以来，先后经历了“四位一体”理念探索与形成（2007.7—2008.12）、创业教育实验班试运行（2008.7—2009.7）、“四位一体”创业教育创新实验区建设方案确立（2009.9—2010.7）、创业教育内容与方法创新（2010.9—）、创业教育与就业教育全面融合（2012.3—）五个发展阶段。创业教育创新实验区在理念、模式、内容方法、理论和实践等方面取得了丰硕的成果，促进了人才培养质量的提高和办学特色的形成。

一、“四位一体”的创业教育理念

所谓教育理念，是关于教育基本问题的深层次本质和规律的观念。科学的教育理念能正确地反映教育的本质和时代特征。显然，教育理念是一个解释办什么样的教育和培养什么样的人的本质性问题。1998年10月，联合国教科文组织召开了首次高等教育大会，发表了《21世纪的高等教育：展望和行动世界宣言》，首次提出了“促进高校毕业生成为工作岗位的创造者”的高等教育理念。2009年出版的《中国大学创新创业教育发展报告》特别强调了创业教育的核心理念，即“把成才的选择权交给学生”。

现实中，高等学校三种权力的际遇是不同的：行政权力一直以来高高在上，学术权力地位逐渐上升，而学生学习权力几乎被忽视。学生学习权力主要表现为教育选择权。把成才的选择权交给学生，即是说，就是把教育选择权交还给学生。创业教育作为和学术教育、职业教育同等重要的高等教育，确立一种适宜学生自主选择、自我调适、自立自强的教育理念，是倡导创业教育的高校必须首先完成的一项工作。“四位一体”的创业教育是德州学院2007年以来经过多方调研、反复论证并在实践中不断调适形成的教育理念，尽管还存在许多不足和缺陷，但显现的活力和效果是突破性的。

所谓“四位一体”，就是把创业教育内化为素质选拔、知识传授、能力训练和就业指导相互渗透、互为依托、浑然一体的综合教育体系，学生在这个教育体系中享有比较充分的教育选择权。德州学院“四位一体”创业教育体系如图1。

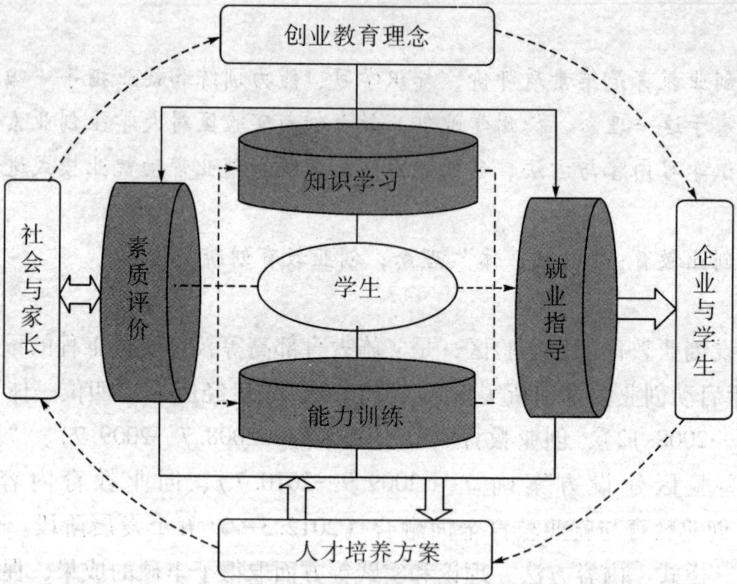

图1 德州学院“四位一体”创业教育体系

1. 素质评价系统建设

在高等教育大众化背景下，探索创业型人才素质评价和选拔机制是创业教育体系建设的首要工作。这主要包括如何建立创业型人才选拔系统、如何搭建在校大学生入区（创业教育实验区）通道、如何构建多样化开放式的创业教育实验区等机制问题。实验区的做法是：大学第一学期，面向全体新生单独开设“创业基础”必修课，培养创业意识，宣传创业知识和观摩创业教育创新实验区运行；同时，基于高考成绩的智力评价，对志愿新生进行智商、财商、职业能力、创新意识、创业素质等一系列素质评价。事实上，不管教师还是学生，都不是完全理性的“经济人”，都受到生理、认知、动机、环境等因素的制约和限制。因此，在学生是否具备创业的“天赋”素质、是否适合入区开展创业活动，在决策之前很难做出最优判断和决策。因此，实验区把大学生入区渠道分为选拔通道和绿色通道，对于不能通过素质选拔进入实验区的学生，如果个人意愿强烈并能够展示出某种“偏”“怪”“特”“奇”才能，可以通过绿色通道入区学习和创业。创业教育创新实验区由创新创意实验区、产品（创意）研发实验区、创业计划设计实验区和创业企业孵化区四个部分构成。实际运行中，四个实验区除按照流程对大一入区学生开展创业教育，也允许其他各级在校生通过绿色通道直接进入实验区学习和活动。有时，实验区还会到相关系部邀请学生入区参加活动。譬如，产品（创意）研发实验区在遇到技术攻关和科学难题时，会主动聘请电子、化工、机械等专业的教师和学生指导并参与研发设计；创业企业孵化区经常邀请工商税务、市场营销、客户经理、校友会成员、亲朋等帮助企业解决困难和指导工作。所以，在入区学生素质评价系统建设中，实验区遵循创新、开放、务实和多样化的原则。这一原则为实验区知识学习系统、能力训练系统和就业指导系统提供了全面、高效的支持。

2. 知识学习系统建设

实验区创业知识学习采用了创业案例与实训学习、基于项目的学习和基于问题解决的学习三种施教模式。实验区独立主编了《创业基础》和《创业案例与实训教程》两部通用教材。案例教学要求教师与学生共同对创业成功和失败的案例进行讨论。这些案例都来源于现实创业活动和新闻报道，学生先行阅读、思考、查找原因，然后在教师的引导下进行全班讨论。案例教学的着眼点一是使学生在别人的经验中获得知识，二是培养学生的创造力和实际解决问题的能力，三是通过对案例的讨论与分析提高学生的表达能力。案例教学还大大缩短了大学教学与实际生活情境的差距，使学生设身处地地从实际的场景出发，设想可能遇到的困难，从而增强设计多种解决问题的方案的能力。基于项目的学习是将创业项目（有现实的，也有虚拟的）设计成问题，围绕项目由管理、财务、营销、技术、工程等专业学生组成项目小组，在教师指导下，围绕创业项目从环境、初创、拓展、攻关、困境等方面有针对性地开展学习。基于项目的学习着眼于学生有目的的、灵活的专业知识学习，训练学生解决问题的技能，培养学生自主学习和终生学习的能力。在教学过程中，学生通过教师提供的项目进行小组学习。学生查阅相关资料，设计及调整工作计划，组织讨论会，最后以书面报告和口头报告的形式完成工作任务。在小组集体开展项目论证和设计的过程中，学生很好地锻炼了组织能力和交流沟通能力。基于问题解决的学习主要针对产品（创意）研发实验区和创业企业孵化区学生。新产品研发和创业困境是这一学习的动机与牵引力。学习的主要目的是解决创业中的问题。例如“学院微啤坊”所酿啤酒“苦感”的技术问题、“太阳能扑蚊器”营销对象问题等。基于问题解决的学习对学生是学习，对教师来讲，既是对原有知识经验的丰富、充实，又是对原有知识经验的调整和重构，也是教师教研和科研课题项目的重要来源。

3. 能力训练系统建设

义乌工商职业技术学院党委副书记贾少华总结义乌创业者特点时说，凡是勤快的大学生，没有理由不能成为成功的创业者。为什么我们的大学生创业者少之又少呢？关键是大学的教学机制与创业能力的获得机制是不一样的。

德州学院创业教育创新实验区把学生能力训练系统分为课程实验系统、岗位实训系统、科技文化竞赛系统和创业企业孵化系统进行建设。课程实验系统利用全校理工科实验室资源共享平台，实验区学生开展了大量的基于项目和基于问题解决的实验，既助推了本专业的学习，又促进了创业项目的研发。岗位实训系统分为实验区实训系统和自助实训系统。实验区提供了包括20多个财务与会计岗位、无限量的市场营销岗位和不同专业的技术操作（如电子设计、数控机床、微生物等）岗位；自助实训包括电子商务、商务咨询、家教、企业打工等岗位能力训练。科技文化竞赛系统重点围绕教育部大学生创新创业训练计划项目和中国大学生“挑战杯”竞赛、全国大学生电子商务“创新创意与创业”大赛两项赛事展开训练。创业企业孵化系统目前仅有3个在校大学生注册企业在运行，容纳20多名学生接受岗位能力训练。同时，实验区分别与国力集团、华诚公司等联合成立了大学生创业合作孵化基地。2003—2005实验区规划中，孵化创业企业达到20个以上，基础运行中保持接纳300名左右学生的实践能力训练。

4. 就业指导系统建设

实验区就业指导教育系统于2012年初启动。实验区为学生设计了先就业后创业、以项目促就业、就业创业一体化、团队创业和自主创业五种创业带动就业模式。下面以先就业后创业模式为例予以说明，如图2所示。

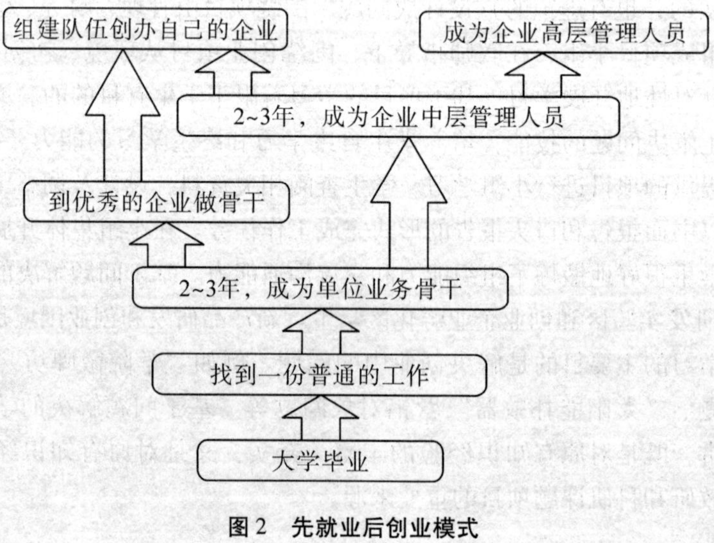

图2　先就业后创业模式

图示路径有两条主线：一条主线是在第一次就业单位就找到了归宿感，那么，最终成为公司高管人员，或者企业在自己的创新管理下取得新成就，或者创办一家新企业。另一条主线是经过一次或者多次跳槽最终创办一个新企业。这两条主线有一个共同的基本点，那就是首先要成为一个单位的业务骨干；否则，创业在很大概率上意味着失败。

以项目促就业是实验区学生在就业时带着创业项目寻找就业目标地区、单位和就业岗位。就业创业一体化是带着创业项目寻找就业岗位时，附带创业条件，即就业企业（集团公司）同意投资和支持创业项目，并给予资金、人员等方面的保障，学生甚至可以通过谈判要求占有一定比例创业项目（子公司）的股份。团队创业和自主创业的不同点在于创业主体是毕业生团队还是个人；即使是个人创业，也需要吸纳其他高校毕业生或社会人才组建团队进行创业。

二、“四位一体”创业教育的目标与成效

通过素质评价与选拔机制建设、创业知识学习内容与方法创新、创业能力训练系统化管理和创业带动就业模式探索相互交融，整体优化，德州学院“四位一体”创新创业教育体系初步形成。实验区在建设任务书中明确提出了五年建设目标：适应山东省经济社会发展和产业规划的需要，充分发挥和利用德州学院的资源优势和创业教育方面的成功经验，创新师资队伍建设，创新教育管理机制，创新人才培养方案、内容和方法，探索独具特色的创业教育培养模式。经过 5 年的努力，将本实验区建设成为山东省创业型人才培养的一个重要基地，力争成为我国普通本科高校创业型人才培养的一个典型示范区，并为具有中国特色的创业教育理论做出突出贡献。

几年来，实验区承担各级创业教育理论与实践研究课题 15 项，其中 2 项为教育部人文社科研究课题；出版“四位一体”理念的创业教育系列教材 9 部；在《中国大学教学》等刊物发表论文 50 多篇。通过创新创业教育，实验区涌现出一批热爱创新、热心创业、成功创业的典型学生。近三年，德州学院学生在全国、全省大学生科技文化创新比赛中获得国家级奖励 138 项、省部级奖励 1 055 项，获奖层次、数量均居全国同类院校和山东省普通本科院校前列。德州学院创新创业教育的有关做法，也得到了社会的充分认同。2009 年，人力资源和社会保障部部长尹蔚民对学校的创业就业工作给予了充分肯定。2011 年，学校获得“山东省创业示范院校”称号。2012 年“基于四位一体理念的创业教育创新实验区”被评为山东省人才培养模式创新实验区。

参考文献：

[1] 陈秉公，陈卓. 21 世纪的人应该这样塑造 [J]. 21 世纪，1999 (6)：16-18.

[2] 王冀生．试论现代大学的教育理念［J］．中国高等教育，1999（4）．

[3] 赵中建．21世纪世界高等教育的展望及其行动框架［J］．上海高教研究，1998（12）：1-8.

[4] 曹胜利，雷家骕．中国大学创新创业教育发展报告［M］．沈阳：万卷出版公司，2009.

[5] 贾少华．大学生创业能力的获得［J］．中国高教研究，2008（7）：74-76.

地方新建本科院校“三位一体”创新创业教育模式的探索与实践

——以德州学院为例

李保海（德州学院 山东·德州 253023）

摘　要：地方新建本科院校加强创新创业教育，是适应区域经济社会发展需求和高等教育发展规律的必然选择。德州学院作为地方新建本科院校的代表，高度重视大学生的创新创业教育，逐步构建起“理念为先、项目为本、条件为基”的“三位一体”模式，对大学生的创新创业教育进行了有益的探索和实践，并取得了初步的成效。

关键词：地方新建本科高校；创新创业教育；“三位一体”模式

教育部2012年颁布的《关于全面提高高等教育质量的若干意见》中强调指出：高度重视大学生的创新创业教育，逐步制定创新创业教育教学基本要求，把创新创业教育贯穿于人才培养全过程。为贯彻这一意见，教育部又专门下发了《关于做好“本科教学工程”国家级大学生创新创业训练计划实施工作的通知》，全面启动了大学生创新创业训练计划工作。创新创业教育在高等教育中的地位和作用日益为人们所关注，也对各类别、各层次的高校提出了明确要求。新建地方本科院校正处于发展和转型的关键期，如何开展创新创业教育、培养大学生的创新精神和实践能力是其亟待研究的重要课题。

一、实施创新创业教育是地方新建本科院校科学发展的内在诉求

当前，高等教育正处于从以外延式发展为主到以内涵式发展为主的过渡阶段，从注重硬指标显性增长向注重软实力内在提升的转变时期。地方新建本科院校加强大学生的创新创业教育，是其内涵发展、特色发展、科学发展的必然要求。

（一）实施创新创业教育是构建区域创新体系的迫切需要

党中央明确提出，要把提高自主创新能力、建设创新型国家作为今后一段时期的主要任务。建设创新型国家是一个以国家目标为龙头，以区域创新体系为基础的完整体系。地

方新建本科院校大多设在地级市，而且很多是所在地市唯一的本科高校，是区域创新体系的动力源。地方新建本科院校担负这一重任，不仅要积极推进产学研用的协同创新，不断促进科技成果的产业化，更重要的是实施创新创业教育，培养一批基础知识扎实、富有创新精神、能够促进区域创新体系建设的人才。以德州市为例，2011 年德州市提出构建以装备制造、化学工业、纺织服装、农副产品加工、新能源和节能环保、生物技术、新材料、文化旅游、现代物流、城市综合体及电子信息、现代服务业、交通装备等“10+3”现代产业体系。据德州市人社局的调研，仅 2012 年“10+3”产业体系涉及规模以上企业创新型人才缺口就达 1.8 万人。创新型科技人才严重不足，这已经成为制约德州市经济社会发展的最大瓶颈。这对我们所属区域的高校而言，既是机遇，又是挑战。

（二）实施创新创业教育是地方新建本科高校特色发展的迫切需要

《国家中长期教育改革和发展规划纲要（2010—2020 年）》提出：要引导高校克服同质化倾向，形成各自的办学理念和风格，在不同层次、不同领域办出特色，争创一流。人才培养是高校的第一职责，高校要办出特色、争创一流，就首先要在人才培养方面形成自己的独特风格和突出优势。地方新建本科院校的主要任务是培养高素质的创新性应用型人才，这也应成为这类院校最突出的办学特色。可以说，我们这类高校照搬重点院校和老牌院校的发展模式没有出路，照搬高职院校的发展模式也没有出路，必须立足自身实际，高扬应用型人才培养之旗，大力实施创新创业教育，坚定不移地提高应用型人才培养质量，才能立足于本科教育之林，才能获得持续发展的勃勃生机。

（三）实施创新创业教育是大学生全面发展的迫切需要

人的全面发展是社会发展的重要组成部分，也是社会发展的重要基础和支撑。在高校大力开展创新创业教育，有助于大学生树立干事创业的价值观，有助于增强大学生服务国家的社会责任感、培养勇于探索的创新精神和善于解决实际问题的实践能力，有助于促进大学生的个性化发展和综合素质的提高。毋庸置疑，近年来，随着大众化教育的深入发展和生源危机时代的到来，地方新建本科院校的生源质量呈现不同程度的下降，大学生学习理论基础知识的兴趣大大下降。改变单一的精英化培养模式势在必行。另外，大学生就业形势依然严峻，拓宽毕业生就业渠道、提高就业创业能力，也是地方新建本科院校面临的一项重要任务。因此，地方新建本科院校积极推进大学生的创新创业教育，对于提升大学生综合素质，帮助其在人生道路上再创辉煌、实现人身价值具有重要意义。

二、德州学院“三位一体”创新创业教育模式的探索与实践

作为一所 2000 年建立的地方新建本科院校，作为中国高等教育大众化全过程的经历者，德州学院在升本伊始就确立了应用型、地方性、综合类的办学定位，形成了独特的应

用型人才培养特色，并于2006年在全国同类院校中首批、全省同类院校中率先通过教育部本科教学工作水平评估。经过10多年的建设，德州学院已经积累了丰富的应用型人才培养经验。尤其最近几年，我们高度重视大学生的创新创业教育，逐步构建起“理念为先、项目为本、条件为基”的“三位一体”模式，对大学生的创新创业教育进行了有益的探索和实践。

（一）坚持理念为先，着力用先进的理念引领创新创业教育

科学的认识是行动的先导。学校根据教育改革不断深入和学校发展的实际情况，坚持用科学的理念指导和引领学校创新创业教育的开展。

一是把培养学生的实践创新创业能力作为实施创新创业的主要目的。地方新建本科院校的创新创业教育不是简单地鼓励学生全部都去自主创业，其实质是素质教育的深化和具体化，其目的是使学生具备从事创新创业实践所必需的知识、能力及心理品质，成为高素质创新创业型人才。学校正确认识这些特点，采用了有别于研究型大学以学术带动创新创业人才培养模式和高职高专以技能带动的创新创业人才培养模式，开展切实有效的创新创业教育，着力提高学生的创新意识、创新精神和创业能力，着力培养适应地方经济社会发展需要的应用型人才。

二是把实施创新创业教育作为培养创新性应用型人才的重要途径。德州学院一直把培养应用型人才作为中心工作，确立了创新性应用型人才的培养定位，把“基础知识扎实、专业面向宽厚、具有较强实践能力、突出创新精神、高度社会责任感、科学精神与人文素养协调发展、面向地方经济建设和社会发展的应用型人才”作为培养目标，而大力实施大学生的创新创业教育是达到上述目标的有效途径。近年来，学校把大学生创新创业教育纳入整个教学管理体系，注重凸显具有创新创业能力的应用型人才培养特色，取得了显著效果。

三是确立了系统的创新创业教育的目标体系。根据地方新建本科院校的自身特点，学校将实施大学生的创新创业教育分成三个阶段：学生进校之后，在一、二年级阶段，着重进行创新创业意识及基本知识普及的教育；在二、三年级阶段，主要加强创新创业技能、精神、品质的培养，对具有潜质的学生，采取有针对性的培养措施，以促使其创新创业素质提升，并为未来的创业提前进行规划；在三、四年级阶段，提升创新创业能力，积累和检验创业知识，完善创业心理品质，做好创业前的充分准备。

（二）坚持以项目为本，着力将创新创业教育全部融入人才培养全过程

学校创新创业教育以三个课堂为依托，实施创新创业认知教育、创新创业体验教育、创新创业实践培育，构建了一套三层递进的“金字塔式”的创新创业培育服务体系。

一是立足第一课堂，实施创新创业认知教育。学校立足“厚基础、强实践、求创新、高素养、重责任”的人才培养目标，实施实践育人工程，结合专业特点和人才培养要求，

分类制定实践教学标准，增加实践教学比重，确保人文社会科学类本科专业达总学分（学时）的15%、理工农医类本科专业达25%，师范类学生教育实践1个学期，医学类学生专业实习1年，着力培养学生的卓越现场工程能力和职业素质。注重管理技能培养，面向全校本科生开设了企业管理、人力资源管理、市场营销学、商务谈判、网络营销、企业文化等10余门管理类课程，培养学生的管理能力，每年有3 200余名学生选修。自2003年起，面向所有在校生开设大学生创新创业教育系列课程，教学内容包括职业生涯规划、就业指导和创新创业教育三大板块，列入学校教务处教学计划，设为必选课，共36个学时，其中创新创业部分教学内容不低于12个学时。依托公共选修课等方式，围绕创新创业理论、实务指导等内容，开设大学生职业生涯规划、创新思维、创新训练、团队合作、创业管理学等课程，邀请企业创业者进入课堂，与学生分享创新创业经历与感受，引导学生掌握创新创业的基本知识、基本理论和基本方法，拓展学生的综合素质，提升学生创新创业的软实力。

二是立足第二课堂，实施创新创业体验教育。学校立足第二课堂，通过大学生创新创业竞赛，实施创新创业体验教育，提升学生的创新创业基本素质、基本能力和基本品质，充分挖掘学生的个性潜能，增强心理素质，提高自主学习能力。鼓励和引导学生积极参加全国"挑战杯"大学生创业计划竞赛、全国大学生电子商务"创新、创意及创业"挑战赛等国家和省级竞赛，形成了激扬青春风采、勇于创新创业的良好氛围。深入挖掘和宣传创新创业典型，营造深厚的创业氛围。开展了"德州学院年度十大创新人物"评选活动，在我校毕业生、在校生中培育和发掘创新典型，以成功的典型事迹感染学生。开展了"青春就业创业论坛"活动，邀请社会的人力资源专家和事业有成的往届校友，为大学生开设就业和创业知识讲座，先后邀请德国创业教育专家维恩沃德先生、我校校友中南控股集团董事长高艳国、金燃点企业管理顾问有限公司创始人与实战营销训练课程创始人杨兴志、江苏昆山台山电子有限公司董事长廉兆才等担任论坛主讲嘉宾，用丰富的实例、生动的理论激发创业智慧，用实践经验拓宽学生的视野和思维空间。加强校地联合培养，联系德州市人社局，每年通过培训教育，使有创业意向的学生1 000余人获得相关技能认证。2012年3月28日，德州学院与德州市人社局签订了"毕业生创业培训战略合作框架协议"。借力德州人社局SYB（Start Your Business）创业培训系统，面向德州学院应届毕业生全面普及就业创业免费培训活动。

三是立足第三课堂，实施创业实践培育。依托创新创业体验服务中心、创业实践孵化基地、创业教育实习实践基地等平台，引导学生获得就业创业技能，强化动手操作和解决实际问题的能力。建立了大学生创新创业体验服务中心，以开展创新性实验、学科竞赛等创新实践活动为基础，以模拟创业与实践体验等方式为主导，以网络工作室、科技咨询服务、人文社科服务等模式创业，走小成本、短周期、低风险、高质量的创业模式，鼓励广大同学利用周末及业余时间创立一些投资少、见效快、风险小的实体项目，最大限度规避学生的创业风险。整合校内、校外资源，多渠道筹措建立3所创业实践孵化基地，它们分别是德州学院大学生创业孵化基地、德州学院联合国力集团大学生创业项目孵化基地、德州学院联合山东华诚人力资源公司大学生创业合作孵化基地。基地以“以创业实践提高实践技能、以创业培训促进创业成功、以创业带就业”为核心目标，实行“模拟企业化管理、创业项目化运营”的运作模式，积累了一批“产学结合，创业实践”的成功经验。各院系根据本专业特点，在皇明太阳能集团有限公司、山东景津压滤机集团有限公司等企业，建立起一批就业创业实习实践基地。目前，德州学院正培育创业项目10个，处于有序运作之中。其中古月乔手绘坊、Moreorless服装设计室等两个创业项目参加2009年山东省青春创业项目推介大会，古月乔手绘坊获得最适合大学生创业项目奖，Moreorless服装设计室获得最佳创意项目奖。积极整合社会资源，将“就业创业见习基地”“大学生社会实践基地”“大学生学士后流动站”等实践基地紧密结合，建有皇明太阳能集团、鲁泰纺织股份有限公司、青岛市人才在线等大学生创业教育实践基地17处，组建了高质量的创业教育实践见习基地。各类创业教育实践基地的实践，为进一步提升学生能力、拓展素质指明了方向。截至目前，我校共计800余名学生在见习基地实习后直接就职。

（三）坚持以条件为基础，着力建立健全创新创业的保障体系

学校立足长远，努力为实施大学生的创新创业教育提供组织、制度、师资、条件四个保障，不断建立健全创新创业教育长效机制。

1. 加强组织保障

学校成立了大学生创新创业指导委员会，由校领导担任委员会主任、副主任，成员包括招生就业办公室、团委、学生处、教务处、财务处以及各院系负责人等。指导委员会负责领导、统筹和协调全校的创新创业工作，负责创新创业教育的整体规划、年度经费预决算、创新创业团队的考核奖惩、创新创业活动的监督管理等重大事项的决策。学校教务处、团委、招生就业办公室、学生处、各院系加强组织协调，按各自职责开展创新创业工作。教务处、团委着重做好创新创业实践体验中心管理、创新创业社团管理、创新创业实践素质拓展、创新创业论坛举办等工作；校招生就业办公室着重做好学生的就业创业指导教育、职业生涯规划教育与创业项目引进等工作；学生处着重做好创业教育与实践的学分认定工作；各院系根据本系专业特色，依托本系的教学实习基地、青年就业创业见习基地，自行组织大学生的创新创业教育，注重培养学生的创新创业能力。

2. 做好制度保障

为保证创业工作的稳步开展，学校不断加大对大学生创业工作的有效管理，先后出台《德州学院关于促进大学生创业工作的实施意见》《德州学院综合教育学分管理办法》《德州学院创新学分与技能学分认定办法》等文件，积极为学生创业教育和创业实训提供技术、智力、政策等方面的扶持，对参加创新创业培训合格、开展创业实践活动成效明显、

创新创业竞赛获奖的学生给予0.5~7个学分，并将相关学分的认定情况记入学生档案。目前共有660名学生获得相应的综合教育、创新奖励学分。对于教师指导学生创新创业活动，在晋升职称等方面给予倾斜，充分调动了教师从事创新创业教育的积极性。

3. 完善师资保障

学校建立了专兼结合的高素质创新创业教育教师队伍，定期选派专职教师参加创业教育项目培训以及高级研讨班、创新创业教育学术研讨会，努力提高教学科研水平；聘请了20余位企业家、创业成功人士作为兼职创新创业教师，来校开设课程、指导创新创业设计竞赛。启动实施了创新创业导师制，面向校外招聘创业导师共46人，为大学生提供观念引导、政策指导、技能辅导和典型带动等四类指导。至今，共2 300余名学生接受了创业导师的指导与培训。

4. 提供条件保障

为开展创新教育、创业培训、模拟创业工作，学校目前已经提供共计500平方米专门场地；在校区东扩规划中，又单列100亩（1亩=666.67平方米。下同）地，专门用于大学生创新创业园区的建设。每年预算400万元，设立大学生创新创业教育专项经费，投资800万元用于完善和建设创新创业训练中心。拓展校外渠道，积极争取校外支持，2010年学校与国力集团签署创业培训合作协议，国力集团每年提供100万元创业项目，用于支持我校30名在校大学生从事创业实践活动。

三、德州学院“三位一体”创新创业教育取得的成效

经过多年的探索和实践，德州学院“三位一体”创新创业教育取得了突出的成效。

在理论研究方面，学校大力鼓励教师和学工队伍从事创新创业教育。科研处专设了大学生创新创业教育专项课题，目前关于创业教育理论与实践研究的校级课题共审批15项。《科学发展观视野下的高校就业指导课实效性研究》等2项课题被确定为教育部人文社科研究课题，主编创业型人才培养模式创新实验区系列教材3部，在《中国大学教学》等刊物发表相关论文50多篇，对实施大学生创新创业教育的目标、课程、平台、保障等四大体系进行了初步的理论探索。

在实践探索方面，通过创新创业教育，大学生的综合素质获得提升，创新创业能力得到拓展，就业求职能力得到提高，高质量成才率、高社会满意率的人才培养特色不断凸显，毕业生就业率一直在90%以上。近年来，德州学院涌现出一批敢于创业、精于创业、成于创业的优秀创业典型。他们立足基层，从点滴做起，从一线做起，从具体实践的磨砺中不断成长，成为各行业中的成功创业者。近三年，德州学院学生在全国、全省大学生科技文化创新比赛中，获得国家级奖励138项，省部级奖励1 055项，获奖层次、数量均居全国同类院校和山东省普通本科院校前列。

我校实施创新创业教育的有关做法，也受到了社会的充分认同。2009 年，人力资源和社会保障部部长尹蔚民同志对学校的创业就业工作给予了充分肯定；2011 年，学校获得山东省创业示范院校称号；2012 年，“经管类大学生创业教育创新实验区”被评为山东省人才培养模式创新实验区。

实施大学生的创新创业教育是一项长期的系统工程，必须经过长期不懈的努力。今后，学校将更加注重工作方式方法的创新，切实增强大学生的创新创业能力，积极营造创新创业教育的良好氛围，真正实现地方新建本科院校为区域经济社会发展提供合格人才的目标。

德州学院应用型创新人才培养体系的探索与实践[①]

李桂起　李永平

摘　要：创新性人才培养是教育改革的重大课题，地方本科院校也肩负着创新性人才培养的重要任务。地方本科院校所培养的创新性人才主要应为创新性应用型人才。对这类人才的培养，德州学院进行了探索与实践：改革课程体系，强化核心课程模块建设，搭建以通识教育为支撑的厚基础创新性人才培养的课程教学结构；改革实践教学模式，构建"四层次、八模块"的实践教学内容体系，实现实践教学的多元化，增强实践教学的有效性，为创新性人才培养构建实践平台；拓展实践教学途径，巩固和强化校外实践教学基地建设，积极推进校企合作，努力探索创新性人才培养的新方式；从全方位育人的立足点出发，将创新教育纳入人才培养全过程，营造创新性人才培养的整体环境和良好氛围。

关键词：创新性应用型人才培养；改革人才培养模式；探索与实践

德州学院结合国家对人才培养的战略性要求，对人才培养模式改革进行了新一轮的调整，提出要"以培养创新性应用型人才为引领，全面提升人才培养质量"。"创新性应用型人才"，首先要具有良好的思想品德，要具备扎实的专业理论知识基础，具有熟练的专业技能水平、实践操作或动手能力；其次要具有到生产一线实践的能力。"创新性应用型人才"培养是我国高等教育基本的价值取向，也是教育改革的核心目标。就社会需求而言，德州学院属于应用型或技能型人才培养院校，我们采取了以下改革措施，对人才培养模式进行了新一轮的课程调整。

一、强化核心课程模块建设，搭建创新性人才培养的课程教学结构

核心课程模块包括公共基础课程和学科基础课程。为保证核心课程模块的建设质量，我们重点抓了以下三个方面的工作：

① 本文得到山东省高等学校教学改革研究立项重点课题（2009079）资助。

第一，抓好公共基础课程建设。2010 年，学校专门组织社科部、大外部、计算机系、教育系、体育学院等相关教学单位，针对创新型人才培养要求，研究制订了思想政治、大学外语、心理健康、体育等公共必修课程的改革方案。同时，结合公共基础课程的教学要求，充分调动校内外资源，为学生开设更多的选修课程、专题讲座，改革考试、考核方式，用实践活动、调查、竞赛成绩代替课程考试，做到思想政治教育、外语教育、计算机教育、心理健康教育、体能教育“四年不断线”。在保证教学质量的前提下，更好地实现培养创新型应用人才的目标。

第二，抓好通识教育的选修课程建设。通识教育选修课程的设立目的是尽可能开阔学生的知识视野，丰富学生的知识结构，拓展学生的学习领域，为他们今后的潜力开发和可持续发展创造条件，同时也为他们根据自身的特点、兴趣和条件向不同知识领域发展提供可以选择的空间。为此，从 2010 年开始我们本着促进学生全面发展，实现知识与能力结合、理论与实践结合、科学素质与人文素质结合的原则，从加强通识教育的目的出发，广泛设置了面向全体学生的公共选修课程，课程设置涵盖了人文学科（文学、历史、哲学、音乐、美术等）、社会科学（政治、经济、法学、管理学、心理学、社交礼仪等）、自然科学（数学及逻辑学、物理、化学、生物、地理等）、工程技术（机械、电子信息、化工、能源、纺织、服装、艺术设计等）、生态科学与生命关怀（生态农业、环境科学、园艺、园林、医学及健康保健、生命伦理学等），课程数量达到 230 多门。尽管与一些高水平大学相比，这一数量还远远不够，但就培养学生的综合知识素养而言已经具备了初步的基础。

第三，抓好基础课程与专业课程、职业方向课程等模块之间的衔接，在保证“厚基础”的基础上体现专业教育的特点，更好实现“以人为本，因材施教”的培养目标。从 2010 年新生开始，我们以教学院（系）为单位，组织低年级学生按专业大类进行基础课教学，实施“专业招生，大类培养”，目的是强化专业基础教学，保持专业知识结构的相对完整性，保证学生具有扎实的学科知识基础、专业理论素养和良好的发展后劲。高年级根据社会需求和学生的意愿、爱好、特长以及各专业的实际情况，确定修读专业及专业方向，按照不同专业方向组织好专业课的理论教学和实践教学，实施“以人为本，因材施教，多向选择，分流培养”，使学生能够根据自身的要求、特点和条件自主选择今后的发展方向，打破以往一个专业只培养一种类型人才的陈旧模式。

二、构建“四层次、八模块”的实践教学内容体系，实现实践教学的多元化

德州学院以着重培养学生的创新意识、创新思维和创新能力为切入点，以学生的实践能力培养与社会、生产一线密切结合为着重点，建立相对独立的实践教学体系，构建“四层次、八模块”的实践教学内容体系，强化校内实践教学基地建设，密切而深入推进校企

合作，实现实践教学方式多元化，建立了对学生实践能力培养“四年不断线”的教学体制及对学生创新能力培养的促进机制。

第一，所谓“四层次”，是指：①基本素质层次——主要通过教学实习和见习、社会调查、志愿者社会服务、人文社会教育基地培训、大学生校园文化活动等方式，促进学生对社会、对基层、对实际的理解，培养和提高学生的人文素养、品德修养及综合素质，增强学生的团队精神和创业意识；②基础技能层次——通过实验课程、校内实习基地培训、校外实习基地实习、社会基层服务活动、各类学生技能竞赛等方式，培养学生将理论知识转化为实践操作的能力、分析问题和解决问题的能力、必要的生活和生产技能、接触社会和适应社会的能力等；③专业技能层次——通过专业实习、实训、面向生产一线的顶岗实习、参与专业教研和科研课题等方式，增强学生专业知识的实际应用能力，激发学生的求知欲望，培养学生综合把握和运用学科知识理论进行创新的能力；④综合训练层次——通过探索性、设计性实验课程及科研训练，包括学生参与企业技术革新攻关项目、大学生科技文化竞赛等方式，突出培养学生在实战状态下发现问题、提出问题、分析问题和解决问题的能力，培养或提高学生的创造性、探索性思维能力，增强其创新要求、创新兴趣和创新意识。

第二，所谓“八模块”，是指：①素质拓展模块——包括思想政治课程的社会实践、军事训练、安全防护能力培训、劳动课程、大学生公民素质教育、社会调查及野外训练、文化艺术创作活动等环节，目的是增强学生对社会的认知能力、适应能力，培养学生的综合素质，养成有助于个人发展的良好个性品质及基本的生活能力；②基础技能模块——包括公共基础课程实验、学科基础课程实验、外语听说读写基本能力训练、计算机基础训练等环节，目的是加强学生的数学、物理、化学、生物、生理等方面的实验技能以及外语、计算机应用技能，培养学生掌握扎实的基础知识及熟练运用这些知识的能力；③专业实验教学模块——包括与专业课程配套的各类演示性、验证性、综合性、设计性实验，强调学生实际动脑、动手的具体操作能力，加强对学生操作技能的训练与指导；④专业综合能力模块——包括课程设计能力训练、集中专业综合实验、科技数据收集及分析、听取学术报告等环节，根据专业特点培养学生综合运用专业知识理论的能力，为学生提供能够接受必要的专业训练及学术训练的平台；⑤工程训练模块——该模块主要面向工程类专业的学生，包括工艺技术操作训练、金工实习、电子电工实习、机械维修养护训练等，目的是培养工科学生的实际动手能力，为学生构建面向专业生产和工程应用的训练平台；⑥综合实习模块——包括与课程、专业相结合的认识实习、生产实习、毕业实习，目的是在实践中强化学生对专业综合知识的认识理解，让学生熟练掌握与此有关的专业技能，增强学生的专业实践能力和解决实际问题的能力；⑦科研训练模块——包括课程设计（报告、论文、创作）、学生参与教师科研课题、毕业论文（设计）等环节，目的是对学生进行有效的科学研究训练，为其创新能力的培养与拓展打下基础；⑧科技创新训练模块——包括通过立项方式让学生独立承担科研课题、学生自主确立和实施开放性试验项目、各级各类大学生科技文化创新活动（如数学建模、电子设计竞赛、机械设计竞赛、机器人及软件设计竞赛、挑战杯系列竞赛等），发挥学生的创新思维，激发学生的创造兴趣，使学生的理论知识得到巩固和升华，突出学生个性发展、特长发挥，提高学生的创新意识和创新能力。

“四层次，八模块”是一个综合性的实践教学体系，层次、模块之间既有不同阶段的递进关系，又有相互的关联性、互补性。这样一个实践教学体系的实施，需要调动校内、校外方方面面的资源，也需要学校管理层进行严密而科学的组织并制订好相应的实施计划。在实践教学的实施方面，我们重点做了以下几项工作：一是实验教学规范化。常规教学要达到“五个规范”，即实验制度规范化、实验程序规范化、实验操作规范化、实验报告规范化、实验考核规范化；深化教学要达到“三个规范”，即实验项目比例规范、实验室开放规范、试验网络课程规范。二是实习教学基地化。规定各类实习教学必须在实习基地进行，实习基地的条件应能满足实习教学目标的完成，要求做到实习师资队伍稳定、实习项目内容完整、实习时间安排充足。在校外实习基地的实习，一定要保证落实具体岗位，具有实际操作的内容，避免走马观花或“实而不习”。三是毕业设计（论文）实际化。所有选题一定要与实际密切结合，题目从社会、生产实践中得来，具有能够解决实际问题的性质。学生要通过参与教师科研课题研究、科技文化竞赛、社会和生产实践调查、综合性实验课程内容探索等方式获取设计（论文）课题。设计（论文）的完成过程一定要有严谨的科学程序，严格遵守学术规范。三是学业证书职业化。学生除在毕业时获得毕业证、学位证之外，在平时的修业中还应获得所学专业或相近专业的职业资格证书。通过考取职业资格证书，学生可以了解所学知识与社会需求之间的相关程度，选择或调整自己知识学习的着力方向，提高适应社会需求的能力，增强就业的竞争力。

三、巩固和强化校外实践教学基地建设，积极推进校企合作

德州学院的人才培养模式改革方案中，加强了校企合作共同进行人才培养、完善校外实践教学基地建设等内容，并通过与皇明太阳能集团、中石化集团平原化工公司等企业的实质性合作，在人才培养与实习基地建设方面取得了显著的成绩。今后，我们在实施校企合作上将进一步强化应用型人才的适用和对路培养。对此，人才培养的思路与对策进行了调整。

第一，建立校企合作的长效机制，保证校企合作共建顺利实施。采用“请进来”和“走出去”的方式，聘请具有校企合作关系的企业老总、董事、高管和工程技术骨干进入学校担任特聘教授，为学生定期开设专业学术讲座，共同成立具有管理职能的校企合作机构。如成立了“工科专业建设指导委员会”“管理学科建设指导委员会”等，该委员会成员全程参与学科专业调整和建设、培养目标确定、教学计划制订、教学过程管理、实习基

地建设、实习实训方案的实施、师资培养等方面的指导工作。学校方派出分管教学的副校长、教务处长及教学单位负责人到企业担任顾问，派出专业教师到企业生产一线兼任科技指导，密切与企业的合作关系，为企业在技术研发、科技攻关等方面提供人力资源与校内实验设备等方面的条件。

第二，建立资源共享、工学结合机制，实现校企之间在学生培养方面的无缝对接。近年来，我校与多家合作企业根据创新性应用型人才培养模式的要求，按照“基础实践+专业实践+综合实践”三个层次构建了新的实践教学课程体系，并参照该类人才培养目标、规格制订相应的实验、实习、实训及毕业设计（论文）等环节的教学计划，校企双方共同组成实施指导小组，负责实践教学计划的具体落实，为培养和提高学生的实践能力和创新能力提供了组织保障。校企双方进一步巩固和强化了实习基地建设，目前学校已分别与省内外50多家企业签署了合作共建协议：学校利用学科专业优势，在教学设施、实验设备、图书资料、职工培训等方面为企业提供服务；企业利用产业资源优势为学校提供实习场所、实习岗位、实习设施和资金资助，并派出工程技术人员具体参与对学生的实习指导。在学生培养上，我们特别强调了顶岗实习与参与科技研发的结合，促使学生通过实习在熟悉与把握生产一线技术工艺流程的基础上，树立利用所学的学科专业知识进行创新的意识。

第三，积极推进产学研结合，实现校企之间的互惠双赢。一是学校派出专业教师到企业做“访问工程师”，了解学习企业的新设备、新工艺、新技术、新方法及产品性能、营销方式等。二是聘请企业和产业领域的高级工程技术人员来校兼职，承担专业教学任务，参与教学计划制订、课程改革、教学研究，与专业教师共同承担科研课题。三是学校积极为企业提供科技、文化服务，密切校企之间的合作关系。

第四，探索并完善“三三六”校企合作人才培养新模式，进一步推进人才培养模式改革。我校推行的“三三六”（即“三结合”“三紧跟”“六共同”）校企合作人才培养模式，是长期与企业合作办学过程中总结、提炼出来的人才培养方法。“三结合”是指办学结合行业需求，教学资源结合行业资源，学校培养结合企业合作；“三紧跟”是指课程设置紧跟生产过程，教学设计紧跟岗位能力，教材选配紧跟任务项目；“六共同”是指校企双方共同制订专业人才培养方案，共同承担教学任务，共同研发技术项目，共同编写特色教材，共同参与教学管理，共同监控教学质量。这些举措经过实施已渐成熟，今后将结合创新性应用型人才培养的目标、任务，进一步探索、推进与完善。“三三六”校企合作人才培养新模式，将为学校构建起以“强化专业技能、突出创新能力、提升人文素养”为主要内容的三位一体的人才培养体系，形成创新型应用人才培养的基本途径。

四、营造创新性人才培养的整体环境和良好氛围

德州学院增设了创新学分，并开设了培养学生开展科技创新活动基础能力的部分课

程，对学生创新精神的培养做了一些工作。目前，根据培养创新性应用型人才的要求，我们进一步将创新教育纳入人才培养全过程，从课堂教学、实践教学、科技文化竞赛、课余活动、社会活动等各方面构建一体化创新教育体系，保证创新教育“四年不断线”“课内课外不停顿”，实现创新教育的普及化、广泛化、多样化、多层化，整合所有能够调动的校内外资源，营造创新性人才培养的整体环境和良好氛围。

第一，构建“三层次”的课内创新课程体系。第一个层次是与培养学生创新意识、创新方法相关的创新性通识教育核心课程，面向所有专业新生选修，使全体新生都能受到基本的创新意识、创新方法教育，激发其创新兴趣和热情。第二个层次是与培养学生开展创新活动基础能力或必备能力相关的工具类课程，使学生掌握创新活动调研查新、论文写作的基本方法和技术，熟悉必要的学术规范，为学生开展创新活动打好基础。第三个层次是与学科相关且带有一定专业特色的创新选修课，使学生通过这些课程得到深入系统的创新训练，积累开展创新活动的经验。

第二，拟构建以科技文化创新竞赛为主的课外创新教育体系。我们在检讨以往开展大学生科技文化创新竞赛活动不足的同时，强调增强这类活动的广泛性、普及性，使科技文化创新竞赛活动植根于深厚的学生群众基础。一是进一步改革并完善了创新学分制度，健全开展创新竞赛活动的体制机制，调动学生参加竞赛活动的积极性、主动性；二是进一步抓好规划、计划实施，构建起由大学生创新实验计划、课外科研基金项目、科技文化活动节、学科实践能力竞赛、创新讲坛等组成的课外创新教育体系，推动大学生科技文化创新竞赛活动的深入开展。

第三，进一步实施公民素质教育，提高学生的思想政治素质及道德品质，为创新性人才培养打下牢固的思想基础。从 2008 年开始，我校实施针对大学生群体的公民素质教育活动，取得了良好效果。“大学生公民素质教育”目前已成为全校学生的公共必修课程。公民素质教育紧紧围绕“崇德、启智、励志、博学”的校训展开，注重提升大学生作为社会公民的基本素质和作为国家未来建设者的高尚品质，以培养具有现代公民意识的创新性人才为目标，建立健全对学生人格塑造的教育体系。

第四，继续实施和完善综合教育学分制度，进一步提高学生的综合素质。我校曾经实施的综合教育学分制度，将知识教育、智力教育、素质拓展与觉悟提升作为综合教育的四个重要环节，按照课堂教学、校园文化活动、社会实践、科技文化创新、职业技能及自选活动等项目考核打分，以此作为学生综合素质考评的重要参考依据。这项制度深得学生的欢迎。实现综合教育学分化，既调动了学生自觉融入这些教育环节的积极性，又为素质教育的实施提供了可供量化的参照系，实践证明效果良好。今后我们将进一步实施并完善综合教育学分制度，使之成为创新性人才培养的重要手段。

基于创新创业人才培养的高校创业教育研究

——来自德州学院经济管理学院的实践[①]

郑晓燕　彭萍（德州学院经济管理学院 山东·德州 253023）

摘　要：德州学院经济管理学院在创业教育方面经过多年的努力和探索，建立了一套系统的、操作性强的和特色鲜明的创新创业能力培养体系，编写了适合本校学生的创新创业教育教材，建设了创新创业教育精品课程群，创建了创新实验区和创新实验班，在课赛结合中全面开展创新创业教育实践活动，从而为地方本科院校培养经管类创新创业人才提供借鉴。

关键词：创新创业教育；创业实践；人才培养模式

随着经济社会的快速发展，社会对人才的需求已经发生了很大变化，复合型人才受到社会青睐。高等教育作为人才培养的基地，担负着为国家和地方培养高级专门人才的重任。但目前的大学生在校期间接受的仍然是基础扎实的专业教育，已不能满足社会多元化发展对复合型人才的需求。目前，从国内高校大学生创新创业活动的开展情况和大学生自身发展的需求来看，由大学本科生主动承担并积极参与的创新创业项目还不是很多。一方面是因为大学生的主要精力放在了学习专业理论知识上，创新创业活动大部分是在课余时间参加；另一方面则是因为他们的科研及创新创业能力没有真正地培养和激发起来。

长期以来，社会赋予高等教育的职能主要是培养高级专门人才，是高层次的专业化教育。德州学院作为应用型地方本科院校，已经意识到了目前的人才培养与社会需求脱节的现状，德州学院经济管理学院已经在人才培养模式上进行改革，开始注重培养有国际视野、独立思考能力、社会责任感以及有文化修养的创新创业人才。

一、建立系统的大学生创新创业教育教学体系

大学生创新创业教育教学体系包括培养方案、课程体系和教学要求。大学生创新创业

① 基金项目：山东省教育科学“十二五”规划课题“基于创业精神与创业能力培养的高校创业教育模式研究”。

教育的培养目标是培养知识面宽、综合素质高、实践能力强的复合型人才；能力目标是树立创业意识、培养良好的创业心理品质、形成创业心理结构、培养创业实践能力；发展目标是培养具有国际视野、独立思考能力、社会责任感以及有文化修养的创新性创业型人才。首先我们对大学本科课程设置进行了修订，将创新创业教育课程作为本科生的必修课，包括以掌握间接经验为主要任务的创业教育学科理论课程和以掌握直接经验为主要任务的创业型活动课程；在低年级开设系统化的综合课程、创业实训课程，主要培养学生创业意识，让学生积累创业知识；高年级主要开设创业案例教学课程和创业项目实训课程，目的是让学生获得创业实战经验；同时，德州学院经济管理学院还为学生实践提供创业机会和创业基地，把创业教育实践课堂搬进企业、车间，聘请校内外指导教师，全面开设创新创业教育选修课程，大学生可根据自己的兴趣爱好和专业特长，选择创业项目，组建创业团队，使学生在系统理论的指导下开展创新创业实践活动。通过制定明确的教学任务和目标，建立行之有效的管理机制，有效地将创新创业教育纳入常规教学和创新创业能力培养体系。

二、建设创业教育精品课程群，开展教学改革

德州学院经济管理学院以引导学生形成创新创业意识与理念为突破，以培养创新创业能力为目标，以模拟创新创业过程为核心，以典型教学任务为载体，构建“学生为主体，教师为引导”的创新创业教育精品课程群，开发了特色鲜明的精品课程教学网站，精心制订创新创业教育教学计划，改革教学方法，加强师生互动、情景模拟、角色扮演、案例教学等教法，实现课程体系与相关技能平台、创业实践平台、创业实践项目的相互支撑，在培养学生专业能力方面取得了良好的效果。在全新教学理念引导下，构建了课程建设平台，优化课程内容，重组课程结构，全面开展教学改革，努力培养学生可持续发展能力。针对创新创业人才的培养目标，精选教学内容，加强实践教学环节，校内实训与校外实训有机结合、相辅相成，理论教学与课外科技活动齐头并进，从而有效地解决了理论与实践脱节的问题，学生的实践应用能力得到了显著提高。针对学生社会经验缺乏、课堂气氛不活跃、发言不积极等问题，教师采用多种形式的授课方式，如案例分析、视频教学、情景模拟、课程论文等，有效地利用了课堂时间，学生提高了学习兴趣。学院此举取得较好的效果，得到了师生的好评。将单一的课堂进行有效延伸，利用校园信息化渠道进行教学资源共享，保证学生在任何时间、任何地方都可以进行自主学习，以提高学生学习主动性和各类教学资源的利用率。建立了一批校外实习基地，组织了数批学生外出参观、见习，在企业、车间开设创业实践课程。通过校外实训，有效地解决了高校教育与市场需求脱离的矛盾，让学生尽早接触社会、接触实际的管理活动，带着问题去学习和思考，使学习更有目的性、针对性，有效缩短了学生从学校教育到社会就业之间的适应过程。

三、编写适合本校学生的创新创业类教材，面向全校学生首开创业公选课

为适应培养学生创业素质及当地产业结构调整和发展的需要，我们编写并正式出版了适合本校学生实际的教材《大学生科技创新教育》《创业基础》和《创业基础案例与实训》，并且选配对创业工作有热情且有实际工作经验的教师组成创业教育教学团队，面向全校学生开设创业基础公共选修课，用以指导在校大学生的创业教育活动，从而为在校大学生创业提供方法指导，对学生创业意识和创业能力的培养提供了可借鉴的经验。我们编写的创新创业类教材是以教育部提出的“创业基础”教学大纲（试行）为框架编写的，充分体现了四位一体教育理念（创业教育是素质教育、知识教育、能力教育和就业教育四位一体的教育），有助于普及创业教育和选拔创业型人才。按照创业教育实验区提出的“培养创业意识，激发创业热情，提高创业能力”的导向，教材以创业基础知识为脉络，以创业素质和能力教育为重点，以风险控制为核心，是侧重应用、特色鲜明、集教学和选拔于一体的应用型教材。教材内容涉及创业案例、教学内容、案例分析、创业实训、创业案例深度思考等，实用性很强，通过师生的反馈，教学效果良好。特别是在提升大学生的就业竞争力、为在校大学生顺利走向社会提供了专业课之外的创业理论和实践的补充。

四、创办创新创业实验班，为省级创新实验区建设奠定良好基础

德州学院于2011年3月17日制定了《关于培养创新性应用型人才的实施意见》，提出了创新性应用型人才的教育改革思路。2011年10月，学院决定以经管类创业教育创新实验区建设为试点，集全校之力，开展创新创业型人才培养模式改革工作；同时明确了创业教育创新实验区的任务，即扎实开展创业型人才培养模式的理论研究和实践探索，总结培养创新性应用型人才的经验和教训，为创建山东省应用型人才培养特色名校提供理论支持和工作经验。2012年8月，该实验区——基于四位一体理念的创业教育创新实验区，被山东省教育厅评为省级人才培养模式创新实验区。创新实验区对德州学院创业型人才培养目标从政治方向、知识结构、应用能力、综合素质、就业岗位、办学定位和办学特色七个方面进行了综合描述，从经管类人才培养的知识结构、能力结构和综合素质三个方面进行了规格设计，针对每一项规格制订了相应的课程、实验、实习实训、专业创新设计、科技文化竞赛等教学环节培养方案，形成了以能力为主干、以创新为核心以及素质、知识、能力和就业和谐统一的理论教学体系、实践教学体系和创新创业教学体系。为适应德州学院创业型人才培养战略，根据所承担的省级创业教育人才培养模式创新实验区要求创办了创新创业实验班，充分运用校外实训基地，把学生领进企业、车间上创业实践课，将创业教育分为创新创意、产品（创意）研发、创业企业设计和创业企业孵化四个阶段，形成了

“课堂教学—创新实验—项目训练—企业孵化”的创业教育体系。

五、课赛结合，开展创业教育实践活动

创业实践作为创业教育的高级层次也是提高创业教育实效的基本途径。没有创业的实践，创业教育的目标就不能有效实现。创业实践能使学生形成正确的创业目标和价值取向，全面提升创业的综合素质。德州学院经济管理学院非常注重创新创业实践平台的建设，每年获批各级各类创新性项目几十项，为学生的实战创造了良好条件。有十多个创业项目已经实施完成注册并开展经营活动，这些企业为社会提供就业岗位百余个，创业带动就业已初见成效。大学生科技创新活动已规范地纳入本科培养方案和教学计划之中，将过去由学生会、团委和院系组织的科技创新活动系统和规范地纳入常规教学。同时，为了深化教育教学改革，培养经管类创新创业型人才，鼓励广大学生参与大学生科技文化竞赛活动，我们组建了5个竞赛项目组：综合竞赛项目组、全国大学生创业大赛项目组、全国大学生会计专业竞赛项目组、全国大学生市场营销大赛项目组和全国大学生国际贸易大赛项目组。学生在科技竞赛、学术研究和创新创业方面取得了丰硕的成果：在科技竞赛方面，获得国家级奖励103项，省级奖励156项。突出项目有：“挑战杯”中国大学生创业计划竞赛国家二、三等奖；全国电子商务创新创意创业挑战赛国家特等、一等、二等、三等奖；全国大学生节能减排社会实践与科技竞赛国家二等奖；“用友杯”沙盘模拟经营大赛全国总决赛三等奖；新加坡国际市场营销大赛国家一等、二等、三等奖；全国市场营销国家二等、三等奖；“用友杯”会计信息化技能大赛国家一等、二等、三等奖。另外，为充分利用教师承接的科研项目，制定措施激励学生参与教师的科研活动，提升学生的专业素质，培养他们的创业能力，学生在科研项目教师的带领和指导下已发表各级各类论文200余篇。

经过多年的努力和探索，德州学院经济管理学院在本科生整体培养方案和创新教育体系构架上，建立了一套系统的、操作性强的和特色鲜明的大学生创新能力培养体系；每年有上百名教师加入到创新实验区，积极引领大学生参加创新创业活动，参加教师的科研项目研究；每年申请参加大学生研究计划项目的学生近300人，每届本科生有近30%的学生参加大学生研究计划项目，学生发表论文的数量和质量明显提高；每年参加大学生科技竞赛项目的学生达数百人，每届本科生有40%以上的学生参加并获得省级以上大学生科技竞赛奖励，创新创业教育得以全面开展，成效显著。

参考文献：

[1] 许晓鸣. 创业教育：高校创新人才培养模式的变革 [Z]. 第二届“创新型创业教

育与实践”国际研讨会. 上海：上海理工大学，2010.

［2］吴满琳. 上海理工大学创业班的运作思路与实践探索［J］. 上海理工大学学报（社会科学版），2010（1）：53-57.

［3］陈敬良. 推进“六个结合”深入实施创业教育改革的探索［J］. 中国大学教学，2012（3）：77.

高校创新创业教育体系国内外研究现状述评

杨颖（德州学院经济管理学院 山东·德州 253023）

创新是以信息和知识为核心的21世纪经济增长的核心动力，创新发展战略也是我国经济发展的重大战略之一。因此，近年来，政府先后出台了系列关于开展创新创业教育的政策，特别提出了在高等教育层次全面铺开创新创业教育的要求。这使得创新创业教育成为近年来高等教育领域研究的热点之一，也涌现了一批研究成果。但是，与国外已经成熟、科学的创新创业教育研究现状比较而言，我国目前关于创新创业教育的相关研究尚处于起步阶段，尤其是关于创新创业教育体系的研究更不成熟。有鉴于此，通过梳理国内外创新创业教育相关研究成果，明确我国当前研究中存在的问题，发现国外值得借鉴的经验，将对我国创新创业教育体系的后续研究提供新的思路和借鉴，有力推动我国创新创业教育体系研究的不断深入。

一、创新教育国内外研究现状

（一）国外研究现状

国外开展创新教育最早、取得成效最显著的当属美国。1947年，哈佛大学最早开始创新教育，斯坦福大学于1949年开始了创新教育，百森商学院则于1967年开设了“集中于创业教育”的创业课程。他们通过课程的开设和教学实践，对创新教育内容、创新教育教学方法等问题进行了研究。该时期美国创新教育的突出特点是创新教育与创业教育紧密联系，注重创新成果的转化。

20世纪70年代以后，世界各国特别是西方发达国家掀起了创新教育的改革狂潮。1983年召开的世界大学校长讨论会上，专家们经过研讨提出的创造性人才要求就涵盖了创新意识、创新思维、创新知识、创新能力和创新人格五项内容。各发达国家通过在大学开设创新课程或创办创新学院等形式开展创新教育，借助于教育实践的探索，不断展开创新课程开设、创新能力培养途径和创新精神培养等问题的研究。美国主要通过开设培养大学生创造能力的系列课程和一系列专门训练（如学科研究方法论、创造技能、智力与创造力训练等）及在一些大学设立创新中心指导学生的创造发明活动等方式开展创新教育的实践，从实践中提炼和形成创新教育内容、创新教育课程设置、创新能力培养途径的研究成果。欧盟则通过创办“欧洲高等学校研究生院”的方式，聚集创新人才，整合创新资源，寻求创新教育的突破。

20 世纪 90 年代之后，新一轮创新教育改革的狂潮在发达国家掀起。美国推出“2061”计划，规划学生创新教育。1995 年韩国在其教育改革方案中强调大学教育必须由知识的传播向科技、文化的创造转变。1996 年日本经济团体联合会也提出了“培养具有创造精神的人才”的教育方向，随后，日本国会积极倡导大学开展创新教育，积极探索创业竞赛与课程体系的有效结合，全面推动创新教育研究的进程。

总体而言，国外创新教育的研究主要通过实施创新教育实践展开，重点研究内容包括创新教育概念界定、创新教育内容、创新教育教学方法、教学手段和实践载体。发展到今天，国外创新教育研究已趋于成熟，美国已有 50 多所大学设立了创新研究机构或中心推动创新教育的研究，其他一些欧美发达国家也不断寻求各种途径和方式开展创新教育的研究，并将创新教育作为教育改革的重要内容之一大力推进。

（二）国内研究现状

相较于国外系统、成熟的创新教育，国内创新教育起步晚，但发展迅速。从 20 世纪 80 年代初的能力培养起步，逐步演化到 90 年代的素质教育，最终发展为创新教育，形成了一系列研究成果。

创新教育研究的早期，学者们重点围绕创新教育概念的界定展开了系列研究，形成了不同的观点。朱永新、杨树兵（1999）将创新教育界定为一种教育理论和方法。而张立昌（1999）则将创新教育界定为一种教育模式，并给出如下定义：创新教育是一种发挥教育的主导作用，利用遗传基因与环境要素的积极影响，并充分调动学生自身认识与实践的主观能动性，注重学生的主体创新意识、人格、精神、技能的开发培育，以满足学生主体充分发展并适应未来社会发展需要的教育模式。此后关于创新教育概念的研究多是在继承张立昌观点的基础上予以补充，创新教育概念的基本范畴并没有发生实质性变化。如：方华、黄小峰（2008）补充强调了创新教育的实践性和成果转化的重要性。

同期，其他创新教育的研究则分别关注了创新教育的目标、创新教育实施的途径、创新教育体系的构建等一系列问题。张德茗、蒋雪湘（2005）重点研究了创新教育体系的构建问题，运用耗散结构理论，设计了包括目标、原则和途径等要素的创新教育体系。吴慧芳、姜敏等（2007）则进一步研究了大学创新教育的实施途径与方法，强调改革大学课程结构。陈琳等人（2009）则开展创新教育目标的研究，提出创新教育的最终目标是创新意识、精神、思维、人格和创造能力的培养。

二、创业教育国内外研究现状

(一) 国外研究现状

在创业教育的研究方面美国也走在了其他国家的前面，并从学术意义上研究创业活动。1970 年，普渡大学（Purdue University）召开第一次创业学术会议，与会者以成功案例——主要有麻省理工学院的分拆公司、硅谷等为中心进行了分析交流，内容也初步涉及大学生的创业问题。1973 年，在加拿大的多伦多举行了第一届创业研究国际性会议，专家们结合案例探讨了创业研究与大学开展创业教育的双向互动关系，在其后的曼谷会议正式提出创业教育的要求，并在印、泰、中、菲等国家开展实验（Hebert, R. F. & A. N. Link, 1989）。1974 年美国创业学教育和研究的领导人物杰弗里·蒂蒙斯（Jeffry A. Timmons）编写出版了世界上第一本创业课程教材 *New Venture Creation*，提出以系统的课程设计来培养学生的创业能力，采取“以问题为中心”和大量案例分析的生动有趣的教学方式促使学生积极思考。1978 年，美国百森商学院（Babson College）成立了美国第一个创业研究中心，1979 年开始提供大学生创业主修课程教育。1987 年，美国管理学会将创业研究作为一个分领域正式纳入管理学科。20 世纪 90 年代以后，杰弗里·蒂蒙斯教授形成了系列研究成果及实践经验，他和小斯蒂芬·斯皮内利所著的《创业学》一书，在创业管理、新企业创建、创业融资、风险投资、创新性课程开发等方面进行了系统研究，成为美国乃至世界创业教育的框架和标准。杰罗德·海尔在“大学创业教育的变化：进化领域的实证研究”（1998）研究报告中指出教育目标、管理与课程发展议题、课程特性等是影响创业教育结果的三因素。撒迪厄斯（2010）和贝丽尔（2010）则提出将创业教育课程中的经济、财政、会计、企业等因素融入通识教育中，为学生提供更好的就业创业机遇。

(二) 国内研究现状

1999 年 1 月我国公布了《面向 21 世纪教育振兴行动计划》，由此开始了我国创业教育研究的萌芽，而在高等教育领域针对大学生创业教育的研究兴起于 2001 年。2002 年 4 月，教育部确定 9 所院校作为开展创业教育的试点院校，创业教育开始引起关注。有关创业教育的研究成果最初主要是介绍性和指南性的。代表性的著作是全国高校大学生信息咨询与就业指导中心著的《知识创业：大学生就业指南》，从“创业背景”“创业环境”“创业理念”和“现今创业者所需的素质”四个方面阐释创业，指导大学生全面理解创业，积极参与创业。此后大量相关研究陆续展开。在早期介绍国外创业教育理论并呼吁国内开展创业教育的研究基础上，后续研究主要关注了创业教育概念的辨析和如何开展创业教育两个主题。

1. 国外相关理论的介绍和我国开展创业教育的呼吁

向东春、肖云龙（2003）全面介绍了美国百森商学院创业教育的发展历程，系统分析了其创业教育理念、创业课程设计和创业教育具体教学过程。张健（2003）则通过梳理以创业学术会议、学术期刊、研究学者和创业教育为核心的美国创业学术研究发展历程，展望了我国创业学术研究的发展趋势。张帏、高建（2006）以斯坦福大学创业教育为研究对象，通过对其创业教育发展历程、课程体系和非课程的互动式教育手段的分析，总结探讨了其开放的网络式创业教育层次结构和特点，肯定了创业教育对硅谷可持续发展的重要价值。

张平（2002）、牛泽民和熊飞（2003）的研究虽强调角度不同，但都呼吁在我国的高等教育中开展创业教育。汪宜丹（2002）则对研究生教育中开展创业教育进行了呼吁。

2. 创业教育概念的辨析

在介绍国外创业教育理论的同时，国内大量的学者开始了创业教育概念辨析的研究。李树茂（2003）提出：创业教育（Enterprise Education），是通过创业教育教学活动培养学生创业能力的教育，即在加强基本理论和基础教育的同时，以培养学生创业精神和创业能力的基本价值取向教育。创业的内容包括“就业”和“创造新的就业岗位”。就业不是被动地等待分配工作，而是积极、主动地寻找可能的工作岗位以及通过开创性的工作使其成为现实工作的过程；创业教育不是“就业”而是“创造新的就业岗位”。房欲飞（2004）的研究从创业教育功能的角度对创业教育的概念进行了剖析，给出了创业教育的概念，指出创业教育的本质是通过课程资源的整合、教学方法改革的实施等手段培养学生具备创业精神和培养创业能力的教育。

同时，一批学者通过对创业教育、素质教育、就业教育等概念的辨析，探讨创业教育的概念。严柱春（2002）重点辨析了“就业教育”“择业教育”和“创业教育”三个概念，强调了创业教育对创新性和创造性的培养；曹威麟、李德才（2002）则通过素质教育与创业教育关系的辨析，提出应将创业教育纳入素质教育体系之中。杨丽（2004）同样对创业教育和素质教育的逻辑关系进行了分析，肯定了二者存在相辅相成的关系，创业教育的实施要与素质教育紧密结合。

3. 如何开展创业教育

谢树平（2002）研究了创业教育课程体系的构建，从创业意识、品质、能力和知识四个方面切入，构建由综合性实体课程、科学文化基础课程、专业课程和分科性非实体课程为要素的课程体系。陶金国（2003）提出案例教学课程和实践环节是实施创业教育的主要手段。盛春辉和李守强（2006）进一步从构建创业教育体系入手，提出了建立创业教育评价机制的必要性。刘鲁庆、李丽红（2014）对我国创业教育的现状进行了总结分析，指出：目前国内关于创业教育的研究正处于由概念、起源、意义等理论初期阶段过渡到原则、方法和路径探讨等体系构建阶段的转化期，创业教育研究还存在三个主要问题：第一，创业教育研究在学术理论界尚未引起足够的重视，还未形成创业教育的理论研究框架，创业教育理论“范式”与体系“规制”也尚未出现，缺乏量化的深入研究；第二，教育领域研究创业教育脱离创业过程，把创业教育与创业活动割裂开来，导致现实的创业活动与学校的创业教育相剥离；第三，在关于创业教育实践问题研究中，大多为政策性呼吁，对创业实施过程中的具体问题进行策略分析和阐述的很少。

三、创新创业教育体系国内外研究现状

（一）国外研究现状

随着创新教育和创业教育研究的不断深入，美国的创新创业教育体系日渐成熟，先后有1 600多所大学形成了系统完善的创新创业教育体系，每一学校又根据各自的情况形成了相对独特的创业教育体系。百森商学院重点围绕创业课程体系的构建开展研究，运用课程整合理论，有机融合科学教育和人文教育，将与创业有关的社会知识与创业意识、创业核心能力培养等整合，构建了创业教育课程体系。这种课程整合理论指导下构建的课程体系，被誉为美国高校创业教育课程化的基本范式（Kuratko，2005）。

杰弗里·蒂蒙斯则设计了以理论课程和实践课程为构成要素的创业教育课程体系，该课程体系成为美国大学创业教育学科化的基本模式。在其百森商学院的创业课程教学中，授课体系具体涵盖了战略与商业机会、创业者、资源需求与商业计划、创业企业融资和快速成长五个部分。McMullan和Long（1990）构建了以创业意识、创业能力、创业知识结构和创业实务操作为核心的创业知识课程体系，并辅以相关基础课、专业课。加里博士（Dr. Gary）在扬斯敦州立大学和威斯康星大学任教期间开创了创业教育课程的学位模式，强调创业教育的课程应该贯穿于大学本科生阶段、研究生阶段及MBA教育阶段，以必修课和选修课的形式完成才可以取得学位。如大学本科阶段的创业教育课程主要集中于大三、大四两个年级，大三以必修课为主，如“创业简介”“创造、创新和产品开发”等；大四以选修课为主，如“创业实务”“创业讲座系列”等。

综上所述，国外高校创业教育已经进入成熟阶段，主要体现在创业教育理念已被普遍认同、创业教育体系比较完善、创业教育实践形成规模并取得显著的产出转化效果。但由于文化背景、教育体制、社会制度等与中国迥异，其研究成果不能被中国高校照搬套用。

（二）国内研究现状

国内最早开展创新创业教育体系研究的是哈尔滨工程大学王永友（2003），他从创业教育的目标体系、内容体系、专家体系、过程体系四个方面进行了阐述。王永祯（2004）提出了创业教育的基本模型。二者的研究可以看作对创业教育体系研究的开端。

2005以来，国内开始了对创新创业教育体系的集中研究。其研究视角主要包括三个层

面：一是创新创业教育体系构成研究；二是创新创业教育体系子系统研究；三是不同类型的高等学校创新创业教育体系研究。

在第一类研究中戴育滨（2008）、曲殿彬和许文霞（2009）、余为（2010）等学者的研究成果基本代表了当前学界的研究水平。他们构建了由目标体系、课程体系、制度体系、保障体系和评价体系五要素构成的创新创业教育体系。杜海东（2011）设计了由核心部分、辅助部分和支撑部分构成的三层面创新创业教育体系。谈晓辉等（2015）总结了中南大学开展创新创业教育的实践经验，对创新创业教育体系进行了探讨。王占仁（2015）构建了四层次“广谱式”创新创业教育体系，四层次分别为“通识型”创新创业启蒙教育、与专业教育融合的嵌入型教育、“专业型”创业管理教育和“职业型”创新创业继续教育。这一层面的研究特点是对创新创业教育体系的探讨缺乏具体指向和可操作的具体策略。

对创新创业教育子系统研究最集中的是创新创业教育课程体系设计。李景旺（2006）提出了由学科课程、活动课程和创业实践课程三类构成的创业教育课程体系。而杨雪萍（2008）和余为（2010）的研究中都建议创业教育课程体系包括必修课（如企业管理、市场营销等主体课程等）和选修课（如财务管理、人力资源管理、生产流程与操作、商业法律等）两大类。纪玉超、沈文青（2010）提出以融合的理念促进创业教育课程体系与现有教育教学体系的协调发展，即以实践为特点的模块课程与专业课程的相互融合。鲁淑华（2012）提出开设普及型和专业型创业教育课程的理念，并对创业教育课程的开设时间、教学方法和手段提出了构想。鞠志宇等（2015）对应用型本科高校创新创业教育课程体系从潜在课程和显性课程两个方面进行了研究。

学者们对创业教育课程体系形成了如下共识：创业教育课程体系要体现系统性和综合性；创业教育课程要与专业课程相融合；理论课程要与实践课程相结合。应当看到，创业型人才的培养是一个系统工程，需要校内外结合、课内外结合、理论与实践结合。创业教育课程体系属于创业教育体系的一个分支，是开展创业教育的核心部分，但不是全部。高校创业教育除了要设计合理的课程体系，还要具备相应的目标体系、内容体系、制度体系、实践体系等。

也有其他学者开展了创新创业教育体系中包括课程体系建设在内的其他子系统构建的研究。如：薛慧（2014）分别阐述了创新创业教育保障体系、创新创业课程体系建设和创新创业教育实践育人体系的构建。焦烈、王尧（2015）开展了创新创业教育实践教学体系构建的研究，提出了校内实践平台与校内外实践项目相结合的实践教学体系，并分析了相应的保障机制建设。

按照高校不同类别对创新创业教育体系进行分类研究的文献中，主要从研究型高校和应用型高校两个角度切入。童晓玲的博士论文对研究型大学创新创业教育体系展开了全面研究，从外部政策和社会舆论环境、内部体系模块、运行模式、运行机制四个维度构建了既符合创新创业人才培养规律又能融入大学教育体系的研究型大学创新创业教育体系。对应用型高校创新创业教育体系的研究相对较多。张素红等（2012）、贾学彬（2012）、白绍业（2014）从各自所在学校的角度研究了创业教育体系的构建。张素红针对金陵科技学院的实际情况构建了该校创业教育的保证体系、课程体系和活动体系。其中课程体系包括必修课、选修课、讲座课和模拟实践课四个模块。贾学彬主要从培训体系和保证体系两个层面设计了宿州学院的创业教育体系。白绍业从课程体系和实践体系两个方面进行了简单分析。朱柏青、陆富彬（2012）对应用型本科院校创业教育课程体系、课外创业教育方式和人才评价进行了论述。张建斌、张颖洁（2013）分析了基于就业导向的创业教育课程设置、教学模式和保障体系的构建。侯亚辉（2013）把创业教育体系分成创业课程模块、创业大赛模块和创业论坛模块。戴贵芬（2014）的研究仅仅提出了创新创业教育体系构建的初步思路，没有形成成熟的研究结论。徐礼堂和陈旭阳（2011）构建了集目标体系、过程体系、保障体系和评价体系于一体的地方高校创新创业教育体系。虽然，对象是地方高校，但地方高校的人才培养主要是应用型人才培养，因此，他们的研究也属于从应用型高校的视角开展的研究。

四、述评

通过梳理国内外创新教育、创业教育和创新创业教育体系的相关研究成果和发展历程，可以发现，国外相关研究具有以下四个显著特点：第一，相关研究体系成熟，形成了较为科学的课程体系和教育体系；第二，研究成果源自于创新创业教育实施的实践探索，特别强调研究成果的实践价值；第三，创新创业教育的实践产出价值高，已培养出一批具有创新创业精神和创新创业能力的优秀人才；第四，虽然国外相关研究已经成熟，也有大量可资借鉴的经验，但由于体制、文化、环境和高校管理模式等方面与我国存在较大差异，所以许多研究成果不能在我国高校创新创业教育实践中直接应用。

国内已有研究成果则表现出以下三个突出特点：第一，大量研究成果集中于课程体系的设计，虽然不同学者就创新创业教育体系的概念和实践等问题进行了研究，但研究成果呈现出零散、各自为政、以阶段性为主的现状，并没有形成一个科学的体系；第二，已有研究较多地集中于创业教育体系的探讨，没有准确定位创新教育与创业教育的关系，忽略了二者的有机融合，割裂了创新创业教育体系的内涵；第三，近两年来虽然关于创新创业教育体系的研究逐步增加，也提出了相关的设计思路，但都只进行了简单的构想和思考，没有系统、完整的体系构架，更没有较为翔实的研究成果。

综上所述，国内外研究现状表明，当前创新创业教育体系的研究存在以下三个突出问题：第一，国外的创业教育体系研究成果的直接借鉴可行度低；第二，国内创新创业教育体系的研究成果没有形成系统、科学的创新创业教育体系框架，多局限于某一层次或某一环节的研究，忽视了创业教育的系统性、长期性与开放性，割裂了高校与社会创业教育的有效衔接；第三，忽视了创新教育的特殊性和与创业教育的有机融合；第四，缺乏适应不同类型人才培养诉求的有针对性的研究成果。

参考文献：

[1] 朱永新，杨树兵. 创新教育论刚 [J]. 教育研究，1999 (8)：8-15.

[2] 张立昌. 创新·教育创新·创新教育 [J]. 华东师范大学学报 (教育科学版)，1999 (4)：26-33.

[3] 方华，黄小峰. 大学生创新教育的理论与实践 [J]. 安徽工业大学学报 (社会科学版)，2008 (9)：142-145.

[4] 张德茗，蒋雪湘. 培养创新能力——大学文化素质教育的核心 [J]. 湖南医科大学学报 (社会科学版)，2005 (6)：168-169.

[5] 吴慧芳，姜敏. 关于大学创新教育的探析 [J]. 华北电力大学学报 (社会科学版)，2007 (7)：124-127.

[6] 陈琳. 文化视阈中的大学创新教育 [J]. 南通职业大学学报，2009 (12)：33-37.

[7] 向东春，肖云龙. 美国百森创业教育的特点及其启示 [J]. 现代大学教育，2003 (2)：79-82.

[8] 张健，姜彦福，雷家骕. 美国创业学术研究及其对我们的启示 [J]. 外国经济与管理，2003 (1)：21-25.

[9] 张帏，高建. 斯坦福大学创业教育体系和特点的研究 [J]. 科学学与科学技术管理，2006 (9)：143-145.

[10] 张平. 创业教育：高等教育改革的价值取向 [J]. 中国高教研究，2002 (12)：43-44.

[11] 牛泽民，熊飞. 发展创业教育对促进中国现阶段经济增长的作用 [J]. 北京航空航天大学学报 (社会科学版)，2003 (9)：75-80.

[12] 汪宜丹. 论研究生的创业教育 [J]. 合肥工业大学学报 (社会科学版)，2002 (4)：22-24.

[13] 李树茂. 创业教育——中国高等教育改革的新亮点 [J]. 高等教育研究，2003 (2)：58-60.

[14] 房欲飞. 大学生创业教育的内涵及实施的意义 [J]. 理工高教研究，2004 (8)：76-78.

[15] 杰弗里·蒂蒙斯. 创业学 [M]. 纽约：欧文出版公司，1977.

[16] 曹威麟，李德才. 中国高校的创业教育 [J]. 现代教育科学：高教研究，2002

（3）：11-13.

［17］杨丽. 加强创业教育 把素质教育引向深入［J］. 河南教育学院学报（哲学社会科学版），2004（2）：96-98.

［18］谢树平. 关于创业教育课程设计与实施的思考［J］. 职业技术教育（教科版），2002（7）：64-66.

［19］陶金国. 在课程教学中实施创业教育［J］. 中国高等教育，2003（11）：39-40.

［20］盛春辉，李守强. 试论高等院校创业教育体系的构建［J］. 辽宁行政学院学报，2006（8）：88-89.

［21］刘鲁庆，李丽红. 社会资本视域下大学生创业教育研究文献综述［J］. 常州大学学报（社会科学版），2014（11）：115-118.

［22］王永祯. 大学生创业教育体系建设初探［J］. 华北工学院学报（社会科学版），2004（3）：72-74.

［23］李景旺. 探讨高校创业教育课程体系的构建［J］. 教育与职业，2006（6）：22-24.

［24］戴育滨. 构建高校大学生创业教育体系的探索与实践［J］. 教育与职业，2008（10）：58-59.

［25］曲殿彬，许文霞. 论高等学校创业教育体系的构建［J］. 东北师大学报（哲学社会科学版），2009（3）：43-48.

［26］余为，付建民，杨立安. 大学生创业教育体系构建［J］. 中国高校科技与产业化，2010（8）：34-35.

［27］杜海东. 高校创业教育体系构建的研究现状与思考［J］. 长春工业大学学报（社会科学版），2011（3）：136-138.

［28］谈晓辉，张建智，关小舟，陈卓，曹小林，刘志强. 大学生创新创业教育体系研究与探索［J］. 创新与创业教育，2015（10）：25-27.

［29］王占仁. “广谱式”创新创业教育的体系架构与理论价值［J］. 教育研究，2015（5）：56-63.

［30］杨雪萍. 试论大学生创业及创业教育服务体系的构建［J］. 开封大学学报，2008（9）：62-64.

［31］纪玉超，沈文青. 以融合的理念建构高校创业教育课程体系［J］. 继续教育研究，2010（10）：124-125.

［32］鲁淑华. 地方本科院校创业教育课程体系设置研究——以重庆市为例［D］. 重庆：重庆大学，2012.

［33］鞠志宇，陈新华，贾晓红，吴长增. 应用型本科高校创新创业教育课程体系的构建［J］. 创新与创业教育，2015（2）：74-76.

［34］ 薛慧. 关于高校创新创业教育体系构建的思考［J］. 江苏高教，2014（3）：65-66.

［35］ 焦烈，王尧. 我国高校创新创业教育实践教学体系的构建［J］. 辽宁教育行政学院学报，2015（2）：46-49.

［36］ 童晓玲. 研究型大学创新创业教育体系研究［D］. 武汉：武汉理工大学，2012.

［37］ 张素红，陈小虎，鲁宇红. 新型应用型本科院校创新创业教育体系的构建——以金陵科技学院为例［J］. 金陵科技学院学报（社会科学版），2012（12）：6-10.

［38］ 贾雪彬. 应用型本科高校着力构建大学生创新创业教育体系研究——以宿州学院为例［J］. 赤峰学院学报（自然科学版），2012（9）：192-194.

［39］ 白绍业. 浅析应用型本科高校创新创业教育体系的构建——以 CZ 学院为例［J］. 佳木斯教育学院学报，2014（6）：191-193.

［40］ 朱柏青，陆富彬. 应用型本科院校大学生创业教育体系建立研究［J］. 科教文汇，2012（9）：35-36.

［41］ 张建斌，张颖洁. 以就业为导向的应用型本科院校创业教育体系构建研究［J］. 江苏技术师范学院学报，2013（10）：103-108.

［42］ 侯亚辉. 应用型本科院校大学生创业教育体系构建的探索［J］. 中国成人教育，2013（23）：66-68.

［43］ 戴贵芬. 应用型本科院校创新创业教育体系的构建［J］. 吉林工程技术师范学院学报，2014（1）：1-2.

［44］ 徐礼堂，陈旭阳. 基于创业能力为核心的地方高校创新创业教育体系构建［J］. 创新与创业教育，2011（7）：9-12.

地方高校创新创业教育评价

——基于国家级大学生创新创业训练计划项目的数据

彭萍（德州学院经济管理学院 山东·德州 253023）

创新创业教育起源于国外，许多国家都已成功开展创新创业教育，但我国的创新创业教育则起步较晚。在国家经济、政策、法律的支持下，许多高校都建立了大学科技园区、大学生自主创业园区，肩负起了推动创新创业教育发展、培养具有创新创业综合素质人才的重要使命。

一、高校创新创业教育研究文献综述

创新创业教育对提高国家创业水平和创新能力、促进大学生知识转化、加强校企合作、解决大学生就业问题都具有重要意义，是国内外教育领域的共同课题。目前国内外学术界对创新创业教育的研究内容主要包括：创业教育与国家政策、经济发展的研究，创业教育课程体系开发与构建，创业教育教学方法及模式、师资培养，创业商业竞赛，创业过程影响因素，创业教育评估机制与评价体系等。国外创新创业教育研究多以研究型大学为特定研究对象，对于大学生创业教育的实施途径、实施方法等方面的研究较为零散，系统性不强。而我国教育界现有创新创业教育研究主要集中在创新创业理论探讨，侧重宏观研究，缺少对创业教育具体模式、实施途径和创新创业教育评估机制与评价体系的分析，因此，未来的创新创业教育的研究应注重创新创业实践，在创新创业课程体系构建的具体内容、创新创业教育的评估和评价方面积极探索。

二、地方高校创新创业教育评价样本选择与数据来源

本文以教育部公布的《2012—2014 年获批国家级大学生创新创业训练计划项目》的地方高校为研究对象，以创业实践、创新训练和创业训练为评价指标，归类整理出各高校每年的创新训练项目、创业训练项目和创业实践项目数据，按照三年均有创新创业训练获批项目为标准，筛选出 162 所地方高校作为样本。这些高校分布在安徽、广东、浙江、上

海、山东等 24 个省市，覆盖面广，具有代表性。本文采用 SPSS17.0 软件进行因子分析，通过计算样本高校各因子得分和综合得分，对地方高校创新创业教育情况进行分析评价。

三、地方高校创新创业教育评价因子分析过程

采用 SPSS17.0 软件对样本数据进行描述性统计，2012—2014 年各年创新训练项目平均数为 34、27、29 项，创业训练项目平均数为 8、5、5 项，创业实践项目平均数为 3、2.5、2 项，可见创业项目明显少于创新项目，创业实践项目少于创业训练项目，这说明各高校的创业教育没有创新教育开展得好，其原因主要是创业环境、创业师资、创业基地和创业资金等缺乏。由输出的相关矩阵可见，同一项目不同年份相关性较高，创新训练项目的相关系数均在 0.5 以上，明显高于创业训练项目和创业实践项目；同年不同项目间具有相关性，但不明显，创业实践项目相关性明显偏低。

输出的 KMO 和 Bartlett 的检验结果显示，KMO 值为 0.702，大于 0.5，近似卡方值为 603.591，自由度为 36，显著水平为 0.000。依据该检验结果，数据适合做因子分析。

接下来采用主成分分析法进行公共因子提取。为了使得到的主因子更容易说明问题，对相关系数矩阵进行方差最大化旋转，并依据旋转后特征值大于 1 的原则提取 3 个因子。这 3 个因子的累计方差贡献率达到 70.14%，基本概括了原始数据所包含的信息。

各年创业实践项目在因子 1 中具有较高的载荷，载荷量分别为 0.858、0.805 和 0.760，所以将因子 1 命名为创业实践因子 F_1；在因子 2 中各年创新训练项目具有较高的载荷，载荷量分别为 0.894、0.814 和 0.801，将因子 2 命名为创新训练因子 F_2；各年创业训练项目在因子 3 中具有较高的载荷，载荷量分别为 0.856、0.707 和 0.374，将因子 3 命名为创业训练因子 F_3。

依据旋转后的因子载荷矩阵可以写出各因子的因子得分函数如下：

$$F_1 = 0.858X_1 + 0.805X_2 + 0.760X_3 + 0.160X_4 + 0.439X_5 - 0.220X_6 - 0.046X_7 + 0.327X_8 + 0.369X_9$$

$$F_2 = 0.123X_1 + 0.305X_2 - 0.110X_3 + 0.894X_4 + 0.814X_5 + 0.801X_6 + 0.243X_7 - 0.086X_8 + 0.193X_9$$

$$F_3 = 0.121X_1 + 0.173X_2 + 0.071X_3 + 0.048X_4 - 0.004X_5 + 0.296X_6 + 0.856X_7 + 0.707X_8 + 0.374X_9$$

四、地方高校创新创业教育评价结果

采用回归方法计算出各因子得分，再以旋转后各因子的方差贡献率占三个因子总方差贡献率的比重作为权重，加权计算后得到各样本高校的综合得分 F（见表 1），即：

$F=(27.489F_1+25.842F_2+16.809F_3)/70.140$

表 1 地方高校创新创业教育综合得分及各因子得分理论研讨

排名	高校名称	综合得分	创业实践得分	创新训练得分	创业训练得分
1	安徽财经大学	4.44	10.06	1.92	-0.88
2	安徽工程大学	1.72	-0.46	3.80	2.09
3	合肥学院	1.51	1.40	1.77	1.27
4	安徽工业大学	1.47	0.50	2.97	0.74
5	安徽大学	1.30	-0.98	4.30	0.42
6	山东农业大学	1.15	0.64	0.63	2.77
7	安徽新华学院	1.04	1.08	-0.12	2.74
8	广东外语外贸大学	1.03	0.48	0.64	2.53
9	信阳师范学院	0.91	1.43	-0.38	2.05
10	河南师范大学	0.88	0.01	2.91	-0.81
11	安徽理工大学	0.88	-0.96	3.71	-0.48
12	洛阳师范学院	0.83	0.32	1.31	0.92
13	安徽师范大学	0.72	-0.32	1.88	0.54
14	华南农业大学	0.67	0.67	0.86	0.37
15	新乡医学院	0.64	2.19	0.04	-0.96

表 1 列示了综合得分排在前 15 名的地方高校，这 15 所高校主要在安徽、河南、广东和山东四省，充分说明这些省份和高校高度重视创新创业教育的开展，重视国家级大学生创新创业训练计划项目的申报，对创新创业教育投入了大量的资金和人力。在这 15 所高校中，创业实践开展较好的有安徽财经大学、合肥学院、安徽新华学院和新乡学院；创新教育开展较好的有安徽大学、安徽理工大学、安徽工程大学、安徽工业大学和河南师范大学；创业训练开展较好的有山东农业大学、安徽新华学院、安徽工程大学和信阳师范学院。无论是样本选取还是评价结果，安徽省高校都较为突出，它们的做法可供各地方高校借鉴与推广。

总之，经过对原始数据标准化处理后，我们将地方高校创新创业教育的平均水平定为零点。所以，综合得分为非负值的地方高校，其创新创业教育超出平均水平，共有安徽财经大学、安徽大学、山东农业大学、北京工业大学、华南农业大学、广州大学、上海大学等 64 所高校的创新创业教育较为令人满意，占研究样本总数的 39.5%。这 64 所高校主要分布在中东部地区的安徽、广东、河南、山东、上海、吉林、福建、广西、江西、北京、天津和浙江 12 个省（市、区）。而综合得分为负值的地方高校，则其创新创业教育低于平均水平，共有重庆师范大学、四川美术学院、云南财经大学、贵州财经大学、武汉工程大学等 98 所高校的创新创业教育有待进一步推进，占研究样本总数的 60.5%。由此看来，我国地方高校的创新创业教育任重而道远。

参考文献：

［1］国家级大学生创新创业训练计划专家工作组. 国家级大学生创新创业训练计划工作手册［M］. 南京：东南大学出版社，2013.

［2］彭森. 大学生创业教育研究述评［J］. 湖南农业大学学报（社会科学版），2013（4）：40-42.

［3］宁钟，李佩文. 高校创业教育研究文献综述［J］. 教育教学论坛，2012（39）：255-257.

创业教育课程建设调研报告

郑晓燕

自2012年教育部提出在高校开设创业教育课程的要求后，经济管理学院迅速组建创新创业教育团队开展相关研究，取得显著成效。四年来，本研究团队先后出版创新创业教育系列教材7本，并自2013年在全校开设了“创业基础”公共选修课。经过四年来的不断完善，“创业基础”课程教学体系已较为完善，教学团队基本成熟。为进一步提升课程建设质量，2016年9月至10月期间，创业教育团队在全国范围内就创业教育课程建设情况进行了调研，现对调研情况报告如下：

一、我校创业教育课程建设基本情况

我校的创业教育课程自2013年开始开设，由经济管理学院的郑晓燕教授面向全校学生开设了“创业基础”公共选修课。至今，该课程已面向全校开设了8个学期，每学期学生选课人数将近200人。本研究团队经过四年来的努力，已编写出版《创业基础》和《创业基础案例与实训》两本创业基础课程教材，并配套出版了《创业融资》《创业营销》《创业与就业》《大学生科技创新教育》等系列教材，为课程教学提供了教材保证。经过四年来的建设，本研究团队成员已达到8人，发表了一系列相关教研论文；经济管理学院创新创业教育团队申报的创新创业教育教学成果“地方高校经管类专业大学生创新创业教育体系构建与实践”于2014年获得山东省省级教学成果三等奖；2015年经济管理学院创新创业教育团队组织申报的教学改革研究项目“地方应用型高校创新创业教育体系深化研究”获批山东省教学改革项目立项；经济管理学院创新创业教育团队在完成创新创业教育教学任务的同时，建成了“创业管理”校级精品课程和“创业教育”精品课程群，完成了课程视频的录像，初步形成了创业教育理论课程体系，并形成了相应的教学方法，积累了一批教学案例，极大地丰富了创业教育课程教学内容。

二、全国及山东省高校开展创业教育课程建设调研基本情况

1. 调研目的

全面了解全国各高校创业教育课程建设的基本情况，收集整理相关基础数据，为我校创业教育课程建设质量提升提供借鉴。

2. 调研对象

本次调研，针对全国高校开展抽样问卷调查。省外调研高校主要包括南开大学、安徽科技学院、佳木斯大学，省内调研高校主要包括泰山学院、聊城大学、山东师范大学、山东体育学院、山东农业大学、齐鲁工业大学、山东工商学院、山东建筑大学、枣庄学院；共调研 12 所高校。

3. 调研方法

此次调研采用抽样调查法，主要通过网上调研和电话采访方式开展调研工作。

三、调研结果分析

对 12 所高校调研的具体结果见文末表 1 和表 2，以下进行具体数据分析。

1. 创业教育课程的主管部门

省内高校中，除山东体育学院没有开设创业教育课程外，其他 8 所高校中，4 所高校由教务处主管，1 所高校由就业处主管，2 所高校由独立设置的创业学院专门机构进行管理，1 所高校由二级学院主管。省外高校中，2 所高校均由专门设置的机构主管。由以上数据可以看出，学校教务处主管创业教育课程的偏多，其次是专设创业教育机构，而专设创业教育机构的学校的创业教育工作均已开展得较为成熟。

2. 创业教育课程开设的基本情况

从课程开设情况看，山东省内高校中开设创业教育课程较多、体系较完整的是山东工商学院，该校设立了从创业基础到创业营销等的系列课程，创业基础作为必修课开设，其他相关课程则作为专业选修课开设，形成了从基础理论课到专业理论课较为完整的创业课程教育体系。

创业教育课程建设处于起步阶段的是泰山学院，仅作为各院部的专业选修课开设，课程开设也没有连续性。其他院校则较为重视创业教育课程建设，基本都设置了“创业基础”课程，5 所学校该课程为公共必修课，1 所学校该课程为公共选修课；“创业基础”课程的学分基本按照教育部规定设为 2 学分、32 学时。但个别院校也有增加学分和课时的：其一是聊城大学，将学分设置为 2~6 学分，课时扩展到 64 学时；其二是山东师范大学，将课时扩展到 36 学时。进一步考察理论课时和实践课时的分配可以看出，除山东体

育学院外的 8 所院校，有 4 所院校设置了实践课时，这 4 所院校包括山东师范大学、枣庄学院、齐鲁工业大学、山东农业大学，其他 4 所院校均设置为理论课时，没有设置实践课时。

从课程开设的对象可以看出：除山东体育学院之外开设创业教育课程的 8 所院校中，除泰山学院 1 所学校开设对象是院部学生，其他均面向全校学生开设。

至于课程开设的时间，调研结果显示：8 所开设创业教育课程的院校中，泰山学院开设在大四，山东农业大学开设在大二，枣庄学院和山东工商学院没有反馈信息，其他 4 所院校的开设时间基本贯穿于大一到大四的本科教育全程。

省外高校的调研结果显示：3 所学校均设置了“创业基础”课程，设置课程门数较多的是安徽科技学院，3 所学校均将创业基础课程设置为公共选修课，面向全校学生开设，开设时间也基本贯穿于大学四年，而在学分的设置上则表现出不同的情况，但基本均设置为理论课时。

3. 创业教育课程相关研究工作开展情况

对创业教育相关课程是否形成了教学规范的调研数据显示：山东省内 8 所开设创业教育课程的学校中，山东师范大学和齐鲁工业大学形成了相关课程的教学规范，其他 6 所院校均没有相应的教学规范。而省外 3 所高校均形成了创业教育相关课程的教学规范。

而从教材建设情况看，开展了教材编写研究并正式出版的学校山东省内有 2 所，包括聊城大学和山东师范大学，其他院校均没有开展教材的编写工作。省外院校中有 1 所学校出版过教材，其他 2 所院校则没有编写自编教材。

综合以上调研的数据可以形成以下结论：

（1）当前大部分高校已经认识到创业教育课程开设的重要性，也都展开了创业教育课程建设的具体工作，但建设水平和层次不一。山东省内高校创业教育课程建设水平也参差不一，存在还没有开设的学校，也有处于起步阶段的学校，但大部分院校已经开展了创业教育课程建设工作并取得了实效。

（2）各高校主要开设的创业教育课程是“创业基础”，大部分作为公共必修课面向全校学生开设，开设时间贯穿于大学本科四年，学分和学时设置基本按照教育部提出的要求设置为 2 学分、32 学时。

（3）各高校的创业教育课程的管理较多由学校教务处统一管理，而创业教育课程建设较为成熟的学校则偏向于设立专门机构或在二级学院进行专项管理。

（4）各高校在创业教育课程研究方面发展水平不一，相对而言，省外高校的规范性研究成果显著，省内高校在自编教材方面取得成效。

（5）虽然各高校的创业教育课程建设均取得了不同程度的成效，但一个突出的问题是主要集中于理论教学，实践教学的力度不够。当然，也有部分院校的相关管理人员认为，大学生的创业教育主要是意识的培养，因此重点是理论学习。因此，在理论与实践教学的安排上，还存在分歧。

表 1　　山东省高校创业教育课程建设基本情况

项目＼学校	山东体育学院	聊城大学	山东师范大学	泰山学院	山东建筑大学	山东工商学院	枣庄学院	齐鲁工业大学	山东农业大学
课程管理部门	无	学校教务处	学校教务处	各院部教学管理部门	就业处	创业学院	学校教务处	创业学院	学校教务处
课程开设门数	无	2	1	无	3	10	3	1	1
课程名称	无	创新学、创业基础	大学生创业教育实践	无	职业规划与就业创业指导、大学生KAB创业基础、创业实训	创业基础、KAB创业教育等	创业基础、创业团队与拓展训练、创新与创业	创业基础	职业发展与就业创业指导课创业教育教学模块
课程性质	无	公共必修课	公共选修课	专业选修	必修、专业选修、专业选修	必修、选修	必修、选修、选修	公共必修	公共必修
学分	无	2~6	2		2	2	2	2	2
学时	无	64	36	32	32	32	32、64、64	32	32
其中：理论学时	无	64	28	32	32	32	16、64、64	16	24
实践学时	无	0	8	0	0	0	16、0、0	16	8
开设对象	无	全校学生	全校学生	各院部学生	全校学生	全校学生	全校学生	全校学生	全校师生
开设时间	无	大一	大一、大二、大三、大四	大四	大一、大二、大三	不确定	不确定	大一、大二、大三、大四	大二
是否有教学规范	无	无	有	无	无	不确定	不确定	有	无
教材	无	自编教材	自编教材	已出版教材	无	不确定	不确定	无	已出版教材

表 2 省外高校创业教育课程建设基本情况

项目 \ 学校	南开大学	安徽科技学院	佳木斯大学
课程管理部门	学校专设机构	创新创业教育学院	学校教务处
课程开设门数	1	3 门理论课、3 门实践课	3
课程名称	大学生创业基础	大学生创新创业教育、大学生就业指导、专业前沿导论、创新创业论坛、专业创业教育课程、专业创新实践	大学生创业指导、大学生创业基础、创业企业战略与机会选择
课程性质	公共选修课	不确定	公共选修课
学分	无	不确定	5
学时	无	不确定	76
其中：理论学时	无	不确定	76
实践学时	无	不确定	0
开设对象	全校学生	全校学生	各院部学生
开设时间	大一、大二、大三、大四	不确定	b. 大二 c. 大三 d. 大四
是否有教学规范	有	有	有
教材	已出版教材	自编教材	已出版教材

附件：近两年国家和山东省关于创业教育的相关政策及著名学者代表性观点

一、国家相关政策

2015 年 5 月 4 日国务院办公厅下发了《国务院办公厅关于深化高等学校创新创业教育改革的实施意见》，对深化高校创新创业教育改革提出了具体实施意见。该意见从总体要求、主要任务和措施以及加强组织领导三个方面详细提出了开展具体工作的方案。其中在创业教育课程方面提出要健全创新创业教育课程体系，要求各高校根据人才培养定位和创新创业教育目标要求，促进专业教育与创新创业教育有机融合，调整专业课程设置，挖掘和充实各类专业课程的创新创业教育资源，在传授专业知识过程中加强创新创业教育。面向全体学生开发开设研究方法、学科前沿、创业基础、就业创业指导等方面的必修课和选修课，纳入学分管理，建设依次递进、有机衔接、科学合理的创新创业教育专门课程群。各地区、各高校要加快创新创业教育优质课程信息化建设，推出一批资源共享的慕课、视频公开课等在线开放课程。建立在线开放课程学习认证和学分认定制度。组织学科带头人、行业企业优秀人才，联合编写具有科学性、先进性、适用性的创新创业教育重点教材。

2015 年 11 月 27 日教育部又下发了关于做好 2016 届全国普通高等学校毕业生就业创业工作的通知，在通知中明确要求：从 2016 年起所有高校都要设置创新创业教育课程，对全体学生开发开设创新创业教育必修课和选修课，纳入学分管理。

二、山东省相关政策

2016 年 4 月 5 日，山东省人民政府办公厅下发了关于贯彻国办发〔2015〕36 号文件全面深化高等学校创新创业教育改革的实施意见。该意见根据国务院办公厅的相关要求，从总体要求、深化人才培养模式改革、加强创新创业教育基础能力建设和完善创新创业教育政策保障及服务体系四个方面提出了工作要求，并明确了重点任务分工及工作进度安排。

该意见要求：健全创新创业教育课程体系。各高校要建立人才培养方案定期修订制度，科学合理设置创新创业必修课和选修课，纳入学分管理。从 2016 年起，各高校均要设置创新创业教育课程，面向全体学生分层分类开设研究方法、学科专业前沿等通识课程，开设体现行业特点、融入创新创业思维和方法的专业课程；对有创业意愿的学生开设创业指导及实训类课程；对已经开始创业实践的学生开展企业经营管理类职场指导与帮助。从 2016 年起，每年遴选认定创新创业方面的省级精品资源共享课。到 2017 年，全省基本建立起依次递进、有机衔接、科学合理、应对实战的创新创业教育专门课程群。

三、国内外著名专家学者的代表性观点

诺奖获得者、新华都商学院院长埃德蒙・费尔普斯教授认为：“创新”是整个商业领域“新点子”和“新方法”的集成。一个国家的自主创新就是来自于这个国家的商界人士的想象力和创造力。他发现，创业企业家如果有相对高的教育水平，他们成功的概率更高一点，这也是在中国对企业家研究之后得到的结论。

他点明一个国家良好的通才教育可能比商学院教授的课程能发挥更大的作用，并不是说商学院教育不重要，而是通才教育能够更好地推动创新以及创业活动，因为这种通才教育能够传授给人们美好生活的理念，而我们了解这种想象、探索、创造、实践以及发现的“创新”过程能给我们带来极大的满足感。“我们的幸福感往往来自于一个新的点子、一

个新的创意。创新就是通过新的创造，让年轻人更多了解到这种美好生活，而教育就是激励和鼓励他们，让他们投入到创新创业这样一个具有挑战的征程中来，社会要有更多年轻人投入到这个创业和创新发展中来。”

南开大学商学院院长、特聘教授、创业管理研究中心主任、教育部创业教育指导委员会委员张玉利教授（长期关注创业研究并讲授“创业管理”，参与 2012 年教育部《普通本科高校创业教育教学基本要求》——创业基础大纲文件的论证）认为，创业教育不仅能帮扶创业者，更主要是能推动高校教育改革，和“双创”国策一起，进一步推动简政放权、推动国家改革。他很赞成将“创业”作为独立学科进行设置，认为此举会强化管理学科的特征，是管理学科的一种延伸。而社会上存在着把创新教育简化为学术前沿的讲座或者等同于就业指导和创业培训等观点，他对此表示很不认同。他认为，创业教育会让创业者的创业更完善。他以自己的童年学游泳的经历做比喻：“我游泳是从农村的河沟里学来的，只会一种姿势，如果有教练专业训练，我就不光会蛙泳，还会蝶泳、自由泳，游得既快又美，我羡慕极了，但是我没有得到这样的训练。”

调研小结：

纵观目前的高校创新创业教育，我们认为，有关专家观点虽然不同，但是，我们在有了四年多面向全校和在经管学院开展创业教育的经历之后，我们认为高校大学生开展创业教育的总体思路是点上突破、面上摊开。这具体有三点：第一，对大学生创业意识或者叫创业思维、创业精神的培养（理论）；第二，对大学生创业活动的引导（实践、实训、竞赛、创业训练营、创业大讲堂、创业沙龙等校内活动）；第三，创业基地或创业示范园的建设（见习、实习、校企合作、项目孵化、自主创业等校外活动）。

到目前为止，大家达成共识的是通过创业教育系列课程的开设，可以使在校大学生具备其他专业教育不能达到的素质，如：勇于探索的创新精神，用于承担风险的冒险精神，识别机会、快速行动的实践能力，善于合作、诚实守信的道德素养，创造价值、回报社会的社会责任感。

在如何推进高校创业教育上，我们认为上海交大校长张杰（中科院院士）的观点应该道出了目前推进高校创业教育的关键。他认为推进创新创业教育有四个关键点：一是理顺高校创新创业教育的体制、机制；二是构建有针对性的和实效性的创新创业教育课程体系（避免创新创业教育与专业教育“两张皮”）；三是构建多层次多样化的创新创业实践平台（特别是对创新创业起步阶段的人才、场地、资金需求）；四是组建“双师型”的创新创业师资团队。

创业教育从某种程度上讲，是教会学生走向社会的“防身术”。

实践创新能力是应用型人才培养的关键

宋广元　李永平　刘云利

随着我国高等教育大众化的到来，地方本科院校纷纷将人才培养目标定位于培养面向市场和生产第一线的具有创新性特征的应用型人才。众所周知，应用型人才培养的关键是实践能力培养。实践教学作为大学生实践能力培养的主要途径，近年来虽然得到了一定程度上的重视，取得了一定的成效，但同时也存在着诸多的问题，在应用型人才培养中显然未能充分发挥其应有的功能。在追求创新能力培养与个性化教育的今天，如何独辟蹊径强化学生实践创新能力培养，成为创新性应用型人才培养目标能否达成、培养规格能否达到的关键。

应用型人才培养的关键是实践能力培养，实践教学在培养学生的实践能力、创新能力方面具有特殊作用。

应用型人才是适应生产、建设、管理、服务第一线需要的高等技术型人才。与学术型、研究型人才相比，在培养模式上是以适应社会需要为目标，以培养技术应用能力为主线，设计学生的知识、能力、素质结构和培养方案，更加重视学生的技术应用能力的培养，更加强调能够解决生产实际中的具体技术问题，而且具有技术创新和技术二次开发的就业竞争能力。

应用型人才最突出的特点就是应用性，实践能力培养是应用型人才培养之关键。作为本科层次的应用型人才培养，其培养目标应定位于创新性应用型人才。该类人才不仅要具有很强的实践能力、动手操作能力和一线工作岗位的适应能力，也要具有较强的创新意识和创新精神，具有良好的创新思维和一定的创新能力。这就要求高等学校要积极深化实践教学改革，不断完善由教学实验、实习课程设计、业务实习过程实践、社会调查研究、课外科技活动、科研训练、各类学科竞赛活动、直接参加生产一线的劳动过程、毕业实习等模块组成的实践教学体系，充分发挥实践教学在提高学生的综合素质，培养学生的实践能力、创新意识和创新能力方面的特殊作用。积极创新实践教学模式，科学构建层次化、多元化、特色化的实践教学体系，着力强化实践能力培养。

近年来，德州学院从提高应用型人才实践创新能力出发，积极创新实践教学模式，构建了层次化、多元化、特色化的实践教学体系。

（一）遵循人对事物的认知规律，构建层次化的实践教学体系

从内容上来看，实践教学可分为认知实践、基础实践、综合实践和创新实践 4 个层次。

认知实践的作用是建立一种初步的感性认识，即对本专业所需人才素质及常用实验仪器或工具的感性认识、对本专业解决生产实际问题的方法的直观体验。基础实践对于学生理解和强化所学知识、掌握科学的实验方法、提高实验技能、养成求真务实的作风等方面起着极为重要的作用。综合实践的作用是培养学生综合应用专业基础知识去解决实际问题的基本能力。创新实践的作用是培养学生以创新思维方法为基础的创造性，应用本专业知识、技能和方法的基本能力。在此基础上，加深对专业所需基础知识、基本技能和基本方法的理解，在更高层面上加深对专业新的认知。大学低年级学生主要进行认知实践和基础实践活动，大学高年级学生主要进行综合实践和创新实践活动。实践教学层次化体现了认知—基本技能—基本能力—创新实践—再认知的实践教学的认知规律。

（二）针对学生个性化发展需求，构建多元化实践教学体系

实践教学多元化就是通过组织多种形式的实践活动，提供不同层次的实践内容，提出灵活多样的实践要求，吸引所有学生主动地、有选择地参与这些实践活动，并根据自己的发展方向，结合自己的兴趣和需求，在多种实践活动中找到适合自己的题目或任务。

在多元化的实践教学的实施过程中，现有实践教学环节要进一步强化，使学生得到基本知识和基本技能的培训，这是多元化实践教学的基础。在其他的实践教学模式中，要强化学生的主体作用，教师以平等的姿态，以参与者的身份同学生一起参加这些实践活动，通过引导、讨论、协作，来不断地提高学生独立分析问题和解决问题的能力，不断地发掘和培养学生的创新意识和创新能力。多元化的实践教学模式，是为学生搭建的一个进行科技活动的平台，要保证所有学生都能参与其中，使其成为每个学生根据自身条件进行个性化培养、充分展示个人才华的舞台，使所有学生都能得到最大可能的发展。

（三）针对创新性应用型人才培养，构建特色化实践教学体系

2011 年，学校出台了《德州学院关于培养创新性应用型人才的实施意见》，全面启动创新性应用型人才培养计划。根据创新性应用型人才培养目标，学校积极改革实践教学的原有模式，在加强实验、实训教学和专业实习、毕业论文（设计）等教学环节建设的基础上，积极引进和开拓新的实践教学方式，以实践教学连续性、实验教学项目性、实习教学岗位性、科技创新应用性、毕业设计实证性为标志，学校的实践教学实现了特色化。

一是加大实践教学的比例，确保实践教学的连续性。学校在实践教学改革的探索中，构建了“1236”实践教学模式（即实践教学时间在第一学年为 1 个月，第二学年为 2 个

月，第三学年为3个月，第四学年为6个月），保证了实践教学4年不断线。二是加强综合实验教学项目的开发，以实验教学的项目性培养学生工程项目设计能力。建立实验室开放、共享机制，积极开发综合性、设计性实验项目，学生参与指导教师承担的课题研究项目，高年级实习学生可直接参与企业研发项目，并积极实施大学生创新性实验项目培养计划。自2009年起，学校立项资助了127个科技创新项目。三是建立企校协同育人机制，确保实践教学的岗位性。近年来，学校积极改革传统的实习、实训方式，大幅削减观摩式、浏览式、帮工式的实习、实训，着力增加具有实际操作作用的顶岗实习、实训，使学生生产一线的实战能力和职业素质不断提高。四是广泛开展大学生科技文化创新竞赛活动，构建起由大学生创新实验计划、课外科研基金项目、科技文化活动节、学科实践能力竞赛、创新讲坛等组成的课外创新教育体系，推动大学生科技文化创新竞赛活动的深入开展。五是强化毕业设计（论文）管理，要求工科专业学生毕业论文选题必须来源于企业生产环节，研究内容要侧重于解决生产过程的实际问题，并推出毕业论文（设计）企校“双导师”制，指导学生进行毕业设计，确保论文质量。

（四）以实践教学资源建设为支撑，以实践教学师资队伍建设为保障，着力构建适应创新性应用型人才培养的实践教学保障体系

1. 着力加强实践教学资源建设，为实践能力培养提供条件支撑

加强校内实践教学资源建设，为工科专业学生工程能力培养打下建设基础。校内教学基地既是承担实践教学、实现实践教学各个环节的重要场所，也是提高教学质量和增强学生实践能力的根本保证。近年来，学校建成了校内大型工程训练中心、创新教育训练中心等高端实践教学设施，与此同时学校还对各教学单位的实验实训设施进行整合，实现了实验室功能的提升，实施了实验室开放、共享，满足了学生实践与创新能力训练的需要。

积极拓展企业实践教学资源，建设产教融合的校外实习实训基地。学校积极探索校外实践教学基地建设模式，并通过学校的学科优势积极开展校校合作、校企合作、校地合作、科教合作，全方位拓展校外实践教学资源，建立了一批稳定的产学研合作的基地。基于互惠双赢的利益共同点，合作双方在实习教学过程中出真招、出实招，有效地提高了学生的实习实训质量。

积极探索实训基地建设新模式，重点加强综合性实训基地建设。2013年挂牌的“乐陵市工业园区综合实训基地”可满足机电工程学院、化学与化工学院、汽车工程学院等5个院系的10余个专业600余名学生的专业实训要求，相关企业不仅为学生设置“顶岗实习”岗位，而且专门为学生实习安排“实习导师”，指导学生参加生产实习和毕业设计。

2. 着力教师队伍建设，为实践能力培养提供人才支撑

“双师型”教师在创新性应用型人才培养中扮演着重要的角色。学校充分认识到“双师型”队伍建设的系统性、长期性和艰巨性，并采取了多项措施加强“双师型”队伍建

设，进一步完善了教师培养培训与考核机制，建立了包括青年教师进实验室制度、专业教师到企业实践制度、教师专业综合能力竞赛制度在内的一系列保障制度和措施。学校安排教师走出学校，深入企业，结合自身的科研和教学主题，参与企业实际工程项目，并与企业团队共同建设相关课程、联合开展科技创新，在实践中积累工程经验，提升专业实践应用能力。同时，了解相关行业最新的发展状态，接触行业中最前沿的技术，以使自己的课堂教学能反映当前的先进水平。建立相应的激励机制，鼓励专业教师到企业兼职，目前各工科专业有 70 余位青年教师在参加企业生产实践。学校还聘请有企业实践背景、拥有相关领域博士学位及工程师资格的人员作为学校的专业课和实验课特聘教师。目前，学校各工科专业在相关企业担任兼职教师的人数达 80 多人，大大缓解了工科专业“双师型”教师缺乏的难题。

实施创新教育，培养创新性应用型人才，创新型师资队伍的建设是关键。2012 年以来，学校将“实践创新名师”纳入“教学名师工程”进行管理，设立“实践创新名师奖”，用于鼓励指导学生参与科技文化创新训练和科技文化竞赛的教师。“实践创新名师奖”每年评选一次，对在指导学生参与大学生科技文化创新训练和大学生科技文化竞赛中取得显著成绩的教师授予“德州学院实践创新名师”的荣誉称号，并予以一定的物质奖励。“实践创新名师”工程建设，对引领广大教师培养创新精神和创新意识、不断提高创新能力产生了积极影响，这些影响在学生的创新训练与创新竞赛中体现得尤为突出。近 3 年，学校组织学生参加全国各类科技文化竞赛活动，均取得优异成绩。

基于层次分析法的经管类专业大学生创新创业能力综合评价分析

郑晓燕 李玉霞（德州学院经济管理学院 山东·德州 253023）

摘　要：面对近几年我国每年有700余万人高校毕业生的现状，地方本科院校如何通过提高在校大学生的创新思维、创新能力，进一步提升在校大学生的创业能力，进而提升大学生的就业竞争力，是亟须解决的问题。基于此，在分析研究经管类专业大学生创新创业能力综合评价影响因素的基础上，优选了观察判断能力、发散思维能力等10个评价指标，并利用层次分析法确立了综合评价体系中各指标的权重，构建了经管类专业大学生创新创业能力综合评价模型，通过实例对其进行验证，以期为高校推进创新创业教育以及创新性应用型人才的培养提供借鉴和参考。

关键词：大学生；创新创业能力；评价体系

引言

长期以来，社会赋予高等教育的职能主要是培养高级专门人才，是高层次的专业化教育。高校已经意识到了目前的人才培养与社会需求脱节的现状，而且许多高校已经在人才培养模式上进行改革，开始注重培养有国际视野、独立思考能力、社会责任感和文化修养的创新性应用型人才。大家知道，传统的教育评价往往是以学生在校期间的考试成绩为评判标准，评价形式过于单一。虽然近几年随着人才培养目标的调整，一些高校开始重视创新创业教育的开展，我国高校也在对学生创新创业能力评价体系进行不断的改革，但仍然存在评价方式单一、评价指标体系不科学等问题。经管类专业大学生由于具备经济及管理基础知识而具有创新创业的先天优势，如何对经管类专业大学生的创新创业能力进行科学的评价，如何使评价体系、评价方法具有客观性和可操作性，进而使其服务于高校大学生创新思维、创新能力的培养，并最终实现大学生创新创业能力的提升已成为我们当前亟待解决的问题。

一、经管类专业大学生的特点

经管类学科是文理渗透的综合性学科，而与单纯的理工科和文史类学科的学生相比，经管类专业的大学生无论是在思维方式、学习方法还是创新实践等方面都具有一定的特点：

（1）从思维方式的角度来看，理科学生的逻辑思维能力比较强，可以通过公式、定理进行严格推理，从而寻求标准答案；而文科生则偏重感性思维，往往是抓住问题主旨后进行发散式思维。而经管类专业大学生则综合了以上两者的特点，既有严密的逻辑思维，又能够发散延伸。因此，经管类专业的大学生在看待问题时会更仔细、透彻，具有独到的见解，具有良好的创新创业潜力。

（2）从所学知识的角度来看，经管类学科的学习更强调理论和实践的结合，要求学生能够实时关注经济动态，将所学理论知识应用于实践，学以致用。但由于社会发展日新月异，知识更新速度比较快，仅靠课堂的讲授远远满足不了学生，因此，就需要经管类专业的大学生具备较强的自学能力。

（3）从创新创业要素的角度来看，经管类专业大学生并不能像理科生那样通过不断的实验发现问题、解决问题，很难拿出实实在在的甚至是看得见的科研成果，因而往往会忽视对经管类专业大学生创新创业能力的培养。对经管类学生来讲，只要是在科学思想的指导下，运用科学理论与方法，在社会科学领域特别是经济管理领域进行开拓性思考，特别是在解决社会发展中存在的一些矛盾时，都会激发他们的创新创业思维。

二、评价指标体系的架构框架

经管类学科的特点决定了经管类专业大学生创新创业活动和创新创业成果与理工科和文科有着显著的差别。因此，对经管类专业大学生创新创业能力评价指标的设计也应充分考虑学科特点和学生特点，在阅读相关文献的基础上，遵循科学性、全面性、可操作性等原则，通过有针对性地与专家、经管类专业教师深入探讨和与不同专业学生座谈，初步建立了经管类专业大学生创新创业能力评价指标体系。该体系全面考虑了影响经管类专业大学生创新创业能力的各个因素，主要由学生的创新思维、创新知识、创新创业实践能力和非智力因素等指标组成（见表1）。

表 1　　经管类专业大学生创新创业能力综合评价指标体系结构

	一级指标	二级指标	评价标准
创新能力 A	创新思维能力 B_1	观察判断能力 C_1	观察的敏锐性 理解认知能力 独立思考能力 分析问题能力
		发散思维能力 C_2	直觉思维能力 联想思维能力 批判思维能力 创造性思维能力
		逻辑思维能力 C_3	逆向思维能力 逻辑推理能力 归纳总结能力
	创新知识能力 B_2	专业知识能力 C_4	专业基本知识和操作技能掌握程度 运用专业知识分析问题、解决问题的能力
		多学科交叉贯通能力 C_5	跨专业选修课程情况
		信息检索能力 C_6	利用图书馆、网络等资源检索信息的能力
	创新创业实践能力 B_3	实践创新创业能力 C_7	知识、信息综合运用能力 参加学校组织的社会实践活动情况 到企业或单位实习，获得相关工作经验情况 参与教师有关课题，提高动手能力情况 参加专业兴趣小组或社团活动情况 参加专业技能训练及培训情况
		实践创新创业成果 C_8	发表学术论文、发明创造情况 参加全国、省级专业技能竞赛获奖情况 在校企合作、创业实践中锻炼和取得的成果
	非智力因素 B_4	表达沟通能力 C_9	与人沟通表达能力情况
		创新意志 C_{10}	强烈的从事创新活动的期望情况 遇到困难时意志坚定、不怕挫折、奋发有为、积极拼搏的精神

可根据综合评价指标体系的评价标准打分，根据分数将创新能力划分为四级，分别为：Ⅰ级，得分≥85 分，创新能力很强；Ⅱ级，得分为 70~85 分，创新能力较强；Ⅲ级，得分为 60~70 分，创新能力一般；Ⅳ级，得分为 60 分以下，则认为创新能力很差。

三、经管类学生创新能力评价实例

本文以德州学院经济管理学院学生的创新创业实例进行评价研究。

（一）构造判断矩阵

针对上一层次的某因素，选取本院相关专家、领导、教师对各评价指标所给的重要性进行两两比较，重要性程度按 1~9 赋值（重要性标度值见表 2）。

表 2 重要性标度含义表

重要性标度	含义
1	表示两个元素相比，具有同等重要性
3	表示两个元素相比，前者比后者稍重要
5	表示两个元素相比，前者比后者明显重要
7	表示两个元素相比，前者比后者强烈重要
9	表示两个元素相比，前者比后者极端重要
2，4，6，8	表示上述判断的中间值
倒数	若元素 i 和元素 j 的重要性之比为 a_{ij}，则元素 j 与 i 的重要性之比为 $a_{ji}=1/a_{ij}$

通过对两两比较结果的汇总分析，得到如下判断矩阵（见表 3~表 7）：

表 3 创新创业能力判断矩阵

创新创业能力 A	创新思维能力	创新知识能力	创新创业实践能力	非智力因素
创新思维能力	1	3	1	5
创新知识能力	1/3	1	1	5
创新创业实践能力	1	1	1	5
非智力因素	1/5	1/5	1/5	1

将判断矩阵中的每行元素连乘并开 4 次方，归一化后得其相应的特征向量为（0.401 7，0.231 9，0.305 3，0.061 1），其最大特征值 $\lambda_{\max}=\sum_{i=1}^{4}\frac{(Aw)_i}{nw_i}=4.153\ 2$。

对其进行一致性检验，由于 CI = 0.051 1，CR = 0.051 1/0.90 = 0.056 8<0.1，所以此判断矩阵的一致性可以接受。

表 4 创新思维能力判断矩阵

创新思维能力 B_1	观察判断能力 C_1	发散思维能力 C_2	逻辑思维能力 C_3	W	一致性检验
观察判断能力 C_1	1	1	5	0.454 5	$\lambda_{\max}=3$ CI = 0 完全一致
发散思维能力 C_2	1	1	5	0.454 5	
逻辑思维能力 C_3	1/5	1/5	1	0.090 9	

表 5　　创新知识能力判断矩阵

创新知识能力 B_2	专业知识能力 C_4	多学科交叉贯通能力 C_5	信息检索能力 C_6	W	一致性检验
专业知识能力 C_4	1	1	5	0.454 5	$\lambda_{max}=3$ CI=0 完全一致
多学科交叉贯通能力 C_5	1	1	5	0.454 5	
信息检索能力 C_6	1/5	1/5	1	0.090 9	

表 6　　创新创业实践能力判断矩阵

创新创业实践能力 B_3	实践创新能力 C_7	实践创新成果 C_8	W	一致性检验
实践创新创业能力 C_7	1	5	0.833 3	$\lambda_{max}=2$ CI=0 完全一致
实践创新创业成果 C_8	1/5	1	0.166 7	

表 7　　非智力因素判断矩阵

非智力因素 B_4	表达沟通能力 C_9	创新意志 C_{10}	W	一致性检验
表达沟通能力 C_9	1	1	0.500	$\lambda_{max}=2$ CI=0 完全一致
创新意志 C_{10}	1	1	0.500	

（二）确定评价体系各单层次指标权重

利用方根法计算判断矩阵的最大特征值和特征向量，特征向量代表该层次各因素对上一层次某因素影响大小的权重。

（三）进行一致性检验

对于经过两两对比所得的判断矩阵，塞蒂提出要进行满意一致性检验，而将 $CI=\frac{\lambda_{max}-n}{n-1}$ 作为检验判断矩阵的一致性指标；当判断矩阵维数比较高时，认为当一致性比 $CR=CI/RI<0.1$ 时，该矩阵的一致性是可以接受的，否则需要对判断矩阵进行修正，其中 RI 为平均随机一致性指标。

（四）确定评价体系层次总排序权重

依次沿递阶层次结构由上而下逐层计算，即可得出最低层因素相对于最高层（目标层）的相对重要性系数，即各评价指标的权重 w_i，见表 8。

表 8　　经管类学生创新能力指标体系的权重

一级指标	权重	二级指标	权重
创新思维能力 B_1	0.401 7	观察判断能力 C_1	0.182 6
		发散思维能力 C_2	0.182 6
		逻辑思维能力 C_3	0.036 5
创新知识能力 B_2	0.231 9	专业知识能力 C_4	0.105 4
		多学科交叉贯通能力 C_5	0.105 4
		信息检索能力 C_6	0.021 1
创新创业实践能力 B_3	0.305 3	实践创新创业能力 C_7	0.254 4
		实践创新创业成果 C_8	0.050 9
非智力因素 B_4	0.061 1	表达沟通能力 C_9	0.030 6
		创新意志 C_{10}	0.030 6

（五）综合得分

由各评价指标的权重 w_i 和其对应的指标得分 x_i，即可得各评价指标的综合得分 S，按 S 值的大小可对各待评价样本进行综合评价。

其中，$S = \sum_{i=1}^{n} x_i w_i$　　(1)

例如，可以由学校的院系领导、辅导员、任课教师以及学生代表分别依据 10 个指标的评分标准对某学生进行打分，分数分别为：$x=$（80，76，90，82，75，80，85，84，80，72）。则由公式（1）可得 $S=80.5572$，即该学生的创新能力属于 II 级，创新能力比较强。

四、小结

本文从创新思维、创新知识、创新创业实践能力和非智力因素四个方面构建了经管类专业大学生创新创业能力综合评价指标体系，同时利用层次分析法具体计算出了各指标的权重。设计的评价指标体系定性分析和定量分析相结合，可操作性强。通过应用此模型，能避免评价者个人主观臆断的缺点，较好地保证评价工作的客观性、适用性和操作的便利性，也能较好地发现创新能力强的学生，较为准确地评价学生的创新能力和创业能力。

同时，从所得的指标体系权重可以看出，观察判断能力、发散思维能力以及实践创新创业能力在经管类专业大学生创新创业能力评价中占据很重要的地位，尤其是实践创新创业能力更是重中之重。因此，我们希望通过我们在这一领域的探索，对今后高校大学生创新创业能力的培养，特别是在创新思维、创新知识、创新创业实践能力等培养着力点的把握上提供一定的借鉴，为提升大学生的就业竞争力，为大学生顺利走向社会、实现高质量就业提供有价值的帮助。

参考文献：

[1] 汪芝泉. 大学生创新能力培养的制约因素及对策分析 [J]. 安徽工业大学学报（社会科学版），2009，26（4）：131-132.

[2] 田勇，张艳，宋煜姗. 农科大学生创新能力评价指标体系研究 [J]. 农业科技与装备，2010，190（4）：119-122.

[3] 张磊. 基于层次分析法的工科学生创新能力综合评价 [J]. 创新与创业教育，2010（5）：75-77.

本科应用型人才培养模式改革研究综述

张士献　李永平

摘　要：大众化高等教育背景下，本科应用型人才培养模式改革研究成果层出不穷，厘清了应用型人才、人才培养模式等概念，对我国本科应用型人才培养模式构建进行了实践性研究，但目前研究仍存在不足，应加强应用型专业人才社会需求调研，对本科应用型人才培养规格和人才培养模式改革保障体系进行研究，同时加强校本研究，制订符合高校自身特色的人才培养方案，提高应用型人才培养质量。

关键词：应用型；人才培养模式；研究

当前，在我国高等教育已步入大众化教育阶段的背景下，市场经济的不断完善和科技文化的快速发展，要求高等教育培养出大批不同规格和层次的人才，尤其是更多的应用型人才。应用型人才的培养问题也已引起各个高校的高度重视，许多高校已启动了新一轮的人才培养模式改革。对于应用型人才培养模式的研究越来越深入，成果层出不穷。这些研究成果对推进人才培养模式改革，引领各个高校准确定位、特色发展，重新审视自己的人才培养目标与规格，加快教学改革，进一步推动高等教育的发展，为社会和经济发展培养更多高素质的应用型人才具有极为重要的意义。笔者根据自己的学习和研究体会，对应用型本科人才培养模式改革的研究成果进行了归纳总结，希望能够对我国高校开展应用性本科人才培养起到借鉴作用。

一、研究现状及存在的问题

（一）研究现状

发达国家发展经济的成功经验之一是由教育部门向社会源源不断地输送高等应用型人才。换言之，具有强大综合国力的国家无不以其雄厚的高等教育为依托，应用型人才的培养起着不可替代的重要作用。同时，多数发达国家的高校由于受杜威实用主义的影响，从一开始就重视理论联系实际，收到了较好的办学效益，形成了一整套应用型人才培养理论体系。

我国对应用型人才培养模式的研究就是从介绍和引入国外应用型人才培养经验开始的。而对国内高校培养应用型人才的问题，研究开展得较晚，从 20 世纪 90 年代才开始关注人才培养的实践性和多样化问题，一般认为是从我国开展高等职业技术教育后才真正对此进行较深入研究的。随着我国高等教育大众化时代的到来，应用型人才的培养逐渐延伸到本科层次，形成了比较完整的本科应用型人才培养体系。为加强我国高等教育应用型人才培养研究工作，2002 年，全国高等学校教学研究中心在承担全国教育科学“十五”国家规划课题“新时期中国高等教育人才培养体系的创新与实践”研究工作的基础上，作为其子课题组织了全国部分高校参加的国家级课题立项“新时期中国高等学校应用型人才培养体系的创新与实践”系列科研课题。目前，这一课题研究工作已经结项。2007 年，全国高等学校教学研究中心又承担全国教育科学“十一五”国家规划课题“我国高校应用型人才培养模式研究”，目前已在结项，取得了相当丰硕的成果。在现有研究文献中，本科应用型人才培养的研究重点主要集中在以下几个方面：

1. 对国内外应用型人才培养先进经验的归纳和介绍

胡卫中、石瑛撰文阐述了澳大利亚高等教育应用型人才的培养体系及培养模式，提出了四点借鉴意见：一是调整教与学的关系，二是培养学生应用理论的能力，三是明确大学的应用性定位，四是精简教学内容。梁宏等主要介绍了美国培养本科生人才的四点方法：实行个别化教学，实行科研式培养，实行开放式教学，实行多元化培养。唐新华、陈德静从人文的视角对国内外培养工程应用型人才从教育基础、课程体系、师资力量、人文环境方面做了较为详细的比较，为我们培养应用型人才提供了很好的借鉴。马敬卫则用比较的方法分析了美国、新加坡大学在课程设置上的异同，以及与国内高校课程设置方面的差异，为国内应用型人才培养课程设置提供了借鉴。

2. 从对应用型人才的理解出发，阐释应用型人才的特征、分类、含义、能力结构和培养意义

研究者一般从应用型人才与学术型（或基础型）和技能型人才的主要区别入手界定应用型人才的内涵，认为应用型人才注重在生产或工作实践中具体应用专业理论知识解决实际问题的能力，学术型（或基础型）人才则注重在学术研究中广泛运用专业理论知识进行理论、知识、方法创新的能力。与高等职业教育以培养学生的职业岗位技能型人才相比，应用型人才强调理论、知识、方法、能力的协调发展，比高等职业教育培养的技能型人才有更“宽”“专”“交”的知识结构，更强的自主学习能力和岗位适应性，不仅具有胜任某种职业岗位的技能，而且具有知识、技术创新和知识、技术二次开发的能力，具有更高的适应多种岗位的综合素质。华中农业大学王玉萍在其硕士论文中指出：“高校人才从宏观上可划分为学术型和应用型两大类：一类是发现和研究客观规律的人才，称为学术型人才；另一类是应用客观规律为社会谋取直接利益（社会效益）的人才，称为应用型人

才。”潘晨光、何强给出了这样的定义：“把从事揭示事物发展客观规律的科学研究人员称为研究型人才，而把科学原理应用到社会实践并转化为产品的工作人员称为应用型人才。”车承军、苏群认为：“应用型人才可以界定为分布在各个产业领域里从事生产、管理、服务的，具有较高知识层次和较强实践（动手、操作）能力的脑体兼容的劳动者。”基于此，有研究者总结出应用型人才有5个方面的特征：应用、实践性的能力特征；与素质能力相关的一专多能特征；不断创新的创造性特征；可持续发展观念和能力的特征；具有团队合作精神和健全的心理品质特征。

因此我们认为，所谓应用型人才是指能将专业知识和技能应用于所从事的专业社会实践的一种专门的人才类型，是熟练掌握社会生产或社会活动一线的基础知识和基本技能，主要从事一线生产的技术或专业人才。本科应用型人才培养是本科层次教育，它更加注重基础性、实践性、应用性和技术性。

3. 对“人才培养模式”概念的讨论和厘定

“人才培养模式”一词，是我国高等教育教学改革的产物。它产生于20世纪80年代后期，发育与发展于90年代中期。1996年3月，“改革人才培养模式”作为我国教育教学改革的重要内容载入我国国民经济和社会发展纲要，从而把人才培养模式改革推向教学改革的中心。“人才培养模式”一词第一次出现在国家重要的法规性文件中，并由此成为我国高等教育教学改革的重中之重。高等教育理论工作者、高等教育实际工作者从不同角度对“人才培养模式”提出了各种各样的表述。陈祖福认为：“所谓人才培养模式……是指为受教育者构建什么样的知识、能力、素质结构，以及怎样实现这种结构的方式。”高教司副司长林蕙青对陈祖福关于“人才培养模式”的表述做了一些补充：“人才培养模式是学校为学生构建的知识、能力、素质结构，以及实现这种结构的方式，它从根本上规定了人才特征并集中地体现了教育思想和教育观念。”1998年3月，教育部副部长周远清在武汉召开的第一次全国普通高等学校教学工作会议上所做的主题报告，从另一个角度对“人才培养模式”做了如下的表述：“所谓人才培养模式，实际上是人才的培养目标、培养规格和基本培养方式，它决定着高等学校所培养人才的根本特征，集中体现了高等教育的教育思想和教育观念。”至此，高教界人士对人才培养模式才有了一个基本的认识。

2001年，我国加入世界贸易组织，标志着我国完全、正式地融入经济全球化之中，人才在社会的发展当中成为决定胜负的关键因素，在此条件下对人才培养提出了新的要求。教育部在2005年印发的《关于进一步加强高等学校本科教学工作的若干意见》中明确指出：“深化教学改革”的主要任务之一是“优化人才培养过程”；高校“要以社会需求为导向，走多样化人才培养之路”，通过人才培养模式的改革“办出特色，办出水平”。2006年时任教育部部长周济在《求是》杂志上撰文指出：“中国目前的人才培养模式改革需进一步深化。”进入2007年，为贯彻落实党中央、国务院关于高等教育要全面贯彻科学发展观、切实把重点放在提高质量上的战略部署，教育部接连出台了《教育部财政部关于实施高等学校本科教学质量与教学改革工程的意见》（教高〔2007〕1号）、《关于进一步深化本科教学改革全面提高教学质量的若干意见》（教高〔2007〕2号）两个文件，就在高等教育发展的新形势下如何深化教学改革构建符合时代要求的人才培养模式等工作做出部署，对高校的人才培养模式改革提出了新的目标和要求，高校的人才培养模式改革与探索进入一个新的发展阶段。

综上，所谓人才培养模式，就是在一定的教育思想和教育理论指导下，为实现一定的培养目标，在培养过程中所采取的某种培养学生掌握系统的知识，具备相应的能力和素质的结构框架和运行组织方式，包括人才培养目标、教学制度、课程结构和课程内容、教学方法和教学组织形式、校园文化诸要素。人才培养模式应是人才培养目标、培养规格和基本培养方式的统一体：培养目标是确定培养规格和选择基本培养方式的出发点和归宿；培养规格是培养目标的具体形式；基本培养方式则是达成培养目标和培养规格的具体途径，人才培养模式决定着高等学校所培养人才的根本特征，集中体现了高等教育的教育思想和教育观念。但人才培养没有统一的模式，就大学组织来说，不同的大学，其人才培养模式具有不同的特点和运行方式。

4. 对我国本科应用型人才培养模式构建的实践研究

一是着眼于应用型本科院校的发展，探讨学校定位和人才培养目标。贺金玉提出，新建本科院校应本着“以人为本，因材施教”和“多向选择，分流培养”的原则，培养专业基础扎实、实践能力突出的应用型人才。陈正元认为应用型本科院校的发展目标应以“多科性、应用型和开放式”为主。二是综合众多高校人才培养的实践，从战略高度审视高等学校应用型人才培养中存在的问题，把握应用型人才建设的关键环节，对本科层次应用型人才培养方案的制订提出相应的对策和建议。三是切入应用型人才培养中的课程建设问题，阐述应用型人才结构布局、发展规律、资源配置和人才体系评价等。范巍提出了“厚基础、宽口径、重应用、多方向”的课程设计思路。张日新提出了“两段式，两平台，多方向”本科应用型人才培养模式，把培养过程分为“学科基础培养”和“专业方向培养”两个阶段，设置“公共课程”和“学科课程”两个平台，在此基础上开设多个方向的专业培养课程。汪禄应提出了以“市场需求”为准则、以“能力本位”为取向、以“课程开发”为根本措施的应用型本科院校课程体系建设策略。聂邦军、王芙蓉探讨了以与社会合作开办“强化班”的模式加强应用型人才培养的做法。

（二）现有研究中存在的不足

综观近几十年的人才培养问题研究，可以说我国高等教育无论在人才培养的认识方面还是实践方面都取得了可喜的成绩，这应该说是一种巨大的进步。然而，由于当代中国社会本身尚处于一个由精英教育向大众教育转化的过程，人才培养面临的众多矛盾也凸现出来，这不仅给我们提供了新的研究视角，也为我们的研究提出新的挑战。从目前的研究来看，从高校培养应用型人才的模式、途径、能力定位及高校分类等方面进行的研究较多，取得的成果相对来说也较丰富。但还有以下不足：从理论层面来看，国内高校在培养本科应用型人才方面缺乏具体的理论指导，相关的研究也仅仅从课程改革及产学研结合等途径来探讨人才培养的具体模式。本科应用型人才是社会人才结构中特殊而又十分重要的类型，在人才定位、培养目标、教学过程及条件、办学特色等方面都有特殊要求。然而，现实中不少高等院校对什么是本科应用型人才、如何培养本科应用型人才的举措等基本问题模糊不清。对于不同层次的学校来说，本科应用型人才的内涵是不同的。但是众多的研究并没有分清其含义而将其统称为本科应用型人才，这不可避免地引起人们对应用型人才的误解，从而在具体实践操作方面出现偏差。

从实践层面来看，国内现有文献总结了我国高校本科应用型人才的培养经验，尤其值得一提的是产学研途径。但是对于实践基地的建设及实践效果的检验还提得较少。现有研究的方法比较单一，实证研究较少，缺乏开放的、整体性的把握。现有文献中，对如何借鉴国外培养本科应用型人才的经验和应用相关领域的研究成果的研究还不足，在很大程度上仍然局限于大众化人才要求来组织和实施人才培养。

二、对本科应用型人才培养模式研究的建议

1. 开展专业人才社会需求调研，了解市场和人才的双向需求

要做好应用型人才培养研究，必须做好以下工作：要开展广泛的社会调查，了解社会对本科应用型人才的实际需要和要求，特别要注重了解工作岗位中需要的实际工作能力；要了解毕业生的基本要求，细致分析毕业生在企业就业的岗位、从事的技术工作内容等，明确工作中需要的知识、能力和素质等要求，开展有针对性的研究。

2. 加强对本科应用型人才培养规格的研究

应用型本科院校的根本任务是培养高层次应用型人才。高层次应用型人才的一个重要特征是必须具备扎实的理论基础和较强的解决工程实际问题的能力：既要上手快，又要后劲足，还要有一定的综合创新能力；既具有较深的专业理论基础、宽广的专业知识面，同时又具有较强的实践动手能力。这就涉及对应用型人才培养规格的研究。

培养规格要明确毕业生掌握的主要技术、具备的核心能力、擅长的工作任务等，以有利于学生明确学习目标，有利于教师明确教学责任，也有利于用人单位录用毕业生。开展各专业人才培养规格社会论证，就确定的专业人才培养规格以及与各项工作任务相对应的知识、能力和素质要求等内容在企业中征求意见，以求本专业的本科应用型人才培养规格得到广泛的社会认可。

3. 加强校本研究，制订符合高校自身特色的人才培养方案

任何人才培养模式的改革都不能脱离学校自身特点，因此，要加强研究和正确处理人

才培养目标、规格与学校定位、实际条件和社会发展需求之间的关系，以科学发展观为指导，研究制订符合经济建设和社会发展对人才需求，具有严密的科学性、完整的系统性和实际的可操作性的人才培养方案。

4. 加强应用型人才培养模式改革保障体系研究

保障机制的研究与建立，是应用型人才研究与应用型人才培养的关键环节，应加强应用型人才培养师资队伍建设、教学条件建设、教学管理体制、学生管理与考核、教学质量监控、教学质量评价等研究，制定科学的人才培养质量监控机制。只有这样，才能保证应用型人才的培养水平和培养质量。

参考文献：

[1] 胡卫中，石瑛. 澳大利亚应用型人才培养模式及启示 [J]. 开放教育研究，2006 (4).

[2] 梁宏，原松梅，武高辉. 美国高校本科生培养模式及其发展趋势 [J]. 黑龙江高教研究，2001 (2).

[3] 唐新华，陈德静. 国内外工程应用型本科院校人文教育之比较 [J]. 江苏教育学院学报（社会科学版），2003 (5).

[4] 潘晨光，何强. 人才培养体系：从“h”型到“H”型 [J]. 职业技术教育，2009 (9).

[5] 车承军，苏群. 应用型人才培养：大众化高等教育的责任 [J]. 黑龙江高教研究，2004 (7).

[6] 李娜，解建红. 应用型人才的特征和培养对策 [J]. 河南师范大学学报（哲学社会科学版），2006 (4).

[7] 陈祖福. 迎接时代的挑战 更新教育思想和观念 [J]. 中国高教研究，1997 (3).

[8] 林蕙青. 深化高等学校教学改革 培养高质量的跨世纪人才 [J]. 中华医学教育杂志，1997 (6).

[9] 贺金玉. 教学评估让新建院校定位更准发展更好 [J]. 中国高等教育，2008 (4).

[10] 陈正元. 关于应用型本科院校发展目标的几点思考 [J]. 南京工程学院学报，2002 (9).

[11] 王智祥. 应用型人才培养中几个突出问题的再思考 [J]. 黑龙江高教研究，2004 (6).

[12] 王志明，刘化君. 应用型人才培养方案初探 [J]. 江苏高教，2005 (5).

[13] 范巍. 应用型人才培养对新建本科院校教学体系建设的要求 [J]. 理论界，

2006（1）.

［14］张日新. 本科应用型人才培养模式的研究与实践［J］. 成都大学学报（自然科学版），2004（4）.

［15］汪禄应. 应用型本科教育人才培养目标与课程体系建设［J］. 大学教育科学，2005（2）.

［16］聂邦军，王芙蓉，徐肯堂. 校企联合培养工程应用型人才探索［J］. 南京工程学院学报，2002（3）.

地方本科院校大学生创新教育的实践与探索

李洪亮　李永平　董岩（德州学院教务处 山东·德州 253023）

摘　要：创新是关系国家未来命运的大事，是社会经济发展的迫切需求，是亿万家庭的期盼，如何实施创新教育是当前高校亟须解决和落实的问题。德州学院作为一所地方本科院校，在丰富的教学实践中，狠抓大学生创新教育，积极构建大学生创新教育体系，将大学生创新教育贯穿教学全过程，通过加强领导、更新观念、创新模式、完善制度、强化师资、加大投入等措施，形成创新教育文化，使广大学生积极参加创新活动，并取得丰硕成果。

关键词：地方本科院校；大学生；创新教育

教育是国计，也是民生；教育是今天，更是明天。《国家中长期教育改革和发展规划纲要（2010—2020 年）》中提出：着力提高学生服务国家人民的社会责任感、勇于探索的创新精神。“创新是一个民族进步的灵魂，是国家兴旺发达的不竭动力”。培养大学生创新精神、提高大学生创新能力是关系着国家未来命运的大事，是社会经济发展的迫切需求，是教育的重中之重。创新教育是以培养创造性人才为主要目标的教育，是一种超越式教育、主体性教育、健全人格教育、更高层次的素质教育，具有开拓性、活动性、社会性、差别性的特点，包括完善个性、激励精神、提高能力三个方面。地方本科院校不同于传统的学术性大学，也有别于职业技术院校，它体现了高等教育学术性与职业性的结合，约占全国1 092所本科院校的 90%，肩负着服务地方、引领经济社会发展、提供适应区域社会经济和文化发展需求的应用型人才的重任。德州学院作为一所地方本科院校，在大学生创新教育方面进行了积极探索和丰富实践，取得了良好效果。

一、更新培养观念，创新培养模式，积极构建大学生创新教育体系

观念是行动的先导。为满足国家建设和经济社会的快速发展、人民群众期盼美好生活的需要，地方本科院校应进一步深化教育体制改革，更新教育观念和人才培养观念，树立

人人成才观念，面向全体学生，促进学生成长成才；树立多样化人才观念，尊重个人选择，鼓励个性发展，不拘一格培养人才；树立系统培养观念，推进教学、科研、实践紧密结合，学校、家庭、社会密切配合，加强校企之间、学校与科研机构之间合作以及中外合作等多种联合培养方式，形成体系开放、机制灵活、渠道互通、选择多样的人才培养体制。德州学院立足实际，确立了培养创新性应用型人才的培养目标，大力实施创新教育，培养创新性人才，强化实践能力培养，提高学生的知识应用能力。

（一）更新人才培养观念

我校以深化教育教学改革为切入点，以成人、成才、成功的“三成”教育为目标，以培养社会需求的应用型高级专门人才为主，适度培养部分学术型人才，以高质量成才率、高社会满意率为人才培养特色，不断深化人才培养模式改革，逐步完善以社会需求为导向，行业、企业广泛参与的“三三六”人才培养新机制，出台《德州学院关于培养创新性应用型人才的实施意见》，对有攀登科学高峰潜力的学生积极创造条件，鼓励他们向接受更高层次教育的方向发展；对致力于创业奉献社会的学生，同样积极创造条件，使之学得服务社会的一技之长。考研率多年超过 30%，2010 年考取硕士研究生 1 223 人。多人次获国家、省学科竞赛和社会实践比赛的奖项，其中国家级 55 项、省部级 600 余项。

（二）创新人才培养模式

我校遵循教育规律和人才成长规律，注重学思结合、知行统一，既关注学生系统、扎实的基础理论知识学习，更关注学生适应未来产业发展、技术变革的创新精神。出台《德州学院关于人才培养模式改革的实施意见》，按照总体规划、多向分流、分类培养的思路，依据学科专业的不同类型和社会对人才的需求，从人才培养目标的定位到人才培养方案的修订，从职业教育平台和个性教育平台的增设到课程体系、教学内容和方法手段的改革，从落实实践教学环节到加强实训基地建设，从考试考核的改革到人才评价制度的改进，积极探索和实施多样化的人才培养模式。

（三）改革人才培养方案

根据各专业人才培养目标要求，我校优化课程结构，减少理论课时，增加实践课时，在通识教育、专业教育平台的基础上，增加职业教育、个性发展教育平台，强化实践教学环节在人才培养中的地位和作用，搭建“厚基础、强实践、求创新、高素养、重责任”人才培养大平台，建立层次清晰、衔接密切、科学系统的“三层次”的课程教学体系、“四层次、八模块”的实践教学体系，在课堂教学、实验教学、实习实训、毕业设计等教学环节中明确学生创新教育的目标和方法，关注学生不同特点和个性差异，发展每一个学生的优势潜能。

（四）强化课程平台建设

我校着力建设完善个性、激励精神、提高能力三个创新教育方面的课程平台，包括：通识教育课程、学科基础课程、专业方向课程。通识教育课程分为两部分：一是公共必修课，包括“两课”、大学外语、计算机文化基础、高等数学、普通物理、基础化学；二是公共选修课，分为大学语文与应用写作类、传统文化类、西方文明与文学艺术类、经济管理与法律类、科学技术类、环境保护与可持续发展类、人际交往与健康类、拓展提高与创新创业教育类。通识教育课程的教学主要用来提高学生素质、点燃创新兴趣、完善创新个性；学科基础课程主要指专业必修课程，在课堂教学中着重培养学生的问题意识，激励创新精神；专业方向课程是专业选修课程，内容紧贴学科前沿或生产实际，以提高学生的创新能力。

在深化教学改革的基础上，我校发展创新文化、完善创新机制、营造创新氛围、夯实创新基础、激发创新活力、倡导创新精神，逐步实现理论与实践、课内与课外、校内与校外创新教育的有机结合，形成适于不同学科、专业、年级学生的全方位、多层次、立体化创新教育体系，即课内创新教育体系（通识教育课程、学科基础课程、专业方向课程）、课外创新教育体系（大学生创新性实验计划、课外科研基金项目、科技活动节、学科竞赛、创新讲坛）、创新能力训练体系（演示性验证性实验、综合性设计性实验、创新性实验、课外科研项目、学科竞赛、专业实践、毕业论文或设计）。

二、注重问题意识，强化系统培养，将创新教育贯穿教学全过程

（一）课堂教学

课堂教学是教学的基本形式，不仅是传授知识的重要场所，更是学生的思维能力和创新精神培养的主阵地。美国教育家布鲁巴克曾说过：“最精湛的教学艺术，遵循的最高准则就是让学生自己提问题。”我校积极推进课程改革，依据经济社会发展和科技进步的要求，不断更新教学内容，开展教学方法改革，改变“教师成了知识的化身、学生成了知识的奴隶、教学成了知识的灌输”的“填鸭式”教学局面，使教师成为学习的主导、学生成为学习的主体，推进启发式、探究式、讨论式、参与式教学，激发学生的好奇心，培养学生提出问题、分析问题、解决问题和评价问题的能力，培养学生的批判性思维能力和创造性思维能力。

（二）实验教学

实验教学是通过实验操作技能训练，巩固和深化知识，培养学生实践能力和创新精神的教学形式，其目的是培养学生敢于质疑和探究的品质，端正学生严谨和求实的学习态

度，树立学生勇于探索的创新精神，培养学生的观察能力、思维能力和实践操作能力。我校不断深化实验教学改革，加大实验室开放力度，提高综合性实验和设计、创新性实验项目的比例，鼓励学生进行固定项目的实验训练和科学研究，提高学生的专业技能，培养学生的探索精神。

（三）实践教学

实践教学是高等学校教学活动的重要环节，通过社会实践、课程设计、专业实习、毕业实习等一系列实践性教学环节，不仅能完成对理论知识的验证，还可以发挥实践教学直观性和操作性较强的优势，培养、训练学生的创新精神。“实践出真知”，理论知识只有通过实践才能真正被学生掌握和运用。我校坚持教育教学与生产劳动、社会实践相结合，注意开发实践课程和活动课程，加强实习基地建设，做到实习师资队伍、实习项目内容、实习时间安排三稳定，按照“三三六”模式进一步密切企校合作，增强学生科学实验、生产实习和技能实训的成效，切实增强学生的操作技能和职业能力，满足社会需求。

（四）毕业设计（论文）

毕业设计（论文）是实现培养目标的重要教学环节，在培养大学生探求真理、强化社会意识、进行科学研究基本训练、提高综合实践能力与素质等方面具有不可替代的作用，是教育与生产劳动和社会实践相结合的重要体现，是培养大学生的创新精神、实践能力和创业精神的重要实践环节，对学生自身思想品德、业务水平、工作能力和综合素质的提高具有深远影响。我校要求毕业设计（论文）紧密联系生产、生活实际，尊重学生的个性化特点，指导学生学会设计思维，掌握设计思路，提高独立思考和设计的能力。

（五）学科竞赛

学科竞赛是整合课内外实践教育教学的重要环节，一般以地方生产生活中的实际问题为项目对象，强化学生根据实际分析问题和解决问题的能力，在人才培养中具有十分重要的作用。我校积极开展大学生科技文化竞赛活动，出台《德州学院大学生科技文化竞赛管理办法》，建立大学生科研创新基金，鼓励和支持学生参与各类各级赛事，大力表彰获奖师生，营造学科竞赛文化氛围，设立独立的竞赛选修课程，并结合课程设计、毕业设计等实践教学环节，主动研究和设计新的竞赛项目，不断丰富和完善“倡导参与竞争创新”学科竞赛体系。

（六）第二课堂

第二课堂是对课堂理论教学的补充。通过生动活泼、丰富多彩的活动，在学校、社会、家庭实现教与学的交流互动，是一种全新的工作方式或沟通机制，是一个文明、健康、科学、结构开放的个人成长空间以及与之相关联的综合制度结合体。我院通过开展大学生科技节、大学生文化节、大学生艺术节、“挑战杯”系列活动、科技与人文素质讲座、创新讲坛活动，建设具有我校特色的服务民生、重大赛事、西部计划、扶危济困、社会公共事务管理、低碳环保新能源、社区服务、涉农涉医、教育帮扶和社会调研十大类大学生志愿服务项目群，丰富学生的课外生活，增强创新的责任感和使命感。

三、加强队伍建设，建立保障机制，促进学生创新教育工作健康开展

（一）切实加强领导

我校领导高度重视教学工作，把提高本科教学质量工作列入重要工作日程，每年都定期召开党委会、校长办公会，专门研究本科教学工作，把学生创新教育作为关系学校发展的重要指标，加强研究和学习，大力开展教学改革，采取有效的工作措施实施创新教育，努力提高教师的教学积极性和学生的学习积极性，切实解决教学发展的各种问题，确保高质量成才率和高社会满意率人才培养特色目标的实现。

（二）加强队伍建设

教育大计，教师为本。有好的教师，才有好的教育。实施创新教育更需要一支师德高尚、业务精湛、结构合理、充满活力的高素质专业化教师队伍。学校通过研修培训、学术交流、项目资助等方式，不断完善教师培养培训体系，提高教师专业水平和教学能力，优化队伍结构，努力培养教育教学骨干、“双师型”教师、学术带头人，引导教师关爱学生，严谨笃学，淡泊名利，自尊自律，以人格魅力和学识魅力教育和感染学生，做学生健康成长的指导者和引路人。

（三）强化制度建设

我校根据高等教育新形势，不断完善、修订创新教育制度，积极倡导创新教育，营造创新教育氛围，优化创新教育过程，尊重创新教育成果，把教师实施创新教育的情况纳入教师的职称评审、津贴发放、年终考核的评审指标当中，提高教师的积极性和主动性。鼓励和支持学生积极参加创新活动，出台《德州学院综合教育学分管理暂行办法》，将学生的创新活动以学分的方式记入学生成绩单，激发学生参加创新活动的热情。

（四）加大经费投入

学校在每年的经费预算中，优先保证四项教学所需经费，确保教学业务、教学仪器设备维修、教学差旅、体育维持等教学运行的需要。确保按每年学费收入不低于25%的比例制订教学经费的使用计划，并保证逐年有所增加。逐年加大对实验室、实践教学、教学仪器设备、图书资料等教学基本条件的投入，保证实验室、实践教学、教学仪器设备、图书资料等教学基本条件每年有较大改善。每年设立专项经费，用于支持专业建设、课程建设、学科竞赛，保证学生创新教育经费落到实处。

参考文献：

[1] 国家中长期教育改革和发展规划纲要领导小组办公室. 国家中长期教育改革和发展规划纲要（2010—2020年）[M]. 北京：人民教育出版社，2010.

[2] 江泽民. 江泽民论科学技术 [M]. 北京：中央文献出版社，2001.

[3] 刘沫. 理工科大学生创新教育的理论研究与实践 [D]. 南京：南京工业大学，2005.

[4] 潘懋元，车如山. 做强地方本科院校——地方本科院校的定位与特征研究 [J]. 中国高教研究，2009 (12).

“创业融资”课堂教学方法体系创新

杨颖

摘　要： 近年来，教育部相继推出了一系列关于开展大学生创新创业教育的政策，大学生创新创业教育成为当前高等教育的一项重要内容而受到众多高校的重视。“创业融资”作为创业教育的核心内容之一，直接影响着创业教育的质量和效果。而课堂教学方法作为决定课程教学质量的关键环节成为开展创业教育必须研究的重要课题之一。有鉴于此，本文从实效性出发，构建一个基于学生创新精神和创业实操能力培养的、理论与实践有机融合的教学方法体系，力求全面提升创业教育课程教学质量，能为创新创业型人才培养提供全新的教学理念。

关键词： 经管类本科；课堂教学方法体系

近年来，教育部相继推出了一系列关于开展大学生创新创业教育的政策，大学生创新创业教育成为当前高等教育的一项重要内容而受到众多高校的重视。创业融资作为为创业提供启动和运作资金的重要保障而成为决定创业成功的关键环节，因此，“创业融资”课程也成为创业教育必不可少的核心内容之一。而课程教学是否能达到预期的授课目标、是否可以实现人才培养目标的要求，教学方法至关重要。创业教育对创新精神的形成、创业能力的关注客观上要求“创业融资”课程的教学方法要与之相适应。基于这一现实要求，本文从课程课堂教学可直接应用的角度出发，构建一个基于学生创新精神和创业实操能力培养的、理论与实践有机融合的教学方法体系，力求这一教学方法体系能全面提升课程教学质量，能为创新创业型人才培养提供全新的教学理念。

一、国内外创业教育课堂教学方法述评

国外创业教育和相关课程教育起步早，发展快，教学方法多种多样，尤其已应用成熟的MBA案例教学法在全球都具有知名度。美国等发达国家经济迅速发展的背景使其教育方法具有极强的应用性特点，教学方法多注重学生个人能力和团队合作精神的培养，形式灵活多样。而作为以国家资助为主的英国高等经管类专业教育，虽比美国显现出一定的传统性特点，但也形成了以“课堂讨论、案例分析、小组演讲、角色扮演”等诸多方法为主

的有效教学方法，尤其近几年来，更重视创业教育的实用性和学生实际能力的培养，更多地将课堂教学延伸到企业和创业实践。自20世纪70年代始，课堂互动教学方式的研究在西方迅猛发展，形成了诸多成果，最具代表性的有两种：第一种，英国学者艾雪黎（B. J. Ashley）等人根据帕森斯社会体系的观点提出的三种互动教学类型——教师中心式、学生中心式、知识中心式；第二种，利比特与怀特（R. Lippitt & R. K. White）等人提出的三种互动类型——权威式、民主式、放任式。这些成果都已经应用并取得较好的效果。这种教学方法的诸多新成果逐步被应用于创业教育的课程教学中，更强调了学生与教师的互动交流和合作学习教学理念的深入，使得国外的创业教育相关课程的教学方法更体现了创业的特质。

国内创业教育在近年来才得到迅速发展，许多学者开始关注创业教育人才培养模式、创业教育人才培养内容和创业教育课程体系的构建等基础问题的研究，也形成了许多研究成果。但已有成果尚未形成一个科学、有效的体系，仍存在许多争论，从而使基于以上问题解决后的课程教学方法的研究尚处于起步阶段，相关研究成果并不多见。从各高校开展的创业教育课程实践看，开设课程多为“创业教育”“创业管理”等基础知识普及课，“创业融资”这样专业性特点较明显的课程开设得较少，也使得关于“创业融资”课程教学方法的探索处于空白状态。已有关于教学方法的研究成果更多地集中于创业通识课程的探讨，主要以实务研究为主，重点研究某种教学方法或某门课程的教学方法。因此，国内研究成果普遍呈现个案研究，注重个别方法的探讨和推广，没有关于创业教育的教学方法体系的完整研究成果，也没有“创业融资”课程的系统的教学方法研究成果。

从国内外研究总体情况而言，“创业融资”课程教学方法体系的研究在目前尚属空白。

二、“创业融资”课堂教学方法体系构建

不同的教学方法有其特点和适用的范围。而不同课程内容体系和培养能力目标的差异对所采用的教学方法也提出差异化要求。首先，教学方法体系的构建首先要在课程内容体系、培养能力目标与不同教学方法二者之间进行匹配和权衡；其次，传统的课堂教学注重理论教学的开展，教学方法也集中于理论教学。而“创业融资”课程实践性和应用性强、强调团队协作的突出特点客观上要求更多的实践教学的开展。因此，在构建“创业融资”课程课堂教学方法体系时，我们突破课堂教学重视理论的传统模式，强调实践教学内容，将课堂教学分为理论教学和实践教学两大类进行相应方法体系的搭建。

由于“创业融资”课程教学内容既涉及财务领域的专业知识，也有生活中常见知识的介绍，因此，课程内容难易差距显著。为此，教学方法体系的构建必须符合“创业融资”课程教学内容的特点，必须体现教学目标的要求。在客观上要求明确界定“创业融资”课程教学目标，准确构建“创业融资”内容体系。

（一）“创业融资”课程教学目标

根据创新创业人才培养的需求，“创业融资”课程教学目标应为：通过系统的创业融资理论学习，让选修学生系统掌握创业融资的基本理论和实务知识；通过成功与失败的创业案例讨论分析及实训活动，增强学生对创业的感性认识和理性认识，培养学生综合应用知识解决实际问题的能力；通过实践教学实现创业融资技能的训练和形成。

（二）“创业融资”课程教学内容体系

根据创业资金运作规律，“创业融资”的教学内容体系应由三部分内容构成：第一部分为创业融资概述，重点阐述创业融资概念、特点、原则、渠道等基本内容；第二部分为创业融资资金需求测算方法的介绍；第三部分为不同融资渠道的具体融资方式和手段。

（三）“创业融资”课堂教学方法体系

根据以上教学目标的设计，从课程内容特点和能力培养目标入手，分析发现：不同教学方法的应用旨在培养学生不同的能力，而不同教学内容的学习也是培养学生的不同能力。因此，从能力培养目标而言，教学方法与课程内容体系之间的目标是一致的。此外，不同的教学内容难易程度各不相同，对教学方法的要求也不相同，客观上要求设计不同的教学方法。因此，“创业融资”课堂教学方法体系的构建应以能力培养目标为标准，根据不同能力需求分别设计相应的教学方法。具体课堂教学方法体系如图 1 所示。

这一教学方法体系在实际应用时，需要教师首先对“创业融资”课程教学内容进行系统分类，将不同教学内容按照不同能力培养划分为不同的教学模块，从而确定可以采用的教学方法，有效解决了教学内容差异对教学方法有不同要求的难题，初步实现了教学方法的系统性匹配和科学应用。当然，以上体系的构建仍有考虑不周之处，如能力培养目标是否全面。这将是今后有待深入研究的课题。

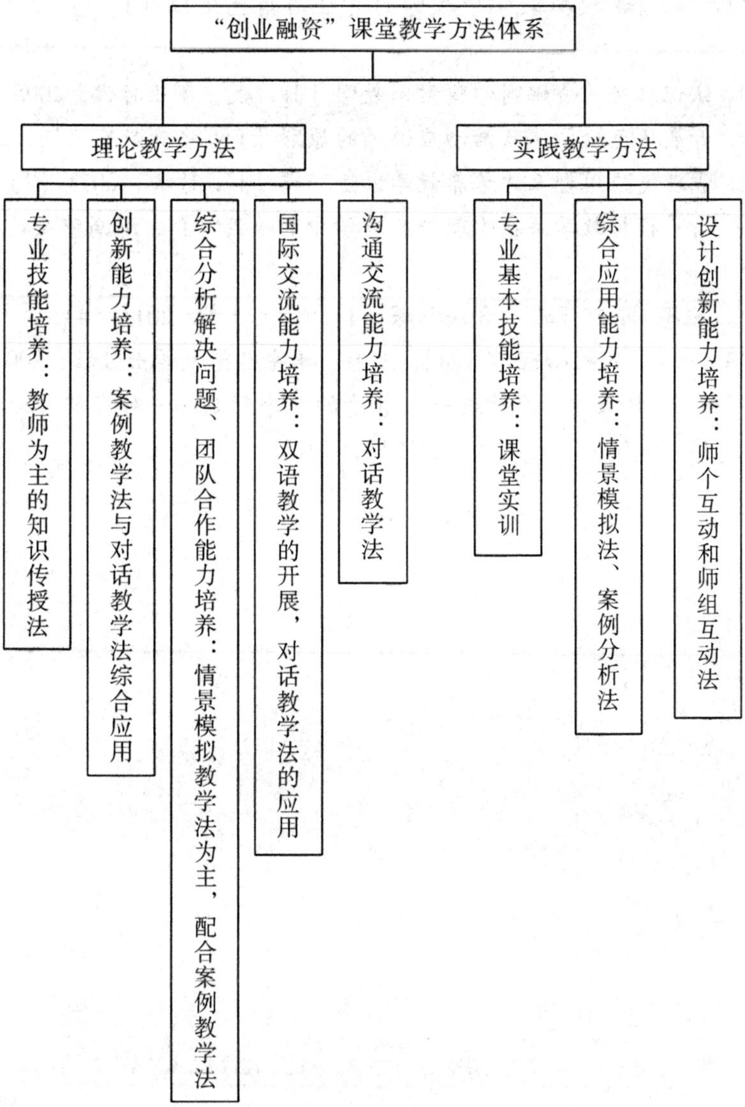

图 1 “创业融资”课堂教学方法体系

参考文献：

[1] 陈奎熹. 教育社会学研究 [M]. 台北：师大书苑有限公司，1992：137-138，155-156.

[2] 吴康宁. 教育社会学 [M]. 北京：人民教育出版社，1998.

[3] 王家瑾. 从教与学的互动看优化教学的设计与实践 [J]. 教育研究，1997 (1).

[4] 华洪珍. 论情景模拟教学中教师的责任与角色定位 [J]. 广西教育学院学报，2004 (5).

[5] 刘刚. 认识真实的哈佛商学院案例教学 [J]. 数字商业时代，2005 (9).

[6] 张芳. 开展角色模拟体验活动应遵循的原则 [J]. 当代教育论坛，2004 (4).

[7] 李荣. 管理类应用型人才培养教学方法研究 [J]. 才智，2011 (2).

[8] 李玮. 情景模拟教学法在管理专业教学中的应用 [J]. 河南职业技术师范学院学报，2008 (2).

[9] 游浚，施涛. 管理学教学方法初探 [J]. 时代教育，2011 (4).

[10] L. A. 珀文. 人格心理学 [M]. 上海：华东师范大学出版社，2001.

[11] 周兴国. 对话教学：有待进一步澄清的几个问题——对当前对话教学理论研究的审视与反思 [J]. 课程·教材·教法，2010 (7).

基于创新引领创业的地方应用型高校创新教育体系研究

彭萍（德州学院 山东·德州 253023）

摘　要：基于创新引领创业的地方高校创新教育体系是创新创业基础教育两大体系——创新教育和创业教育之一，我们将创新教育体系的理论课程与实践充分结合，分为四个层次对在校学生进行递进式阶段培养：传授创新知识，开启创新历程；培养创新素质，营造创新氛围；锻炼创新思维，唤醒创新意识；提高创新能力，磨炼创新意志。

关键词：创新创业；地方高校；创新教育体系

长期以来，社会赋予高等教育的职能主要是培养高级专门人才，是高层次的专业化教育。高校已经意识到了目前的人才培养与社会需求脱节的现状，许多已经在人才培养模式上进行改革，开始注重培养有国际视野、独立思考能力、社会责任感和文化修养的创新性应用型人才。从德州学院的人才培养目标来看，德州学院于 2011 年 3 月 17 日制定了《关于培养创新性应用型人才的实施意见》，提出了创新性应用型人才的教育改革思路。我们正是基于服从和服务于创新性应用型人才培养目标的思考来研究基于创新引领创业的地方高校创新教育体系的。

基于创新引领创业的地方高校创新教育体系是创新创业基础教育两大体系——创新教育和创业教育之一。创新教育体系又包括理论教育和实践教育两方面，主要根据地方应用型高校大学生创新创业教育需求，融合各专业课程特点，进行精品课程群建设和优化重组，形成以创新通识课程为基础，以创新专业课程为提升的地方应用型高校创新教育理论教学体系，进而以学生创新创业能力培养为核心，借助创新科研训练、大学生科技竞赛、创新认知实验等培养学生的创新思维和创新能力。搭建以创新创业实践基地、大学生创业孵化园和大学生创新创业示范园为支撑的创新创业实践教育平台，完成创新创意识别、新产品研发与制造、实用新型技术开发与设计等实践教学任务，实现知识向能力的转化，形成完善的地方应用型高校创新教育实践教学体系。

基于创新引领创业的地方高校创新教育体系的理论教学主要包括四类课程——创新知识传授课程、创新素质培养课程、创新思维培养课程和创新能力培养课程，我们将这些理论课程与实践充分结合，分四个层次对在校学生进行递进式阶段培养。

一、传授创新知识，开启创新历程

科技创新教育就是传授给学生最新的科技知识、研究手段，并通过参与研究过程进行有效的知识更新，将各学科交叉融合，不断产生新领域、新方向、新方法，从而让学生在不断更新的学术氛围中拓宽知识范围，提高学术境界，增强对社会需求的适应能力。然而，从目前国内高校大学生科技创新活动的开展情况来看，由大学本科生主动承担并积极参与的科技创新及科研项目还不多，因为大学生仅仅利用课余时间参加科技创新活动，缺乏较为系统的科技创新指导，他们的科研及科技创新能力还没有真正培养起来。尤其是大一的学生，他们刚踏进大学校门，很容易对新鲜事物产生兴趣，但他们的知识结构单一，需要让他们感受到开展科技活动的重要性和必要性，从而萌发开展技术活动、开发智力、提高能力的动机。因此，我们首先以大学生科技创新教育理论为引领，以更加贴近大学生从事科技创新活动的兴趣爱好为切入点，引导在校大学生树立以人为本全面发展的理念、人文精神的理念、创业就业的理念等大学生科技创新教育理念，了解大学生科技创新教育在素质教育和创新性应用型人才培养中的地位与作用，知悉大学生参加科技创新活动的流程及大学生科技创新活动及竞赛的种类，进而调动学生学习的积极性和涉猎其他学科领域的主动性，开启高校大学生在校期间的科技创新活动历程，为他们积极参与、大胆实践夯实基础、提供参考。

二、培养创新素质，营造创新氛围

科技创新是项综合素质，需要多领域学科知识的支持。而大二的学生已经学习了部分基本理论并开始接触专业基础课，奠定了一定的理论知识基础，在这一阶段，营造创新氛围、培养创新素质就显得尤为重要。从社会创新需求与人类创新活动的基本关系来看，应着重培养学生对社会创新需求的准确判断、把握及敏锐预测，培养学生善于观察、独立思考并勇于挑战的品质，培养学生张扬的个性等。首先，人们对现实或潜在的社会创新需求判断、把握的准确程度、预测的敏锐程度直接决定着创新活动的自觉程度、创新行为的有效程度，因此，要让学生主动地将理论研究、科学研究成果与经济社会发展的实践结合起来，自觉开发创新潜能，培养创新素质。其次，新发现的获得、新认识以及新见解的形成，不仅需要独立思考的能力，更需要善于挑战的勇气。所以要培养学生学会观察，具有科学的观察方法，具有较强的观察能力，不固守已有的结论，不盲从别人的观点，敢于突破传统见解，超越已有认识。最后，个性特征是创新的内在要素，没有个性就没有创新，并且个性化的程度还决定着创新的有效程度。不承认个性就否定了求异性思维，创新就失去了内在的基础。因此要创造各种环境和条件，使个性得到张扬，重视个性的形成。科技创新素质的培养在一定程度上依赖于良好的环境熏陶，专家、学者、教师、学生之间应平等对话，各专业学科要交叉渗透，要保护学生的好奇心、自信心和创新“灵感”，宽容学生的错误与失败，营造良好的教风和学风、浓厚的学术氛围和创新氛围以及创新教育环境。

三、锻炼创新思维，唤醒创新意识

创新思维是创新能力的核心因素，是创新活动的灵魂。开展创新训练的实质就是对创新思维的开发和引导。一个人的创新思维能力强弱，将决定他将来的发展前途。目前大学生思维的独立性在增强，思维的广阔性和深刻性也有很大发展，形象思维与逻辑思维相互渗透。所以，我们在常规思维继续发展的同时重点培养学生以下方面的创造性思维。其一，培养延伸思维。借助已有的基本理论和专业基础知识，沿袭他人的思维逻辑将认识向前推移，探求未知的领域或知识，进而丰富和完善原有知识体系。其二，培养扩展思维。不断尝试推广，举一反三，扩展研究的对象范围，从而扩展认识，不断突破。其三，培养运用思维。运用普遍性原理，在具体事物上反复实验研究，寻找事物的本质和规律。其四，培养逆向式思维。将原实验实践推导出的结论或思维方式予以否定，并运用新的思维方式进行探究，以获得突破性进展。其五，培养幻想思维。在现有理论知识和实验实践条件下，将不可能成立的某些事实或结论进行幻想，进而获取新的认识。其六，培养奇异思维。对事物进行超越常规的思考锻炼，培养学生敢想敢做的精神。其七，培养综合思维。在认识过程中，将各种观点、结论及思维方式等加以综合运用，在总结提炼中寻求突破。大学生科技创新意识淡薄、竞争意识不强的现象普遍存在。所以应加大宣传力度，使学生充分认识到科技创新的重要性，通过各种形式的科技活动，培养学生的创新意识，鼓励学生积极参加省、国家级科技创新比赛和各项学术活动，广泛涉猎不同领域的知识，进行不同学科之间的交流，从而不断拓宽视野，推崇创新、追求创新、以创新为荣，强化创新意识和观念。

四、提高创新能力，磨炼创新意志

创新能力是指一个人产生新思想、认识事物的能力，即通过创新活动、创新行为而获得创新性成果的能力。创新具有普遍性和可开发性，创新的普遍性是指创新能力是人人都具有的一种能力。如果创新能力只有少数人才具有，那么许多创新理论，包括创造学、发明学、成功学等就失去了存在的意义。人的创造性是先天自然属性，它随着人的大脑进化而进化，其存在的形式表现为创新潜能，不同人之间这种天生的创新能力并无大小之分。创新的可开发性是指人的创新能力是可以激发和提升的。将创新潜能转化为显能，这个显能就是具有社会属性的后天的创新能力。潜能转化为显能后，人的创新能力也就有了强弱之分。对于高年级的学生，他们已具有一定的创新能力，对现实中存在的问题有敏锐的洞察力，并能提出独到的见解，对已有方法能提出改进措施，能够在科技创新活动中发挥作用，并根据自己的兴趣爱好取得一些实际成果。因而，应通过激发、教育、训练，使他们的创新能力由弱变强，迅速提升。

首先，结合实际，构建适合地方应用型本科院校的创新教育体系，并进一步落实相关具体措施；然后制订具有创业导向性的创新培养方案，并结合学校特点、专业特点和学生特点开展特色培养；进而优化创新培训内容，立足学生的创新创业实践，在决策咨询、经营管理和社会活动等方面优化学生的知识结构，提高学生的创新能力。要实施分类指导和因材施教，对创新精神和创业能力强的学生则配备专门教师进行针对性指导。建立多形式的校内外创新创业基地，并整合各类社会创新创业资源，建立广泛的外部联络网，形成学校与社会良性互动发展的创新创业教育生态系统。科技创新基地是大学生开展科技创新活动的良好载体。我们结合科技创新涉及的学科，依托相应的院系，建立创业计划、营销计划、电子商务、财务决策及课外学术科技作品等科技创新基地，从而为学生参与科技创新活动打造良好平台。

基于创新引领创业的地方高校创新教育体系，首先坚持知识传授、能力培养和素质提高的协调发展，采取灵活多样的培养方式，注重学生的个性化发展，充分发挥学生的主体作用，提高学生学习的积极性、主动性和创造性，激发创新的内驱力。其次，加强文化素质教育，增加专题讲座和实践创新活动在课程教学体系中的比重，允许学生根据自身特点，跨专业、跨学科自主选修课程，高度重视实验实践教学，强化学生实践能力和创造精神的培养。最后，注重营造浓厚的学术氛围，不定期地举办科技节、科技报告会、各种形式的创新竞赛等学术科技类活动，在活动中增强学生的创新意识，开发学生的创新潜能，实行学生科研项目立项，选拔理论基础扎实、动手能力强的学生组成课题小组，培养和激发学生参与创新的荣誉感与积极性。

参考文献：

［1］杨倩. 大学生创新能力结构与培养路径研究［D］. 武汉：湖北大学，2013（1）.

［2］林文卿. 基于科技竞赛的大学生科技创新能力培养分析［J］. 科技与管理，2010（2）.

［3］范勇，耿乃国. 浅谈辅导员对大学生科技创新能力培养的作用［J］. 社会纵横，2010（2）.

［4］姚锡远. 关于创新教育研究若干问题的思考［J］. 高等教育研究，2004（1）.

创新创业教育实践教学体系设计

杨颖 武兵

摘 要： 近年来国家先后出台了一系列关于在大学教育中开展创新创业教育的政策，特别是2012年8月1日，教育部办公厅印发了《普通本科学校创业教育教学基本要求（试行）的通知》，再次提出在高校开设“创业基础”必修课，从而使创新创业教育在高等教育中的重要性和战略性意义更为突出。虽然，创新创业教育已在高等教育中开展并取得一定成绩，但理论与实践脱节、创新创业实践教学体系未形成是当前制约创新创业教育效果提升的关键因素。研究运用系统论理论，结合教育实践探索经验，针对创业认知实验阶段、创业素质实训阶段、创业实践模拟阶段和自主创业实战阶段的教育特点和需求，构建了“四阶段、四层次”创新创业实践教学体系，并从制度保障体系、组织保障体系、实践教学平台保障体系、实践教学师资保障体系和资金保障体系五个方面设计了保障体系。

关键词： 创新创业教育；实践教学；保障体系

《国家中长期教育改革和发展规划纲要（2010—2020年）》和《教育部关于全面提高高等教育质量的若干意见》都要求在高等教育中开展创新创业教育，培育创新创业人才。2012年8月1日，教育部办公厅关于印发《普通本科学校创业教育教学基本要求（试行）的通知》再次提出在高校开设“创业基础”必修课。国家这些政策的出台，充分体现了创业教育在高等教育中的重要性和战略性意义，也使创业教育成为今后一段时期内各大高校关注的热点和焦点问题。尽管创业教育在高等教育中已经有所展开，各项实践活动也取得了一定的成绩，但不可忽视的是理论与实践脱节问题已成为制约创新创业教育效果提升的关键因素。而当前关于创新创业教育的相关理论研究和实践尝试多集中于理论知识的传授和模拟层面的探索，关于创新创业教育实践教学体系的成果和实际操作并不多见。创新创业教育的本质和特点决定了实践教学是创新创业教育必不可少的环节，是培养大学生创新创业意识、创新创业能力的具体途径。培养学生创新创业最重要的是将创新创业思想体系、知识能力结构体系和实践教学体系融为一体，形成使知识快速转化为能力的教学体系。因此，创新创业实践教学体系的构建是开展创新创业教育的当务之急。

一、实践教学对创新创业教育的必要性

实践是创新创业者锤炼的最好平台。创新创业教育是一项实践性很强的教育活动，学生的

创新创业意识、创新创业精神、创新创业思维等创新创业综合素质，要能够付诸创新创业实践才能折射出其价值和意义，创新创业能力和素质也必须在实践中才能得到锤炼和固化。

实践是创新创业者个人价值和社会价值创造的载体。创新创业者既是实践者，又是宣传者，创业离不开创建或运营经济实体，具有极强的实践性，客观上要求创新创业者通过实践整合和修正概念性的认识和思维，完善素质结构，积累初始经验。而通过实践活动的开展，在个人经验积累的同时，也实现了个人价值和社会价值的创造。

实践教学是创新创业教育不可缺少的环节。创新创业精神、创新创业能力需要学生在学校学习阶段逐渐培养，通过系统的理论教学和实践教学活动，向学生传递生产经验和社会生活经验，引导他们树立创新创业意识，掌握创新创业知识和技能，启迪思维，发展兴趣，注重创新创业精神的培养和就业观念的转变。

二、创新创业教育实践教学体系构建

（一）创新创业教育实践教学目标

创业教育是素质教育、知识教育、能力教育和就业教育四位一体的教育，教育宗旨是“培养创业意识、激发创业热情、训练创业技能、提升创业能力”。根据这一教育宗旨，创新创业教育实践教学目标应该是：通过创新思维训练、创业活动操作，培养学生的创业意识和创业品质，提升学生的创新创业技能，实现学生创业理念的全面形成。

（二）创新创业教育实践教学体系的构成

本着理论和实际相结合的原则，注重知识、能力、素质协调发展和共同提高，根据以上创新创业实践教学目标的设定，我们构建了“四阶段、四层次”创新创业实践教学体系。

“四阶段”是指创新创业认知实验阶段、创业素质实训阶段、创业实践模拟阶段和自主创业实战阶段。创新创业认知实验阶段主要集中于大一进行，创业素质实训阶段集中于大二开展，创业实践模拟阶段集中于大三展开，自主创业实战阶段在大四开始并可持续至学生今后的职业生涯发展。

“四层次”是指创新创业知识认知层次、创新创业素质养成层次、创新创业模拟实习层次和创新创业实践操作层次。创新创业知识认知层次将采取课程实验的形式展开，主要通过开设创业素质测试、职业生涯规划等实验项目对学生创新创业天赋予以评测并培养学生的创新创业意识和精神；创新创业素质养成层次采取素质实训的方式，通过开设不同类型的素质拓展训练项目展开素质养成实训；创新创业模拟实习层次则借助创业实训软件进行创业全程的仿真模拟，在虚拟环境中开展创业各阶段工作的模拟运作，通过团队合作，使学生掌握创业基本技能；创新创业实践操作层次是创新创业实践教学的最高层次，学生将通过注册公司、开展实际生产管理运作等系列活动真实运作企业，全面实现创业的实际运营。具体构成见图 1。

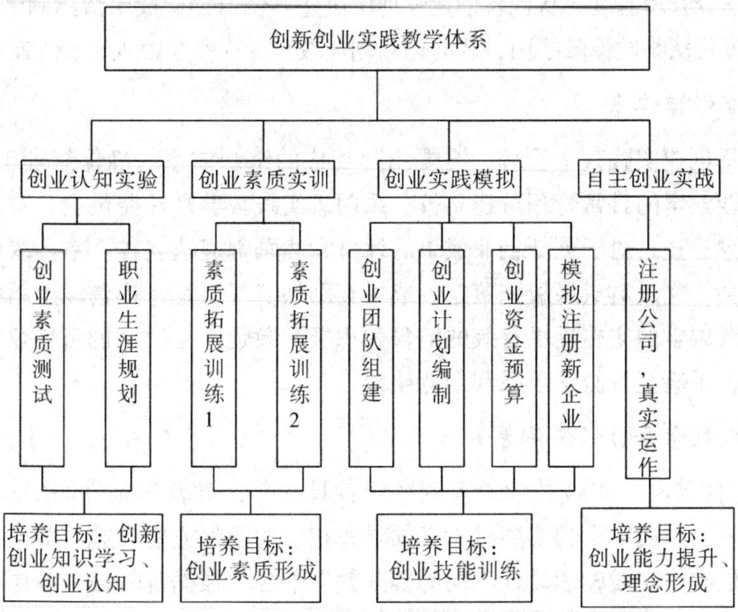

图 1　创新创业实践教学体系

综上所述，基于四位一体理念的“四阶段、四层次”创新创业实践教学体系从创业教育的基本规律出发，形成了理论认知→专项素质形成→综合能力模拟→实际运营操作的层层递进的实践教学链条，环环相扣，层层递进，缺一不可，充分体现了创新创业实践教学体系教学目标的要求和能力培养的诉求。

三、创新创业实践教学体系的保障体系

要确保以上创新创业实践教学体系有效运作，真正实现实践教学目标，必须建立配套保障体系。配套保障体系由五部分构成，即制度保障体系、组织保障体系、实践教学平台保障体系、实践教学师资保障体系和资金保障体系。

（一）制度保障体系

创新创业教育虽然在近年来受到越来越多高校的关注，但卓有成效地全面实施的院校并不多见，缺乏有效的制度保障是影响实施效果的关键因素之一。创新创业实践教学的开展不仅需要大量的人力、物力和资金的投入，而且要确保师生的积极参与、相应的激励机制的建立和政策的保障，因此，创新创业实践教学的顺利实施首先需要学校层面相关政策、制度的支持和统一管理。为此，学校必须从系统管理的层面、从师生利益诉求出发，建立系列制度

体系，为创新创业实践教学的开展提供有力的制度保障。具体而言，从教学层面，制定创新创业教育相关学分管理制度；从创新创业管理层面建立创新创业成果激励制度、创新创业指导成果评价制度；从物质保障层面，建立创新创业教育专项资金投入和管理制度。

（二）组织保障体系

为加强创新创业实践教学管理，需要组建相应的组织体系，确保管理工作落实到位。对创新创业实践教学的日常管理可建立校、系两级实践教学督导委员会，对日常教学活动的实施进行督导检查；对于创新创业成果的评价和奖励则应建立校、系两级创新创业成果鉴定评价委员会，完成对成果级别鉴定、成果奖励认定等事宜。构建以上组织机构，可以为创新创业实践教学的实施提供有效的监督和积极的激励，在确保创新创业实践教学规范化管理的同时，不断提升教学效果和创业质量。

（三）实践教学平台保障体系

“四阶段、四层次”实践教学内容的开展各具特色，对教学条件的要求也各不相同，尤其是进入第三、第四层次的实践教学必须具备相应的条件方能实施。为此，需要针对不同阶段、不同层次的实践教学设计不同的实践教学平台。根据各阶段、各层次特点，我们设计了实践教学平台，具体构成见图2。

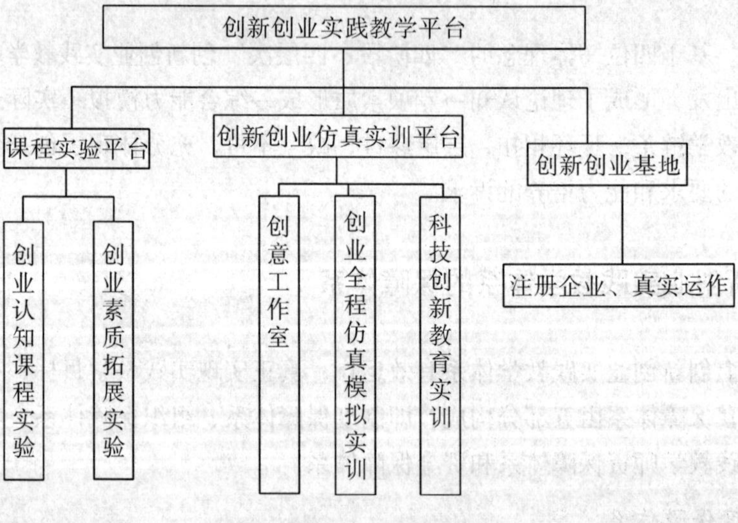

图2　创新创业实践教学平台

课程实验平台主要开展创业认知和创业素质训练的课程实验，需要建立课程实验室，配备创业素质测试系统软件。主要通过开展创业素质测试、职业生涯规划、创业素质拓展训练等实验项目实施教学。其中创业素质测试通过计算机软件系统测试完成，创业素质拓展训练则通过实践教学教师的组织在课程实验室开展实训游戏和项目。

创新创业仿真实训平台主要开展创意的产生和创业全程的仿真模拟。创意工作室主要采用头脑风暴法进行创意的征集和产生，尽可能多地汇集最新创意，为创业项目的选择提供依据。创业全程仿真模拟实训则主要通过创业模拟软件的模拟操作开展创业各阶段业务的模拟运作。这需要购置创业实训软件并建立独立的实训实验室。科技创新教育实训则主要开展大学生科技文化竞赛训练。利用创意工作室产生的创意，应用在创业全程仿真模拟训练平台中，指导学生参加挑战杯、三创赛、职业设计大赛等国家级科技创新比赛，营造浓厚的创业氛围，提供仿真的创业体验和训练，促进学生创业技能的形成。

创新创业基地主要开展创新企业的实际运作，是创业企业的孵化器。在基地内，将创业模拟实训阶段的成果进行实际应用，按照工商管理相关规定注册企业，组织生产、营销等系列活动，真实运作企业，创造经济价值。在此基础上，带动相关项目创办新企业，孵化出更多的创业企业，吸纳更多的学生投入创业实践，真正实现学生创业能力的全面提升。创新创业基地在发挥主要功能的同时，可以作为实现“产学研”一体化的桥梁，通过开展业界专业人士的创新创业专题讲座、创业经验交流、创业案例点评等活动，建立企业与院校的合作平台，积极开展课题合作、校企工作人员交流互动、职业经理资格认证培训。借助于多元化的合作模式吸纳更多的老师和学生加入创新实验、创业实践，实现师生双方创业的双赢效果。

（四）实践教学师资保障体系

在创业教育中，教师团队是一个关键的影响因素，教师的水平直接影响创业教育实践教学的成效。创新创业实践教学的实施同样离不开教师的指导和指引，而创新创业实践教学的特点决定了实践教学指导教师应具有创新的理念、开拓的视野、丰富的实践经验和良好的品质。丰富的实践经验更注重对创业各阶段实务操作的娴熟性。因此，对于长期从事理论教学、主要活动于高校内部、缺乏实践经验的现有高校师资队伍而言很难满足创新创业实践教学目标的要求。有鉴于此，创新创业实践教学师资保障体系由两部分构成：一是高校内部具有创业教育实践和实际操作经验的校内师资，二是来自于业界的校外实践教学指导教师。校内师资主要负责第一阶段的创业认知实验、第二阶段的创业素质实训、第三阶段的创业实践模拟的教学活动；第四阶段的自主创业实践则需要外部实践教学指导老师发挥主导作用，校内指导老师可发挥辅助管理作用，同时开展自身实践经验的积累。因此，师资保障体系要求院系建立外聘实践指导教师激励管理机制，以确保师资队伍规范、有效地开展实践教学各项工作，确保创新创业实践教学目标的实现。

（五）资金保障体系

创新创业实践教学平台的建设需要投入大量资金购置设备、配备实验场所，进入自主创办企业阶段更需要启动资金投入开展实际运作。因此，创新创业实践教学体系的有效运作首先取决于是否有充裕的资金保障。此外，要调动师生参与创新创业实践的积极性，需要建立激励制度，也需要资金的投入。而创新创业实践教学管理的各环节也需要必要的资金投入，因此，应设立创新创业专项基金，用于资助学生开展科研创新活动和创业计划，支持并组织学生参加全国有影响的创新科技竞赛，表彰在学术科技创新活动中表现突出的个人和集体，奖励优秀学生的科技学术成果和优秀指导教师的工作付出。同时，为有发展前景的应用性科技成果的转让与开发、有条件创办企业的实际运作提供资金支持。为确保资金使用的科学性和规范性，资金保障体系包括专项资金划拨制度、专项资金管理办法、资金使用效益评价等主要内容。

参考文献：

［1］李飞标，徐志玲．论创新创业教育的实践教学体系的建设［J］．继续教育研究，2011（6）：119-121.

［2］张敏．浅谈本科院校创业教育实践教学体系的构建［J］．吉林工程技术师范学院学报，2012（11）：58-60.

［3］周建华，赵义涛．创新创业教育实践教学体系的研究与实践［J］．北华大学学报，2012（3）：104-106.

会计学专业创新应用型人才培养模式背景下高校创业教育体系的重构

姜英华

摘 要：创业教育是顺应国际高等教育发展趋势的必然要求，对人才培养意义重大。本文以会计学专业创新应用型人才培养模式为背景，从创业教育体系的要求、现存问题及创业教育体系的重构三个方面出发，进行深入分析，提出明确创业教育理念、完善创业教育课程体系、强化创业教育师资力量及构建创业教育支持体系等建议，力求重构会计学专业创业教育体系，形成符合我国国情的高校大学生创业教育体系。

关键词：创业教育体系；创新应用型人才培养模式；会计学专业

传统的高等教育通常强调通识知识和技能的传授，教学内容与方法循规蹈矩，将教育的目标简单定位为应用型人才或研究型人才的培养。创业教育并未纳入教育教学体系，即便有也往往流于形式。目前高校的创业教育功能普遍缺乏，导致大学生缺乏创新创业意识及能力，这与高校的培养目标定位存在必然联系。在新型人才培养模式下，创业教育体系也需重构，具备科学化、系统化的特质，能满足不同专业的需求和特点。本文以会计学专业“创新应用型人才培养模式”为研究背景，探讨创业教育体系的重构，对学生创业能力的培养以及学校教学模式的创新具有重要的实际意义。

一、会计学专业创新应用型人才培养模式对创新创业教育体系的要求

会计学专业的人才培养目标是“创新性应用型人才”，培养适应国家和区域经济社会发展需要，掌握系统的管理学、经济学基本理论知识和会计学专业知识，具备较强的社会适应能力和会计信息与控制系统实际操作能力，具有高度的社会责任感、较高的科学与人文素养、突出的创新精神和现代经济与管理综合素质，能在企、事业单位及政府部门从事财务与会计工作的创新性应用型人才。

根据会计学专业培养目标强调实践、创新及综合素质的特点，创业教育体系应包括创业意识培养、创业能力提升、创业环境认知和创业实践模拟四部分。

创业意识培养：培养学生的专业创新意识和创业精神，使其了解创业对会计学专业学生应具备的素质要求，了解创业的概念、要素与特征等，掌握开展创业活动所需的基本知识。

创业能力提升：解析并培养学生的批判性思维、洞察力、决策力、组织协调能力与领导力等各项创新创业素质，使学生具备必要的创业能力。

创业环境认知：引导学生认知当今企业及行业环境，了解创业机会，把握创业风险，掌握商业模式开发的过程、设计策略及技巧等。

创业实践模拟：通过创业计划书撰写、模拟实践活动开展等，鼓励学生体验创业准备的各个环节，包括创业市场评估、创业融资、创办企业流程与风险管理等。

二、会计学专业创业教育体系现存的不足

（一）对创业教育缺乏足够的重视

在校生创业教育的开展，对培养大学生的创新意识、创业精神及创业能力，具有重要意义。创业成功者需具备良好的沟通能力、表达能力、坚忍的意志品质等，这些优秀的素质品质是综合教育培养过程中较为欠缺的，但又是学生进入社会后实际需要的。当前的会计学专业课程设置中，专业课占主要地位，同时设有一些实验课程与实践课程，以提高学生的专业综合素质为主，强调理论知识与技能操作的结合，但关于创业课程的设置并没有专门的规定。受专业特点影响，会计学专业的学生普遍循规蹈矩、按部就班，这些特质满足了高校日常管理和授课纪律的要求。但是与其他专业学生相比，会计学专业学生尤其缺乏创业所需的特质，如打破现有格局的勇气、突如其来的创造力等。其实这些能力不仅创业需要，到任何单位任职都需要。然而，现有的会计学专业授课过程中，创业教育课程或者没有开设，或者流于形式，理所当然地认为学生在掌握了专业知识的同时就实现了全面发展，反映了对创业教育的重视程度不够。

（二）创业教育课程体系缺乏系统性

各高校的会计学专业课程计划已十分完善，包括专业必修课、专业选修课、公共选修课和公共必修课四大类。专业课的重点放在财务会计、财务管理、审计学及会计信息系统等方面，公共课主要是外语、大学语文、体育及马克思主义哲学类课程，其中并没有给创业教育课程留出位置。实际上，创业教育课程自身可以自成体系，将每学期的创业教育类课程穿插到教学计划里，将其归于公共必修课较为适宜。部分高校开设了创业教育课程，但内容较少，授课方式照本宣科，导致学生的兴趣度降低，完整的创业教育课程体系无从谈起。

（三）创业教育师资力量匮乏

结合一些发达国家的创业经验进行总结，创业教育的导师通常是成功人士、某领域的专家及政府官员等，他们经验丰富，对创业的流程清楚，还熟悉企业的发展变化和运营规律，具有国际视野。想让学生成为有创新性的创业者，师资队伍需要本身具有足够的经验和授课技巧。当前高校中教授创业课程的老师以高校教师为主，偶尔邀请企业家进行创业讲座。个别高校教师有兼职或创业经历，而大部分高校教师日常工作中以完成授课任务为主，与企业及其他部门联系不多，且未受过系统的专业创业教育训练，缺乏此方面的教育背景以及相关的创业知识和创业技能。就业指导老师和辅导员老师教授创业课程，不够生动贴切，缺乏说服力。创业教育的针对性比较强，对创业者的创造性、创新能力和创业能力要求都比较规范，尤其是技巧、技能方面和现实联系紧密。目前开设创业教育课程的高校中，师资队伍里兼具实践经验与授课经验的“双师型”教师仅占少数，尚未形成稳定、优良的创业教育教学队伍。

（四）创业教育支撑体系不完整

目前高校中创业教育多数限于课堂讲授的形式，缺少充分的实际支撑。没有项目孵化环境是创业教育过程中普遍存在的问题。会计学专业的实验、实践课程没有与创业相关的环节，基本是针对专业知识的某一部分进行单独的操作训练。但创业教育与传统的会计学专业课程教学存在差别，需要学校以及社会在学生组成团队进行创业之后进行必要的孵化和支持。目前不但缺少支撑平台，而且，即便是搭建了一些创业平台，常规教学与支撑平台之间也缺乏关联性；校创业教育支撑平台零散，缺乏系统性。虽然有些高校设有科技园、创业基地、创业项目孵化中心等平台，但往往不能为学生提供持续的保障，而且这些平台之间往往没有关联，单独面向服务对象开展创业教育活动，活动内容出现同质化、零散化和交叉化的特征。这样的支撑平台缺乏系统性，对学校创业教育理念的一致性带来了一定的困扰，影响了创业教育效果。

三、重构会计学专业创业教育体系的措施建议

（一）明确创业教育理念

创业教育方面，发达国家起步较早，高校创新创业教育目标明确，可对我国的高校创业教育提供借鉴和参考。高校的创业教育除了教学生“如何成功创办企业”以外，更重要的是通过教授核心知识，培养学生辨别生活中的机遇的能力、寻找机遇的能力、创业和管理新企业的能力、富有远见和具备批判思维的能力。因此，创业教育的任务是揭示创业的一般规律，传承创业基本原理和方法，培养学生的企业家素质，目标是使学生具有创业意

识、创业个性心理品质和创业能力，具备将来从事职业所需的知识、技能和特质，从而适应社会变革。创业教育不仅是为了解决大学生的创业就业问题，更是促进创业综合素质的发展，将创新精神和创业特质传递给大学生，并内化为自己的创业素质，培养革命性的创业一代，体现创业教育理念的战略性和前瞻性。对于不同专业而言，创业教育的理念基本相同。简言之，可将我国高校创业教育理念定位为以人的全面发展为目标、以创业实践活动为载体、以创业精神和创业意识为核心、以创业能力为关键的特殊教育。

（二）完善创业教育课程体系

创业教育课程具有注重实践实用的特性，根据大学生在不同阶段的特点，需要分层次构建创业教育课程体系。针对会计学专业学生进行创业教育时，需结合其专业特点设置课程。创业教育课程体系应包括理论、实训和实践三部分内容，分布在入学后的不同阶段。如表 1 所示。

表 1　　创业教育课程体系图

课程 学时	创业理论课程	创业实训课程	创业实践课程
第一学期 第二学期	创业启蒙 创业基础	沙盘实训类课程	创业基地孵化
第三学期 第四学期	创业方法 创业项目设计	财务预测与分析实训 商业模拟	校园营销实践
第五学期 第六学期	强化创业所需 会计专业知识	创业竞赛	创业基地实践
第七学期 第八学期		企业实习	创业项目运行

（三）强化创业教育师资力量

高校应聚集校友、企业及教师等多方资源，整合校内外创业指导教师的服务力量，以创业大赛为牵引形成教育合力，打造出一支专兼结合的创业指导教师团队。创业教育师资队伍除辅导员老师、专业课老师以外，还需要更多地补充校外有创业经验的企业家力量。

校内的创业教育教师须进行上岗培训，兼职指导教师队伍主要进行学生的创业基础帮扶。用创业教育的思维引导学生产生创业意识，带领学生完善团队、识别商业机会、健全商业模式，带领学生完成完备的商业计划书；专职指导教师要了解学生创业的相关政策和法规，主要为学生提供资源整合、政策解读以及办理公司注册等方面的指导。

（四）构建创业教育支持体系

基于创业过程的高校创业教育支撑体系的构建和良性运转，需要学校层面的协调和保障。建议成立学校层面的创业教育联合中心，中心负责规划和推进全校创业教育工作，具体负责协调各创业教育支撑平台开展工作；整合校内外资源，开源节流，保障高校创业教育支撑体系运作经费来源。

创业支撑体系可包括成果交流、创业实验平台、创业孵化平台和创业联盟平台。创业教育是一项系统工程，不仅需要常规教学环节，也需要系统的支撑平台来推进创业教学活动的开展和促进创业者及初创组织的成长。需要从高校创业教育的主要环节出发，完善常规创业过程的主要环节，并基于创业过程构建高校创业教育的支撑体系。

创业与就业课程体系建设研究

彭萍

提　要：在大学生就业竞争日益激烈、就业环境日益严峻的今天，大学生面对择业存在诸多困惑。本文主要从课程内容、课程设置、实践创新和教材建设等方面进行深入研究，以期构建适合地方性应用型本科院校的创业与就业课程体系。

关键词：创业教育；就业教育；课程建设

2014年全国普通高校毕业生人数达到727万人，比2013年增加28万人，再创历史新高，毕业生就业面临十分严峻的形势。在大学生就业压力不断增大的情况下，很多毕业生面对择业存在许多困惑。显然，高等教育扩招和社会经济结构的调整给大学生就业带来了全新的挑战。党的十七大明确提出，要积极做好高校毕业生就业工作，促进以创业带动就业。因此，作为培养人才的摇篮的高校，不仅要调整学科专业结构以适应市场和社会的需求，还要切实加强创业与就业课程建设，帮助学生树立正确的择业观，掌握择业技巧，为毕业生顺利创业就业打下坚实的基础，做到有目的、有计划、有组织地引导和指导。

创业与就业课程是遵循职业教育规律、针对大学生特点开设的一门体现高等教育创业就业导向的综合性课程。目前我国高校创业就业教育形式单一、内容零散，缺乏系统、完整的课程体系。尽管随着创业与就业科学研究成果对其学科内容及其体系的不断丰富，创业与就业教学也通过一定的课程内容更新和课程设置来反映这些研究成果，但创业与就业科学的交叉融合还未形成独立完整的学科体系，如何通过课程融合来促进学科体系形成便成为创业与就业课程体系建设的重要任务之一。

一、以能力培养和创业就业为导向设计课程内容

创业与就业课程通过对当前高校毕业生就业现状与形势的分析，以增强学生创业就业能力为引领，以引导高校学生理性规划职业生涯发展为课程主线，以就业观念、职业生涯规划理念、创业知识与能力为依据，按照学生的认知特点，采用理论与实践相结合的方式设计课程内容。通过真实岗位能力或技术应用能力分析，确定相应的创业就业技能或能力模块，设置对应的实训项目。在课程内容设计上，强调理论性和实践性的有机统一，分解

出创业就业所需的能力要素，形成由基础技能、核心技能和综合技能构成的教学内容体系：职业生涯规划、创业准备与训练、就业准备与训练三大模块。

创业与就业课程教学目的在于在明确职业岗位人才规格、知识结构、能力结构、目标定位的基础上对高校学生的创业与就业观念进行科学指导，帮助他们正确认识企业在社会经济中的作用，了解创办和经营企业的基本知识和实践技能，理性评估自身特质，确立创业定位；使学生了解就业形势与政策，合理规划学业生涯和职业生涯，掌握一定的求职择业技能和技巧，形成正确的就业观念；将课程目标对准某种职业，落实到具体岗位，就业方向直接在学校人才培养的课程方案中清晰体现，使课程目标直接与就业目标挂钩，缩短学校教育与就业需求之间的距离。

二、构建全程化、分阶段的创业与就业课程体系

高校学生创业与就业教育是一个延续不断的过程，创业与就业课程的建设需构建一个从入学到毕业的全程化的课程体系。创业与就业教育从大学一年级开始，贯穿整个大学学习的全过程，让大学生从进入大学就开始关注创业与就业。在贯穿全程的基础上，课程设置还应针对大学期间不同阶段学生的生理、心理特点，教育教学内容各有侧重。如职业生涯规划教学环节应在大一、大二阶段统一开课，主要帮助学生树立就业观念，增强就业意识，强化竞争意识，培养创业精神，开展职业生涯规划，培养职业能力和职业素养，让学生进一步明确学习目的，加强学习的主动性，加强综合能力的训练，着重自主创业、出国、求职等就业方式的指导。创业训练教学环节在大三阶段统一开课，着重创业技能培训及自主创业的引导。就业训练教学环节在大四阶段统一开课，主要进行就业政策的学习、就业形势的分析、就业信息的收集、求职准备、择业技巧、心理调适、职业测评等具体问题的指导和实用战术的训练。

入学教育应该从大一开始。根据学生自身的特点，帮助他们对自己未来的职业生涯进行规划，使他们尽快找到正确的人生定位和奋斗目标。在大一、大二阶段，最重要的是把学生的职业理想树立和专业毕业流向结合起来，进行职业生涯规划启蒙，引导学生树立正确的人生观、价值观、择业观，帮助大学生认清毕业时面临的就业压力，使学生明白就业是自己的事，就业过程中最具竞争力的是自己的能力与素质，帮助学生逐步确立将来的就业方向，进行自我认知训练及试探性的职业生涯设计，合理规划大学期间的生活及将来的出路。同时，对学生进行职业发展规划验证，指导学生进行职业兴趣、职业能力、职业倾向测试，了解其心理、性格特征和与之相适应的职业适应范围，完善职业生涯发展规划。

大三、大四阶段是职业发展规划的实施阶段，应指导学生根据自己的职业发展方向、创业就业意愿增加创业与就业课程，联系实际，针对目前严峻的就业形势，鼓励学生增加参与竞争的筹码。本阶段主要以咨询、分类指导、模拟训练、案例分析的形式进行，引导

学生提高自己的水平，为将来的创业、就业储备知识和能量。既要引导他们认真学习，掌握过硬的专业技能，重点培养各种能力，又要为他们提供实践和培训的机会，培养较强的实践能力。通过创业过程各个环节的技巧指导与训练，让学生掌握创业思维方法、创业方向的选择、创业机会的识别、创业团队和创业资源管理的技巧与方法等。就业准备及训练课程则要坚持理论与实践相结合，突出实践环节；结合就业形势，既加强就业准备及训练课的理论教学，又指导学生参与择业实践的训练，通过模拟择业实际过程，提高择业的技巧和能力，提高其择业竞争力。

三、突出创业与就业课程体系的实践创新

在课程设置过程中，还要结合学校专业优势和学生的专业特点，突出可行性和实用性，精心制订创业就业教育教学计划，改革教学方法，加强师生互动、情景模拟、角色扮演、案例教学等教法，实现课程体系与相关技能平台、创业就业实践平台、创业就业实践项目的相互支撑。强化实践教学环节，通过知识讲授、分组讨论、案例分析等活动来组织教学，倡导学生在项目活动中树立自主意识、职业意识和创业意识，确立正确的职业发展目标，为实现自身职业发展和职业成功打下扎实的基础。

通过讲座、职业生涯规划大赛、模拟面试、创业就业实践、岗位实训等方式对课程进行有益补充，开展职业规划、技能培训、就业形势讲解、就业技巧辅导等方面的讲座和指导活动。建立就业实践与实战体系，通过就业实践提供真实工作预览，提升学生就业能力。以创业指导中心为依托，以“挑战杯”及“创新·创意·创业”等创业大赛为平台，在校园内大力推进创业教育。邀请校内外专家学者、企业负责人、成功创业校友为大学生授课，讲述创业就业知识和相关专业技术知识。为提升学生的就业能力，构建学生与社会联系、到单位实践就业的畅通渠道，建立教学实习与就业实践基地。举办大型的就业实践双选会，为学生到企业实践搭建平台。

四、加强创业与就业课程教材建设

教材是课程内容的载体，在教材建设中要立足现实，面向未来，突出教材的科学性、思想性、实践性、针对性及创业就业理论的完整性。创业与就业课程的教材建设应突破传统的思维方式，编写适合本校学生实际以及能提高学生创业就业素质的校本教材，无论是结构设计、案例选择还是实训活动，均把创业就业素质和能力的训练作为主线。在内容选取上，针对在校学生动手能力差、创业就业能力欠缺、职业素养水平偏低等现状分别设计各章知识点、教学案例、实训活动、深度思考等模块，旨在强化案例分析、小组讨论、角色扮演、头脑风暴等环节，以实现从以知识传授为主向以能力培养为主的转变，充分调动

学生学习的积极性、主动性和创造性。

在教材内容设计上，职业生涯规划按照一年级（生涯认知阶段）、二年级（自我探索阶段）、三年级（探索环境阶段）、四年级（生涯发展阶段）分阶段编写，围绕阶段主题开展教学工作。创业准备与训练从创业思维（高效创业思维的基本方法）、创业方向选择（创业方向的选择原则与方法）、创业机会识别（创业机会识别过程、技巧）、创业资源管理（创业资源获取途径、技巧）、创业团队管理（创业团队组建及重要性）、新企业开办（企业注册流程、相关文件编写）来编写。就业准备与训练从心态准备（主动求职积极性的调动）、职场调研（如何了解目标行业、职位）、渠道分析（获取求职信息和该获取职位的渠道）、政策解读（就业形势、就业政策、就业困惑的解读）、文书准备（简历、求职信的书写）、笔试面试（礼仪、着装、技巧等）、细节管理（其他应对毕业生说明的问题）来编写。

创业与就业课程是遵循职业教育规律，针对大学生特点开设的一门体现高等教育创业就业导向的综合性课程，对创业与就业课程体系建设的研究，可以提升课程的教学水平，加快课程教材建设，这对于大学生成才观的建立、就业观念的更新、择业技能的增强、就业率的提高、高教事业的良性发展和社会稳定都具有非常重要的现实意义。

参考文献：

［1］庄新豪. 新形势下高校就业指导课程设置研究［J］. 学理论，2010（3）.

［2］张耘. 以就业创业为导向的多元化课程体系的构建——以我院商务英语专业为例［J］. 宁波教育学院学报，2011（2）.

［3］董金宝，等. 北京林业大学大学生职业生涯规划与就业创业指导课程体系建设［J］. 中国林业教育，2011（3）.

试论创业营销课程教学中的课程设计

潘光杰

摘　要： 课程设计作为一种以实践为主的教学模式，具有互动性强、掌握知识系统、能培养学生的实践能力等优点。这种以实践为主的教学模式可以运用于创业营销课程教学中。本文论述了课程设计这种辅助教学模式的优势、在创业营销课程教学中的具体应用程序以及教学中应注意的问题。

关键词： 课程设计；创业营销；教学模式

传统的授课方式以教师为主导，采用填鸭式的灌输方式，这容易导致教师主导讲、学生被动学的极端，很容易造成知识传递的单向性而抑制学生学习的主动性和积极性。这种教学方式忽视了学生的个体差异，不能产生较好的互动效果。现在普遍采用的案例教学，一般以知识点作为导向，使用的案例多是服务于局部章节的知识点，只为一个主题服务，而创业营销企业案例的不可复制性，也使案例教学的效果大打折扣。实践是提高学生实践能力、分析能力、解决问题的能力的重要环节，但是由于枯燥，缺乏相互之间的配合以及时间的限制，学生对此感觉索然无味。课程设计在理工科教学中作为实际应用的手段被广泛应用，起到了较好的教学效果，本文将课程设计这种教学模式融入创业营销教学的教与学的过程中，在讲授知识的同时提高学生的参与热情，培养学生的实践能力。

一、课程设计的概念

课程设计是教学所采用的一种特定的组织方式，它主要涉及课程目标以及课程内容的选择和组织。《简明国际本科全书课程》中将课程设计定义为：“课程设计是指拟订一门课程的组织形式和组织结构。”课程的组织形式主要涉及课程类型的选择，课程的组织结构则是指课程内各要素的组合。丛立新教授认为：课程设计就是对课程的各个方面做出规划和安排，包括从基本理念的确定到选择具体程序方法的整个过程。从课程设计的实际过程分析，根据课程设计所承担的任务和产生的结果，大致可分出宏观、中观、微观三个层次，不同层次的设计，完成不同的任务，产生不同的结果。

综上，笔者认为课程设计是以一门课作为设计对象，将课程目标、课程内容的各个要素进行选择、组织而有机组合的决策过程。创业营销课程设计的目的是：有机组合课程各部分内容，促进学生对课程各环节内容的理解与掌握；培养学生对创业的洞察能力、环境敏感能力、创新思维能力、团队合作能力、发现问题和解决问题的实践能力。

二、创业营销课程设计的实施程序

“创业营销”课程以创业营销活动为主线，系统地研究创业市场环境分析、创业战略选择、创业商业模式和创业规划、创业企业的营销策略等理论与实务。通过本课程的教学，使学生能较全面地掌握创业营销基础理论和创业营销的方法；同时，强化创业营销实践技能的培养，使学生学会用创业营销理论分析和解决企业的实际问题，培养学生作为未来创业者所具备的营销技能。“创业营销”是一门应用性和实践性很强的课程，是创业管理的核心课程，该课程不但需要具有科学性，而且需要具有很强的艺术性。创业营销课程设计具体包括建立营销团队、筛选创业创意、设计创业营销方案、评价与讨论等环节。

（一）建立营销团队

营销团队是课程设计的基础，人是营销的核心资源。依据随机原则，将所有学生分成10个左右的营销团队，每个创业营销团队4~5人。建立的营销团队民主推选营销经理，在营销经理的领导下将团队内同学进行分工，建立自己营销团队的名称、团队组织结构，初步选定该团队经营项目，培养学生的团队协作精神。成立营销团队是创意营销课程设计的第一步。

（二）筛选创业创意

创意是创业的基础，也是后面方案设计的基础。筛选创业创意的过程大致是：第一，收集与整理资料，主要包括产品大类选择、市场二手资料的收集、一手资料的设计和整理、根据调研结果确认创业营销的产品。第二，提出产品创意——可以采用头脑风暴法、小组讨论法等手段，激发学生产生更多的创意，每个团队成员根据选择的产品自己考虑2~3个创意；接着评价创意，团队成员一起把各个成员提供的创意进行评价，排出先后顺序。第三，筛选创意，将创意里面大家认可的前3个创意进行深入讨论和论证，教师可以参与这个过程，选出最优创意。第四，形成创意概念，团队成员对创意进行深入分析，反复验证，最终形成阶段性成果，确认各个营销团队的产品概念。

（三）设计创业营销方案

主要设计的内容包括：①营销战略的选择。战略是创业的方向，可以采用的方式有宏观分析工具 PEST、行业分析工具、五力竞争模型、微观分析工具 SWOT 以及 STP 战略工具，形成阶段性成果，随之进行讨论和确认，注意分析过程中学生经常犯的错误。例如 SWOT 分析中学生经常把企业内部和外部的环境分析弄混、优势和机会放到一起等。STP 战略工具也是目前营销中应用最普遍的工具，通过市场细分、目标市场选择和市场定位确认该产品的市场位置，也是后面营销策略设计的基础。②营销策略的设计。这主要涉及创业营销中产品策略、价格策略、渠道策略和促销策略，通过对产品、价格、渠道和促销的设计，一步一步地让学生掌握策略的具体应用，最终形成一份完整的创业营销计划书。

（四）评价与讨论

评价是对前面所做工作的总结，采取各个营销团队现场 PPT 演示演讲的形式，由营销团队做出讲解和说明，其他营销团队对该方案质疑，现场讨论。该团队回答其他团队的质疑，教师根据演示和现场回答两部分对各个方案打分，做出评价，最终评出优秀营销团队。学生对自己创业选择的产品进行总结，总结得失，提高其应用能力。创业营销的课程设计方案可以参与全国大学生市场营销大赛、新加坡国际市场营销大赛、电子商务挑战赛以及挑战杯等国家级大学生大赛，提高学生的参与热情。事实上，德州学院有很多学生获得了省级和国家级大学生竞赛大奖。

三、创业营销课程设计实践的效果

创业营销系一门应用实践性课程，课程设计能调动学生的积极性和学习热情。根据我们的实践，在试用课程设计的班级的调查结果显示：90%的学生认为课程设计这种教学模式提高了自己的学习积极性；85%的学生认为课程设计对掌握所学知识帮助较大；70%的学生认为提高了自己的实际应用能力；60%的学生认为课程设计对自己以后工作有帮助。从统计结果来看创业营销应用课程设计这种教学模式受到学生的认可，提高了学生理论联系实际的能力以及团队协作能力。

课程设计教学模式的优势表现在：①提高了学生学习的兴趣；②学生对知识的理解和掌握更加深刻；③增进了学生之间的交流与合作；④对知识的掌握更加系统；⑤提高了学生对知识的应用能力和实践能力。

四、创业营销课程设计应注意的问题

（一）教师素质问题

课程设计对教师素质提出了更高的要求。学生选择的课程设计的产品和创意千差万别，对教师的知识和操作提出了挑战。指导教师要有广博的知识和企业运营知识，指导教师要对很多行业和产品有全面的认识，否则在指导学生的时候就会出现不知怎么判断的问题，无疑会影响教师在学生中的权威性，影响教学工作的开展。

（二）教师掌控进度问题

教师应掌控各个营销团队的阶段性成果。创业营销课程时间教学周期（18 周）较长，课程设计只靠课堂时间没法完成，因此需要学生在课余用大量的时间来准备资料和讨论，而阶段性的成果就能反映学生的努力程度和营销团队的合作情况，又可根据运行情况来调整营销团队的分工。对学生的阶段性成果进行评价和反馈，做到课程设计的完成进度与教学同步。

五、结语

从实践来看，课程设计研究有助于改变目前教与学的教学模式，教师也可以有效检验学生的知识掌握程度。课程设计这种教学模式有助于师生沟通和交流，帮助学生将学到的知识应用到实践中。在教学设计方面，课程设计研究可以使教师充分认识到：创业营销知识不但要组合在一起来应用，而且要和实践相结合，提高创业营销的应用性和实践性，从而提高学生的营销能力和素质。所以课程设计在创业营销中应用具有良好的前景，无疑也是一种有效的教学模式。

参考文献：

［1］施良方. 课程理论［M］. 北京：教育科学出版社，1996：81.
［2］江山野. 简明国际百科全书课程［M］. 北京：教育科学出版社，1991.

体验式教学在“创业营销”课程中的应用

李朝辉

摘　要：“创业营销”课程是一门应用性和实践性非常强的课程，单纯使用传统教学方式无法满足该课程的教学要求。本文从体验式教学角度，论述创业营销课程体验式教学内容设计和体验式教学方法的运用，并分析体验式教学在创业营销课程应用中应注意的问题。

关键词：体验式教学；创业营销

2010年国家颁布的《国家中长期教育改革和发展规划纲要》对未来一段时期如何培养创新创业型人才提出了要求。教育部也多次召开会议，研究创新创业教育问题。全国各大高校开始意识到对学生进行创新创业教育的重要性，并纷纷开设了创新创业教育相关的课程。德州学院经济管理学院紧跟教育部的步伐，率先在全校范围内开设创业教育系列课程。这包括“创业营销”“创业基础与管理”“创业融资”“创业沟通与礼仪”和“创业与就业”五门课程。

“创业营销”课程是一门应用性和实践性非常强的课程，该课程以市场营销活动为主线，系统地研究创业市场环境分析、创业战略选择、创业商业模式和创业规划、创业企业的营销策略等理论与实务。通过该课程的教学，使学生能较全面地掌握创业营销基础理论和创业营销的方法。同时，强化创业营销实践技能的培养，使学生学会用创业营销理论分析和解决企业实际问题，培养学生作为未来创业者所具备的营销技能，为学生毕业后进入社会进行创业管理实践打下必要的理论基础。

国内外的教学实践证明：传统教学中教师纯粹理论灌输的方式，不仅内容枯燥乏味，很难调动学生的积极性，而且难以让其接触真实的创业营销过程。对于“创业营销”等操作性和应用性较强的课程来说，单纯使用该方式的实际效果并不理想。

体验式教学是指通过自身的亲自操作和体验而获得知识与掌握技能的一种教学方式。其核心思想在于：促进学生勤于思考，善于决策，变被动听课为积极思考、主动实践。体验式教学方法包括案例教学法、情景模拟法和管理游戏法等。因此，在实际教学过程中，如果能够将理论传授和体验式教学相结合，使两种教学方法取长补短，从而更加高效地完成教学目标，培养出既有扎实理论功底又有实际操作能力的应用型人才，将对创业营销课程教学水平的提高及学生专业素质的提高具有非常重要的意义。

一、创业营销体验式教学内容设计

由于创业教育尚属我国教育体系中新的教育模块和教育内容，教育界关于创业教育相关的教材还比较少，尤其适合大学生创业教育的《创业营销》教材少之又少。为了给大学生提供实用的教材，我校卜庆娟老师编写了《创业营销》教材。该教材内容模块根据与创业紧密相关的市场营销活动进行设计，将全书分为七章，包括：第一章，组建创业团队；第二章，树立创业营销理念；第三章，寻找创业市场机会；第四章，创造与洞察消费者需求；第五章，开展创业营销调研与预测；第六章，规划创业目标市场战略；第七章，实施创业营销组合策略。

根据体验式教学的内涵和思路，该教材将每章内容设计如图 1 所示，围绕每章的“知识精读”，又设计了“案例体验”“寓言故事体验”“实训体验”“测试体验”四个部分。该内容设计可以促进学生主动参与、主动探索、主动思考、主动操作和自主活动，不但可以促使学生主动且有意识地学习创业营销知识，而且可以使学生心理与行为在体验中相互交融、相互促进和共同发展。

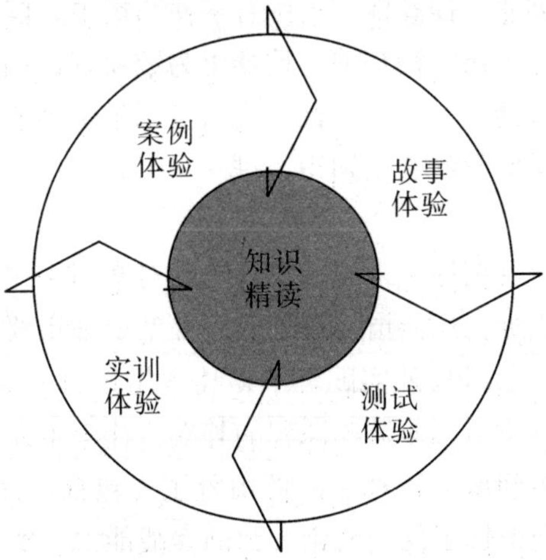

图 1　《创业营销》教材内容的体验式教学设计

二、创业营销课程体验式教学方法的设计

1. 案例研究法

创业营销案例是创业企业营销实践的总结，包括成功的方法和失败的教训，学生可以从中总结经验，分析症结，提高自身解决实际问题的能力，并激发学习热情，从案例讨论中体会如何与其他同学更好地沟通，以及领会到如何与其他同学更好地合作。通过案例的讨论还可以达到活跃课堂气氛、充分调动学生思考问题的积极性和提高学习的主动性的目的。

2. ERP 沙盘模拟

市场营销是企业各职能模块之一，因此，需要学生从创业企业整体经营活动中了解市场营销。ERP 沙盘模拟是把企业运营所处的内外环境抽象为一系列的规则，由受训者组成六个相互竞争的模拟企业，模拟企业 5~6 年的经营，通过学生参与→沙盘载体→模拟经营→对抗演练→讲师评析→学生感悟等一系列的实验环节，形成理论与实践相结合、集角色扮演与岗位体验于一身的设计思想，使受训者在分析市场、制定战略、营销策划、组织生产、财务管理等一系列活动中，参悟科学的管理规律，培养团队精神，全面提升管理能力。

3. 市场营销大赛

为了鼓励大学生创新创业，提高他们的综合素质与能力，国家及各省都在积极开展大学生创业比赛。这其中，与市场营销相关的比赛也为数众多，如国际市场营销大赛、电子商务大赛、全国高校市场营销大赛等。这种方式激发了学生创业创新的意识，培养了大学生创业的能力，充分运用了所学的营销知识，进一步强化了他们的营销思维。

4. 校外实践

对实践性比较强的创业营销课程来说，校外实践对知识掌握和能力提高至关重要。因此，该课程除了理论传授之外，还要增加校外实践环节——主要包括课外见习、暑期实践和毕业实习等方面的内容。通过校外实践环节，让学生接触企业、了解企业、了解市场，打破学生在不懂企业条件下学习创业营销课程的弊端，让学生在真实的环境中了解课堂教学的内容，并在体验中解决问题。校外实践的内容主要包括产品推广和推销、市场调查、促销方案策划等。校外实践锻炼了他们营销方面的实战能力。实践的具体形式可以多种多样：可以通过院系的各种社会资源让学生外出参观企业或单位；聘请行业资深人士和学生举行座谈会；组织学生参加社会上各种商务洽谈会和商品展览会；鼓励学生在不影响学习的情况下进行短时间的“练摊”活动；等等。

三、创业营销课程运用体验式教学需要注意的问题

一是体验式教学对教师的组织、引导能力提出很高的要求。体验式教学方法需要创业营销的教师能够精心“设计”出适合不同模块内容的体验式教学情景，该情景可以充分地让学生参与其中，可以处理好理论知识与实践体验的内在关系，同时教师要具有丰富的临场指导经验和较高的技能水平等。

二是要注重学生知识的提升。通过体验式教学，让学生获得一定的实践认知，但这些认知可能是粗糙的、零散的、肤浅的甚至是错误的。这就要求教师要带领学生完成“去粗取精，去伪存真，由此及彼，由表及里”的任务。因此，教师在指导学生体验学习的过程中，必须加强对学生感悟能力的培训，不断提升其相关素质和技能。

三是要把握好体验式教学与传统课堂教学的关系。体验式教学就是在建构主义理论指导下的实践教学方式，注重学生学习的实践体验，激发学生的学习兴趣，提高学习效率。该教学方式应该得到提倡，但是不能忽略了课堂本身的规律和要求，体验式教学活动更不能代替课堂教学，不能颠倒主次。

参考文献：

[1] 鲍林. 体验式教学在市场营销教学中的应用 [J]. 商业经济，2008 (3).

[2] 韩美贵，刘智远. 创业教育课程中实施体验式教学的探索 [J]. 中国职业技术教育，2007.

[3] 江晓东. “体验式教学”在营销创新人才培养中的应用探索 [J]. 现代营销，2011 (4).

应用型本科院校“分段式”人才培养模式探索①

杨淑萍（德州学院 山东·德州 253023）

摘　要：本文结合德州学院人才培养模式改革实践，在明确“分段式”人才培养模式内涵基础上，分析该模式的优势，探讨“分段式”培养模式的实施条件和思路。

关键词：人才培养模式；分段式；大类培养；分流培养

我国高等教育正处在由精英教育向大众教育过渡的阶段。高等教育规模扩张加剧了大学生就业竞争压力，提高毕业生就业竞争力和职业发展能力成为今后较长时期高等院校人才培养的核心任务，这一点对应用型本科院校尤为突出。定位于培养“应用型”高级专业人才的地方本科院校，在前有研究型大学后有高职高专的严峻形势下，若要形成自己的优势和特色，其人才培养工作一方面需要结合市场经济对多元化人才的需求，培养“厚基础、宽口径”综合素质高的人才，另一方面要突出人才培养的“应用性”和“实践性”特征，注重学生的个性发展和职业能力培养。在当前高等学校深化教育体制改革的关键时期，德州学院提出“分段式”人才培养思路，目的是提高人才培养的质量和社会适应性。

一、“分段式”人才培养模式的内涵

德州学院“分段式”人才培养模式是介于国内高校普遍采取的“专业招生、专业培养”模式和“大类招生、分流培养”模式之间的一种人才培养模式。所谓“分段式”培养是指将人才培养过程分为“1+2+1”三个阶段：第一阶段为大学一年级，本阶段以院（系或部）为单位将学科门类相同或相近的专业合并培养，打通专业基础课程，按专业大类进行公共基础课和学科基础课教学，实现夯实基础知识，拓宽专业口径的培养目标。第二阶段为大学二、三年级，学生在本阶段以获取专业知识、提升专业素质为目的修读本专业的专业基础课和专业课。第三阶段为大学四年级，本阶段以培养学生实践能力、提高综

① 本文为“十一五”国家课题“我国高校应用型人才培养模式研究”子课题阶段性研究成果（项目编号：FIB070335-A11-86）。

合素质为目标，使学生能够根据自己的职业倾向和职业发展选择专业方向，教学单位按专业方向实施“模块化”教学，加大实践教学力度。该模式实现了由学生接受单一学科背景下的专业教育，向接受多学科交叉、通识教育基础上的宽口径教育的转变，满足了学生个性化发展的需要，同时也顺应了学科发展综合化、人才需求多元化的趋势。

二、“分段式”人才培养模式的主要优点

“分段式”人才培养模式的典型特征是低年级“专业招生、大类培养”，高年级“多向选择、分流培养”。同目前国内多数高校采取的“专业招生、专业培养”和“大类招生、分流培养”模式相比，“分段式”人才培养模式在很多方面具有显著优势。

（一）“专业招生”较“大类招生”的优越性

专业招生是按照本科专业目录中的各个具体专业招生。按专业招生可以让考生更直观地了解一所高校的学科设置及专业设置情况，也利于学生尽早明确学习目标和将来从事的专业，培养专业兴趣，降低低年级学习的盲目性。

根据兄弟院校大类招生的经验，按学科大类招生需要高校具备合理的学科专业布局。同时，按学科大类招生，通常会因为相同或相近学科不同专业的冷热程度不同而相差悬殊，导致学生在二次选择时对热门专业趋之若鹜，对冷门专业不屑一顾，甚至出现各专业之间学生分配严重不均衡的局面，而学校又很难拿出有效的控制措施。同时，由于办学条件的诸多限制不能满足所有学生的专业志愿，必然会引发学生的不满情绪，不利于人才培养和学校稳定。在“分段式”人才培养模式中，招生依然按专业进行，从源头上控制各专业生源，不仅可以克服上述问题的出现，同时也减少了大类招生和学生二次选择带来的高校管理混乱等问题。

（二）低年级“大类培养”、高年级“分流培养”的优越性

从深化高等教育改革的角度来看，低年级按“大类培养”有利于推动高校学科结构调整。过去我国高等学校学科专业设置是借鉴苏联模式，导致专业划分过窄过细。教育部于1998 年将大学本科专业目录进行了调整，本科专业目录从过去 504 个减少到 249 个。但从国际高等教育人才培养模式的发展趋势来看，我国的学科专业分类仍然过细，按大类培养无疑有利于学科专业之间的渗透与融合，有利于对学科专业做进一步调整。从人才培养的角度来看，以学科为纽带的教学单位从“厚基础、宽口径”的培养要求出发，通过大类培养拓宽专业覆盖面，构建以学科为基础的课程体系，有利于提高人才的社会适应性。从教学资源利用角度来看，“分段式”人才培养模式通过按专业大类培养，可以更好地发挥各教学单位的统筹作用，克服按专业培养造成的教学资源分散问题，有利于师资、设备、教学场所等各项教学资源的合理和有效配置，提高学校的整体办学效益。

高年级“分流培养”是在专业教育的基础上，结合社会需求和学生自主选择，围绕提高学生的综合素质和创新实践能力开展模块化教学。学校根据行业类型或岗位划分将具有专业指向性的课程群组合成模块，学生可以在不同的模块中进行选择。如，德州学院市场营销专业人才培养方案中将职业模块分为四类，分别是理论模块、工业企业营销模块、服务业营销模块和营销咨询模块。模块教学的内容除专业选修课之外，还要配合一定比例的课程实验和专业实践。这种培养模式经过“厚基础”培养阶段，通过将理论与实践结合，有利于实现培养“高素质”应用型人才的目标，提高人才培养的针对性和适应性。

三、“分段式”人才培养模式实施条件

以上分析表明，低年级按“专业招生、大类培养”，高年级按“多向选择、分流培养”的“分段式”人才培养模式符合经济发展对多元化人才的需求，也符合“整体优化，增强适应”的高等学校教学改革的大方向，同时有利于优化教学资源，提高办学效益。但创新人才培养模式仅仅是培养高素质人才的第一步，大量与该人才培养模式相匹配的后续工作是高校面临的重要课题。由于办学历史和现有条件的限制，实施“分段式”人才培养模式需要高校根据学科布局和各教学单位的实际情况择机而行，有条件的可以率先试点，同时还要制定配套的教学管理体系，提供适合该类人才培养模式实施的相关条件和环境。

（一）学科专业布局符合“大类培养”的条件

低年级“大类培养”的前提是同一教学单位各专业隶属于相同或相近学科，以便在低年级统一教学计划。这就要求实施“分段式”人才培养模式的教学单位同时具备合理的学科专业布局，学校也要结合现有教学资源和教学工作的实际情况，切合实际地构建学科大类。以德州学院经济管理系为例，该系涵盖经济学和管理学两个学科门类，现有国际经济与贸易、工商管理、会计学和市场营销四个专业。其中，工商管理、会计学和市场营销作为管理学类工商管理一级学科下设专业，其在学科基础方面具有极大的相通性和相似性。根据教育部指导文件，工商管理类各专业应涵盖九门核心课程：微观经济学、宏观经济学、管理学、管理信息系统、会计学、统计学、财务管理、市场营销学、经济法。加上经管类本科专业必须设置的“两课”、体育、英语、高等数学、计算机应用基础等公共基础课程，这些共性说明在工商管理、会计学和市场营销三个专业中实现大类培养是可行的。但是，将国际经济与贸易专业纳入大类培养的范围则有些勉强，主要是经济学学科大类基础课程设置和要求与管理学科均有一定差异。

（二）以学科为基础改革人才培养方案和课程体系

改革人才培养方案、重构课程体系是“分段式”人才培养模式实施的必要条件。新的人才培养方案需要改变原来专业培养模式下的课程体系，坚持通识教育与专业教育有机结

合、共性发展与个性发展有机结合的原则，从“厚基础、宽口径、强素质”的培养要求出发，构建“平台+模块”的课程体系。“平台”课程要保证人才培养的基本规格和全面发展的共性要求，要体现“宽口径、厚基础”；“模块”课程要实现不同专业方向人才的分流培养，要体现个性。大类培养对课程结构提出新的要求是打通学科基础课程，扩大选修课和创新实践的比重，增强学生的自主选择性。课程设置应立足于拓宽学生的知识面，满足学生的发展需要，特别是满足学生的职业发展需要，为学生由单一专业型人才转变为复合型专业人才奠定专业理论基础。

德州学院人才培养模式修订的思路是各专业公共课和学科大类基础课程由所在院（系）统一设置并安排教学计划，专业主干课和专业选修模块设置体现各专业特色。学生入学后利用一年时间完成公共课和学科大类部分课程学习，中间两年为专业培养阶段，最后一年为职业教育阶段。在职业教育阶段，各专业根据人才市场需求设置职业模块，学生则根据个人兴趣爱好进行选择。近年来，学院不断改革教学管理方式，完善以学分制为手段的弹性教学制度，允许学生通过多种方式修读学分。例如，学生在校期间可通过发表论文、获得工程设计成果、人文社科成果、发明专利或参加大学生科技文化竞赛活动获奖等获得创新学分，创新学分最高不超过 8 学分，并可以代替部分选修课学分。

（三）具备高质量的学科基础教育条件和分流培养条件

满足低年级“大类培养”需要高校具备高质量的基础课，以提高通识教育和学科基础教育的水平。高年级“分流培养”则需要学校具备高质量的选修课程和实践教学体系，以满足学生多样化的学习需要。对应用型本科院校而言，其分流培养阶段的主要任务是加强学生的专业实践能力，这就需要学校为学生进行专业实践提供相关设施和条件，通过建立实习基地等有效途径加强实践环节教学，为培养学生的实践能力与创新能力提供广阔的空间。实施“分段式”人才培养模式的学校还要有一支相对稳定、结构合理、质量过硬的师资队伍，形成科学的课堂教学和实践教学的质量监控与保证体系，保证教学质量。为提高人才培养的针对性，学校还要及时向社会了解人才需求信息，定期开展人才需求信息的调查与预测工作，并及时反馈到培养过程当中，以便合理开展专业分流与课程建设。

四、德州学院“分段式”人才培养模式的思路

作为地方性本科院校，为了顺应教育体制和人才培养模式的改革方向，适应当地经济对复合型人才的要求，德州学院在充分调研的基础上，在 2010 级学生中实施“专业招生、大类培养”的“分段式”人才培养模式。为提高实施效果，德州学院优先选择学科布局合理、学科基础雄厚、教育教学条件好的系部进行改革试点。改革的第一步是按照大类培养的模式调整人才培养方案，本着建立更宽广、更深入、更交叉的原则，充分融合各专业

的共性，构建大学科基础平台，学科基础平台由该学科大类各专业的专业基础课程组成，以满足“厚基础”的培养目标。在构建学科大平台的基础上兼顾各专业个性构建学科专业平台，该平台由各专业的专业课程组成，专业课程的设置突出专业核心知识和专业特色，为学生专业学习搭建框架。为满足学生对职业技能的需求，该方案还结合学科专业学生未来的行业分流和岗位分流建立职业学习及训练模块，该模块主要突出课程和知识的实践性和应用性，体现专业特色。

五、结束语

“分段式”人才培养模式的出发点是培养适应社会需要的人才，它较好地顺应了发展市场经济对多元化人才的要求，也符合当今国际高等教育教学改革的大方向。但是，实施这一模式需要处理好几个矛盾，包括大类培养和专业特色建设的矛盾、人才培养的多元化和专业化之间的矛盾、弹性管理和严格控制之间的矛盾等。这就需要学校在改革人才培养模式之前结合办学定位和培养目标系统思考和统筹设计培养方案，重点解决可能存在的矛盾，最终实现提高办学质量的总体目标。

参考文献：

[1] 陈士夫，王瑛. 关于地方高校大类招生培养模式的思考 [J]. 中国大学教学，2008 (1).

[2] 郑超美. 本科教育按大类招生及培养模式探析 [J]. 重庆科技学院学报（社会科学版），2006 (5).

商务谈判人员的跨文化交际能力实践培训设计研究

毛丽君（德州学院 山东·德州 253023）

摘　要：本文主要针对国际商务谈判人员的跨文化交际能力进行研究，就跨文化交际能力在谈判中的重要性加以分析，并针对这些重要的文化问题设计一个专门适合商务谈判人员的旨在提高其跨文化交际能力的培训，以提高商务谈判人员在跨文化交际方面的能力，进而提高他们的国际谈判能力。

关键词：商务谈判；跨文化培训；谈判培训；培训设计；培训方案

引言

中国加入世界贸易组织（WTO）已经有15个年头，在这15年中，中国与世界的贸易交流达到了空前的水平，随之而来的是巨大的利益、巨大的机会，当然也有巨大的挑战。习惯了与本国商人打交道的中国人在与外国商人的谈判中吃到了不少的苦头。然而，我们在遇到问题时不应怨天尤人，而更多的时候应该从自己身上找原因。这其中有我国谈判人员自身的素质问题、有谈判经验问题，但笔者认为文化问题也是不得不加以考虑的一个至关重要的方面，所以本文将就这一问题做深入的调查和分析。

此外，我国在谈判问题上的研究并未形成完整的体系，尤其是在跨文化交际方面的研究和理论尚未大量应用在谈判领域。笔者希望通过对该问题的探讨，让中国相关领域注意到这两方面的整合研究，谈判的成败并不是谈判技巧的结果，而在于两方是否在心灵上产生共鸣，相互的理解和有效的沟通无疑是谈判成功的关键。

一、跨文化交际能力在谈判中的重要性

（一）跨文化交际理论

跨文化交际（Intercultural Communication）指具有不同文化背景的人们之间的交际。

在跨文化交际研究中应该首先把眼光集中于国别研究，集中于一个国家中的主流文化的研究。

定义 1：交际是个人或团体通过符号向个人或团体传递信息、观念、态度或情感。

定义 2：从最一般的意义而言，交际是一个系统——信源（信息来源）通过可选择的符号去影响另一个系统——信宿（信息到达目的地）的过程，这些符号能够通过连接这两个系统的信息渠道得到传递。

定义 3：交际也可以定义为通过信息进行的社会互动。

众所周知，凡是有一定深度和广度的人类交际活动，离开了语言的具体运用都难以发生和完成，跨文化的交际当然也不例外。来自不同文化群体的人们之间要相互理解和沟通，交往过程中起作用的因素固然是多方面的，但归根结底都只有通过语言运用才能完全实现。因此，要想更加全面、准确地认识和把握跨文化的交际能力，就必须更多地从语言及其运用方面入手进行分析和探索。社会能力的作用一方面在于个体实现个人目标的能力，另一方面则在于个人目标的实现对沟通与交流参与者利益的积极影响。在跨文化情景中，跨文化人际互动关系实际上是目标性较强的行为。对于跨文化沟通与交流的参与者而言，需要寻找实现自我目标与期望和兼顾他人目标与期望之间的平衡点。这里的目标与期望是指文化前提下的所能理解的文化特有的利益目标与期望，在合作式的互动关系中必须引起双方的重视。在这样的前提下，跨文化互动过程则要求个体在一定程度上能够摆脱本人经验及自身思维和行为范式的影响，以适应异文化的沟通与交流参与者。对异文化的适应并不是对本文化的否定，而是要注意自我认同的稳定性，不要受到新的经验的干扰，因为过度地适应异文化会使个体对本文化认同的怀疑，进而在跨文化交往中引发个人心理认同的危机。因此如何在适应异文化的同时保持本文化认同应该是跨文化素质中另一个重要的内涵。

（二）跨文化交际能力在谈判中的重要性

这项能力要求谈判人在与外方进行谈判时，要有极强的文化意识（Culture Awareness），要能了解对方文化的特征，知道其文化中的禁忌与喜好，同时也要明白这些都是不同国家文化中正常的现象，要尊重不同的文化。另外，还要在谈判之前对谈判对方的文化有所研究，以备不时之需，所以这一点也成为谈判人的必备素质之一。

二、商务谈判人员的跨文化交际能力培训现状

（一）培训需求分析

在经济全球化时代，大多数组织在日常经营中不可避免地要接触许多不同的文化，即所谓跨文化接触，然而，并不是所有的组织都能很好地进行跨文化培训，尤其是谈判方面

的跨文化培训。尽管有些企业的确提供跨文化培训项目，但是他们只是提供给被派往国外的人员，很少向组织中的其他成员提供跨文化培训。大多数组织都没有意识到，在经济全球化的今天，驻外人员以外的其他员工同样会接触许多来自其他文化的人，同样需要对不同的文化具有敏感性，也就是说，文化意识和文化敏感对所有员工都很重要。

（二）个人需求分析。

组织需要有专门的谈判人才，而员工如果要成为组织所期望的谈判人才，就必须在自己原有的能力基础上进行提升。在外语方面、在谈判技巧方面、在跨文化交际能力方面都需要提升。其中尤其重要的是跨文化交际能力方面：一方面是因为这种类型的培训极为缺乏；另一方面也是因为其他培训都已经成形，随时都可以去参加，而语言和谈判技巧都是表面的培训，文化的培训是内在的、含蓄的，所以在跨文化方面的培训显得尤为重要。

三、培训方案

（一）培训目标

通过以上需求分析，我们可以看出：学生未来若需要从事对外谈判的工作，现有职能和预期职务之间存在一定的差距，消除这个差距就是培训目标。

本培训的总体目标是：通过本培训，参与者将具备极强的跨文化交际能力和商务谈判技巧，熟悉跨文化交际的基本理论，并对各国谈判风格有全面的了解，同时具备对不同文化的学习研究能力。

本培训的具体目标包括：

（1）参与者对跨文化理论有全面的了解，具备文化敏感性，理解不同文化间的差异，尊重不同文化。

（2）参与者谈判技巧提升。结合跨文化理论，在已有的谈判技巧上增加了文化认同和文化意识。

（3）参与者掌握各国的谈判风格，能够根据谈判人的特色去合理选择应用谈判的策略与技巧，以取得最佳的谈判成果。

（二）培训内容

1. 知识培训

这是培训中的第一层次。知识培训是本培训方案中最基本也是最重要的环节，主要运用讲授法。在这个部分的设计中应该注意的是知识内容要重点加强以下三个方面：

（1）文化的概念、文化的特征和内涵、跨文化交际理论。

（2）跨文化商务沟通的含义、跨文化商务沟通的特殊性及注意事项。

（3）几个主要国家商务谈判人员的谈判风格介绍及相应的应对策略。

但是，对谈判人员的跨文化交际能力培训也要兼顾谈判方面的巩固以及谈判与跨文化交际之间的整合。如应系统介绍不同文化背景的商务谈判人员在谈判时的不同表现、不同的策略、不同的风格，让参与者能够感觉到这些内容与实际谈判过程的联系，以及领会到实际问题的解决办法。培训的目的不只是灌输，更重要的是引起参与者的主动思考。

2. 技能培训

这是组织培训中的第二个层次。运用角色扮演和案例分析等手段对参与者进行实际操作能力的练习，通过实际操作让参与者学会如何去进行真实的跨文化谈判。因为抽象的知识培训不可能立即适应具体的操作，作为新的员工，无论学生之前多么优秀，能力有多强，一般来说都不可能不经培训就能立即操作得很好。

下面是对技能培训的简要说明。

角色扮演：为参与者设定一个角色，给予参与者一定的任务和目标，以及让步空间，让参与者以角色的身份与对方进行谈判，观察参与者的技能及策略的使用情况，发现其中的优点与不足，及时对参与者提出改进的意见。

案例分析：让参与者对案例进行讨论，发现其中的问题并积极寻找解决之道，从案例中学习在遇到冲突的时候如何从各个角度去寻找相应的解决办法。

3. 素质培训

这是组织培训的最高层次。此处“素质”是指个体能否正确地思维。素质高的学生应该有正确的价值观，有积极的态度，有良好的思维习惯，有较高的目标。素质高的学生，可能暂时缺乏知识和技能，但他会为实现目标有效地、主动地学习知识和技能；而素质低的学生，即使已经掌握了知识和技能，但他可能不用。达到这个阶段，参与者不再是被动地学习，而是具备了跨文化的理念，在未来的工作当中能主动地去注意、学习并研究不同文化背景带来的沟通问题和谈判障碍，并能寻找出解决办法。主要通过知识培训以外的案例进行小组讨论以促进参与者积极思考。

由于跨文化交际能力当中有一些是可以通过短期培训实现的，如语法能力、跨文化理解能力等，也有一些是无法通过短期培训来实现的，如跨文化适应能力。所以，在选择培训内容的时候也要以培训时间为参考依据，本培训方案的时间较短，对这个部分的设计就不可避免地会相对少一些，但也必须在培训的过程中设计一些对那些通过长期培训才能实现的能力的提示和点拨的环节。虽然在短期不会有成效，但也要让参与者在头脑中对这些能力有意识，能够在未来的实践中主动发现问题，并且有一定的解决问题的能力。

（三）培训方法

（1）讲授法：用于前期的基础理论培训，主要讲授跨文化沟通理论、谈判技巧、跨文化沟通与商务谈判的结合。

（2）案例法：结合一些真实的案例向参与者展示真实商务谈判中的跨文化冲突，并且让参与者自己思考其中的正误做法，用事实说话。

（3）讨论法：与案例法结合使用，了解案例的情况之后，组织参与者全员分组讨论，分析其中的利弊，分享自己的想法，取其精华，把一个案例的价值充分展现出来，再由专家来总结。配合使用这两种方法可以达到最佳的效果。

（4）视听法：通过观看谈判题材的视频短片来研究实际谈判过程。

（5）角色扮演法：通过给参与者设定场景和谈判的目标，让参与者自己应用所学的内容进行谈判的实际应用。

（四）组织培训者

组织培训者由内部和外部专家组成。内部专家是指本组织内部的谈判高手，而外部专家是指跨文化沟通领域的专家。应通过内外部专家相结合的方式来实施本培训。选择内外部专家的标准如下：

（1）内部专家应具有丰富的跨文化谈判经验，包括成功与不成功的，这样的人员有着丰富的经验。这些经验对于大多数人来说是难能可贵的，不管是成功的谈判还是没有结果的谈判，有实际的经验就是一种财富，并且这使得内部专家的培训内容更有说服力。

（2）外部专家应是跨文化沟通领域的专家，简单地说，就是具备与来自不同文化背景的人有效交往的能力，在不同文化背景中工作就像在自己的国家工作一样，具有超越他们本民族文化的能力。这些专家能够感知不同文化的特征，能够消除不同文化背景所导致的成见，并且能把这些技能有效地传授给参与者，让参与者也具备基本的跨文化沟通能力，并把这些能力应用在跨文化商务谈判当中。

四、总结

在本文中，笔者分析了我国目前商务谈判人员的跨文化交际能力，并对目前我国商务谈判方面的学生实践能力的培训需求做了详细的分析，在分析中体现了目前对商务谈判人员跨文化交际能力方面的迫切需求，并针对这些需求制订了关于提高中国国际商务谈判人员跨文化交际能力的培训方案。本文的创新意义在于比较系统地将跨文化交际理论应用于商务谈判人员实践培训，旨在满足中国国际商务谈判人员对于跨文化交际能力的需求，为中国在国际商业舞台上打造最优秀的商务谈判团队贡献力量。

参考文献：

[1] BHAWUK D，BRISLIN R. Cross-cultural training：A review [J]. Applied Psychology：

An International Review, 2000.

[2] CANALE M, SWAIN M. Theoretical bases of communicative approaches to second language teaching and testing [J]. Applied Linguistics, 1980 (1).

[3] 安国源. 对国际商务谈判中的文化差异的探讨 [J]. 商场现代化, 2005 (11).

[4] 常耀霞, 卜爱会, 王征强. 探析商务谈判中中西方文化差异及其对策 [J]. 集团经济研究, 2007 (239).

[5] 陈海花. 国际商务谈判中跨文化因素分析 [J]. 江西社会科学, 2007 (1).

基于大学生创业的经管类经济法实践教学研究①
——以德州学院为例

张燕（德州学院 山东·德州 253023）

摘　要：经济法课程作为经管类等专业的必修课程，在大学生创业过程中起到了极其重要的作用。本文以德州学院经济管理学院为例，通过问卷调查，分析经管类专业经济法课程实践教学现状，结合大学生创业需求，为经管类专业经济法实践教学提供建议和事实依据。

关键词：经济法实践教学；大学生创业；问卷调查；对策

社会主义市场经济本质上是法治经济，了解和掌握与市场经济相关的法律规则体系是对大学生尤其是经济类、管理类等专业学生的必然要求。为此各高校在经管类专业培养方案中都把经济法作为一门重要的必修课程。党的十八届四中全会报告指出："必须保证人民在党的领导下，依照法律规定，通过各种途径和形式管理国家事务，管理经济文化事业，管理社会事务。"目前各大高校对于经管类专业开设经济法课程的实践教学状况各有不同，教学效果差别也很大。本文以德州学院经济管理学院为例，通过调查问卷的方法对经济、管理类专业所开设的经济法课程的实践教学情况进行统计分析，根据德州学院鼓励创业的政策导向，结合大学生创业需求，并根据存在的问题提出相应的对策，对经管类专业经济法课程的实践教学方法进行初步的探索与研究，为推动经管类专业的经济法实践教学提供重要的理论和事实依据。

一、基于大学生创业的经管类经济法课程实践教学调查

（一）经管类专业经济法课程开设现状

2014 年 10 月德州学院官网显示，德州学院经济管理学院设国际经济与贸易、工商管

① 本文是 2013 年山东省教育科学规划课题——应用型本科高校经济管理专业经济法课程研究性教学改革与实践（立项号 2013GG019）的阶段研究成果。

理、会计学、市场营销 4 个教学系和经济管理实验中心；有经济统计学、国际经济与贸易、工商管理、会计学、市场营销 5 个本科专业。本文以德州学院经济管理学院 2013 级学生为调查统计对象，针对开设学习经济法课程的 7 个班级（本科班 5 个，专科班 2 个）的基本情况进行了统计。

（二）基于大学生创业的经济法课程实践教学问卷调查情况

本文通过调查问卷的方式，以德州学院经济管理学院 2013 级学生为调查统计对象，针对开设学习经济法课程的 7 个班级（本科班 5 个，专科班 2 个）的 400 多名学生，就问卷设置的 15 个关于在大学生创业方面经理类专业经济法课程的实践教学现状的问题，共发放了 400 份问卷调查。收回问卷 373 份，回收率达到 93. 25%。其中回收的问卷中，有效问卷 360 份，无效问卷 13 份，有效问卷占总发放问卷的 90%。具体情况如表 1 所示：

表 1　调查问卷发放及收回情况

专业	人数（人）	发放问卷数（份）	收回问卷数（份）	无效问卷数（份）	有效回收率（%）
国际经济与贸易（本科）	81	75	73	4	92
国际经济与贸易（专科）	38	35	31	1	86
会计学（本科）	89	85	78	3	88
会计学（专科）	85	80	77	2	94
市场营销（本科）	49	45	39	1	84
工商管理（本科）	52	50	47	2	90
经济统计学（本科）	30	30	28	0	93

（三）基于大学生创业的经济法课程实践教学问题统计

针对有效回收的 360 份调查问卷，通过统计分析，获得并总结了经济管理学院经管类专业经济法课程实践教学在大学生创业方面中存在的一些问题：认为经济法课程缺少实训教材的有 53%，认为课程实践教学与理论教学课时安排不合理的占 61%，认为通过参加经济法教学实训有利于大学生创业的有 94%，希望能够参加法院庭审旁听的有 49%，认为经济法的实践教学能够与企业法律部门直接接触可以收获更多经济法方面的知识的占 73%，认为大学生在创业过程中需要经济法律知识作为强有力支撑的有 96%，对于经管类学生具有大学生创业意识或者具有创业想法的仅占 28%，认为现行的经济法实践教学课程考核方法不合理的占 58%，认为需要建立经济法教学平台的占 63%。具体如图 1 所示：

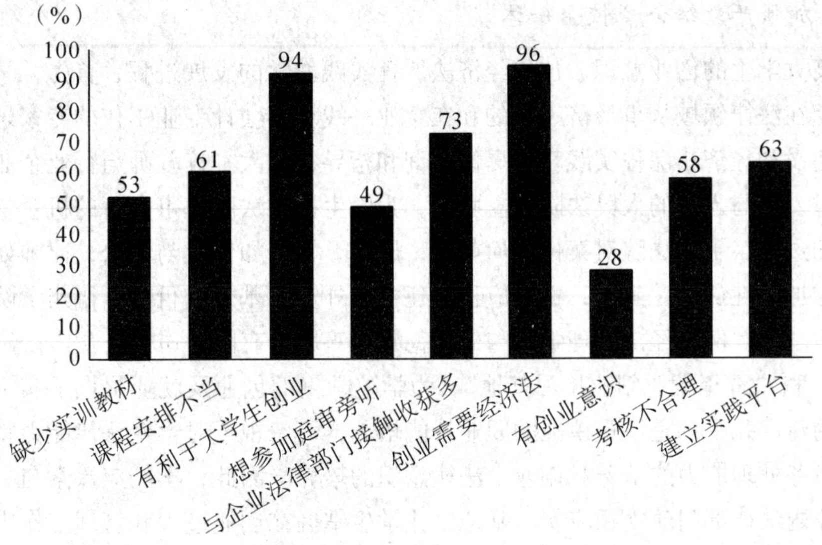

图1 经管类专业经济法课程实践教学主要问题问卷统计情况

二、结合大学生创业，对经济法课程实践教学的建议

随着高等教育从“精英教育”向“大众教育”迈进，高校毕业生就业形势日益严峻，大学毕业生数量将远远超过空缺岗位的数量。有专家指出，近几年城镇每年需要就业的人数将保持在2 400万人以上，而在现有经济结构下，每年大概只能提供1 100万个就业岗位，年度就业岗位缺口在1 300万个左右。因此，今后在很长时期内，大学生将面临更为严峻的就业形势。大学毕业生创业具有现实意义。本文将以大学生创业这一主题，结合经济法课程在经管类专业中实践教学，提出以下几点教学建议：

（一）加强师资力量建设

加强学校对大学生创业的师资力量建设，是大学生创业的坚实基础，德州学院大学生创业基地正在积极筹建当中。同时，德州学院对教师开设“就业（创业）指导”课程，提高了就业指导教师队伍的整体素质，完善了教师队伍建设的人才机制，夯实了创业指导教学的理论基础，拓宽了创业指导教学思路，探索创业指导的新教学方法和教学技巧，为今后创业指导课程的水平提升奠定了坚实的基础。经济管理学院在经济法课程的实践教学中应积极利用学校提供的有利创业条件和培训机会，积极发挥主观能动性，创新经济法课程实践教学方法在大学生创业中的应用，建立具有创业实践经验的经济法教师队伍，选取符合大学生创业需求的实训教材，为经管类专业学生在创业过程中提供充足的经济法律知识保障。

（二）加强产教结合“校企一体”

为提高大学生的创业意识，加快经济法课程实践教学的发展进程，首先，学校可以邀请一些长期在法律领域从事经济工作的和在企业一线从事会计专业工作的专家来校，请他们为专业建设和经济法课程实践教学提供咨询和指导，加大本校教师与行业企业的交流和合作。同时，应与当地的人民法院建立联系，为学生提供法院庭审旁听的机会，了解经济案件庭审的过程，了解法院对案件如何审理，原告、被告如何参与诉讼，律师如何为当事人代理，增加感性认识。其次，学校应积极建立校外实习基地。目前，德州学院已经建立了校外实习基地，例如经济管理学院与山东德州扒鸡股份有限公司校企合作，建立“实践教学基地”和“青年就业创业见习基地”，为学院学生的创业及就业提供了实训机会。但实习基地的建立几乎都是注重单纯的职业技能培养，而忽视了对学生法律能力特别是经济领域法律事务处理能力的培养和创业中法律意识的培养。因此，学校应探索与一些律师事务所、企业内法律部门建立相应实习基地，让学生掌握在创业过程和管理工作中将遇到的一系列法律问题，在建立实习基地的基础之上，还可以与企业进行项目的合作，建立面向未来的双赢机制，同时，可以为学生将来的创业提供重要的途径，打下坚实的基础。

（三）积极采用情景教学、角色体验模式

情景教学模式、角色扮演法是对案例教学法的一种延伸，目前已在经济管理学院其他专业一些课程中运用，经济法的实践教学也可以采用这种方法，并取得较好的效果。

教师可以利用现代教学手段，充分使用虚拟工厂、虚拟企业部门等现代技术手段，将教学内容以动画等方式展示，提高经济法学习的趣味性，促进教学活动的开展。在情景教学模式的基础上，教师还可以使用“角色扮演法”，让学生在一定的模拟情景下扮演一定的角色来体验、掌握相关的知识和操作方法。例如，会计专业的学生在学习《票据法》的过程中，可以模拟银行的工作环境，让学生分别扮演模拟企业中的会计工作人员和银行工作人员，从事票据的填写以及票据的贴现、承兑、背书等业务。还可以开展组织模拟法庭，由学生分别担任原告、被告、诉讼代理人及法官，按照诉讼程序对某一案件进行审理，以此来训练学生的诉讼能力、起草法律文书的能力以及运用法律解决实际问题的能力。

角色扮演法将枯燥的程序描述转变为生动的课堂游戏，让学生通过角色体验加深对知识的印象，给大学生的创业提供了一个很好的实践模拟机会，深入了解创业过程中各种岗位具体职能和责任，认真体会经济法在创业工作中的具体应用。

（四）搭建网络交流、创业实训平台

随着计算机网络技术的飞速发展，互联网已经成为人们交流、学习的重要平台，各大高校为加强学生的创业意识和提高学生实践操作能力，建立了相应的网络实践平台，如德州学院建立了实习实训网，为教师和学生提供实习、实训的相关信息和创业、就业的相关知识，成为学生和老师重要的实习、实训交流平台。

经济管理学院应该积极借助现代化的计算机网络技术，创建经济法实践教学网络交流和创业实训平台，为教师之间、教师与学生之间提供跨越时空界限的平台。如在平台上发布教学大纲和相应课件、有关教学、科研活动信息、教师的电子信箱、联系方式等，以便学生与教师沟通；设立经济法课程实践教学论坛，以便师生发表观点，讨论实践问题，可以邀请优秀的毕业校友为嘉宾，和学生举行不定期的实时互动，解决学生在经济法实践教学中的问题以及在创业中应该注意的问题；定期在网上发布教学案例，充分利用课余时间，扩大经济法学习的时间，让师生进行案例讨论等；搭建虚拟网络创业、实训平台，可以在教师的组织下或者学生自发成立兴趣小组，在平台上模拟创业、实训环境，激发学生的创新、创业意识。同时教师可以利用创业、实训平台作为经济法课程实践教学的考核平台，设定考核相关的情景，例如案例分析、分小组的情景模拟、经济法在大学生创业中的应用以及组织知识竞赛等丰富多样的考核形式，对学生进行实践考核，丰富课程考核的多样性和趣味性，使学生积极开展课程实践，并可以在实践中获得经济法法律知识，针对不同专业的学生，采用不同的培养方向，为大学生的创业提供坚实的基础。

参考文献：

[1] 曾玉珊. 非法学专业经济法课程教学设计与改革的若干思考 [J]. 中国大学教学，2012（12）：13.

[2] 刘敏. 经济管理类专业经济法教学方法探析 [J]. 湖北广播电视大学学报，2007，27（6）：144-146.

[3] 张莉. 高职会计专业《经济法》课程改革探索 [J]. 合作经济与科技，2013（2）：104-105.

[4] 黄亚宇. 高职财经类专业经济法课程教学模块设计的反思与重建 [J]. 全国商情：经济理论研究，2009（23）：98-99.

[5] 郭昆. 工商管理专业《经济法》课程体验式教学研究与实践 [J]. 考试周刊，2009（27X）：200-201.

大学生创业失败原因分析与获取成功策略[①]

于志毅　林秋萍　杜雪　韩鑫　阎贝贝[②]
（德州学院经济管理学院 山东·德州 253023）

摘　要： 随着近期我国不断走向转型化进程以及社会就业压力的不断加剧，创业逐渐成为在校大学生和毕业大学生的一种职业选择方式。中国大学生在创业过程中面临着各种各样的挑战，成功率一直不高，本文在总结中国大学生创业失败案例的基础上，探求当下大学生群体创业失败的原因，并提出相应可以规避创业失败风险的措施，以降低创业风险，提高创业的成功率。

关键词： 中国大学生；创业失败；原因；成功策略

引言

为保障充分就业、实现创新驱动发展战略，党和政府发出了“大众创业，万众创新”的号召。大学生在大学期间受到过良好的专业知识教育且接受新事物的能力很强，是实现社会创新的主体；同时，大学生毕业即面临就业，充分而有效地实现大学生就业也成为当下亟须解决的社会问题。据统计，大学生创业成功率仅为3%左右，这使我们不禁思考，中国大学生创业失败率这么高的原因是什么？本文通过对以前中国大学生创业失败的案例进行总结分析，探求当下大学生群体创业失败的原因，希望对大学生创业群体提供一些借鉴及帮助，使得更多的大学生能够把握大众创业、万众创新的机遇，成功创业。

---

① 本文系2015年度德州学院地方高校国家级大学生创新创业训练计划项目（编号：201510448002）。

② 林秋萍，女，1993年生，山东莒南人，德州学院工商管理专业，本科，学生；杜雪，女，1994年生，山东商河人，德州学院工商管理专业，本科，学生；韩鑫，女，1995年生，山东青岛人，德州学院工商管理专业，本科，学生；阎贝贝，女，1994年生，山东青岛人，德州学院工商管理专业，本科，学生。［指导老师］于志毅，讲师，研究方向：生产管理，营销管理。

一、中国大学生创业的意义

1. 大学生创业有利于改善社会就业结构，缓解就业压力

在国家政策的鼓励和引导大学生自主创业的同时，各所高校毕业人数不断增加的现状下，根据相关统计，2016 年全国高校的毕业生为 765 万人，2017 年全国高校毕业生达到 795 万人，在大学毕业生就业人数每年大幅增加而就业压力不断加大的背景下，再加上国际经济形势的变化，社会就业供求总量矛盾突出，大学生数量远远超过空缺岗位的数量。大学生进行自主创业，不仅可以解决自身就业问题，而且还可以拉动就业为社会创造新的就业岗位，给他人带来就业机会，缓解国家的就业压力。因此，大学生创业不仅有利于改善社会的就业结构，缓解就业压力，而且是社会发展的内在需求。

2. 大学生创业有利于实现自身人生价值

生活在这个不断发展和进步的时代中，很多人都想通过创办企业来成就属于自己的事业，来实现自己的人生价值。通过创业大学生可以将自己兴趣和梦想结合在一起，可以做自己感兴趣的事情，并且通过自身的努力，找到一条成功的道路。创业，从某种意义上讲就是创造财富，只有适应社会的发展、时代的要求，为社会、为他人创造出更多的财富，满足社会和人们的要求，才能把自己的人生价值转化为可见的财富，才能在这种创富中找到一种满足感。大学生创业可以满足社会个人生活的需要、减轻社会的负担、促进国家某些制度的完善、加快国内经济同国际经济的融合。从这些角度看，大学生创业过程中，大学生的人生价值也得到了体现。通过创业，不仅可以实现自身的梦想，还能实现人生价值最大化，充分展现自我的人生价值。

二、中国大学生创业失败的原因

1. 大学生群体创业失败内部因素分析

（1）缺乏自己的创新项目。我国家庭缺少鼓励孩子从小独立、创新、探索的意识的培养，孩子从小到大的成长过程中，家长都过度参与，告诉孩子这样不要、那样不要，从小磨灭了他们探索求知、创新的意识。我们国家的大学生创业者正是因为缺少创业应该有的好奇心，所以在创业过程中，过度地模仿前人的成功经验，没有结合自身的经济状况创新产品的特性，没有开发出新的适合自己的项目，最终以创业失败告终。例如：很多人看到滴滴打车模式的成功，于是也模仿其“烧钱模式”，以期能够打下一片天地，做到像滴滴打车那样成功，但是他们其中的很多创业者并没有关注他们所属行业的特性，一味地模仿，结果血本无归。

（2）缺乏创业经验。大学生进入社会的时间短，社会经验有限，没有进行充分的市场

调研，没有找到适合的创业方向，存在盲目从众的现象。一些大学生在公司筹备初期就困难重重，在注册、办理手续、相关法律以及创业技巧方面缺乏经验，导致许多的大学生在创业初期事业就被扼杀了，即便部分企业成功度过创业初期，也由于计划不周，用人不当，经营不善而以失败告终。

（3）创业心理准备不充分。大学生创业会急于求成，这是大学生创业失败的通病，大学生开始创业后，便急于想得到回报，这使得大学生创业急功近利，对创业产生了不利影响。另外，部分大学生对自己缺乏自信，抗压能力较差。创业本身就是一个漫长的过程，路上充满荆棘与坎坷，它最考验人的耐心及意志力，而大学生经历相对较少，容易灰心气馁，不能善始善终。

（4）经营管理能力不足。创业初期大学生创业者并没有按照创业项目的需求寻找合作伙伴。在合作伙伴的选择过程中，由于创业者的朋友圈有限，有些创业者会凭借自己的喜好选择创业伙伴，导致创业过程中在内部管理、工作协调以及创办企业的经营运作方面出现障碍，导致人际关系紧张，矛盾不能及时化解，离心离德，使创业人员分崩离析，心灰意冷，最终导致创业失败。并且在新创办企业，创业的大学生团队缺乏专业的管理人员和管理能力，在企业初期步入正轨时，企业管理不善，缺乏相应的人员管理制度，使得企业出现决策失误，使得创业活动以失败告终。

2. 大学生群体创业失败外部因素分析

（1）资金的困境。从现实的角度出发，目前制约大学生进行自主创业的很大一个问题就在于资金匮乏。有很多大学生虽然拥有很好的创意项目，但是在融资方面出现问题，使得原本炙手可热的创业项目在时间的推移下，退出了市场。另外，大学生创业时表现在资金方面的创业困境，不仅体现在融资方面，还体现在资金的使用方面，很多大学生创业项目虽然获得了创业初期的启动资金，但由于在之后创业资金的使用上缺乏专业性和合理性，最终仍然出现创业困境，导致创业失败。

（2）项目缺乏市场竞争力。大学生由于缺乏到市场一线调研的经验，因而不能更好地把握各个行业的发展动态以及商业信息，不能获取高速成长企业及行业领头企业的发展情况，同时，在分析项目时，不能很好地运用 SWOT 分析法来把握当下所处的内外部环境，进行优劣势、机遇、威胁分析。因而在选择项目上很有可能无法走在行业前端，出现缺少创新的情况，从而导致项目缺乏市场竞争力。

（3）企业生产流程未标准化。大学生新创立企业，由于是初设阶段，企业未能形成合理、标准的内部生产体系。大学生创业初期不熟悉整个生产的流程，没有健全的生产线，生产工艺落后，因而也就无法遵循从设计、改进、小批量生产到大批量生产的合理程序，致使成本居高不下。

（4）企业缺乏标准的管理体系。大学生创业初期，管理上短时间很难形成高效、协同的管理体系，因而，在生产上，产品缺乏标准，没有质量管控体系。在档案管理上，不注重资料的档案化积累，容易犯一些雷同的错误。在制度管理上，缺乏必要的制度管理。在人员管理上，创业初期很难进行人员的培训，如营销的专业培训，使推销人员缺乏专业的营销技巧与方法。

（5）缺乏技术人才协同发展。创业初期阶段，很难吸引行业顶尖技术人才参与企业的共同发展。其一，新创企业的薪资待遇水平低，难以满足人员的生活需求或高收入的愿景，很难留住人才。其二，企业初期没有形成良好的企业文化，缺乏亲和氛围，过于注重效益的发展或效益不景气，因而忽视员工的精神需求。其三，新创企业初期资金技术等多方面原因的限制，使企业无法给高技术人才提供一个发展平台，也就无法满足精尖人才向更高层次发展的愿望。这些原因致使企业无法及时进行技术创新、抢占市场份额。

（6）产品的认可度低。产品初期投入市场，品牌的认可度较低。其一，和行业领军企业的品牌效力及客户认可度、忠诚度相比，新创企业品牌力度不够。其二，新产品较为新颖，客户对新推产品并不了解，也就对尝试新的产品有一定的排斥性。其三，新创企业由于资金限制，无法拿出大量资金进行广告宣传，这也使品牌推向市场的周期大大加长，使产品的进一步推广受到制约。

三、提高大学生群体创业成功率的策略

1. 出具一份详细的创业计划书

大学生在创业过程中难免会遇到各种各样的挑战，所以想要创业的大学生应该提前为自己的创业做好规划准备，在进行有效的市场调查的基础上，应打开眼界，合理地选择项目。在项目选择时，大学生最好有自己的创新项目；如果没有自己的创新项目，则可以考虑借用国内外的创新项目，如可以引进国外类似于 Reflow 节水项目等创新项目，但引进项目需要耗费为数不少的资金，因而可以先考虑代理，本土化生产。选择好项目后，再写一份详细的创业计划书，制定出各个阶段的目标，落实创业的每一个步骤，一步步地实现创业。

2. 要制订周密的资金运作计划

创业大学生要明确资金是企业成功运用的前提条件，因此，每一笔资金一定要用到刀刃上，要制订周密而详细的资金运作计划。在企业刚刚起步的时候，一定要做好三个月或者在企业开始出现盈利之前的资金运作计划。此外，随着企业的不断运转可能会出现计划以外的费用，例如市场营销、增加员工等不同的情况，要随时根据变化调整自己的运作计划。

3. 要培养自身的创新意识

大学生想要创业不是一蹴而就的事情，因此在大学期间就应该培养自身的创业能力和创业精神，有意识地培养自己的创业特质，为创业打好基础。当然在进行创业准备的过程

中也不能耽误自己正常的学习，理论可以武装头脑，可为今后的创业打下坚实的基础。最后，在大学期间还应积极参加各种实践活动，以此锻炼自己的意志。注意培养提高自我认识、自我命令、自我监督、自我检查、自我评价、自我鼓励的能力，为今后的创业打下坚实的基础。

4. 在创业的进程中不断完善提高

大学生想要使自己的创业活动取得成功，一定要很好地运用营销的战略和策略，尤其是营销 4PS 的运用，同时在这个过程中，不断地发现问题，完善整个创业步骤流程，大学生在创业的进程中还应该不断地学习前辈们的成功经验，多积累失败的教训，不断地完善自己、提高自己。在创业的实践中大学生要培养自己敏锐的洞察力，把握行业市场的发展动态，积极主动地挖掘潜在市场，甚至去制造各种商机。在创业过程中，创业的大学生仍然应该多多学习先进的管理经验和创新点，在创业和实践中不断地增长自身的才干。

5. 不断调整自己的心态

在整个创业过程中，大学生会经历不同的阶段，当然心理上也会发生不同的变化。这就要求大学生应该增强自身的心理承受能力，在受到挫折时能够调整自己的心态，乐观地面对困境，在创业有了好的进展时能够居安思危，合理安排创业的各个环节。

四、结语

通过上文阐述，大学生群体在内部及外部都存在很多不利于创业的因素，因而，想要提高大学生的创业成功率，不仅需要大学生在创业前期做好规划准备工作，同时也要不断解决创业过程中出现的问题。只有这样，大学生这一特殊的创业群体才能够最大限度地规避创业风险。

参考文献：

[1] 2016 年中国大学生就业报告 [EB/OL]. [2017-11-09]. http://www.eol.cn/html/c/16dxsjybg/.

[2] 侯海霞. 大学生创业失败的原因分析及对策研究 [J]. 科技创业，2013 (9).

[3] 李世椿，常建坤. 大学生创业与高等院校创业教育 [M]. 北京：国防工业出版社，2014.

[4] 晓政. 试析大学生创业成功率低的原因及对策 [J]. 中国大学生就业，2012 (18).

[5] 刘波. 基于案例分析大学生创业失败的原因 [J]. 高教学刊，2016 (15).

[6] 贾天明，雷良海. 构建创业失败补偿机制的探讨——以上海市大学生创业现状为例 [J]. 上海经济研究，2016 (2).

基于美国 Reflow 节水项目的大学生创业可行性探析①

于志毅 林秋萍 韩鑫 杜雪 阎贝贝

摘 要：通过对当前我国节水卫浴市场的了解及相关规定的分析，深入探究淡水资源紧缺问题的当下关于 Reflow 公司家用水循环系统的功用及发展方向。在国家大力推广创新创业教育、扶持创业的大环境下，探讨创新创业教育与 Reflow 节水项目以及它们的关联，运用因果论证法探析 Reflow 节水项目对大学生创业的可行性。

关键字：创新创业；节水项目；家用水循环处理

一、Reflow 项目可行性探究

（一）水资源短缺问题与家用水循环处理设备的现状

我国是世界上人口最多的发展中国家，人均水资源相对短缺，水基础设施建设滞后。据统计，每年农村约有 3.6 亿人喝不上达标的饮用水，水资源正由一种宝贵的战略资源上升为关系国家经济社会可持续发展和长治久安的重大战略问题。实现污水治理资源化，提高水重复利用率，是治理污水的工作重点，是解决水资源短缺的根本出路。

目前全国城市污水回收利用率约为 8.5%，对比城市用水的需求有相当大的缺口。城市建筑耗水量居城市耗水量首位，这其中又以住宅用水量为主。一般家庭用水量比例为 4∶3∶2∶1，即坐便器为 4，洗衣机为 3，洗浴用水为 2，厨房用水为 1。在日常生活中，坐便器的冲洗用水占日常用水量的 40%。而当前国内关于节水卫浴的国家标准是依据 2011 年颁布实施的《水嘴用水效率限定值及用水效率等级》《坐便器用水效率值及用水效率等级》两个标准。其中，坐便器排水量 6 升以下的为节水产品。此前，我国卫浴产品中排水量为 9 升的居多，较国外只有 3~4.58 升的排水量相距甚远。卫浴产品节水在近几年的发展中虽已略显成熟，在节水性能方面也表现出了较强的能力，但仍然存在部分问题，业内

① 论文所属项目：2015 年国家级大学生创新创业计划训练项目。项目编号：201510448002。资助：国家财政专项资金。

资深人士表示，减少马桶冲水量对节约生活用水至关重要。但马桶作为卫生间用水比较大的几种卫浴产品之一，是目前市场上节水卫浴产品最受欢迎也是争议最多的产品。很多节水马桶通过增压减流等方式来实现节水目标，没有考虑到冲水量小有时会导致马桶冲洗不干净需要二次甚至多次冲洗，节水效果不是很明显甚至更加费水。此外，节水马桶对马桶管道的技术要求较高，而大部分产品并没有足够的技术支持。家用水循环系统则可以极大限度地节约家庭用水，增加水循环链条长度，使水资源得到更充分的循环利用。

（二）Reflow 家用水循环处理系统的简述及优势

水资源的重复利用必然成为整个社会的潮流，而大型再生水循环系统往往造价不菲，普通家庭无法承担高额的费用。Reflow 公司在这种情况下，推出了 G2R System（简称 Reflow）家用水回收循环系统。可以将洗澡或日常清洁用途的清洁废水存储在马桶水箱和储水设施中来重复利用。这一套水源回收系统可以节省日常家庭约 30% 的淡水消耗。生活中，很多家庭会使用摘菜或者洗漱用过的污水冲马桶以实现对水资源的二次利用，但费水、费空间、费时、易堵塞下水道。美国 Reflow 公司家用水循环系统具有市场吸引力的地方是具有省力、省时、美观、可过滤等优点，属于中国市场上的全新产品。中国市场上有一些粗制滥造的节水项目普遍没有得到消费者的认可，其根本原因是效果不能使顾客满意。Reflow 公司家用水循环系统通过科学合理的设计改变了人们对节水产品更费水的观点。Reflow 家用水回收系统安装简单，可方便地装置于一般家庭浴室中。该系统由一个连接头来回收泡澡或洗手、洗衣时多出的清洁废水，然后存储在系统的超大水箱中，经过过滤等处理后回流至马桶水箱等储水设施中，可以用于冲洗马桶、花园浇水及洗车等用途。

（三）创新创业教育与 Reflow 节水项目的关系

创新创业教育是以培养具有创业基本素质与开创型个性的人才为目标，培育在校学生的创业意识、创业精神、创新创业能力，面向全社会，针对打算创业、已经创业、成功创业的创业群体，分阶段、分层次地进行创新思维培养和创业能力锻炼的一种实用教育。而 Reflow 家用水循环系统作为大学生创新创业项目，不仅在深入分析创新创业的人才培养、科学研究的基础上积极地响应了我国大力发展创新创业教育的政策，而且脚踏实地，从实际出发，切实地解决国家水资源短缺、水循环利用的社会问题。由此可见，此项目对于培养大学生创新意识和创新创业能力具有极大的帮助，同时也以点带面地推进了创新创业教育的发展。

创业管理的核心问题之一是机会导向，即创业是在不局限于所拥有的资源的前提下识别机会、利用机会、开发机会并产生经济效益的行为，或者将好的创意迅速变成现实。而创新创业教育则通过整合教育资源，将项目参与作为抓手，在专业老师的带领下，促使学生参与项目的研究、经营与运作，通过理论与实践结合、采用“干中学”的方式培养学生的创新创业理念与技能，促进学生创新精神的发挥、项目方案的制订。创业管理的根本特征在创新，但创新并不绝对是发明创造，更多的是对已有技术和要素的重新组合，如：由几位在校大学生引进的Reflow家用水循环系统，在美国Reflow公司的原有技术之上进行创新，研发出适合中国消费者的节水系统。借助该项目可以最大限度地培养学生的创新能力与创新意识，以水循环系统为契机，让准备创业的在校大学生进行创业。

二、基于SWOT分析法对Reflow项目对大学生创业影响的探究

SWOT分析法又称态势分析法，它由旧金山大学的管理学教授史提勒于20世纪80年代初提出，是一种能够比较客观而准确地分析和研究对象现实情况的方法。其中，S、W、O、T分别代表优势、劣势、机会与挑战，前两者主要用于分析内部条件，后两者用于分析外部条件。大学生作为一个特殊群体，在创业实践中不仅存在着众多优势与机会，也存在着其不足与威胁。

（一）优势（Strength）

大学生知识层次相对较高，知识相对丰富，具有较强的专业能力与知识资源。

（1）当代大学生接受了较为系统的高等教育，具有丰富的理论知识、较高的道德文化素质、较扎实的专业知识以及自主学习能力，思维普遍活跃。并且，大多数大学生具备完备的网络知识，可以在传统企业实体经营的基础上采用线上线下相结合的方式实现创业。

（2）创业管理是一个系统组合，并非某一因素起决定作用。大学生中不乏有志者，对未来充满希望，乐观、自信、勇于挑战自我，这些特质使大学生具备了自主创业的基本素质，而这也正是创业所需特质。

（3）随着自主就业意识的不断增强，很多大学生会利用寒暑假积极参与各种实践活动以锻炼自己各方面的能力。参与校园勤工俭学或企业实习从而获得社会经验，这些经验为大学生今后的创业奠定了良好的基础。

（4）各高校纷纷采取各种方式扶持大学生创业。在指导教师的带领下，通过对Reflow项目的深入探究，学生对项目的深层技术与管理产生更深刻的认知。学生对于创业机会的发现、识别与评价更加理性，并且该项目已经基本完成一级孵化，从而更容易使科研成果商品化、产业化。

（二）劣势（Weakness）

大学生长久生活在象牙塔中，与外界接触的机会少，所以在人际交往经验等方面存在一定的欠缺。除此之外，大学生还普遍存在如下缺点：

（1）缺乏职业经历与社会经验，尤其是缺乏商业网络和人际关系，并且常常准备不充分却盲目乐观。

（2）好高骛远、急于求成、不切实际、心理素质差、缺乏市场意识和商业管理经验

等，是影响大学生创业的重要因素。

（3）创业成本较大，启动资金不足，管理与经营风险大。

（三）机会（Opportunity）

（1）随着经济的飞速发展以及市场机制的多元化发展，人们所需的个性化产品也越来越多，市场被无限程度地细分的同时产生了很多的机会，国家政策扶持也创造了越来越多的创业机会。例如大学毕业生在毕业后两年内自主创业，到创业实体所在地的工商部门办理营业执照，注册资金（本）在50万元以下的，允许分期到位，首期到位资金不低于注册资本的10%（出资额不低于3万元），1年内实缴注册资本追加到50%以上，余款可在3年内分期到位。

随着《中华人民共和国中小企业促进法》的进一步贯彻落实，国家在法律政策中制定了对中小企业提供资金支持、创业扶持、技术创新等方面的规定。一个关注、培育、扶持中小企业发展和鼓励创业的社会环境与政策环境正在初步形成，对于创业者来说，优惠政策就好比是创业的助推器，能降低创业成本，提高创业的成功率。

（2）随着创业潮的掀起，天使投资人也不断涌现，为大学生创业者提供了资金支持。

（四）挑战（Threat）

（1）激烈的市场竞争、行业壁垒、较大的资金压力。市场中不乏资本实力雄厚的企业，它们自身的实力、资金、关系网络等对于大学生来说是最大的创业威胁。此外，经济来源尚不固定的大学生虽然依靠家庭支持、国家给予贷款、国家政策扶持等能维持公司的运转，但随着不断运作，大学生会陷入部分资金面临冻结以及缺少流动资金的处境。

（2）传统观念及家庭压力。虽然随着经济发展不少家庭已经转变观念，但孩子毕业再就业仍然是主流思想。至于孩子创业，有些家长为了面子并不太支持，从而给大学生创业者带来心理压力。

通过对Reflow节水系统的项目可行性、国家对大学生自主创业的政策支持和大学生自主创业的自身优势这三个方面的深入分析，可知大学生参与实践Reflow项目具有以下优势。首先，就Reflow项目本身来说，Reflow节水系统是一项既有利于缓解我国水资源短缺问题又符合当前消费者对勤俭节水的需求的节水项目，且Reflow节水系统技术先进，其成本造价又在消费者的可接受范围之内，具有很大的市场潜力。其次，就大学生创业群体来说，大学生接受了四年的创新创业教育，虽然实践体验较少，但大学生的学习能力较强，对环境的适应也比较快。政府尤其对大学生这一群体参与创业提供了优越的便利政策。所以，Reflow节水系统这种有利于国家、社会、人民的好项目，对于一群满腔热血、一心创业的大学生来讲，是一项可遇而不可求的好项目、好机遇。

参考文献：

[1] 王向龙. 节水卫浴新突破——解密尚高快节通坐便器 [J]. 消费指南，2010（4）.

[2] 覃茜，袁菁芸. 高校社团推动大学生创业的探析与思考 [J]. 创新与创业教育，2011（2）.

[3] 徐梅. 构建社区、网络、社团三位一体大学生思想政治教育工作新立交的探索 [J]. 广西青年干部学院学报，2006（5）.

[4] 苟小军. 论高校体育社团与大学生思想品德建设 [J]. 和田师范专科学校学报，2005（4）.

[5] 王占军. 高校学生社团运作及功能研究述评 [J]. 江苏高教，2006（5）.

[6] 金雁. 高校主体性德育实践载体的创设 [J]. 当代青年研究，2005（4）.

[7] 林伟连，金海燕，倪心刚. 研究生社团建设：把握新特点 面临新机遇 拓宽新思路 [J]. 学位与研究生教育，2005（3）.

利用创新节水项目创业的营销策划分析①

于志毅　林秋萍　韩鑫　杜雪　阎贝贝

摘　要：随着政策加码节水行业，节水设备市场呈现良性发展态势。Reflow公司节水系统应运而生。本文在阐述Reflow系统的良好节水性能的基础上，采用STP理论，锁定了以广大白领工薪阶层为Reflow节水设备的受众群体。以4PS营销理论为基础，确定以该产品的产品策略、分销渠道作为新产品的定价策略与促销策略，分析出适合中国市场的营销推广策略，从而探究Reflow节水系统对于大学生创新创业的营销策略的可行性分析。

关键词：Reflow节水系统；大学生；营销策略；创新创业

一、Reflow节水系统

Reflow节水系统是Reflow公司在淡水资源宝贵，大型水循环系统造价高的大背景下于2015年推出的一项名为G2R System（简称Reflow）的家用水循环系统，它可以将生活中用于泡澡、洗手、洗衣等各种清洁用途的清洁用水进行回收，存储于马桶水箱或储水设施中实现重复利用。Reflow家用水回收系统安装简单，可方便放置于浴室。该系统由一个连接头回收泡澡或洗衣时的清洁废水并将废水存储至系统的超大水箱中，经过过滤等处理后回流到马桶水箱等储水设施中，可用于冲洗马桶、植被浇水及洗车等用途。该系统看似简单，但可以在解决日常家庭中耗时、耗力、浪费空间等问题的同时节约30%的家用淡水消耗，是一项比较划算的长远投资。

二、Reflow节水项目的可行性分析

Reflow节水项目的可行性可以从两个方面进行阐述：①Reflow家用水循环系统是在淡水资源短缺从而制约社会可持续发展、大型水回收处理装置造价昂贵的环境下，在家庭基

① 基金项目：2015年国家级大学生创新创业计划训练项目；国家财政专项资金资助。

本生活经验的基础上应运而生的一种家用节水装置。因此，该节水项目符合社会发展的规律，能够迎合人众的消费需求。②对于实践经验有限，主要以市场调查、环境分析、理论分析为主的大学生创业群体而言，Reflow 家用水循环系统对于社会经验不足的大学生具有很强的实际操作性，适合大学生创业群体创业。因此，中国大学生引进美国 Reflow 创新节水项目，在为全球的可持续发展添一份力量的同时，促进大学生创业群体的提高与发展具有一定的现实意义，该项目是切实可行的。

三、Reflow 节水项目的营销策略分析

企业在多样的市场中不可能对所有的顾客提供产品和服务，公司需要根据自身经营范围选择进入最有经济价值的细分市场。有效的目标营销需要三个步骤：一是选定不同需求和偏好的顾客群，同时分析他们的特征；二是选择一个或多个即将进入的细分市场；三是针对具体的目标市场，逐步建立和传播公司具有特色的市场供应品。

（一）市场细分与目标市场的选择

一般来说，水循环处理系统主要分为工业水循环处理系统和家用水循环处理系统。工业水循环处理系统是对工业部门中循环利用的冷却水进行降温和水质处理的设备，主要的消费对象是各个工业企业。家用水循环处理系统由一个连接头来回收泡澡或洗手洗衣时使用后的清洁废水，然后存储在系统的超大水箱中，经过过滤等处理后回流至马桶水箱等储水设施中，可以用于冲洗马桶、花园浇水及洗车等用途，主要的消费对象是居家生活的大众消费者。

居家生活的大众消费群体按照工薪的收入水平来划分，可分为蓝领、白领、金领。蓝领工薪阶层的消费者收入水平不高，家庭负担较重，月收入刚好满足正常的生活需求，购买家庭水循环处理设备的可能性不大；金领工薪阶层的消费者收入水平偏高，但生活节奏较快，无空闲，购买家用水循环处理设备的可能性比较大；白领工薪阶层的消费者收入水平一般，家庭负担不是很重，购买家用水循环处理设备的可能性大。

家用水循环处理系统在中国拥有巨大的消费市场。全国现有固定人口 135 404 万人（2010 年，最近人口普查），流动人口 9 749 万～19 498 万人，城市人口为 38 996 万～48 745万人，合计约有 5 836 万个家庭将成为准客户。这些准客户大部分是大、中城市的一些居家生活的白领工薪阶层的消费者。因此，锁定的目标市场是大、中城市的一些居家生活的白领工薪阶层的消费者。

（二）Reflow 系统的 4PS 策略

1. 产品策略

作为营销组合中最基本同时也最重要的要素，产品策略可以直接或间接地影响到其他

要素的管理。依据目标市场的需求，Reflow 作为一款耐用品，具有较高的使用年限与价值，相较于陶瓷卫浴产品的笨重与昂贵，Reflow 更加轻便，并且克服了传统收集废水烦琐、费时、占地的缺点。新产品的出现与生产要符合科技的未来潮流、符合消费者的现时心理。此外，新产品构思筛选后，只有更加明确而具体的产品概念才可以配合打开销路，并使之在消费者眼中形成一种潜在的产品形象。在节约资源成为一种时尚的当下，节水设施的潜在市场十分巨大，调查问卷作为帮助企业建立吸引力最强的产品概念的利器，进行结果分析后将“再利用”作为产品亮点概念，来树立产品形象。亦如“汰渍”洗衣粉的面市，首先将产品概念做好，给消费者留下印象，再打开产品销路。

2. 营销渠道策略

Reflow 系统作为一款节水卫浴产品，其价格的变动幅度无论大小都不会对消费人群造成太大的影响。而在具体营销过程中，其营销预计分三阶段：

（1）创业初期（水平渠道系统）

在创业初期，因资金、人力、生产技术、营销资源不足，无力单独开发市场机会。基于此，应该通过与两家以上的企业横向联合，共同开拓新的销售渠道。这也与混合捆绑销售的定价策略相匹配。

（2）创业中期（通路“直销”）

绕过中间环节，直接供货给零售终端，并非直接向最终消费者销售。需要直接控制零售终端，从而提高市场的辐射力和控制力。企业一方面通过授权，严格界定销售区域和范围；另一方面通过销售队伍，加强对市场终端的服务与控制。这样既可以避免市场价格混乱、窜货现象，又可牢牢控制终端网络，从而赢得市场。

（3）创业后期（基于互联网的分销渠道）

企业创业后期，由于建立了公司的产品品牌，与消费者之间的信任度日渐提升，加上当今社会互联网的迅猛发展，本公司会应用互联网提供产品和服务。这样，数以百万的消费者通过互联网搜索与本公司直接联系，进行电子化购买。

3. 价格策略

家用水循环处理系统大规模的生产销售还处于规划阶段，对于产品的价格策略设想如下：

（1）创业初期（混合捆绑）

处于创业初期，公司知名度比较低，消费者对公司的产品的信任度比较低，公司将推出马桶、浴缸和家用水循环处理系统，顾客可以捆绑购买，也可以分开购买（见表 1）。

表1 不同节水器皿销售价格表 单位：元

销售选择	单买一种	"1+1"任意一种产品与本公司产品	"2+1"
马桶	800	2 600（马桶+家用水循环处理设备）	4 900（马桶+浴缸+家用水循环处理设备）
浴缸	2 500	4 300（浴缸+家用水循环处理设备）	
家用水循环处理设备	2 000	略	

（2）创业中期（撇脂定价）

创业中期，家用水循环处理设备在市场上有足够的购买者，需求缺乏弹性。基于此，可把家用水循环处理设备价格定得较高些，使消费者产生高档的印象。高价使得需求减少一些，产量减少一些，单位成本增加一些，但不致抵消高价带来的利益。这不仅有利于生产成本的回收，而且有利于企业品牌的建立。

（3）创业后期（渗透定价）

随着企业的经营发展，企业的生产成本和经营费用会随着生产经营规模的扩大而下降。所以本公司会将家用水循环处理设备的价格定得相对较低，以吸引大量顾客、提高市场占有率。

4. 促销策略

成功的市场营销活动，不仅需要制定适当的价格、选择合适的分销渠道向市场提供令消费者满意的产品，而且需要采取适当的方式进行促销，正确制定并合理运用促销策略是企业在市场竞争中赢得竞争优势的必要保证。为了加强对水循环系统信息的传递以强化消费者对产品的认知，从而激发消费者的购买欲望、诱导消费、扩大销售，一般应采取如下方式：

（1）线上推广

主要通过互联网广告与广播等方式实现。通过与百度、搜狗、谷歌等搜索引擎合作，将广告投放至搜索结果页面排序前几位，使消费者能第一时间关注我们的产品；通过与地市级广播电视台合作，大量播放本公司产品的广告以提高产品的知名度。

（2）线下推广

实体店仍不失为目前卫浴等节水产品的一大销售渠道。采用柜台推销的方式，即通过与各大商场和超市合作，将产品投放至各个卖点，在商场内设立品牌柜台，由品牌营业员进行推销。此外，会议推销。广泛参加各种此类产品的交易会、展览会，使产品得到集中推销，从而收获良好的产品推广效果。

（3）公共关系

企业形象作为目前消费者购买产品时关注的焦点之一，是消费者在无形之中对比不同品牌产品的标尺，因此，在销售的同时提高企业形象至关重要。为此可赞助资源保护事业，赞助部分水资源短缺的地区，免费安装本公司的家用水循环处理设备，响应国家的节水号召，塑造企业品牌的良好形象。

综上所述，中国大学生通过引进美国的 Reflow 节水项目，并对美国 Reflow 公司创新节水项目进行中国市场的调查分析和了解，制订了符合中国消费市场的营销策划方案，这大大提升了大学生将理论知识应用于实践的能力，从而促进大学生进行自主创新创业。与此同时，该项目的实施积极地响应了国家对创新性人才的培养政策，对于大学生创新创业具有一定的指导意义。

参考文献：

[1] 科特勒·凯勒. 营销管理 [M]. 梅清豪，译. 上海：上海人民出版社，2006：264-265.

[2] 吴健安. 市场营销学 [M]. 4 版. 北京：高等教育出版社，2011.

浅谈大学生成功创业积极性的调动①

于志毅　林秋萍　杜雪　韩鑫　阎贝贝

摘　要：本文通过对大学生成功创业理论的分析，探求大学生进行自主创业的自身优势、国外创新创业项目在中国的创业商机所在，为大学生利用国外创新创业项目进行创业提供宝贵的经验和建议，促使更多的大学生成功创业。

关键词：大学生；国外创新项目；创业成功

一、引言

大学生就业难问题一直备受全社会的关注。相关资料显示，2016 年全国普通高校毕业生达 756 万人，相较于 2015 年增加约 7 万人（数据来源于中新网）。随着创新型产业巨大的潜力被挖掘传播，城镇新增就业岗位少、国家政策的扶持等使人们开始逐渐意识到了创业的商机所在，特别是已接受创新创业教育的大学生纷纷开始了自主创业的探索，并且创业的成功率也明显提高了不少，越来越多的大学生开始利用国外的创新创业项目进行创业。基于此，有必要通过研究大学生利用国外创新创业项目获得成功的关键因素，寻找创业成功的规律，帮助大学生提高创业的成功概率。

二、大学生利用外在创新项目创业的意义

一般来讲，大学生创业多基于自身在校期间的理想创业雏形与已具备雏形的创业项目，这样可以节约相当一部分创业资金，但大多数具备创业意愿的大学生并不具备这类条件，而需要借助外在创新创业项目进行创业。此时，国外创新项目由于其细节创新性、创新前瞻性等成为大学生创业的优选项目，大学生利用国外创新项目进行创业也可以避免国内创业项目创新点重叠以及组织和技术等不完善的情况，从而达到大学生创业标新立异、吸引消费的效果。由此可见，对于没有形成自己的创业项目的创业者而言，借助国外创新项目进行创业是帮助创业者成功创业的重要途径。

① 基金项目：本文系 2015 年度德州学院地方高校国家级大学生创新创业训练计划项目（编号：2015 10448 002）。

此外，大学生在校期间多接受过创新创业专项教育，国内创新教育理念多引自国外，大学生利用国外创新项目进行创业可以更好地将所学知识理论应用于实际创业活动中，成为具有国际化视野的创新创业人才。同时大学生创业也是解决就业与经济转型压力问题的有效方法，择业转向自主创业是走出这一困境的重要途径之一。

三、大学生创业成功的优势

（一）内在优势

1. 富有激情的创业敢拼精神

大学生作为具有创新创业激情与思维的一个群体，观念超前，对任何事物都保持新鲜感，更能接受新鲜事物，并在其基础上进行开拓创新；相较于毕业后找安稳的工作而言，创业对于大学生更具有挑战性，更能满足大学生对新鲜事物探索的新奇感。大学生作为初入社会的新生群体，自带“初生牛犊不怕虎”的拼搏精神，在不怕失败、渴望成功的强烈愿望下，大学生更愿意付出自己的勇气和智慧。

2. 合作精神

大学生创业者乃创新创业的新生力量，当一群年轻人在一起工作时，团队合作相处更为融洽，能够较好地处理好团队内各方面的关系，更加注重团队合作精神，使团队凝聚力得到巩固。

3. 心理素质

大学生在创业前创业愿望便萌发已久，会为之后的创业行为奠定坚实的心理基础。大学生作为初伙创业者，更能接受自己在创业过程中所遇到的挫折以及失误，具有较好的抗压能力。

4. 良好的知识储备

大学生在校期间都接受过学校开设的相关创新创业课程教育，并且具备一定的专业技术知识、创新创业新思路，大学生可以在在校期间所学理论知识的基础上充分发挥自身的创业才能。

（二）外在优势

1. 大学生创业享有优惠的政策

大学生创业享有优惠政策和相对宽松的创业环境，大学生创业前为提高自身创新创业成功率、实现自己的创业愿望，会积极参与学校创新创业孵化基地所举办的创业活动，将尽最大可能积累社会经验；大学生在众多的创新创业财政税收优惠政策、法律法规保障下，拥有较为宽松的创业资金和创业环境。

2. 大学生可利用国外项目

大学生通过在校期间的教育培训，接受能力比较强，对国外新科技和成功的经营模式在创业过程中可以灵活借鉴，例如可借鉴 Reflow 节水创新项目进行创新创业。西方对于实践应用、数据分析、经验实践的重视程度要高于其他国家。国内创新创业者大多以盈利为目的，创新点多有重叠，大学生完全可以学习及引进西方国家的技术和经验，去其糟粕，取其精华。特别是大学生在引进助力创新创业项目的同时应当避免新创企业盲目跟风现象。

四、把握优势，成功创业

（一）自身优势的延伸发挥

1. 从敢拼敢干到会拼会干

（1）创业经验的不断积累

创业，需要的不仅仅是激情与敢拼敢干的精神，还要会拼会干。大学生应在创业前，如在校期间积极参加社会活动、工作实习、项目竞赛、高校创新创业孵化基地等活动，增长实战经验，从而提高大学生创业风险识别能力、创业形势分析能力、团队合理组建能力、创业领域选择能力，进一步提高创业成功率。

（2）不断学习进取

大学生创业者要有学习进取精神，要不断学习管理、商务、投资、法律、税务、社交以及其他相关创业知识，不断提高自身的综合素质与学习能力，能够积极吸取教师、专业人士等提供的意见与建议，积极向创业成功的企业、成功者请教、学习，吸取经验教训，做到扬长避短，从而合理规避风险。大学生创业者应当培养自己的持久创业精神及做事果断的品质，培养敢拼敢干的冒险精神；当发现商机或创业机会时，不可以瞻前顾后、犹豫不决、左右观望，更不可以盲目跟风；当创业项目选定时，要坚持不懈，不能稍遇挫折便弃而远之。

2. 提高团队竞争力

大学生创业者作为公司的组织者，应当具备合理分工与组织协调的能力。并且，大学生创业者在组建创业团队时，应懂得将不同专业的人配备到自己的创业团队中，并取其所长，让成员从事与专业匹配或自己擅长的工作，并且在日常工作中，要善于与团队成员沟通，形成良好的工作氛围，以提高团队协作能力，提高工作效率。

3. 做好预案，巩固心理基础

大学生创业者在创业前做好相应的创业准备，将创业时可能会发生的应急情况提前做好预案，避免突发情况时手忙脚乱，并学会总结经验教训，在创业遇到挫折时以积极的心态对待。同时，大学生创业者在创业前应积极参加各类具有挑战性的社会实习活动以更好地提高心理承受能力和紧急预案能力。

4. 提高对知识的运用能力

（1）提高项目选择能力

大学生应当学会合理运用自身具备的知识储备，以理性的眼光看待创业项目与所要涉及的领域。大学生在创业初期要理性地选择国外创新项目，不可以盲目跟风、扎堆式投资，而应在合理分析国家、行业等外部环境的基础上，以市场导向原则、前瞻性原则、优越性原则等为基础，合理选用国外项目。

（2）提高项目与资金规划能力

大学生创业者在选定项目后，要对所选项目进行合理规划。大学生创业者要能够将所选用的创新项目及其产品成果与中国或当地生活实际相结合，取其精华，逐步推进，不可以生搬硬套。大学生创业时，可以将成立经贸公司作为第一步，进行国外创新项目产品的代理销售，在这个销售过程中，要不断将其本土化，形成属于自己的创新创业项目与产品。

大学生创业时应合理规划所掌握的资金，优化配置资金使用途径，避免不必要的资金使用和错误的资金投入，做到精打细算，将资金用在刀刃上，从而避免创业中资金链断裂导致创业失败。

（二）充分利用外部资源

1. 合理借助政策与法规

资金风险在创业初期会一直伴随在创业者的左右。创业者在创业时遇到的第一个问题便是是否有足够的资金。大学生创业难的最主要原因便是资金缺乏，而作为大学生创业者，他们的资金来源较大部分来自于自筹资金，面对这种情况，大学生创业者应当及时关注国家或地方政府对于大学生创业的一系列优惠政策，懂得合理利用财政优惠政策、税收优惠政策以及贷款政策等。此外，大学生创业者应当在关注优惠政策的同时，学会分析相关法律法规，使自己的创业行为得到法律法规的充分保障。

2. 理性借鉴外来项目

大学生创业者在缺乏相应的创业项目或自身创新项目不足时，可借鉴外来项目的技术、经验等，但在借鉴前，要结合自身创业情况以及该项目是否符合中国或本地发展情况来理性选择这些国外项目。当这些项目与我们的实际情况有所出入时，要对其进行合理的本土化，如先通过成立商贸公司对国外创新项目产品进行代理，在代理过程中不断挖掘其可以转变成中国元素的部分，使其不断本土化，最终成为大学生创业成功的跳板，促进大学生成功创业并发展属于自己的创业项目。

五、结论

大学生创业的优势有很多，具体体现在创业者自身拥有创业激情、敢拼的冲劲、合作的意识、创业者的心理素质和良好的知识储备，外加外部创业环境的助力刺激。但是，大学生创业成功的关键在于如何去扬长避短、发挥优势。特别是大学生要懂得内外兼修，在发挥自身创业特长的同时不断将特长延伸发展，将自身的创新创业精神、团队组织合作能力、创业项目选择规划能力，尤其是创业资金规划能力不断发挥；在创业初期进行资金筹集时，大学生可以利用国家提供给大学生创新创业项目的资金资助进行初期创业。在大学生缺乏创新创业项目时，要学会利用国内外创新项目成功创业，而引进国外创新创业项目的关键在于找到一些适合中国国情、符合中国市场发展的创业项目，特别是引进一些国外的创新创业项目、技术及成功的经营模式，取其精华，联系实际，理性地将其为己所用。此外，大学生不能将创业作为“锻炼”而忽略“盈利”，盈利才是企业存在的目的。同时，大学生应时时关注国家相关创业扶持政策，充分利用国家政策自主创业，也是提高大学生创业成功概率的关键。

参考文献：

[1] 岳晓东. 大学生创新能力培养之我见 [J]. 高等教育研究，2004，1 (1)：25.

[2] 谭福成. 大学生创业成功影响要素及有效规避风险的路径 [J]. 继续教育研究，2016 (5)：29-31.

第二部分

编写出版
创新创业教育教材情况

《大学生科技创新教育》

《大学生科技创新教育》的整体结构与内容简介

本书作为创新创业教育系列教材之一，是我们编写组在认真总结目前我国大学生科技创新教育的现状及经验教训的基础上，借鉴国内外大学生科技创新教育的一些研究成果，同时结合我们在从事大学生科技创新教育工作中的有益尝试，编写的一部较为系统的进行大学生科技创新教育的教材。本教材旨在进一步推动在校大学生科技创新活动的开展、普及工作。本教材主要包括理论探讨、政策解读、理念提升、分类指导及案例分析等内容，既有理论上对大学生科技创新活动的全方位、多角度的解读，又有操作性较强的实战案例分析，对在校大学生从事科技创新活动具有较强的指导作用。

本教材主要包含理论篇和案例篇两大部分共十一章内容。

理论篇共分五章。第一章主要介绍创新教育及大学生科技创新教育的概念及国内外大学生科技创新教育的发展历程，深入分析我国大学生科技创新教育发展现状和存在的问题。本章特别提出了适应时代发展需求的以人为本全面发展的理念、人文精神的理念、创业就业的理念等大学生科技创新教育理念。第二章重点介绍了大学生科技创新教育与素质教育的关系，全面分析了大学生科技创新教育在素质教育中的地位与作用以及未来社会对大学生素质的要求。第三章主要就大学生科技创新教育在创新性应用型人才培养中的重要作用、社会发展对创新性应用型人才的需求等方面进行了全面阐述。第四章从大学生科技创新活动的组织与管理的角度介绍高校对大学生从事科技创新活动的组织管理流程，以便大家了解和积极参与。第五章根据竞赛的学科性质重点介绍大学生科技创新活动及竞赛的分类，同时对科技创新活动与竞赛中的知识点进行讲解和指导。

案例篇共分六章。主要内容是大学生科技创新活动案例与评析。重点选取了具有代表性的全国大学生科技竞赛活动中的获奖案例，同时就案例进行极具指导意义的分析。竞赛案例的选取充分考虑在校大学生所学不同学科的借鉴价值，因此，案例涉及的学科广泛，以便于文科、理科、工科等不同学科的在校大学生能够普遍参与进来，通过学习使大家的科技创新能力有一个较大的提升。

《创业基础》

《创业基础》的整体结构与内容简介

本教材作为创新创业教育系列教材之一，其组织编写始于2009年德州学院提出的创建山东省创业教育创新实验区的目标，并突出把工商管理专业（创业管理方向）列为综合改革试点专业进行打造。同年，德州学院创业型人才培养模式创新实验区成立。2012年8月，本实验区——基于四位一体理念的创业教育创新实验区，被山东省教育厅评为省级人才培养模式创新实验区。该实验区由创新创意实验区、产品（创意）研发实验区、创业计划实验区和创业企业孵化区四部分构成，分别承担创新创意识别、新产品研发与制造、实用新型开发与设计、创业企业规划与商业模式开发设计、创业企业开办与孵化等实验任务。

按照创新创意实验区建设任务，需要在全校开设“创业基础”必修课程，带动全校学生参与创新创意活动，计划利用3~5年时间，构建完成2万~3万个有一定商业价值的创新创意项目，并按照应用价值和可行性遴选和排队。因此，编写一部适用于全体在校大学生教学需要的《创业基础》公共选修课教材成为实验区的一项重要教研任务。

2012年8月1日，教育部办公厅关于印发《普通本科学校创业教育教学基本要求（试行）》的通知（教高厅〔2012〕4号）提出，为深入贯彻落实《国家中长期教育改革和发展规划纲要（2010—2020年）》以及《教育部关于全面提高高等教育质量的若干意见》（教高〔2012〕4号）精神，推动高等学校创业教育科学化、制度化、规范化建设，切实加强普通高等学校创业教育工作，高等学校应创造条件，面向全体学生单独开设“创业基础”必修课。把创业教育有机融入专业教育，加强相关专业课程建设。把创业教育与大学生思想政治教育、就业教育和就业指导服务有机衔接。

据此，创业教育创新实验区工作小组研究决定，以教育部提出的“创业基础”教学大纲（试行）为框架，组织创业教育创新实验区全体成员编写一套体现四位一体教育理念（创业教育是素质教育、知识教育、能力教育和就业教育四位一体的教育），有助于普及创业教育和选拔创业型人才的《创业基础》公共必修课教材。

按照创业教育实验区提出的“培养创业意识，激发创业热情，提高创业能力”的导向，编者以创业基础知识为脉络，以创业素质和能力教育为重点，以风险控制为核心，力图编写一部侧重应用、特色鲜明、集教学和选拔于一体的应用型教材。本书各章主要结构内容如下：

第一，【本章结构图】旨在开章明义，让读者一目了然。

第二，【本章学习目标】通过了解、理解、深刻理解、掌握、重点掌握等关键词，对教学内容进行指导，同时约束课后作业和试题库建设。

第三，【主体案例】要求案例真实、有代表性、贴近教学内容并且难易适度。要求主体案例贯穿本章始终，出现的疑问，要在教学中一个一个地破解。

第四，【主要内容】要求紧扣教材，突出重点，贴近案例。引导教师以研究性教学为主要教学方法，以解决案例疑问为导向，以案例拓展为教学要求，启发学生思考和自行解决问题。

第五，【学习导航】通过引用贴近本章内容的名人名言、经典著作、经典案例、诗词歌赋等，引导学生涉猎相关书籍、杂志。

第六，【案例分析】要求通过对主体案例的剖析，激发学生学习和讨论兴趣，探讨多种思路和答案。

第七，【作业与思考题】要求严格执行【本章学习目标】的规定，并对试题库建设做出界定。

第八，【教学设计】要求明确教学用时和时段安排，强调研究性教学在教学设计中的地位和比重，旨在推进人才培养方法的改革。

第九，【创业案例】收集整理贴近本章内容的典型创业案例，作为深化教学内容、提升学生学习效果的指导。

《创业基础案例与实训》

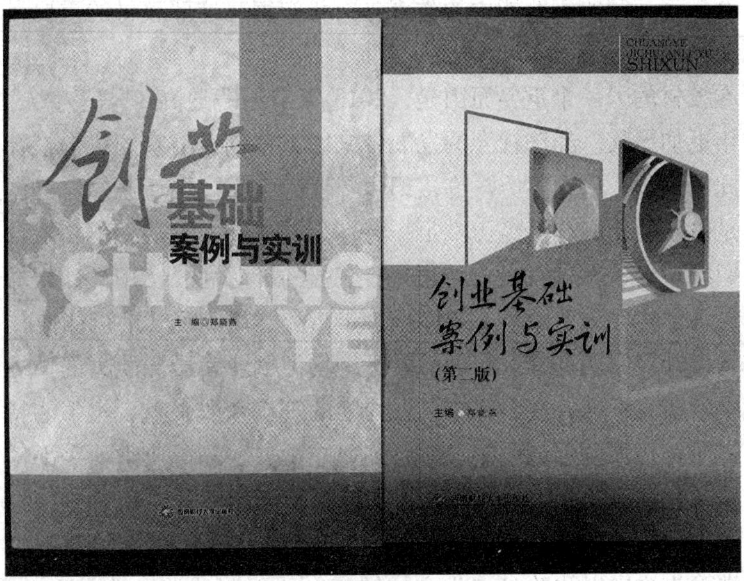

《创业基础案例与实训》的整体结构与内容简介

本教材作为创新创业教育系列教材之一，其编写的主要目的是配套之前我们正式出版的教材《创业基础》。在 2012 年 8 月 1 日 ，教育部办公厅关于印发《普通本科学校创业教育教学基本要求（试行）》的通知（教高厅〔2012〕4 号）提出，高等学校应创造条件，面向全体学生单独开设“创业基础”必修课。我们积极响应并且从编写《创业基础》教材做起，先后在经济管理学院和德州学院全校作为特色课程和公共选修课开设，效果良好。为了全面贯彻落实《国家中长期教育改革和发展规划纲要（2010—2020 年）》以及《教育部关于全面提高高等教育质量的若干意见》（教高〔2012〕4 号）精神，更好地落实教育部关于《普通本科学校创业教育教学基本要求（试行）》通知的要求，推动高等学校创业教育科学化、制度化、规范化建设，同时结合在校大学生在接受创业教育理论教学的同时对创业实践特别是创业实战缺乏创业的技能的实际，我们创业教育创新实验区工作小组经过讨论，决定从加强创业教育的实践环节入手，编写一部《创业基础》的配套教材——《创业基础案例与实训》，其重要目的是通过该教材的教学，培养大学生的创业能力，即通过有针对性的创业案例的分析和围绕创业设计的实训活动，让同学们具备自主、自信、勤奋、坚毅、果敢、诚信等创新精神和创业思维的同时，更重要的是训练他们具备未来创业者的战略眼光、良好的沟通协调能力、营销能力和决策能力，最终具备创办新企业的能力。一项调查显示，美国表现最优秀的上市公司与高新技术企业老板有86%接受过创业教育。创业教育是培养人的创业意识、创业思维、创业技能等各种创业综合素质，并最终使被教育者具有一定的创业能力的教育。而我们编写这部教材的重要目的就是实现在校大学生创业能力的提升。

我们编写本教材的另一个重要原因是，2013年全国普通高校毕业生人数达699万人，就业形势比往年更加严峻。经济社会的发展带来了大量创造财富的机会，社会分工更加精细，各类行业此消彼长，层出不穷。许多即将毕业的大学生希望通过自己创业来解决就业难的问题，但是由于他们的社会经历不足，特别是创业能力欠缺，不知道自己应该从哪入手。因此，我们编写的该教材对以上问题具有较强的针对性、实用性和指导性。相信通过该课程的学习，大学生在创业就业过程中会少走弯路，增加成功的可能性。

本书的结构设计、案例选择、实训活动等，均把创业素质和能力的训练作为主线，以创业型人才基本素质为标准，精心提炼。在内容的安排和取舍上，本书的特色在于：在每章的内容中，针对在校大学生动手能力差、创业能力欠缺、职业素养水平偏低等现状，设计了模块化、项目化和参与式教学，强化案例分析、小组讨论、角色扮演、头脑风暴等环节，实现从以知识传授为主向以能力培养为主的转变、从以教师为主向以学生为主的转变、从以讲授灌输为主向以体验参与为主的转变，从而调动学生学习这门课程的积极性、主动性和创造性。本书设计了四个模块，即本章知识点、创业案例、实训活动、深度思考。内容重在通过“创业案例”的分析引导在校大学生点燃创业激情；通过“实训活动”的环节，引导在校大学生亲身体验创业过程；最终通过对创业的“深度思考”真正达到创业技能的全面提升，为走向社会、成功就业打下坚实的能力基础。

《创业融资》

《创业融资》的整体结构与内容简介

本教材作为创新创业教育系列教材之一，是基于选拔、知识传授、能力培养和创业带动与就业“四位一体”的理念，在2012年德州学院被山东省教育厅评为省级人才培养模式创新实验区以及由创新创意实验区、产品（创意）研发实验区、创业计划实验区和创业企业孵化区四部分构成的实验区整体规划已基本完成的背景下编写而成的。

2013年，实验区按照规划建设任务和教育部办公厅关于印发《普通本科学校创业教育教学基本要求（试行）》的通知（教高厅〔2012〕4号）编写出版了《创业基础》和《创业基础案例与实训》公共选修课教材，并在全校范围内开设了创业基础、创业融资、创业营销、创业与就业等公共选修课程，取得了积极的反应和良好的效果。

根据创业教育创新实验区工作小组安排，“创业融资”课程教学团队决定在本课程教学讲义、案例与实训基础上，正式编写出版《创业融资》教学教材。实验区把“创业融资”定位于知识传授课程，所以，本教材各章节结构安排及特点如下：

【学习目标】通过了解、理解、深刻理解、掌握、重点掌握等关键词，对教师教学和学生学习进行指导。

【创业融资知识】紧扣学习目标，系统介绍融资知识，突出创业融资难点。有利于教师开展研究性教学，启发学生的独立思考和问题意识。

【创业融资案例】整理贴近各章内容的典型创业融资案例，通过对创业融资案例的剖析，激发学生学习和讨论兴趣，探讨创业融资的思路和答案。

【创业融资实训】明确各章节实训活动内容与组织，强调实训活动的仿真性、启发性和理解效果，旨在提高学生对创业融资知识的理解和掌握。

【创业融资思考】向学生提供更多更深刻的创业融资资料和案例，供学生更深入地理解和思考创业融资的困难和关键环节，帮助学生开阔视野、放眼未来。

《创业营销》

《创业营销》的整体结构与内容简介

作为创新创业教育系列教材之一，《创业营销》自编写开始就定位于满足"智慧思考"和"知识传授"类课程的需求，因此，《创业营销》教材在编写过程中各章节结构安排及特点也兼顾这一理念，如每章开始都设计了【学习目标】和【案例导入】。

【学习目标】通过了解、理解、深刻理解、掌握、重点掌握等关键词，对教师教学和学生学习进行指导。

【案例导入】紧扣学习目标，以简单易懂的案例方式引入讲述的主题，使读者轻松自然地进入学习和思考状态。在案例后设计有【创业思考】，围绕学习目标，结合案例实际，引导读者深入思考创业的相关问题。

每节都由【知识精读】、【案例体验】、【寓言/故事体验】、【实训体验】和【测试体验】五部分组成。

【知识精读】紧扣培养目标，简明扼要地介绍了每节的基础和核心的知识点，以扫除读者阅读中的障碍。

【案例体验】整理贴近各节内容的典型创业营销案例，通过对创业营销案例的剖析，激发学生学习和讨论兴趣，探讨创业的思路和答案。案例后设计了【营销感悟】，帮助读者深入理解案例，升华其理念和思想。

【寓言/故事体验】讲述小故事，阐明创业中的大道理。【寓言/故事体验】后设计了创业思考，引导读者思考故事所阐明的道理。

【实训体验】明确各节实训活动内容与组织，强调实训活动的仿真性、启发性和理解效果，旨在提高读者对创业营销知识和实际操作能力的理解和掌握，特别是为教师培训学生的实战能力提供了详细可靠的操作方案。

【测试体验】向读者提供了一系列的测试量表，供读者自测。

此外，每章结束都设计了【深度思考】。

【深度思考】为读者提供了更全面、更有深度的创业营销案例，供读者积极深入地思考创业中的一系列问题。

《商务礼仪与谈判》

《商务礼仪与谈判》的整体结构与内容简介

2009 年，德州学院开始开展山东省创业教育创新实验区创建活动，2012 年德州学院被山东省教育厅评为省级人才培养模式创新实验区。2013 年，实验区按照规划建设任务和教育部办公厅关于印发《普通本科学校创业教育教学基本要求（试行）》的通知（教高厅〔2012〕4 号）先后编写出版了《大学生科技创新教育》《创业基础》和《创业基础案例与实训》等教材，并在经济管理学院和全校范围内开设了创业基础、创业融资、创业营销、创业与就业等特色课程和公共选修课程，取得了良好的反应和效果。正是在这一大背景下，创业教育创新实验区工作小组组织相关教师编写出版了《商务礼仪与谈判》。

作为创新创业教育系列教材之一，《商务礼仪与谈判》的编写是基于我们在创新创业教育过程中发现大学生对“创业商务礼仪与谈判”知识掌握得不全面甚至陌生的现实。因此，根据创业教育创新实验区工作小组安排，我们决定在本课程教学讲义、案例与实训基础上，正式编写《商务礼仪与谈判》教学教材，并且把“商务礼仪与谈判”课程列为创新创业知识传授的重要内容。所以，本教材各章节结构安排及特点重点突出大学生在创新创业过程中如何做好做足商务礼仪与谈判的准备。因此，在教材的设计上做了如下安排：

【学习目标】通过了解、理解、深刻理解、掌握、重点掌握等关键词，对教师教学和学生学习进行指导。

【商务礼仪与谈判知识】紧扣学习目标，系统介绍商务沟通、商务谈判知识，突出商务沟通与谈判难点。有利于教师开展研究性教学，启发学生的独立思考和问题意识。

【商务礼仪与谈判案例】整理贴近各章内容的典型商务沟通与谈判案例，通过对商务沟通与谈判案例的剖析，激发学生学习和讨论兴趣，探讨商务沟通与谈判的思路和答案。

【商务礼仪与谈判实训】明确各章节实训活动内容与组织，强调实训活动的仿真性、启发性和理解效果，旨在提高学生对商务沟通与谈判知识的理解和掌握。

【商务礼仪与谈判思考】向学生提供更多更深刻的商务沟通与谈判资料和案例，供学生更深入地理解和思考商务沟通与谈判的困难和关键环节，帮助学生开阔视野、放眼未来。

《创业与就业》

《创业与就业》的整体结构与内容简介

在高校毕业生就业这一社会普遍关注的热点面前，我们编写组考虑最多的就是，就业是民生之本，创业是就业之源。通过对高校在校生进行创业与就业的系统教育，使他们做好充足的思想和实践能力的准备，在走出校园时能够顺利就业，这一想法正是我们编写《创业与就业》这部教材的初衷。

党的十七大明确提出，要积极做好高校毕业生就业工作，促进以创业带动就业。随着我国高等教育的改革和发展，高等教育扩招和社会经济结构的调整给大学生就业带来了全新的挑战。如何解决大学毕业生的就业问题，积极引导他们创业、就业，使他们在激烈的市场竞争中找到立足之地，是市场经济对高等教育提出的新要求。

2009 年，德州学院提出创建山东省创业教育创新实验区的目标，并把工商管理专业（创业管理方向）列为综合改革试点专业。同年，德州学院创业型人才培养模式创新实验区成立，2012 年 8 月，本实验区——基于四位一体理念的创业教育创新实验区，被山东省教育厅评为省级人才培养模式创新实验区。该实验区由创新创意实验区、产品（创意）研发实验区、创业计划实验区和创业企业孵化区四部分构成，分别承担创新创意识别、新产品研发与制造、实用新型开发与设计、创业企业规划与商业模式开发设计、创业企业开办与孵化等实验任务。

为深入贯彻落实《国家中长期教育改革和发展规划纲要（2010—2020 年）》以及《教育部关于全面提高高等教育质量的若干意见》（教高〔2012〕4 号）精神，更好地落实国务院办公厅关于《大学生职业发展与就业指导课程教学要求》和教育部关于《普通本科学校创业教育教学基本要求（试行）》通知的要求，推动高等学校创业就业教育科学化、制度化、规范化建设，切实加强普通高等学校创业就业教育工作，帮助大学生解决在择业过程中遇到的困惑，引导大学生规划职业生涯，提升职业素养，掌握求职基本技能，为创业就业做好充分必要的准备，我们编写并出版了本书。

本书的结构设计、案例选择、实训活动等，均把创业就业素质和能力的训练作为主线。在内容安排上，针对在校大学生动手能力差、创业能力欠缺、职业素养水平偏低等现状设计了本章知识点、教学案例、实训活动、深度思考四个模块，旨在强化案例分析、小组讨论、角色扮演、头脑风暴等环节，以实现从以知识传授为主向以能力培养为主的转变，充分调动学生学习的积极性、主动性和创造性。

第三部分

获批创新创业教育课题

山东省教育科学规划课题

山东省教育科学规划领导小组办公室

鲁教规字[2013]6号

山东省教育科学"十二五"规划
2013年度规划课题立项通知书

郑晓燕同志：

经山东省教育科学课题专家评审委员会评审，并由山东省教育科学规划领导小组批准，您申报的课题"基于创业精神与创业能力培养的高校创业教育模式研究"，被批准为山东省教育科学"十二五"规划2013年度规划课题（课题编号：2013GG015）。

根据《山东省教育科学规划课题管理办法》有关规定，请您及所在单位执行以下规定，做好课题自我管理，按时结题。

1. 接到此通知后，请在三个月内组织开题，并按照研究周期将开题报告、中期报告、研究报告、最终成果（格式文本可通过山东省教科所网站 http://sdjks.cn 规划办栏目下载）及时报送我办。

2. 课题实行分级管理，重要活动、重要变更和重要成果均须及时报送我办和所在高校科研管理部门或市级教育科学规划办公室。

3. 课题组必须坚持科研的公益性，不得利用课题名义从事任何经营性活动。

4. 课题研究成果发表须独家注明"山东省教育科学'十二五'规划（重点）课题+课题名称+课题编号"，计划出版的最终研究成果一律先出版后鉴定，涉及国家、民族、宗教等敏感问题的研究成果须先鉴定后出版。

若对以上规定持有异议可以不接受，并请来函说明，立项协议自行废止。

山东省教育科学规划领导小组办公室
二〇一三年十一月一日

山东省教育科学规划
课题结题证书

由 郑晓燕 主持，彭萍 李朝辉 毛丽君 闫冬云 高晓华--------等同志参与承担的山东省教育科学规划课题“基于创业精神与创业能力培养的高校创业教育模式研究”，（项目编号:2013GG015 课题类别：规划），通过了山东省教育科学规划领导小组办公室组织的专家鉴定，同意结题，特颁此证。

山东省教育科学规划领导小组办公室
二〇一五 年 八 月三十 日

2015 年山东省教学改革研究项目“地方应用型高校创新创业教育体系深化研究”

山东省教育厅

鲁教高函〔2015〕12 号

山东省教育厅关于公布 2015 年度山东省本科高校教学改革研究项目名单的通知

各普通本科高等学校：

根据《山东省教育厅关于进一步加强本科高校教学改革研究项目管理工作的通知》（鲁教高字〔2015〕2号，以下简称《通知》），我厅组织专家对申报项目进行了评审和公示，确定2015年度省级本科高校教学改革研究项目320项（教改立项名单见附件），其中面上项目219项，重点项目95项，重大项目6项。现将名单予以公布，并就有关事项通知如下：

一、相关高校负责项目的具体管理，应严格执行《通知》要求，切实加强项目管理和指导，组织好项目的实施、经费使用及项目进展情况的监督检查，确保立项项目按时按质完成。

二、项目主持人负责项目的具体实施。项目研究时间一般为2～4年，项目实施过程中，应按照实施计划开展研究与实践，建立完整的工作档案，及时通过网上管理平台展现团队工作情况、研究进展和研究成效等，努力提高项目研究水平和效益。

三、省教育厅负责项目的监督检查与鉴定验收。省教育厅对立项项目提供经费资助，组织开展结题及鉴定验收工作。

附件：2015年度山东省本科高校教学改革研究项目名单

山东省教育厅

2015年11月27日

—2—

项目编号	项目名称	项目类别	立项单位	负责人
2015M034	小学教育专业教学能力分阶段集中培养的实践教学模式研究	面上	德州学院	钟锋
2015M035	基于地方特色工艺的艺术设计专业实践教学体系建构——以德州黑陶为例	面上	德州学院	胡玲玲
2015M036	地方应用型高校创新创业教育体系深化研究	面上	德州学院	郑晓燕
2015M037	地方本科院校行政管理专业德才兼备的智慧型人才培养模式研究	面上	德州学院	赵环秀
2015M038	地方本科院校“厚德明法、通情晓理”的基层法治人才培养体系的研究与实践	面上	德州学院	陈伟
2015M039	转型中的人文地理与城乡规划专业人才培养模式创新研究	面上	菏泽学院	刘杰
2015M040	综合职业能力导向的经管类专业“理实一体化”实践教学模式研究	面上	济南大学	安强身
2015M041	学分制背景下社会工作专业实践教学模式及运行机制创新研究	面上	济南大学	龚晓洁
2015M042	全周期项目驱动式翻转课堂对强化学生自主创新能力培养研究	面上	济南大学	赵东
2015M043	基于职业教育“跨界”发展视角的高职-本科贯通培养体系研究—以酒店管理专业为例	面上	济南大学	蒋婷
2015M044	基于能力培养的工程专业新型教学模式构建与实践	面上	济南大学	周春华
2015M045	基于工程素养培养的高校基础课教学范式优化研究	面上	济南大学	杨波
2015M046	基于 SAMR 模式的大学生自主学习能力培养及评价体系研究	面上	济南大学	陈晓洁
2015M047	基于创业小组的大学生创业能力培养模式研究与实践	面上	济宁学院	林范学
2015M048	以团队为中心的医学免疫学大班制翻转课堂的探索和实践	面上	济宁医学院	马群
2015M049	精神医学－行为医学－应用心理学特色学科专业群的构建与发展	面上	济宁医学院	李功迎
2015M050	MOOC 在地方高校教学中有效应用的策略研究	面上	济宁医学院	曹明平
2015M051	应用型人才培养导向下的金属材料专业核心课程教学改革与实践	面上	聊城大学	倪俊杰

2016年山东省教学改革研究项目“面向‘岗位嵌入’与‘创业融合’的工商管理专业应用型人才培养模式创新研究”

山 东 省 教 育 厅

鲁教高函〔2017〕10号

山东省教育厅关于公布2016年度山东省本科高校教学改革研究项目名单的通知

各普通本科高等学校：

根据《山东省教育厅关于开展2016年本科高校教学改革研究项目立项申报和2012年度省级教改项目结项材料报送工作的通知》（鲁教高函〔2016〕15号，以下简称《通知》），我厅组织专家对申报项目进行了评审和公示，确定2016年度省级本科高校教学改革研究项目305项，其中省属高校资助项目151项、自筹经费项目114项，部属高校项目40项。现将项目名单予以公布，并就有关事项通知如下：

一、有关高校要切实加强项目管理和指导，严格执行《通知》要求，为自筹经费项目配备研究经费，组织好项目的实施、经费使用及项目进展情况的监督检查，确保立项项目按时保质完成。

二、项目主持人负责项目的具体实施。项目实施过程中，应按照实施计划开展研究与实践，建立完整的工作档案，及时展现团队工作情况、研究进展和研究成效等，努力提高项目研究水平和效益，切实加强项目推广和应用。

附件：2016年度山东省本科高校教学改革研究项目名单

山东省教育厅

2017 年 5 月 4 日

—2—

附件

2016年度山东省本科高校教学改革研究项目名单

项目类别	所属学校	项目负责人	项目名称	立项类型	团队主要成员
重点	山东大学	王少伟	创新人才培养体系下的基础力学课程平台建设	部属高校项目	冯维明、许明田、王彦明、刘广荣、张　波、宋　娟、赵俊峰、王炳雷、赵茉莉
重点	山东大学	张景德	大学生实践、创新、创业能力一体化训练模式的探究与实践	部属高校项目	孙康宁、李爱民、吕宇鹏、朱瑞富、齐炳和、王丽君、石　岩、毕见强、刘　新、孙　平
重点	山东大学	张晓峰	跨学科复合型人才培养模式探索：以多视角的管理学品牌课程为例	部属高校项目	徐向艺、陈志军、钟耕深、江　曦、张克宾、辛　杰、郎剑峰、王　旭、徐　鹏
重点	山东大学	曲春梅	基于“2+1”培养模式的档案学专业人才创新创业教育研究	部属高校项目	赵爱国、王云庆、耿德良、毕　牧、谭必勇、陈　建
重点	山东大学	蒋晓芸	高等数学在线开放课程建设与教学模式改革	部属高校项目	张天德、王洪英、王　玮、黄宗媛、孙同军
重点	山东大学	孔北华	医学类国际化拔尖创新人才培养试验计划	部属高校项目	王立祥、葛少华、臧渝梨、赵秀兰、张　建、王克芳、张　娜、张泰松
重点	山东大学	贾继辉	医学系列通识教育品牌课程建设	部属高校项目	徐延宝、刘奇迹、钟　宁、王姿颖、贾存显、张　浩、付　辉、贾　曼
重点	山东大学	王华平	如何正确地思考——大学生批判性思维的提升研究与实践	部属高校项目	刘　杰、荣立武、苏庆辉、吴童立、任会明、Kristjan Lassik
重点	山东大学	郝兴伟	面向计算机通识教育和创新人才培养的计算机开放实验平台建设	部属高校项目	焦文江、杨兴强、刘　刚、蔡晓军、杨占敏、李　蕴、贾晓毅、巩裕伟

—3—

项目类别	所属学校	项目负责人	项目名称	立项类型	团队主要成员
面上	曲阜师范大学	王维先	基于教学质量国家标准的行政管理专业人才培养模式探索	资助项目	徐自强、林士俊、聂家华、李培挺、张　楠
面上	曲阜师范大学	孔祥木	物理学专业大学生学业评价研究与实践创新	资助项目	胡象岭、闫珂柱、李新乡、刘中强、王文军、孟庆田、王美山
面上	聊城大学	马　莉	基于教师视角的地方高校本科课堂教学质量提升研究与实践	资助项目	邵怀领、杨守宝、李海英、公维才、张志新、匡　萍、宋　颖、惠鸿忠、张　涛
面上	聊城大学	赵庆双	地方综合性大学土木工程专业应用型人才培养机制研究与实践	资助项目	孟昭博、汤美安、李慧勇、崔诗才、赵永生、潘珍妮、张绪涛、陈　霞
面上	聊城大学	李富菊	传统专业转型背景下的高校体育特色人才培养模式改革与实践	资助项目	胡洪泉、陈　翀、袁慎强、张雪临、王　瑛、姜大勇、钟明宝、吕艳丽、孙　泊
面上	德州学院	刘艳芹	信息与计算科学专业“分层分类、应用驱动”人才培养方案的优化研究——基于OBE教育理念	资助项目	赵琳琳、马立新、徐凤生、董立华、闫立梅、尹秀玲、张立华、任文丽、沈延锋
面上	德州学院	李　亭	面向“岗位嵌入”与“创业融合”的工商管理专业应用型人才培养模式创新研究	资助项目	肖凤华、张玉红、张　燕、郑晓燕、相子国、杨　颖、姜英华、潘光杰、王　彬
面上	德州学院	王　萍	智慧型教师养成视域下高校学前教育专业本科人才培养方案构建研究	资助项目	张兴峰、马　萌、徐立明、李　敏
面上	滨州学院	刘学文	工程教育专业认证背景下的环境工程水处理课程体系设计和教学实践	资助项目	单长青、隋　涛、李甲亮、谢文军、张晨曦、张吉强、许　卉、赵朝成、姜　涛
面上	滨州学院	裴希山	大数据背景下《通用英语+》混合式教学改革与实践	资助项目	魏倩倩、沈兆文、安　颖、孟丽华、秦　静、田纯广、贾振霞、吕婷婷、曲　蕾
面上	鲁东大学	张小峰	基于校企协同创新的软件工程专业应用型人才立体化培养体系研究与实践	资助项目	宋丽华、苏庆堂、唐新亭、孙　丽、王建国、陈媛媛、辛云涛、高　淇、顾　巍
面上	鲁东大学	姜　华	工程教育认证导向下化工专业“三纵三横”实践教学模式研究与实践	资助项目	刘　冰、刘诗丽、刘希光、张　江、崔玉明、刘　刚、王爱丽、林　鹤、申运栓

—14—

2017 年教育部产学合作协同育人项目（一）“地方高校大学生创新创业及实践一体化育人模式研究”

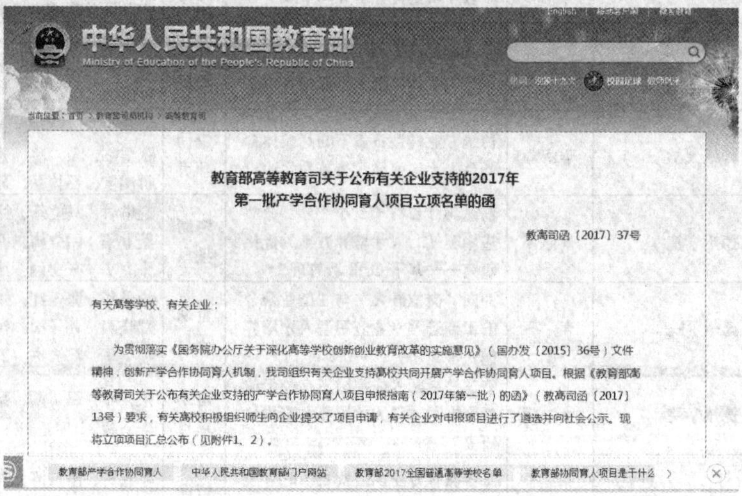

中华人民共和国教育部
Ministry of Education of the People's Republic of China

教育部高等教育司关于公布有关企业支持的2017年第一批产学合作协同育人项目立项名单的函

教高司函〔2017〕37号

有关高等学校、有关企业：

为贯彻落实《国务院办公厅关于深化高等学校创新创业教育改革的实施意见》（国办发〔2015〕36号）文件精神，创新产学合作协同育人机制，我司组织有关企业支持高校共同开展产学合作协同育人项目。根据《教育部高等教育司关于公布有关企业支持的产学合作协同育人项目申报指南（2017年第一批）的函》（教高司函〔2017〕13号）要求，有关高校积极组织师生向企业提交了项目申请，有关企业对申报项目进行了遴选并向社会公示。现将立项项目汇总公布（见附件1、2）。

教育部产学合作协同育人　中华人民共和国教育部门户网站　教育部2017全国普通高等学校名单　教育部协同育人项目是干什么

附件2： **2017年第一批产学合作协同育人项目立项名单（按高校排序）**

项目编号	学校名称	项目类型	项目名称	支持公司	负责人
201701003002	北京大学	教学内容和课程体系改革	人工智能专业技术群	谷歌信息技术（中国）有限公司	张齐勋
201701003007	北京大学	教学内容和课程体系改革	课改与技术支持北部区域联盟	谷歌信息技术（中国）有限公司	张齐勋
201701003019	北京大学	教学内容和课程体系改革	大数据平台技术及应用	谷歌信息技术（中国）有限公司	李影
201701004005	北京大学	教学内容和课程体系改革	慕课：人工智能与信息社会	微软亚洲研究院	陈斌
201701006004	北京大学	教学内容和课程体系改革	《电子线路（实验班）》学生自主实验教学新方法	美国DIGILENT科技公司	陈江
201701016020	北京大学	教学内容和课程体系改革	基于移动信息化的《3D离体牙识别训练》课程教学内容和课程体系改革	蓝墨科技公司	王宇光
201701041001	北京大学	教学内容和课程体系改革	Python语言程序设计教材	北京矩道优达网络科技有限公司（计蒜客）	陈斌
201701004020	北京大学	实践条件建设	北大-微软拔尖班科研实训项目	微软亚洲研究院	郭耀
201701034030	中国人民大学	创新创业教育改革	创新思维与IT产品设计	慧科教育科技集团有限公司	牛力
201701008030	清华大学	创新创业教育改革	清华大学大学生数字系统创新设计竞赛实践	德州仪器半导体技术（上海）有限公司（TI）	朱小梅
201701010022	清华大学	创新创业教育改革	清华大学未来兴趣小组大数据平台建设	思科公司	余潇潇
201701005002	清华大学	教学内容和课程体系改革	基于iOS平台的通信类课程演示实验设计	苹果公司	牛志升
201701008001	清华大学	教学内容和课程体系改革	生物医学数字信号处理课程改革与实践	德州仪器半导体技术（上海）有限公司（TI）	张辉
201701008002	清华大学	教学内容和课程体系改革	模拟电子线路课程改革与实践	德州仪器半导体技术（上海）有限公司（TI）	任艳萍
201701008013	清华大学	教学内容和课程体系改革	计算机硬件技术基础课程建设	德州仪器半导体技术（上海）有限公司（TI）	朱小梅

第 1 页，共 172 页

项目编号	学校名称	项目类型	项目名称	支持公司	负责人
201701024026	聊城大学	实践条件建设	通信实验室建设	深圳市讯方技术股份有限公司	王明红
201701024027	聊城大学	实践条件建设	物联网实验室建设	深圳市讯方技术股份有限公司	王明红
201701074032	聊城大学	实践条件建设	工程力学开放式实验创新平台建设	烟台新天地试验技术有限公司	孟昭博
201701074033	聊城大学	实践条件建设	无粘性土土压力教学试验箱研制	烟台新天地试验技术有限公司	袁立群
201701024078	德州学院	创新创业教育改革	大学生创新创业实训平台	深圳市讯方技术股份有限公司	王志坤
201701063129	德州学院	创新创业教育改革	地方高校大学生创新创业及实践一体化育人模式研究	新道科技股份有限公司	郑晓燕
201701015072	德州学院	教学内容和课程体系改革	电子信息工程专业教学内容和课程体系改革	东软睿道教育信息技术有限公司	赵立岭
201701062022	德州学院	教学内容和课程体系改革	基于创新教育的模拟电子技术课程立体化教学资源建设	北京新大陆时代教育科技有限公司	张秀梅
201701074005	德州学院	教学内容和课程体系改革	材料力学实验教学改革	烟台新天地试验技术有限公司	侯晓霞
201701020022	德州学院	师资培训	交通运输（车联网）专业企校合作双师型教师培养	青岛英谷教育科技股份有限公司	孟俊焕
201701020023	德州学院	师资培训	工程教育理念下的“双师型”教师培养	青岛英谷教育科技股份有限公司	张立华
201701020024	德州学院	师资培训	121基英谷“双师型”外语师资队伍的建设体系	青岛英谷教育科技股份有限公司	胡延峰
201701020025	德州学院	师资培训	物联网工程双师型教师培养制度建设	青岛英谷教育科技股份有限公司	刘汉平
201701020026	德州学院	师资培训	应用型高校“双师型”教师平台建设	青岛英谷教育科技股份有限公司	相子国
201701020027	德州学院	师资培训	德州学院自动化与人工智能专业教师培训体系	青岛英谷教育科技股份有限公司	赵辉宏
201701020057	德州学院	实践条件建设	校企共建信息系统开发类项目在线实训平台建设	青岛英谷教育科技股份有限公司	段文秀
201701025038	德州学院	实践条件建设	微型计算机控制技术实践条件建设	北京智联友道科技有限公司	崔玉玲
201701020087	滨州学院	创新创业教育改革	注册制下上市公司财务舞弊及防控课程创新改革	青岛英谷教育科技股份有限公司	郭新伟
201701026057	滨州学院	创新创业教育改革	基于校企合作的创新工场创新创业教育改革	中软国际有限公司	李建磊

第 94 页，共 172 页

2017 年教育部产学合作协同育人项目（二）“应用型高校‘双师型’教师平台建设”

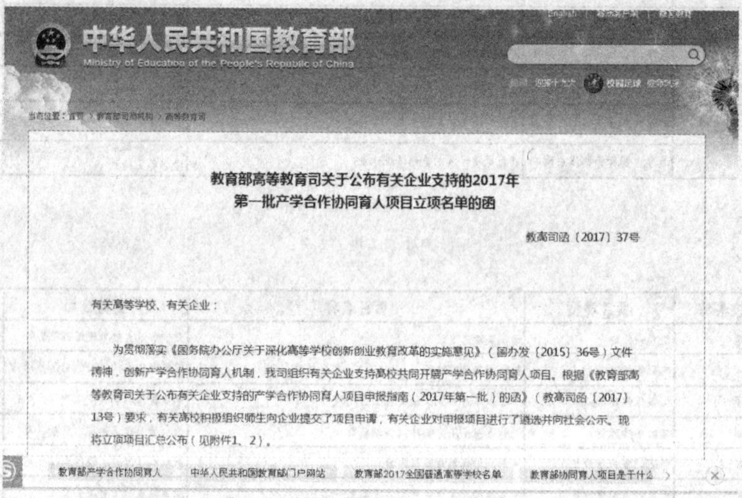
中华人民共和国教育部
Ministry of Education of the People's Republic of China

教育部高等教育司关于公布有关企业支持的2017年第一批产学合作协同育人项目立项名单的函

教高司函〔2017〕37号

有关高等学校、有关企业：

为贯彻落实《国务院办公厅关于深化高等学校创新创业教育改革的实施意见》（国办发〔2015〕36号）文件精神，创新产学合作协同育人机制，我司组织有关企业支持高校共同开展产学合作协同育人项目。根据《教育部高等教育司关于公布有关企业支持的产学合作协同育人项目申报指南（2017年第一批）的函》（教高司函〔2017〕13号）要求，有关高校积极组织师生向企业提交了项目申请，有关企业对申报项目进行了遴选并向社会公示。现将立项项目汇总公布（见附件1、2）。

附件2：

2017年第一批产学合作协同育人项目立项名单（按高校排序）

项目编号	学校名称	项目类型	项目名称	支持公司	负责人
201701003002	北京大学	教学内容和课程体系改革	人工智能专业技术群	谷歌信息技术（中国）有限公司	张齐勋
201701003007	北京大学	教学内容和课程体系改革	课改与技术支持北部区域联盟	谷歌信息技术（中国）有限公司	张齐勋
201701003019	北京大学	教学内容和课程体系改革	大数据平台技术及应用	谷歌信息技术（中国）有限公司	李影
201701004005	北京大学	教学内容和课程体系改革	慕课：人工智能与信息社会	微软亚洲研究院	陈斌
201701006004	北京大学	教学内容和课程体系改革	《电子线路（实验班）》学生自主实验教学新方法	美国DIGILENT科技公司	陈江
201701016020	北京大学	教学内容和课程体系改革	基于移动信息化的《3D离体牙识别训练》课程教学内容和课程体系改革	蓝墨科技公司	王宇光
201701041001	北京大学	教学内容和课程体系改革	Python语言程序设计教材	北京矩道优达网络科技有限公司（计蒜客）	陈斌
201701004020	北京大学	实践条件建设	北大-微软拔尖班科研实训项目	微软亚洲研究院	郭耀
201701034030	中国人民大学	创新创业教育改革	创新思维与IT产品设计	慧科教育科技集团有限公司	牛力
201701008030	清华大学	创新创业教育改革	清华大学大学生数字系统创新设计竞赛实践	德州仪器半导体技术（上海）有限公司（TI）	朱小梅
201701010022	清华大学	创新创业教育改革	清华大学未来兴趣小组大数据平台建设	思科公司	余潇潇
201701005002	清华大学	教学内容和课程体系改革	基于iOS平台的通信类课程演示实验设计	苹果公司	牛志升
201701008001	清华大学	教学内容和课程体系改革	生物医学数字信号处理课程改革与实践	德州仪器半导体技术（上海）有限公司（TI）	张辉
201701008002	清华大学	教学内容和课程体系改革	模拟电子线路课程改革与实践	德州仪器半导体技术（上海）有限公司（TI）	任艳萍
201701008013	清华大学	教学内容和课程体系改革	计算机硬件技术基础课程建设	德州仪器半导体技术（上海）有限公司（TI）	朱小梅

第 1 页，共 172 页

项目编号	学校名称	项目类型	项目名称	支持公司	负责人
201701024026	聊城大学	实践条件建设	通信实验室建设	深圳市讯方技术股份有限公司	王明红
201701024027	聊城大学	实践条件建设	物联网实验室建设	深圳市讯方技术股份有限公司	王明红
201701074032	聊城大学	实践条件建设	工程力学开放式实验创新平台建设	烟台新天地试验技术有限公司	孟昭博
201701074033	聊城大学	实践条件建设	无粘性土土压力教学试验箱研制	烟台新天地试验技术有限公司	袁立群
201701024078	德州学院	创新创业教育改革	大学生创新创业实训平台	深圳市讯方技术股份有限公司	王志坤
201701063129	德州学院	创新创业教育改革	地方高校大学生创新创业及实践一体化育人模式研究	新道科技股份有限公司	郑晓燕
201701015072	德州学院	教学内容和课程体系改革	电子信息工程专业教学内容和课程体系改革	东软睿道教育信息技术有限公司	赵立岭
201701062022	德州学院	教学内容和课程体系改革	基于创新教育的模拟电子技术课程立体化教学资源建设	北京新大陆时代教育科技有限公司	张秀梅
201701074005	德州学院	教学内容和课程体系改革	材料力学实验教学改革	烟台新天地试验技术有限公司	侯晓霞
201701020022	德州学院	师资培训	交通运输（车联网）专业企校合作双师型教师培养	青岛英谷教育科技股份有限公司	孟俊焕
201701020023	德州学院	师资培训	工程教育理念下的“双师型”教师培养	青岛英谷教育科技股份有限公司	张立华
201701020024	德州学院	师资培训	121荟英谷“双师型”外语师资队伍的建设体系	青岛英谷教育科技股份有限公司	胡延峰
201701020025	德州学院	师资培训	物联网工程双师型教师培养制度建设	青岛英谷教育科技股份有限公司	刘汉平
201701020026	德州学院	师资培训	应用型高校“双师型”教师平台建设	青岛英谷教育科技股份有限公司	相子国
201701020027	德州学院	师资培训	德州学院自动化与人工智能专业教师培训体系	青岛英谷教育科技股份有限公司	赵辉宏
201701020057	德州学院	实践条件建设	校企共建信息系统开发类项目在线实训平台建设	青岛英谷教育科技股份有限公司	段文秀
201701025038	德州学院	实践条件建设	微型计算机控制技术实践条件建设	北京智联友道科技有限公司	崔玉玲
201701020087	滨州学院	创新创业教育改革	注册制下上市公司财务舞弊及防控课程创新改革	青岛英谷教育科技股份有限公司	郭新伟
201701026057	滨州学院	创新创业教育改革	基于校企合作的创新工场创新创业教育改革	中软国际有限公司	李建磊

第 94 页，共 172 页

第四部分

创新创业教育精品课程群建设情况

创新创业教育精品课程群——“创业管理”

一、“创业管理”课程网站

二、课程简介

“创业管理”是为工商管理类专业本科生开设的专业课，该课程在国内尚属一个新兴的学术领域，它系统介绍和研究了新企业的创办和成长的知识体系，帮助把握创业全过程涉及的各类管理问题。本课程的教学内容分为四个单元：

（1）创业机会的挖掘：主要介绍创造性思维的培养、创业机会的发现、辨识与把握等。

（2）创业活动管理：包括商业模式的设计和选择、创业风险的评估、创业团队的组织、创业计划书的撰写、创业融资。

（3）企业的创立与治理：主要介绍企业申办的具体程序、新创企业的产权安排和激励机制问题。

（4）新创企业的成长管理：重点介绍企业成长的模式和途径、创业者的成长、新创企业的危机管理。

本课程的教学方法以案例研讨、企业调研与理论分析相结合的训练和互动方法为主，重点引导学生置身于“案例环境”中来寻求解决途径和方法，培养学生创新创业精神、创造性的思维能力和解决实际问题的能力。学习这门课程的学生，以分组形式参加典型案例的分析，并且完成一份创业企业调研报告的撰写。

三、校级精品课程“创业管理”建设工作总结

自2012年“创业管理”被学校确定为精品课程建设项目以来，课程建设团队按照《德州学院校级精品课程建设工程实施方案》等文件要求，积极、努力、认真地开展“创业管理”课程建设工作，特别是自2013年至2016年，在师资队伍建设、教学研究与教学改革、教学管理、教学手段和课程特色等方面取得了显著成效，完成了预期的建设目标与任务，使“创业管理”课程教学水平、教学质量上了一个新台阶。

（一）教师围绕“创业管理”课程取得的教学改革与教学研究成果

“创业管理”课程教师队伍教学思想活跃，教学改革有创意，教学改革成效显著。近年来承担教研课题4项，并发表了高质量的教改教研论文5篇，教学成果奖励和教学表彰11项，出版教材6部（见下表）。

近年来“创业管理”课程教师教研课题一览表

序号	课题类别	课题名称	下达部门	课题负责人	是否结项	时间
1	山东省教育科学规划	基于创业精神与创业能力培养的高校创业教育模式研究	山东省教育厅	郑晓燕	已结项	2013
2	山东省省级教改立项	地方应用型高校创新创业教育体系深化研究	山东省教育厅	郑晓燕	在研	2015
3	山东省职工教育重点课题	山东省高校毕业生自主创业现状调查与推进机制研究	山东省企业培训与职工教育办公室	郑晓燕	已结项	2013

表(续)

序号	课题类别	课题名称	下达部门	课题负责人	是否结项	时间
4	中国高等教育学会“高等学校仪器设备及实验实践教学研究”专项课题	基于高校与企业协同创新联合培养人才背景下的高校创业实践教学研究	中国高等教育学会	郑晓燕	已结项	2013.01—2014.01

近年来“创业管理”课程教师发表教研论文一览表

序号	作者	论文标题	期刊名称	期数
1	郑晓燕	基于层次分析法的经管类专业大学生创新创业能力综合评价分析	创新与创业教育	2014.4
2	郑晓燕	基于创新创业人才培养的高校创业教育——来自德州学院经济管理学院的实践	教书育人	2014.9
3	杨颖	《创业融资》课堂教学方法体系创新	合作经济与科技	2014.9
4	高晓华	基于任务驱动的政治经济学教学改革探析	合作经济与科技	2013.5
5	彭萍	创业与就业课程体系建设研究	合作经济与科技	2014.9

近年来“创业管理”课程教师教学改革获奖情况一览表

序号	成果名称	获奖名称	获奖等次	获奖教师	颁奖时间
1	创新创业教育实践教学体系设计	全国财经科技教育实践教学大赛	一等奖	杨颖	2013
2	基于创新能力培养的经管类课程教学方法的探索与实践	德州学院优秀教学成果奖	三等奖	杨颖	2013
3	创新创业教育实践教学体系设计	全国国际商务教育优秀论文	二等奖	杨颖	2013
4	大学生科技创新教育	山东省高等教育学会优秀成果奖	三等奖	郑晓燕	2013
5	基于应用型人才培养的大学生创新创业教育教学研究	德州学院优秀教学成果奖	二等奖	郑晓燕	2013
6	角色领会中的冲突与调适——关于大学生村官融入农村扎根基层的调查研究	德州学院2012年度优秀教育调研成果	二等奖	郑晓燕	2013
7	地方高校经管类专业大学生创新创业教育体系构建与实践	山东省省级教学成果奖	三等奖	郑晓燕	2014
8	创业与就业	德州学院优秀教材	三等奖	彭萍	2015
9	创业管理	德州学院优秀教材	二等奖	郑晓燕	2015

表(续)

序号	成果名称	获奖名称	获奖等次	获奖教师	颁奖时间
10	创业管理案例与实训	德州学院优秀教材	三等奖	郑晓燕	2015
11		全国高等学校创业教育优秀论文	二等奖	郑晓燕	2015

近年来“创业管理”课程教师出版教材一览表

序号	教材名称	主编姓名	出版社	出版时间
1	创业管理案例与实训	郑晓燕	西南财经大学出版社	2014.01
2	创业与就业	彭萍	西南财经大学出版社	2014.11
3	创业基础（第二版）	郑晓燕、相子国	西南财经大学出版社	2015.08
4	财务管理学案例与实训教程	杨颖	西南财经大学出版社	2013.04
5	地方本科院校会计学专业规范与人才培养模式研究	杨颖	西南财经大学出版社	2013.06
6	管理学案例与实训	杨淑萍	西南财经大学出版社	2013.07

（二）教学内容的改革

1. 课程内容

“创业管理”课程是经济管理学院工商管理专业的专业课。本课程讲授有关企业和创业的基本知识和技能，目的是对大学生的创业观念和就业观念进行指导，使学生了解创办和经营企业的基本知识和实践技能，培养学生的创业意识，激发创业热情，提升创业能力和就业能力。

我们从以下方面入手对“创业管理”课程内容进行改革：

首先，做好“创业管理”课程优秀教材选用。我校工商管理专业“创业管理”课程采用的是南开大学张玉利教授编写、机械工业出版社2011年4月出版的《创业管理（第2版）》。该教材系统阐述了创业的一般过程、方法、技巧等基本知识，用大量案例再现创业的实践特点，理论与实践紧密结合，更适合本科教学和学生课下自学。

其次，做好“创业管理”课程教学资料的广泛收集工作。充分发挥互联网的便捷性，收集“创业管理”课程教学案例资料并集成到“创业管理”课程教学网站上，供学生学习使用。收集“创业管理”课程教学视频节目，结合课程进度进行播放。校园网这一学习平台为学生提供了更加丰富的学习资源，供学生课外自主学习使用，开阔视野。

2. 教学内容组织与安排的完善

（1）理论联系实际

运用案例丰富教学内容，理论结合实际。“创业管理”课程教学内容由有关管理的基本理论、基本原则、基本方法、基本规律等构成，但若教学只讲这些基本理论、基本原则、基本方法、基本规律是很不够的，会造成学生理解上的困难和学习的枯燥。通过将一些现实的、生动的创业案例引入“创业管理”课程教学内容，改变了“创业管理”课程教学内容的原有结构，丰富了教学内容，理论结合了实际。通过组织学生参与到这些案例的讨论过程，使学生对抽象的管理基本理论、基本原则、基本方法、基本规律等有了深入了解。

（2）课内课外结合

教学活动不应终结在课内教学活动结束的时刻，课外学习应成为有限课内学习在时空上的延伸，这一环节是师生间相互交流、互动的一个很好的机会。教师可以通过设立学生课外学习目标引导学生学习方向，而对达到学习目标的具体途径和方式不加限定，让学生自主决定。在学习目标引导下，学生通过自主地积极思考，选择适合自己的学习方式，学会运用学习条件和寻找所需的学习资源，最终达到学习目标。基于这样的理念，我们将“创业管理”课程的教学时空从课内延展到课外，实现了课内课外结合。我们通过让学生查找有关资料、做课外小论文、参加挑战杯竞赛、申报学生学术基金等方式组织学生的课外学习，使“创业管理”课程的课内所学在课外的这些方式中得到了强化与运用，收到了良好效果。

（3）既教书又育人

“创业管理”课程的施教对象即学生是未来的创业者，让他们学懂、学会创业及企业管理的理论固然重要，但还不够，一名合格的、优秀的创业者和企业管理者必须具有强烈的社会责任意识和良好的管理道德。因此，“创业管理”课程教学必须做到既教书又育人。我们在“创业管理”课程教学中引导学生关注社会问题，如环境污染、弱势群体、贫富差距过大、社会诚信等问题，并让学生思考作为一名管理者如何在解决这些问题中发挥作用。我们在“创业管理”课程教学中穿插介绍企业界成功人士，如李嘉诚、王永庆、巴菲特、比尔·盖茨、俞敏洪、马云、李彦宏等，以此揭示他们成功背后的价值观、人生观、财富观，使“创业管理”课程教学不仅是教书，也是在育人，对学生一生产生影响。

（4）实践教学的改革

“创业管理”课程是一门实践性强、对实践教学有着很高要求的课程。教学中的实践教学集中体现在调动学生个体的手、嘴、眼、脑功能发挥上和团队合作精神培养上。我们通过让学生撰写课程学习心得和课程小论文调动学生的手，通过案例讨论、课堂提问调动学生的嘴，通过组织参观企业调动学生的眼，通过回答思考题调动学生的脑，通过完成集体作业培养学生团队合作精神，收到了很好的效果，学生发现问题、分析问题和解决问题的能力有了显著提高，综合素质与能力得到提升。

（三）教学条件的不断完善

1. 教材及相关资料的完善

我校工商管理专业“创业管理”课程采用的是南开大学张玉利教授编写、机械工业出版社2011年4月出版的《创业管理（第2版）》。该教材系统阐述了创业的一般过程、方法、技巧等基本知识，用大量案例再现创业的实践过程，理论与实践结合紧密，更适合本科教学和学生学习。

2012年10月，根据教育部下发的《创业基础》教学大纲，课程组编写了《创业基础》教材，并由西南财经大学出版社正式出版（2015年进行了改版完善）。其后，课程组结合授课需要，根据《创业基础》教学大纲和教学内容，编写并出版了《创业基础案例与实训》，并将其中的案例与实训用于课程教学，极大地丰富了教学内容，进一步满足了课内外教学需要。

此外，课程组充分发挥“创业管理”课程网站的作用，将网上优秀的学习资源与之链接起来，为学生自主学习创造了更广阔的空间。

2. 实践教学条件及平台的搭建

企业经营沙盘模拟：运用纸质的物理沙盘，组织学生开展企业经营演练的一项实践教学活动。该活动使得学生有机会在模拟的环境下综合运用所学专业知识，模拟经营管理一家企业，这种参与式的学习对学生日后走入真正的企业经营管理岗位后所需的各种能力和素质是一个极好的锻炼。

企业参观：“创业管理”课程教学过程中，充分利用学院在德州的实习基地，组织学生前往企业参观学习。通过学习，开阔了眼界，增长了知识，促进了理论与实践的结合。

3. 网络教学环境的完善

经过近几年的努力，“创业管理”课程建立了精品课程网站，网络教学资源已经初具规模，并能经常保持更新，能满足本课程的教学需要，在教学中发挥了重要作用。

“创业管理”课程相关的教学大纲、教学方案、网络课件、习题、参考文献目录等已上网并免费开放。运行可靠，使用效果好。

“创业管理”课程还充分利用学校网络教学平台辅助教学，方便学生自主学习，效果明显。

（四）不断开发的教学方法与手段

1. 教学方法

“创业管理”课程教学灵活运用了多种先进的教学方法，包括启发式教学法、案例教学法、模拟教学法、讨论法、辩论法等。

启发式教学法——问题引导，调动思维；

案例教学法——分析案例，交流心得；

模拟教学法——分配角色，身临其境；

讨论法——给定论题，深入剖析；

辩论法——建立团队，观点碰撞。

通过将上述教学方法贯穿于“创业管理”课程教学过程之中，有效地调动了学生的学习积极性，促进了学生积极思考，激发了学生的潜能。

2. 教学手段

“创业管理”课程教学充分、恰当地使用现代教育技术手段，自制课件、视频录像、BB平台、互联网、课程网站等，综合发挥它们各自的特点与作用，在原有课时不变情况下，大大丰富了教学内容，激发了学生的学习兴趣和学习动机，提高了教学效果和水平。

（五）教学效果得到校内外的好评

本课程自立项至今不断听取来自各个层面的意见和建议，得到了校外同行专家山东大学管理学院胡正明教授的好评。

专家一致认为：“创业管理”课程师资队伍职称、学历结构合理，课程教学质量与教学水平较高；任课教师积极进行教学研究与教学改革，取得了良好效果；教学手段和课程特色等方面已达到较高水平。

在学生评教中，“创业管理”课程教学效果得到学生的高度评价。在以学生课堂评价为主要依据的学校教师课堂教学质量奖评比中，“创业管理”课程任课教师获得多次奖励。

2014年5月，我们专门组织了2013级工商管理专业学生对“创业管理”课程满意度的调查。此次调查发出问卷52份，收回有效问卷51份，收回率达98%。调查问题涉及课程教学计划及课程安排、课程教师队伍、课程使用教材、课程教学方法和手段等方面。

调查结果显示：学生对“创业管理”课程教学计划及课程安排、教师队伍、使用教材、教学方法和手段、总体评价诸方面都有较高的满意度。比较满意与很满意的学生比率达到96%以上。

（六）课程特色更加明显

通过课程建设小组近年来的努力工作，“创业管理”课程特色更加突出。

（1）教学方法多样化。运用启发式教学法、案例教学法、模拟教学法、讨论法、辩论法等多种教学方法进行教学。

（2）课堂内外教学互补化。将教学从课内向课外延伸，通过组织课外学习活动，让学生学习更为自主。如组织公司经营沙盘模拟对抗赛、市场调查、课外阅读、资料查找、信息发布等。

（3）教—学—研一体化。通过教师的教学活动，引导学生学习，尽早参与科研。如让有潜质的学生参加老师的科研课题、指导学生参加“挑战杯赛”、创业大赛、申报学生学术基金等。

（4）教学手段现代化。充分利用多媒体和网络资源进行教学。与课程教学有关的影像资料、网络资源丰富，教案电子化、胶片化，且建立了内容丰富的课程网站。

（七）精品课程建设过程中发现的问题

在多年不断建设的过程中，我们也发现了几个显著的问题。

第一，创业管理课程的师资队伍理论有余，但实践不足。虽然在校企合作中教师也有参与，但是真正在企业管理中、在创业实践中有实际操作经验的老师几乎没有，这样一来，对于实践性较强的本门课程就会出现实训实践指导的缺失。

第二，课程完整的教学录像尚需补充。由于录像条件和录像技术受限，目前，本课程只完成了部分章节的录像录制和网站上传工作，完整的教学录像尚需不断补充。

第三，课程在线交流平台功能不完善。课程网站设计了在线交流平台，但功能较为简单，难以满足在线教学和学生自学的需要，尚需寻求专业技术人员的帮助，完善并提升在线交流平台功能，以期实现课程在线教学和学生在线自主学习。

（八）今后的建设措施

第一，进一步完善课程标准，形成全新的课堂设计体系，从而为课堂教学提供新的教学思路和教学方法。

第二，设计完善课程在线交流平台。充分利用我校信管学院相关资源，寻求网络技术帮助，设计更为完善、科学的课程实时在线交流平台，并上线试行，为今后的在线教学和在线学习创造条件。

第三，加大课程交流，提升课程团队成员整体水平。有计划安排课程团队青年成员外出参加各级各类课程教学研究交流和教学比赛，加大与其他院校的交流与沟通，展示本课程团队在课程教学上的成果，提升课程在同类院校中的知名度，为“创业管理”精品课程的升级改造和不断完善提供良好的理论和实践支撑。

附：“创业管理”课件

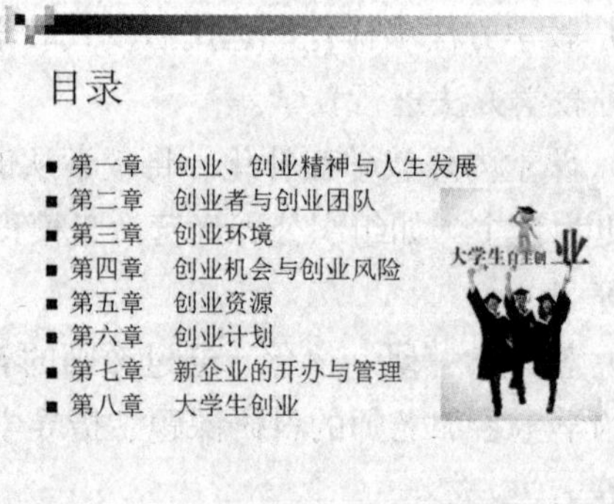

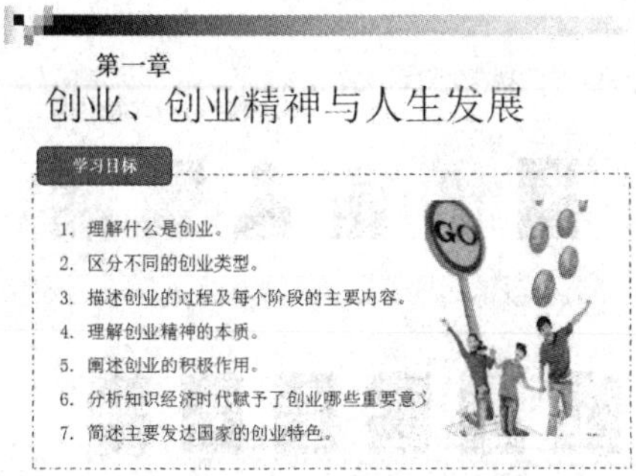
第一章
创业、创业精神与人生发展
学习目标
1. 理解什么是创业。
2. 区分不同的创业类型。
3. 描述创业的过程及每个阶段的主要内容。
4. 理解创业精神的本质。
5. 阐述创业的积极作用。
6. 分析知识经济时代赋予了创业哪些重要意
7. 简述主要发达国家的创业特色。
GO

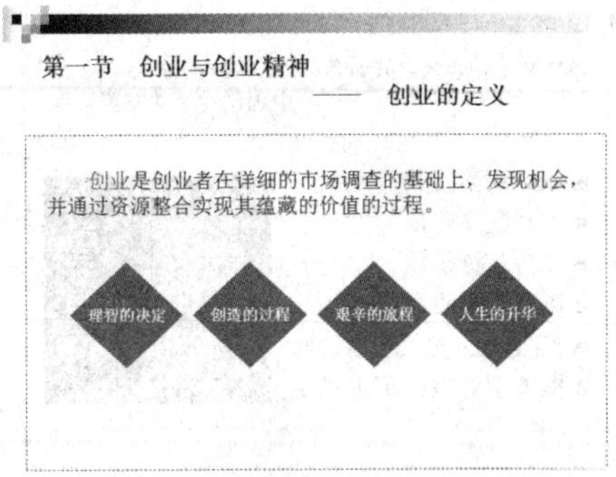
第一节 创业与创业精神
—— 创业的定义
创业是创业者在详细的市场调查的基础上，发现机会，并通过资源整合实现其蕴藏的价值的过程。
理智的决定
创造的过程
艰辛的旅程
人生的升华

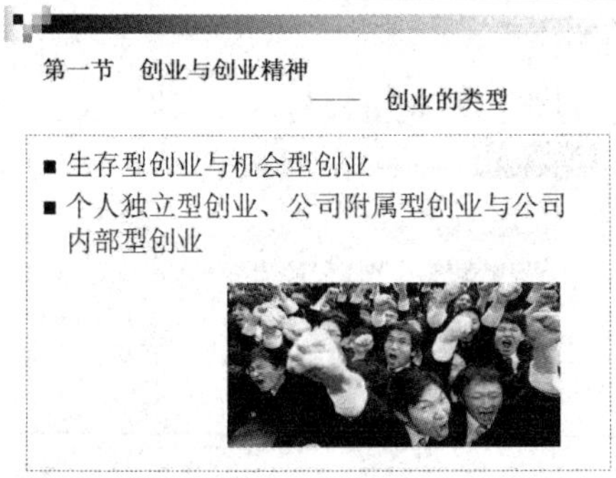
第一节 创业与创业精神
—— 创业的类型
■ 生存型创业与机会型创业
■ 个人独立型创业、公司附属型创业与公司内部型创业

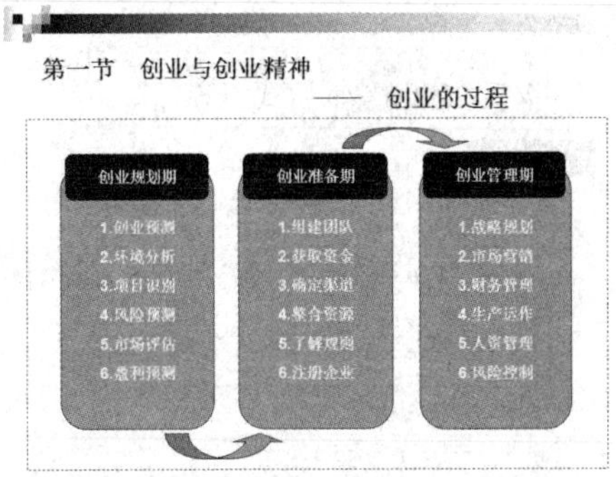
第一节 创业与创业精神
—— 创业的过程
创业规划期
1.创业预测
2.环境分析
3.项目识别
4.风险预测
5.市场评估
6.盈利预测
创业准备期
1.组建团队
2.获取资金
3.确定渠道
4.整合资源
5.了解规则
6.注册企业
创业管理期
1.战略规划
2.市场营销
3.财务管理
4.生产运作
5.人资管理
6.风险控制

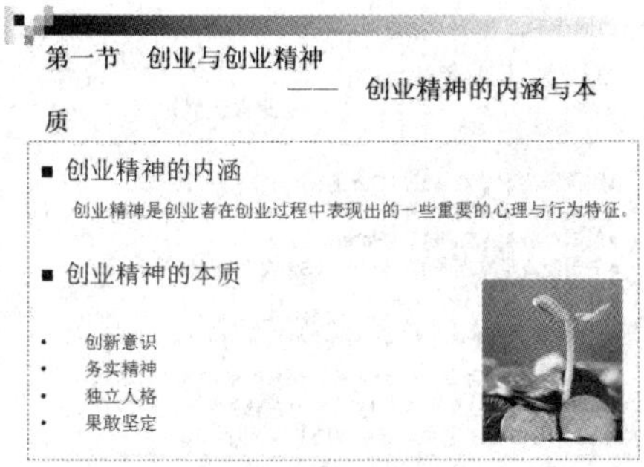
第一节 创业与创业精神
—— 创业精神的内涵与本质
■ 创业精神的内涵
创业精神是创业者在创业过程中表现出的一些重要的心理与行为特征。
■ 创业精神的本质
创新意识
务实精神
独立人格
果敢坚定

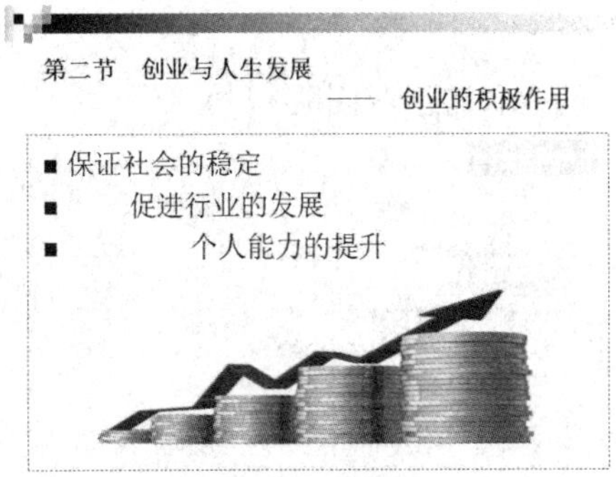
第二节 创业与人生发展
—— 创业的积极作用
■ 保证社会的稳定
■ 促进行业的发展
■ 个人能力的提升

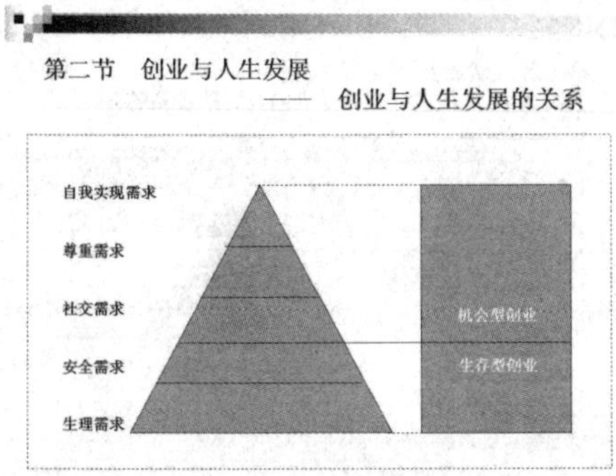
第二节 创业与人生发展
—— 创业与人生发展的关系
自我实现需求
尊重需求
社交需求
安全需求
生理需求
机会型创业
生存型创业

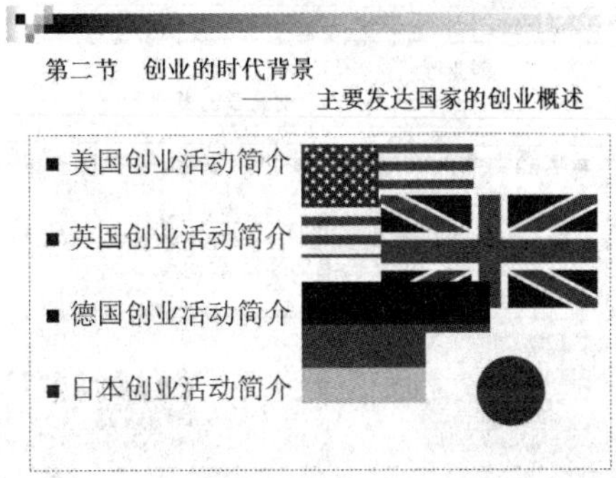
第二节 创业的时代背景
—— 主要发达国家的创业概述
■ 美国创业活动简介
■ 英国创业活动简介
■ 德国创业活动简介
■ 日本创业活动简介

第三节 创业的时代背景

—— 中国创业活动发展历程

- 原始积累阶段
- 正式起步阶段
- 曲折前进阶段
- 迅猛发展阶段
- 扩大就业发展战略阶段
- 探索创业型经济阶段

第三节 创业的时代背景

—— 中国创业活动发展历程

图 中国创业发展历程中涌现出的成功企业家代表

第一章

创业、创业精神与人生发展

本章小结

创业是创业者在详细的市场调查的基础上，发现机会，并通过资源整合实现其蕴藏的价值的过程。按照创业的初始动机不同，可以将创业划分为“生存型创业”和“机会型创业”，按照创业的主体不同，可以将创业划分为“个人独立创业”、“公司附属创业”和“公司内部创业”。创业过程包括三个阶段：创业规划期、创业准备期和创业管理期。创业精神是创业者在创业过程中表现出的一些重要的心理与行为特征。创业精神的本质可以界定为创新意识、务实精神、独立人格、果敢坚定。

创业活动对于国家和社会来说都具有非常巨大的意义，可以带动就业、激发创新、保证社会的安定团结，也可以促进行业的发展与融合，催生新的思维及产业，同时又可以保证创业者自我价值的凸显。目前主要发达国家在创业体系的构建上都有着各自独特的做法，这些都可以成为中国建设创业型经济时的重要参考。中国自1979年改革开放之日起共经历了六个创业发展阶段，每个阶段都涌现出了大量的成功企业家，每个阶段也都拥有着各自鲜明的时代特色。

第一章

创业、创业精神与人生发展

本章习题

1. 试述创业的概念。
2. 如何区分生存型创业和机会型创业？举例说明。
3. 阐述创业的几个阶段。
4. 什么叫创业精神？它的本质是什么？
5. 试述德国创业活动的特点及其对我国创业活动的启示。
6. 试述中国创业活动的六个发展阶段。

第二章

创业者与创业团队

学习目标

1. 如何界定创业者？
2. 创业者有哪些类型？
3. 创业者应该具备哪些素质？
4. 创业团队的内涵是什么？
5. 创业团队在企业创建过程中的价值和风险？
6. 创业团队的组建原则有哪些？
7. 创业团队的管理技巧是什么？

第一节 创业者

—— 创业者的界定

- 法国经济学家坎蒂隆（Cantillon）
- 法国经济学家让·巴蒂斯特·萨伊（Jean Baptiste Say）
- 美国经济学家熊彼特（Peter）
- 美国经济学家斯蒂文·马里奥（Steve Mariotti）
- 香港创业学院院长张世平

创业者是一种人，这种人具有强烈的责任感和冒险精神，这种人的商业触角非常敏感，这种人肩负着经营管理企业的重担，这种人注定要承担更大的社会责任。

第一节 创业者

—— 创业者的类型

- 按照创业模式划分
  - 复制型创业者
  - 模仿型创业者
  - 安定型创业者
  - 冒险型创业者
- 按照创业动机划分
  - 生存型创业者
  - 变现型创业者
  - 主动型创业者

第一节 创业者

—— 创业者的性格特征

- 锐意进取
- 自信乐观
- 务实坦诚
- 勇敢无畏
- 意志坚定
- 善良宽容
- 谦逊守信

第一节 创业者

—— 创业者的关键素质

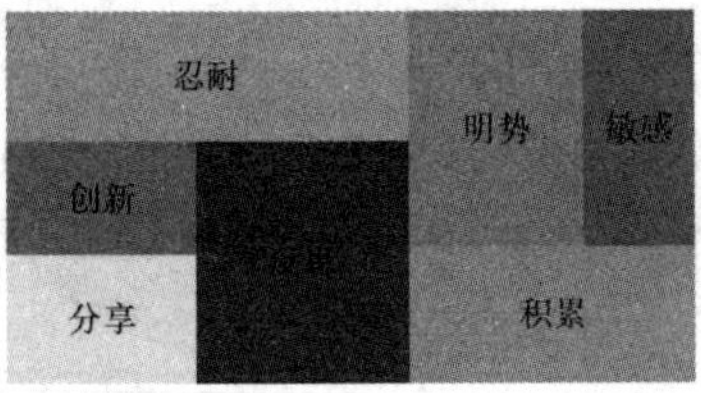

第二节 创业团队

—— 创业团队的内涵与类型

- 创业团队的内涵
  - 狭义概念
  - 广义概念
- 创业团队的类型
  - 星状创业团队
  - 网状创业团队
  - 虚拟星状创业团队

第二节 创业团队

—— 创业团队的价值与风险

创业团队的价值	创业团队的风险
优势互补 资源共享 激发智慧 降低风险	个性压抑 角色冲突 目标扭曲 权力争夺 利益矛盾

第二节 创业团队

—— 创业团队的组建原则

- 一致性原则
- 互补性原则
- 精简性原则
- 开放性原则

第二节 创业团队

—— 创业团队的管理技巧

- 统一认知
- 权责明确
- 有效沟通
- 充分信任
- 共同成长
- 沉淀文化

第二章

创业者与创业团队

本章小结

本章主要介绍了创业者和创业团队的概念、内涵、特性等内容。创业者是具有强烈的责任感和冒险精神，商业触角非常敏感，肩负着经营管理企业的重担并因此而承担着更大的社会责任的人。按照创业动机可以将创业者划分为生存型创业者、变现型创业者和主动型创业者；按照创业者对市场及个人的影响程度可以将创业者划分为复制型创业者、模仿型创业者、安定型创业者和冒险型创业者。创业者应具备七大性格特质，包括锐意进取、自信乐观、务实坦诚、意志坚定、勇敢无畏、善良宽容、谦逊守信。创业者身上的七个关键素质，包括忍耐、明势、敏感、创新、分享、反思、积累。创业团队有狭义与广义之分。狭义的创业团队是指由两个或两个以上拥有相同创业目标，共享创业受益，共担创业风险，共同承担创业责任的人组成的工作团队。广义的创业团队不仅包含狭义的创业团队，还包括创业过程中的各种利益相关者，如风险投资家、供应商、代理商等等。创业团队的价值在于成员之间的优势互补、资源共享、智慧的激发和风险的降低。创业团队蕴藏的风险包括成员个性的压抑、角色的冲突、权利的争夺、利益的矛盾和团队目标的扭曲。优质创业团队的组建应遵循一致性原则、互补性原则、精简性原则、开放性原则。创业团队的管理技巧包括统一成员认知，明确各自权责，保证有效沟通，建立成员彼此充分信任和共同成长的氛围，最重要的一点为团队文化的培育与沉淀。

第二章

创业者与创业团队

本章习题

1. 创业者应该具备哪些基本素质？你是否具备，如果没有，你可以通过哪些方式来提升？
2. 创业团队在企业创建过程中的价值体现在哪些方面？
3. 创业团队的组建原则有哪些？
4. 创业团队的管理技巧是什么？

第三章

创业环境

学习目标

1. 了解创业环境的内在含义。
2. 区分创业环境的三个维度。
3. 明确当前创业环境的基本特征。
4. 掌握创业环境的宏观因素分析方法。
5. 掌握创业环境的微观因素分析方法。
6. 阐述我国创业环境的现状。

第一节　创业环境的内涵

——　创业环境的概念

创业环境指开展创业活动的范围和领域，是创业者所处的境遇和情况。它是影响创业活动的各种因素和条件的总和。

第一节　创业环境的内涵

——　创业环境的维度

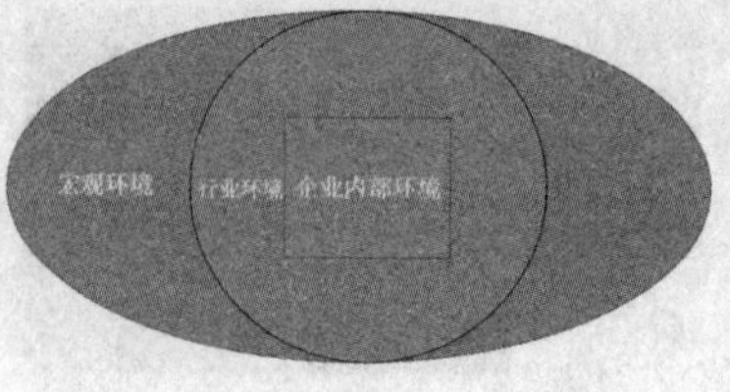

第一节　创业环境的内涵

——　创业环境的特征

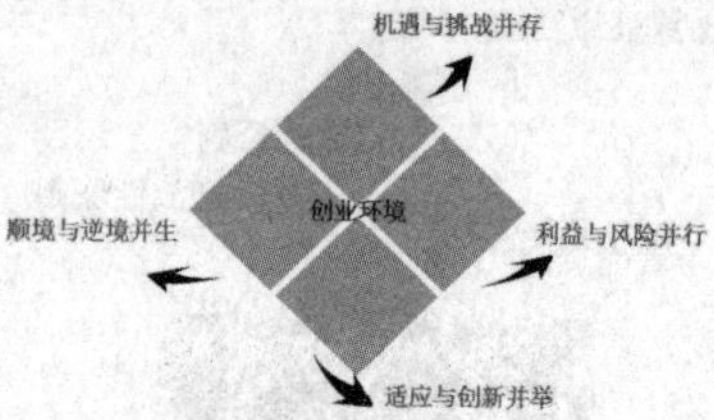

第二节　创业环境的分析

——　外部环境分析

宏观环境分析

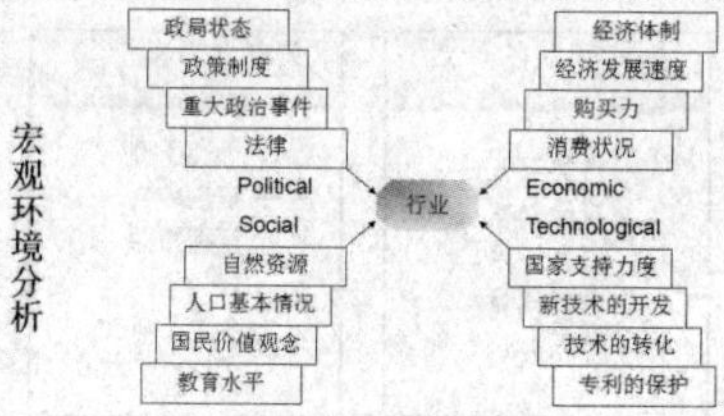

图 PEST分析模型

第二节　创业环境的分析

——　外部环境分析

行业结构分析

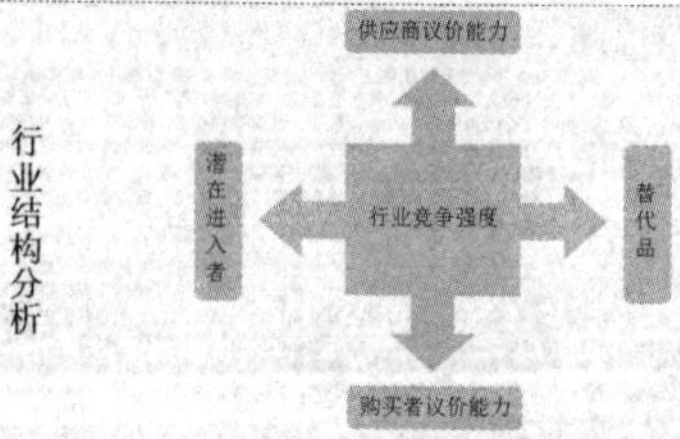

图 波特五因素模型

第二节　创业环境的分析

——　内部环境分析

第三节　我国创业环境的现状

——　PESE分析

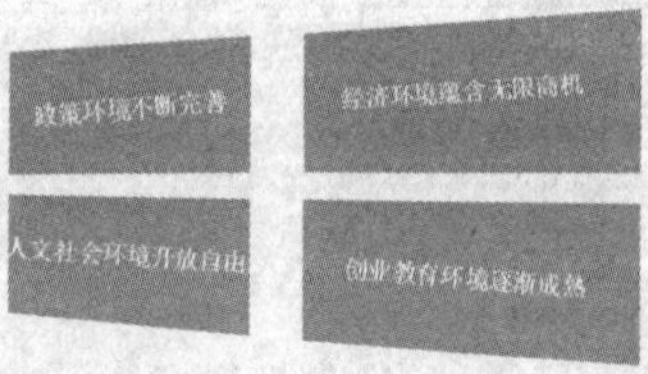

第三章

创业环境

本章小结

创业环境指开展创业活动的范围和领域，是创业者所处的境遇和情况，它是影响创业活动的各种因素和条件的总和。创业环境按照不同的标准可以划分成不同的维度，本书选择以企业作为分界点，将创业环境划分为企业外部环境和企业内部环境。外部环境包括宏观环境和行业环境，宏观环境指的是影响整个企业运营的广泛性因素，如社会文化环境、科学技术环境、政治法律环境、经济环境、自然环境等。行业环境指的是企业所处行业的发展结构和趋势。内部环境是创业组织内部各种创业要素的总称，如人员、资金、设施、技术、产品、管理、文化等方面的情况。创业环境作为一般环境的外延部分，具有一般环境所具有的客观性、复杂性、变化性的本质特征。同时作为一种特殊的环境，还具有不同于其他环境的个性特征，如机遇与挑战并存、利益与风险并行、适应与创新并举、顺境与逆境并生。创业环境的分析需要从外部环境和内部环境两个层面展开，其中外部环境中的宏观环境分析可以采用PEST分析模型，而行业结构分析则可以选用波特五因素模型。内部环境的分析主要集中在企业资源、企业能力和竞争优势三个方面。创业者必须对创业环境进行全面而细致的分析才能保证创业决策的准确性和创业行动的及时性。我国的创业环境在近几年来出现了明显的改善，政策环境逐步完善、经济环境始终保持活跃状态、人文社会环境自由活泼、创业教育体系步入正轨，所有这一些的改变都为创业者营造了健康的创业氛围。

第三章
创业环境

本章习题

1. 简述创业环境的内在含义、维度及基本特征。
2. 创业环境的宏观因素有哪些，它们是如何对环境产生影响的？
3. 企业的内部资源包括哪几类，各自的特征是什么？
4. 如何梳理并评价行业中现有企业的能力结构？
5. 简述我国当前的创业环境现状。

第四章
创业机会与创业风险

第四章
创业机会与创业风险

学习目标

1. 解释什么是创业机会，了解创业机会的本质。
2. 区分不同的创业机会类型。
3. 掌握捕捉创业机会的途径与方法。
4. 学会分析创业机会的实际商业价值。
5. 了解创业风险的特征。
6. 掌握创业风险的识别与防范策略。
7. 了解商业模式的基本类型及内容。

我极少能看到机会，往往在我看到机会的时候，它已经不再是机会了 。

——马克·吐温

【引导案例】：胡润的富豪榜

■胡润，1970年出生在卢森堡。就读于英国杜伦大学，专业学的是中文。1990年的时候到中国留学，后来就留在安达信会计师事务所上海分部工作，成为了一名会计师。但是，胡润遇到了一件麻烦事，每次休假回到英国，大家都会很好奇地问他，中国什么样？这个问题看似简单，不过还真是难回答，关键是没有标准，诺大一个中国，五千年历史，十三亿人口，给你说什么呢？

■胡润为了这个事特别烦恼，你一个在中国的留学的人，连这么个简单的问题都回答不了，你这个学上到哪里去了。每次回国，胡润都要受这种刺激。1999年，当时正好是中华人民共和国成立50周年，我给你介绍50个中国特别成功的人，不就可以让你知道新中国成立50年来的变化吗？基于这样的想法，胡润后来推出了富豪榜。

【引导案例】：梁伯强的指甲钳

- 梁伯强，广东中山圣雅伦公司总经理，中国“隐形冠军”形象代言人。这位被誉为“指甲钳大王”的梁伯强，决定生产指甲钳却是因为朱镕基总理的一句话。1998年底，梁伯强在看纸时发现了一条新闻，这篇名为《话说指甲钳》的文章让梁伯强的命运从此改变。文章写道，当时的朱镕基总理在参加一次会议时讲到：“要盯住市场缺口找出路，比如指甲钳子，我没用一个好的指甲钳子，我们生产的指甲钳子，剪了两天就剪不动指甲了，使大劲也剪不断。”朱镕基总理以小小的指甲钳为例，要求轻工企业努力提高产品质量，开发新产品。梁伯从这一句话中发现了指甲钳的商机。。
  - 梁伯强调查发现指甲钳每年的产值达到了60多亿的人民币，韩国只有5家工厂，他们居然占了20个亿的产值。但在中国呢，据在册登记摸底就500多家企业，营业额才在20亿左右，那么从数量来对比，五家主要企业加上十来家配套企业就可以和中国的500多家企业打个平手，这种反差令梁伯强非常惊讶。
  - 梁伯强心动了，兴致勃勃地开始对全国市场进行考察，考察完，梁伯强很以外地发现，很多生产指甲钳的工厂都倒闭了，如果中国真有20亿的市场份额，为什么几个大厂会倒闭呢？一方面，商场零售都被外国品牌占据，国内老厂不断倒闭，另一方面，批发市场群雄逐鹿，热火朝天，抱着试试看的态度，梁伯强生产出第一批指甲钳，没想到，产品还没正式面世，就有几千万的订单找上门，这更坚定了他把指甲钳做下去的决心。

思考题

- 胡润和梁伯强发现的都是创业机会吗？
- 怎样才能发现创业机会？
- 如何评价创业机会的价值？

第一节 创业机会概述

—— 创业机会的界定

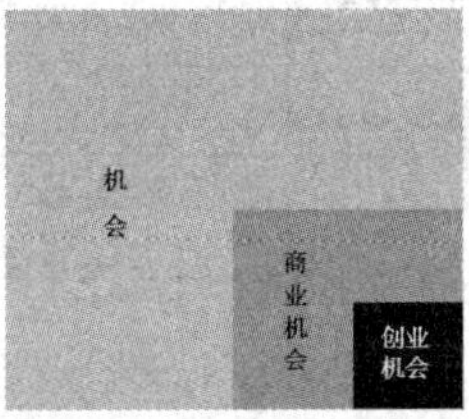

第一节　创业机会概述

—— 创业机会的类型

- 显性的创业机会与潜在的创业机会
- 行业性创业机会与边缘性创业机会
- 现实创业机会与未来创业机会
- 社会创业机会与个别创业机会

第一节　创业机会概述

—— 创业机会的来源

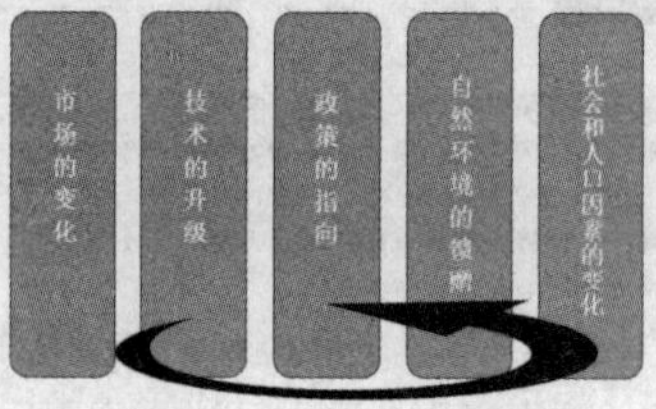

德鲁克：机会的7种来源

- 意外之事
- 不协调
- 程序需要
- 产业和市场结构
- 人口变化
- 认知、意义和情绪上的变化
- 新知识

机会窗口

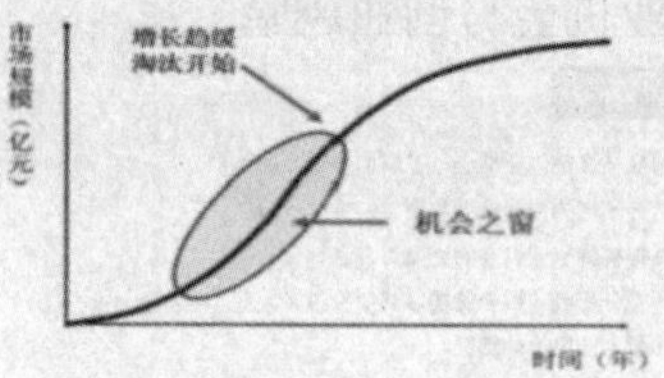

讨论：

在机会窗口打开前、打开时、打开后进行创业的不同结果？

45

机会窗口

- 机会窗口并不是永远的打开，有的机会窗口打开时间很长，有的则非常的短。
- 美国的一项对创业投资的研究调查发现，当机会窗口的时间短于三年，新事业投资失败率高达80%以上；如果机会窗口的时间超过七年，则几乎所有投资的新事业都能获得丰厚的回收。

- **以互联网搜索引擎市场为例———**
- 随着网站在万维网中的出现，互联网上产生了大量的分散的信息。一方面，网民没有寻找这些分散信息的统一渠道或引擎，搜集信息很不便捷；另一方面，这些越来越多的分散的网站也无法提高自己网站的知名度，来吸引目标访问者，从而提高点击率。这种现象的产生并存在着，等待第一个发现其商业价值的人，机会窗口开启了。
- 随着互联网的飞速发展，越来越多的分散的待推广的网站形成了目标客户群体，广大的想搜集信息的网民是终端用户，机会窗口变得非常庞大和诱人。

第一个搜索引擎雅虎（yahoo!）握住了先机，在1995年进入该市场，然后市场迅速增长，Lycos（雷克斯）、Excite、Alta Vista（奥塔维）及其他搜索引擎加入进来。Google在1998年利用高级搜索技术进入这个市场。在中国，百度、Google、搜狗等网站先后进入中文搜索市场。此后，上述网站在搜索引擎市场展开了激烈竞争，市场逐渐成熟起来，创业机会窗口越开越小，直至关闭。现在，新创建的搜索引擎企业要获得成功非常困难，除非它有异常丰富的资本支持并能提供超越已有竞争对手的明显技术优势。这一切，只用了不到8年。

第二节　创业机会的识别与评价

—— 创业机会的识别

【学习目的】

1. 理解创业机会的定性评价。
2. 掌握创业机会的定量评价方法。
3. 重点掌握评价与利用有价值的创业机会的方法。

第二节　创业机会的识别与评价

—— 创业机会的识别

引导案例：

- 就在几天前，通讯业巨头铱星世界通讯公司正式宣布破产，空留下66颗通讯卫星绕着地球寂寞地旋转——不，还不能把它们留下来，成为太空垃圾，得把它们一颗颗减速，让它们跌入大气层烧毁。好伤心啊！想当初，铱星公司的主人在制作这些卫星的时候是多么充满爱心和希望，每颗卫星升空，都象升起一个照亮前景的小太阳。而今，却要亲手结束它们的生命，怎么下得了手啊！
- 但是，有些事物的发展轨迹是改变不了的，再舍不得，也要去做。
- 铱星通讯系统耗了多少钱？不多，也不少，57亿美元，相当于深圳两年多的财政收入。
- 高新技术有高风险与之共生，这句话不是说说而已，铱星公司就演绎了这样一个警世故事：57亿美元打了水漂。
- 我们最好不要把铱星通讯看成是科技泡沫，它绝不是像一个中国农民捣鼓的"水变汽油"那样的童话，它是地地道道的、完全成熟的高新技术。事实上，由于铱星手机直接通过卫星联络，已经实现在地球的每一点都能打电话，不论你是在南极腹地，还是在珠穆朗玛峰之巅。中国的几百个两院院士，也把它评为1998年度世界十大科技成就之一。

第二节　创业机会的识别与评价

——　创业机会的识别

- 问题在于，再高再新的科技，也得要有市场。1991年，当移动电话还是稀罕物贵得恐怖的时候，铱星公司开始运作。按照公司的测算，铱星电话与当时的移动电话价格差不多，而性能则远远超越后者。铱星公司的决策人士做了一个七彩的梦，他们梦见全世界的“款爷”都提着铱星电话，那是身份的象征。直到1998年，铱星电话开始投放市场，这个梦才醒过来。他们发现常规移动电话已经全面普及，何止款爷，连卖菜的小贩也用上了。而铱星电话还是那么贵，造价太高，售价降不下来。事态已到了这一步，他们还在强调铱星电话的技术优势，比如，普通移动电话在人烟稀少的地方还有大片的盲区，铱星电话不存在这个问题。是的，这不错。但是，正因为人烟稀少，也就形不成大的市场——能向南极或喜马拉雅山地区卖出几部这么昂贵的电话呢？经营的结果，是连债务利息的零头都还不起，只好关门大吉。
- 铱星公司是上市公司，它的股票是受到过热情追捧的，20美元的发行价，曾被炒到70美元。那是两年前的事了。去年11月，在铱星公司向法院申请破产保护的情况下，纳斯达克停止了它的股票交易。

第二节　创业机会的识别与评价

——　创业机会的识别

- 创业机会识别的定义与目的

创业机会的识别指的就是在现实或潜在的问题中看到未被满足的需求，并筛选出具有现实价值的市场需求的过程。

- 影响创业机会识别的关键因素

第二节　创业机会的识别与评价

——　创业机会的识别

- 识别创业机会的一般过程

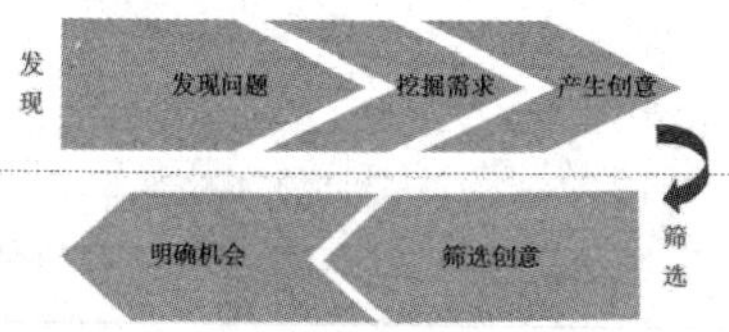

第二节　创业机会的识别与评价

——　创业机会的识别

- 识别创业机会的途径和平台

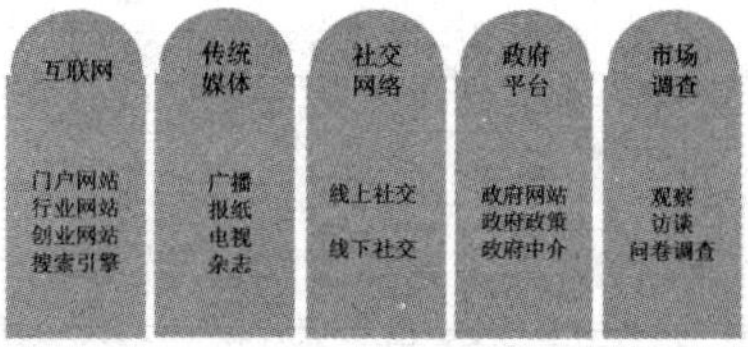

第二节　创业机会的识别与评价

——　创业机会的评价

- 创业机会评价的定义与目的

创业机会评价是评价主体从效益、产品、技术、市场等方面对创业机会的价值进行综合评估，并决定是否要对创业机会进行开发和利用的过程。

通过创业机会的评价可以帮助创业者认清创业机会的实际商业价值，减少创业风险，吸引风险投资。

第二节　创业机会的识别与评价

——　创业机会的评价

- 创业机会评价的流程

第二节　创业机会的识别与评价

——　创业机会的评价

- 创业机会评价的指标

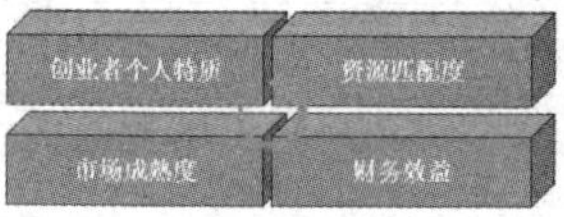

第二节　创业机会的识别与评价

——　创业机会的评价

- 创业机会评价的方法

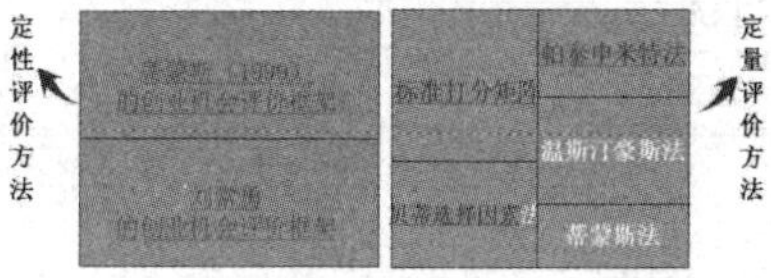

第二节　创业机会的识别与评价

——　创业机会的评价

■ 创业机会的定性评价

■ 蒂蒙斯的创业机会评价框架，涉及行业和市场、经济因素、收获条件、竞争优势、管理团队、致命缺陷问题、个人标准、理想与现实的战略差异等8个方面的53项指标。

行业和市场	1. 市场容易识别，可以带来持续收入。 2. 顾客可以接受产品或服务，愿意为此付费。 3. 产品的附加价值高。 4. 产品对市场的影响力高。 5. 将要开发的产品生命长久。 6. 项目所在的行业是新兴行业，竞争不完善。 7. 市场规模大，销售潜力达到1千万到10亿。 8. 市场成长率在30%~50 %甚至更高。 9. 现有厂商的生产能力几乎完全饱和。 10. 在五年内能占据市场的领导地位，达到20 %以上。 11. 拥有低成本的供货商，具有成本优势。

第二节　创业机会的识别与评价

——　创业机会的评价

■ 创业机会的定性评价

■ 蒂蒙斯的创业机会评价框架：经济因素

经济因素	1. 达到盈亏平衡点所需要的时间在1.5~2年以下。 2. 盈亏平衡点不会逐渐提高。 3. 投资回报率在25 %以上。 4. 项目对资金的要求不是很大，能够获得融资。 5. 销售额的年增长率高于15 %。 6. 有良好的现金流量，能占到销售额的20%~30 %以上。 7. 能获得持久的毛利，毛利率要达到40 %以上。 8. 能获得持久的税后利润，税后利润率要超过10 %。 9. 资产集中程度低。 10. 运营资金不多，需求量是逐渐增加的。 11. 研究开发工作对资金的要求不高。

第二节　创业机会的识别与评价

——　创业机会的评价

■ 创业机会的定性评价

■ 蒂蒙斯的创业机会评价框架：收获条件与竞争优势

收获条件	1. 项目带来的附加价值具有较高的战略意义。 2. 存在现有的或可预料的退出方式。 3. 资本市场环境有利，可以实现资本的流动。
竞争优势	1. 固定成本和可变成本低。 2. 对成本、价格和销售的控制较高。 3. 已经获得或可以获得对专利所有权的保护。 4. 竞争对手尚未觉醒，竞争较弱。 5. 拥有专利或具有某种独占性。 6. 拥有发展良好的网络关系，容易获得合同。 7. 拥有杰出的关键人员和管理团队。

第二节　创业机会的识别与评价

——　创业机会的评价

■ 创业机会的定性评价

■ 蒂蒙斯的创业机会评价框架：管理团队、致命缺陷与个人标准

管理团队	1. 创业者团队是一个优秀管理者的组合。 2. 行业和技术经验达到了本行业内的最高水平。 3. 管理团队的正直廉洁程度能达到最高水准。 4. 管理团队知道自己缺乏哪方面的知识。
致命缺陷问题	不存在任何致命缺陷问题。

个人标准	1. 个人目标与创业活动相符合。 ■ 创业家可以做到在有限的风险下实现成功。 ■ 创业家能接受薪水减少等损失。 1. 创业家渴望进行创业这种生活方式，而不只是为了赚大钱。 2. 创业家可以承受适当的风险。 · 创业家在压力下状态依然良好。

第二节　创业机会的识别与评价

——　创业机会的评价

■创业机会的定性评价

■ 蒂蒙斯的创业机会评价框架：理想与现实的战略差异

理想与现实的战略差异	1. 理想与现实情况相吻合。 ■ 管理团队已经是最好的。 ■ 在客户服务管理方面有很好的服务理念。 1. 所创办的事业顺应时代潮流。 2. 所采取的技术具有突破性，不存在许多替代品或竞争对手。 3. 具备灵活的适应能力，能快速地进行取舍。 4. 始终在寻找新的机会。 5. 定价与市场领先者几乎持平。 6. 能够获得销售渠道，或已经拥有现成的网络。 · 能够允许失败。

第二节　创业机会的识别与评价

——　创业机会的评价

■ 创业机会的定性评价

■ 刘常勇的创业机会评价框架

市场评价	1.是否具有市场定位，专注于具体顾客需求，能为顾客带来新的价值。 ■依据波特的五力模型进行创业机会的市场结构评价。 ■分析创业机会所面临市场的规模大小。 1.评价创业机会的市场渗透力。 2.预测可能取得的市场占有率。 · 分析产品成本结构。
回报评价	1.税后利润至少高于5%。 ■达到盈亏平衡的时间应该低于2年。 1.投资回报率应高于25%。 2.资本需求量较低。 3.毛利率应该高于40%。 4.能否创造新企业在市场上的战略价值。 ■资本市场的活跃程度。 · 退出和收获回报的难易程度。

第二节　创业机会的识别与评价

——　创业机会的评价

■ 创业机会的定量评价方法——
约翰·G．巴奇的(John G. Burch)标准打分矩阵

标准	专家评分			
	极好（30%）	好（20%）	一般（10%）	加权平均分
1.易操作性	8	2	0	2.8
2.质量和易维护性	6	2	2	2.4
3.市场接受性	7	2	1	2.6
4.增加资本的能力	5	1	4	2.1
5.投资回报	6	3	1	2.5
6.专利权状况	9	1	0	2.9
7.市场的大小	8	1	1	2.7
8.制造的简单性	7	2	1	2.6
9.广告潜力	6	2	2	2.4
10.成长的潜力	9	1	0	2.9

第二节　创业机会的识别与评价

——　创业机会的评价

■ 创业机会的定量评价方法——贝蒂（Baty)的选择因素法

1.这个创业机会在现阶段是否只有你一个人发现了?
2.初始的产品生产成本是否可以承受?
3.初始的市场开发成本是否可以承受?
4.产品是否具有高利润回报的潜力?
5.是否可以预期产品投放市场和达到盈亏平衡点的时间?
6.潜在的市场是否巨大?
7.你的产品是否是一个高速成长的产品家族中的第一个成员?
8.你是否拥有一些现成的初始用户?
9.是否可以预期产品的开发成本和开发周期?
10.是否处于一个成长中的行业?
11.金融界是否能够理解你的产品和顾客对它的需求?

■ 说明：如果某个创业机会只符合其中的6个或更少的因素，这个创业机会就很可能不可取；相反，如果某个创业机会符合其中的7个或者7个以上的因素，那么这个创业机会将大有希望。

第二节 创业机会的识别与评价

—— 创业机会的评价

■ 创业机会的定量评价方法——珀泰申米特法 (Potentionmeter)

1.对于税前投资回报率的贡献
2.预期的年销售额
3.生命周期中预期的成长阶段
4.从创业到销售额高速增长的预期时间
5.投资回收期
6.占有领先者地位的潜力
7.商业周期的影响
8.为产品制定高价的潜力
9.进入市场的容易程度
10.市场试验的时间范围
11.销售人员的要求

■ 说明：对于每个因素来说，不同选项的得分可以从-2分到+2分，通过对所有因素得分的加总得到最后的总分，总分越高说明特定创业机会成功的潜力越高。只有那些最后得分高于15分的创业机会才值得创业者进行下一步的策划，低于15分的都应被淘汰。

第三节 创业风险的识别与防范

—— 创业风险的定义与特征

■ 创业风险的定义

创业风险，是指由于创业环境的不确定性，创业机会与新企业的复杂性，创业者、创业团队与创业投资者的能力的有限性，而导致创业活动偏离预期目标的可能性及其后果。

■ 创业风险的特征

第三节 创业风险的识别与防范

—— 创业风险的主要类型

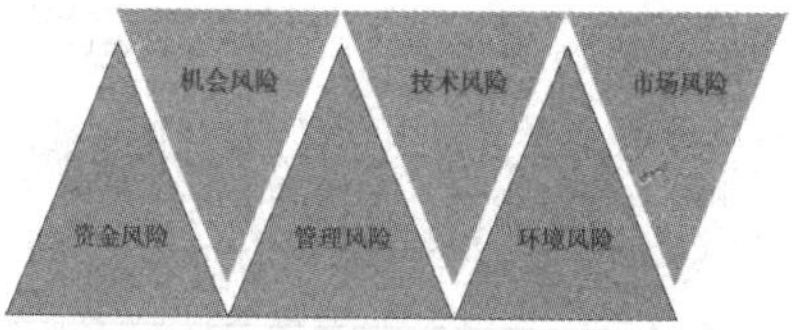

第三节 创业风险的识别与防范

—— 创业风险的防范策略

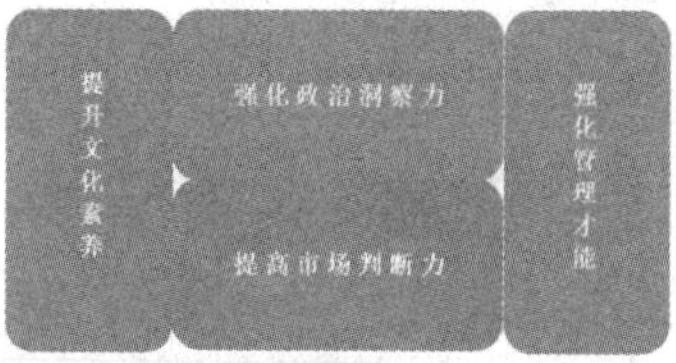

第四节 创业模式的选择与评价

—— 创业模式的内涵

■ 张玉利 ---- 经营管理模式，认为"新的创业模式往往意味着新的经营管理模式，意味着整体竞争力的不断提升"。

■ 刘源远 ---- "优秀的创业模式"，将其定位在"创业者为保障自身的创业理想与权益，而对各种创业要素的合理搭配"。

■ 卢俊卿、张永谦 ---- "组织创业模式"是"政府、企业和其他相关组织帮助个体创业，以降低企业成本、创业风险，提高创业效率和创业成功率的一种创业模式"。

■ 京弘博 ---- 创业模式是指创业者为保障自身的创业理想与权益，而对各种创业要素的合理搭配，即创业的组织形式、创业的方式、创业的行为选择三者共同组成了创业模式。

第四节 创业模式的选择与评价

—— 创业模式的基本类型

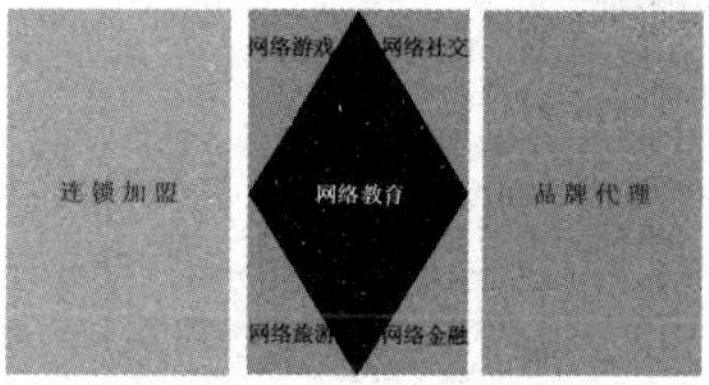

第四节 创业模式的选择与评价

—— 创业模式的评价

■ 蒂蒙斯创业选择模型

■ 威克姆创业选择模型

■ 萨尔曼创业选择模型

■ 克里斯蒂安创业选择模型

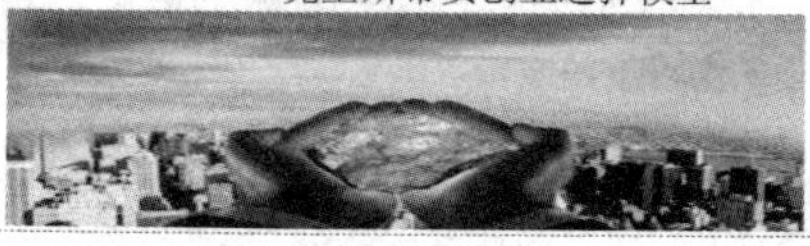

第四节 创业模式的选择与评价

—— 创业模式的评价

■ 蒂蒙斯创业选择模型

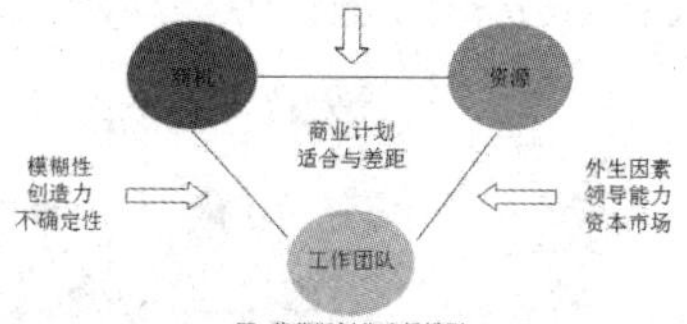

图 蒂蒙斯创业选择模型

第四节　创业模式的选择与评价

——　创业模式的评价

■ 威克姆创业选择模型

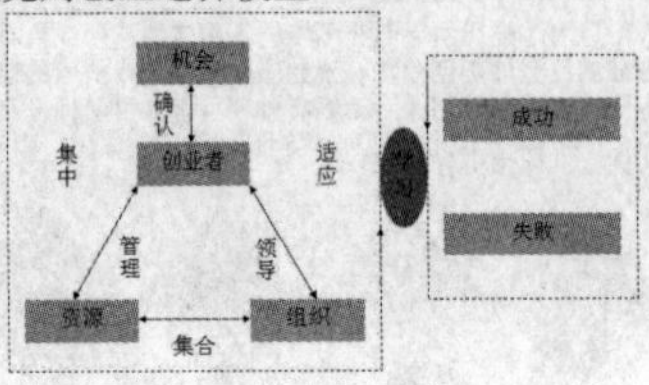

图 威克姆创业选择模型

第四节　创业模式的选择与评价

——　创业模式的评价

■ 萨尔曼创业选择模型

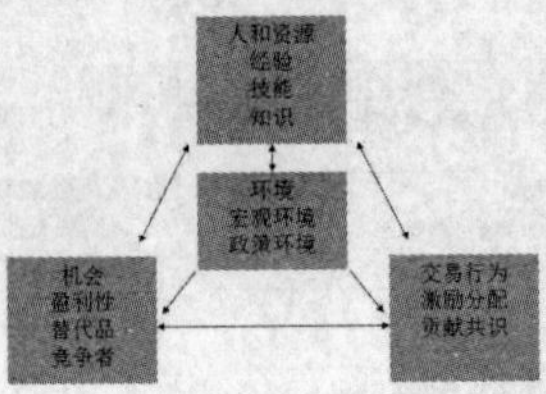

图 萨尔曼创业选择模型

第四节　创业模式的选择与评价

——　创业模式的评价

■ 克里斯蒂安创业选择模型

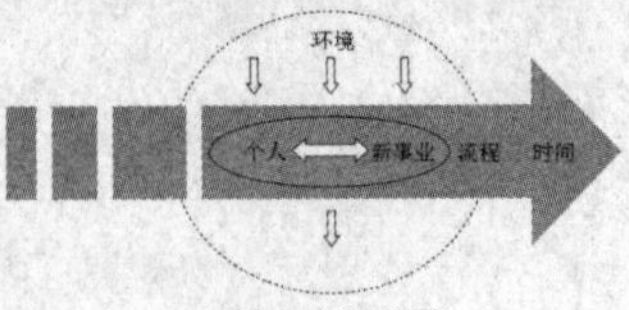

图 克里斯蒂安创业选择模型

第四章

创业机会与创业风险

本章小结

创业机会作为一种特殊的机会，可以理解为一种商业机会或市场机会。它是指较为持久的、有吸引力的和适时的一种商务活动的空间，并最终表现在能够为消费者或客户创造价值或增加价值的产品或服务过程中，同时能为创业者带来回报或实现创业目标。按照不同的标准可以将创业机会划分为不同的类型，如显性创业机会和潜在创业机会，行业性创业机会和边缘性创业机会，现实创业机会和未来创业机会，社会创业机会和个别创业机会。创业机会可以来源于生活中的方方面面，如市场的变化、技术的升级、政策的指向、自然环境的馈赠、社会和人口因素的变化等。

第四章

创业机会与创业风险

本章习题

1. 什么是创业机会，创业机会的本质是什么？
2. 创业机会有哪些不同的类型？
3. 创业者可以利用哪些平台获取创业信息，捕捉创业机会？
4. 如何分析某一创业机会的实际商业价值？
5. 创业风险有哪些特征？
6. 创业风险通常来源于哪些方面，该如何防范？
7. 如何判断某一创业模式的实际适用性和商业价值？

第五章

创业资源

学习目标

1. 解释什么是创业资源。
2. 了解创业资源的不同类型。
3. 区分创业资源与一般商业资源的异同。
4. 掌握创业融资的渠道与方式。
5. 掌握创业资金需求的估算方法。
6. 了解创业融资的选择策略。
7. 掌握创业资源的管理内容。

第一节　创业资源概述

——　创业资源的内涵

创业资源是指新创企业在创造价值的过程中所需要的特定资产，包括有形与无形的资产，诸如创业人才、创业资本、创业机会、创业技术和创业管理等。

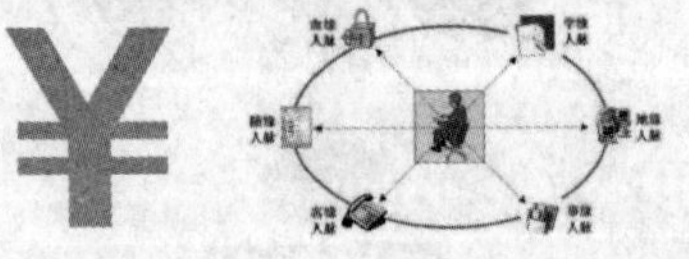

第一节　创业资源概述

——　创业资源的类型

■ 按照资源的表现形态分类
实体资源/虚拟资源/人才资源

■ 按照资源的重要性程度分类
必备资源/支撑资源/外围资源

■ 按照资源的归属情况分类
自有资源/外部资源

■ 按照资源的参与程度分类
直接资源/间接资源

第一节 创业资源概述
——创业资源与一般资源的异同

- 外部资源占比较大
- 个人因素影响较重
- 资源的异质性明显

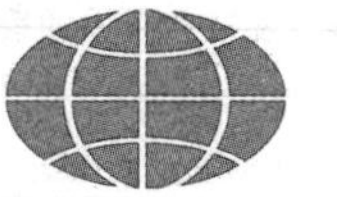

第二节 创业融资分析
——创业融资的定义与原则

- 创业融资的定义

创业融资是指创业者根据创业计划，通过不同的融资渠道，并运用一定的融资方式，经济有效的筹集所需资金的财务活动。

- 创业融资的原则

第二节 创业融资分析
——创业融资的渠道与方式

- 创业融资的渠道

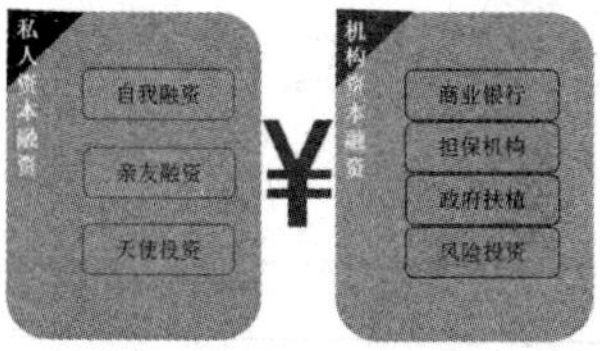

第二节 创业融资分析
——创业融资的渠道与方式

- 创业融资的方式
  - 股权融资和债权融资
  - 内源式融资和外源式融资
  - 直接融资和间接融资
  - 长期融资和短期融资

第二节 创业融资分析
——创业资金的需求分析与评估

- 按资金周转方式测算创业启动资金

固定资金/营运资金

- 按资金使用范围测算创业启动资金

地点/库存/设备/员工/市场营销/管理与营运成本/专业服务费用和许可

第二节 创业融资分析
——创业融资的选择策略

- 创业不同阶段融资需求的变化
- 股权融资和债权融资的均衡
- 合理确定融资规模和融资期限

第三节 创业资源管理
——创业资源的识别

- 创业资源识别的影响因素

初始资源/创业者素质/创业环境动态性/创业网络

- 创业资源识别的方法

决策驱动型识别方法/机会驱动型识别方法

- 创业资源识别的过程

资源的分类----交叉维度划分----现状评估

第三节 创业资源管理
——创业资源的获取

- 创业资源获取的影响因素

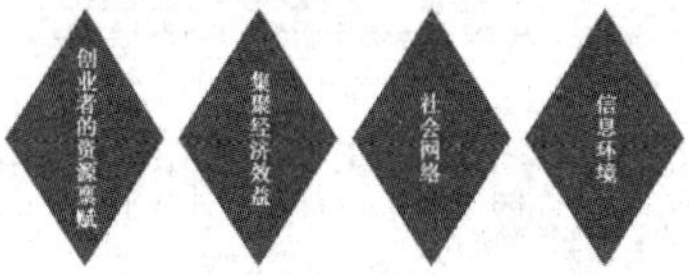

第三节　创业资源管理

——　创业资源的获取

- 创业资源获取的途径

  外部获取+内部获取

- 创业资源获取的技能

第三节　创业资源管理

——　创业资源的开发

- 创业资源开发的影响因素

  创业者个人/利益关系/社会关系/员工的非正式交流

- 创业资源开发的过程

  资源的合并+资源的转化

- 创业资源开发的策略

  小心谨慎，步步为营
  巧用杠杆，借势发展
  资源拼凑，变废为宝

第三节　创业资源管理

——　创业资源的利用

- 创业资源利用的影响因素

  · 资源配置能力
  · 风险偏好
  · 超前行动

- 创业资源利用的策略

第五章

创业资源

本章小结

创业资源是指新创企业在创造价值的过程中所需要的特定资产，包括有形与无形的资产，诸如创业人才、创业资本、创业机会、创业技术和创业管理等。按照创业资源的表现形式可以将其划分为实体资源、虚拟资源、人才资源；按照创业资源的归属情况可以将其划分为自有资源和外部资源；按照创业资源的重要性程度可以将其划分为必备资源、支撑资源和外围资源；按照创业资源的参与程度又可以将创业资源划分为直接资源和间接资源。与一般商业资源相比，创业资源具有“外部资源占比较大”、“个人因素影响较重”、“资源的异质性明显”三个方面的特点。

创业资源的管理包括资源识别、资源获取、资源开发和资源利用四个环节，每个环节都有其特定的影响因素和内容，创业者在对创业资源进行识别和整合时，需考虑到各种因素之间的匹配以及资源与能力之间的转换。

第五章

创业资源

本章习题

1. 如何界定创业资源？
2. 创业资源有哪些不同的类型？
3. 创业资源与一般商业资源有哪些区别？
4. 创业融资的渠道有哪些？
5. 创业者该如何对创业资金需求进行估算？
6. 创业者该如何选择创业融资的渠道与方式？
7. 创业资源的管理包括哪些关键环节？

第六章

创业计划

学习目标

1. 了解创业计划的定义和作用。
2. 掌握创业计划的整体流程。
3. 了解创业计划书的基本结构。
4. 掌握创业计划书的主要内容。
5. 明确创业计划书的撰写步骤。
6. 学会对创业计划书进行质量评价。
7. 掌握创业计划书的设计与撰写技巧。
8. 了解创业计划展示的基本方法和突出要素。

第一节　创业计划的概述

——　创业计划的定义

创业计划，是对与创业项目有关的所有事项进行总体安排的文件，包括商业前景展望，人员、资金、物质等各种资源的整合，以及经营思想、战略的确定等，是为创业项目制定的一份完整、具体、深入的行动指南（创业计划书）。

创业计划是将创业者的理想和希望进一步具体化，它一般要考虑到公司未来3～5年的发展情况，并在公司运营中根据需要相应的进行调整。

第一节　创业计划的概述

——　创业计划的作用

- 明确创业的方向和目标
- 周密安排创业活动
- 寻求外部资源的支持

第一节 创业计划的概述

—— 创业计划的整体流程

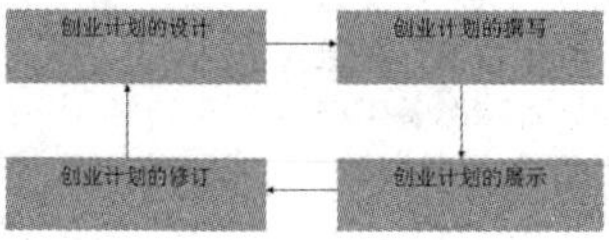

图 创业计划的整体流程

第二节 创业计划书的设计

—— 创业计划书的基本结构

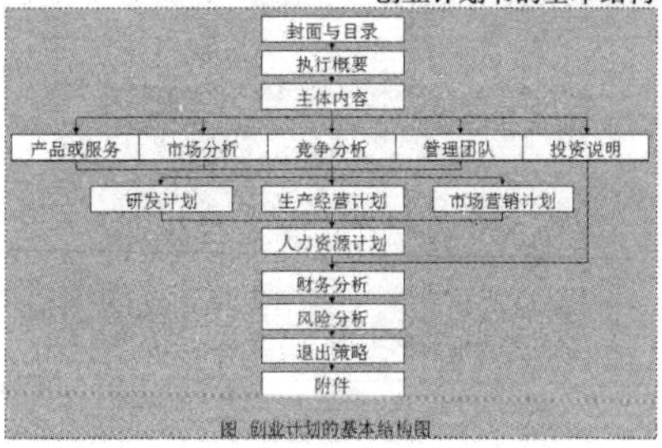

图 创业计划的基本结构图

第二节 创业计划书的设计

—— 创业计划书的主要内容

- 摘要
- 企业概况
- 产品与服务
- 市场分析与营销策略
- 产品制造
- 管理团队
- 财务分析
- 风险评估与应对措施
- 退出策略
- 附录

第二节 创业计划书的设计

—— 创业计划书的设计技巧

- 针对读者，突出主题
- 结构完整，内容规范
- 周密计划，协调统一
- 合理预测，数字准确
- 重视产权，注意保密

第三节 创业计划书的撰写

—— 创业计划书的撰写步骤

- 准备阶段
- 形成阶段
- 完善阶段
- 定稿阶段

第三节 创业计划书的撰写

—— 创业计划书的结构与格式

- 封面与扉页
- 基本内容
  - 摘要
  - 公司背景与历史
  - 法律协议与诉讼
  - 公司发展计划
  - 企业组织与管理
  - 产品、服务与行业介绍
  - 研究与开发
  - 市场与营销
  - 生产与经营
  - 基本经营模式
  - 竞争与风险
  - 财务分析
  - 投资建议
  - 附录

第三节 创业计划书的撰写

—— 创业计划书的评价

- 评价指标

报告完整全面
方案可行
技术含量高
具备创新性
经济效益好
资金筹集方案合理
市场前景广阔

第三节 创业计划书的撰写

—— 创业计划书的评价

- 评价标准

◆ 概要（10%）
◆ 新创企业（5%）
◆ 产品业务（10%）
◆ 市场分析与营销策略（10%）
◆ 经营计划（10%）
◆ 管理团队（10%）
◆ 财务分析（10%）
◆ 融资回报（10%）
◆ 可行性（20%）
◆ 创业计划写作（5%）

第三节 创业计划书的撰写

—— 创业计划书的撰写技巧

创业计划书必须一开始就吸引人

创业计划要体现真实性

注意内容准确和格式规范

第四节 创业计划的展示

—— 创业计划展示的基本方法

- 加强自身表达能力
- 准确把握推介对象
- 做好各项准备工作
- 事先摸好“地形”
- 突显项目盈利潜力

第四节 创业计划的展示

—— 创业计划展示的精神状态

展示商业计划是短暂的，却是决定性的。风险资本家在投资时，除了考虑项目本身的优劣外，更重要的是考察创业者、创业团队的能力和个人魅力，而展示商业计划是创业者展示自己能力的难得的机会，真正打动听者的是热情洋溢的创业激情和诚恳自信、富有说服力的语言表达，激情在创业计划展示中发挥重要作用。很难想象，风险资本家会把资金投给一个说话结结巴巴、思维紊乱、连自己的创意都讲不清楚的创业者。

第四节 创业计划的展示

—— 创业计划展示的突出要素

- 新颖独特的创意
- 市场前景
- 团队与协作

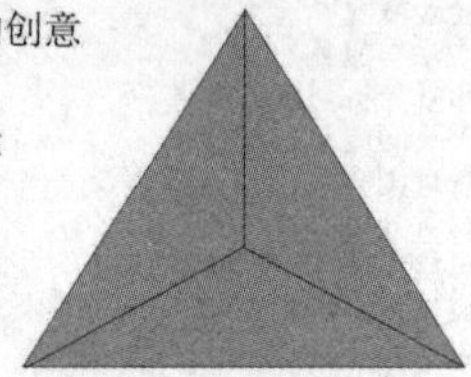

第六章

创业计划

本章小结

创业计划，是对与创业项目有关的所有事项进行总体安排的文件，包括商业前景展望，人员、资金、物质等各种资源的整合，以及经营思想、战略的确定等，是为创业项目制定的一份完整、具体、深入的行动指南。创业计划能够帮助创业者明确创业的方向和目标，周密安排创业活动并有效寻求外部资源的支持。创业计划的整体流程包括四个环节，分别是创业计划的设计、创业计划的撰写、创业计划的展示和创业计划的修订，四个环节之间是相辅相成，相互促进，循环上升的状态。创业计划是创业者对未来新创企业的详细描述和预测，一份完整的创业计划书具体包括封面及目录、执行概要、主体内容(包括公司、产品或服务、市场分析、竞争分析、管理团队、投资说明、研发计划、生产经营计划、市场营销计划、人力资源计划、财务分析、风险分析、退出策略)、附件等。创业计划的设计是需要技巧的纳入要“针对读者，突出主题”、“ 结构完整，内容规范”、“ 周密计划，协调统一”、“ 合理预测，数字准确”、“ 保护知识产权，注意保密”，创业者要想写出一份具有吸引力的创业计划，需要注意做好前期的准备工作，并且在写作过程中遵循一定的写作原则。创业计划的撰写包括四个阶段，分别为准备阶段、形成阶段、完善阶段和定稿阶段。在创业计划的设计、撰写、评价和展示的过程中，创业者需要学会换位思考，把握各环节的关键点，保证创业计划可以发挥出应有的作用。

第六章

创业计划

本章习题

1. 什么是创业计划，它有哪些重要的价值？
2. 创业计划的整体流程包括哪几步？
3. 简单描述创业计划书的基本结构。
4. 简单介绍创业计划书的主要内容。
5. 创业计划书的撰写包括哪些环节？
6. 如何对创业计划书进行质量评价？
7. 简单介绍创业计划书的设计与撰写技巧。
8. 创业计划展示的突出要素有哪些？

第七章

新企业的开办与管理

学习目标

1. 了解每种企业组织形式的基本特征。
2. 掌握影响企业组织形式选择的关键因素。
3. 了解新企业的登记注册流程。
4. 了解新企业的基本特征。
5. 掌握新企业各类职能的管理重点。

第一节 新企业的开办

—— 企业组织形式的选择

- 个人独资企业
- 合伙企业
- 有限责任公司
- 股份有限公司

第一节　新企业的开办

——　企业组织形式的选择策略

- 创建者人数
- 最低注册资本
- 筹资方式
- 出资方式
- 验资方式
- 企业资产性质
- 企业责任
- 创办者责任
- 盈亏分担
- 权力机构
- 执行机构
- 所得税
- 企业信用
- 永续性

第一节　新企业的开办

——　企业开办的法律规定

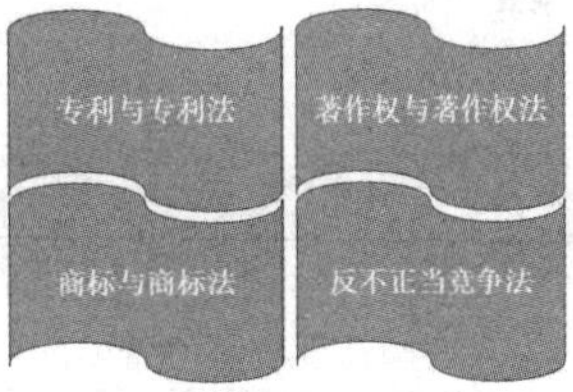

第一节　新企业的开办

——　企业开办的伦理问题

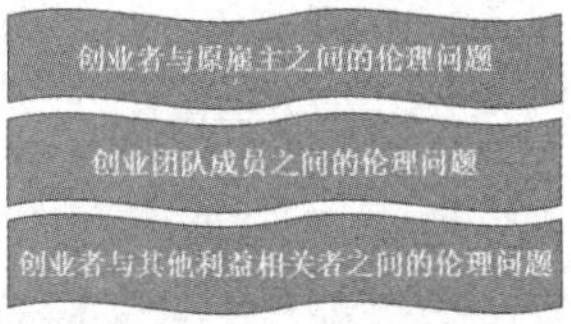

第一节　新企业的开办

——　企业的登记注册

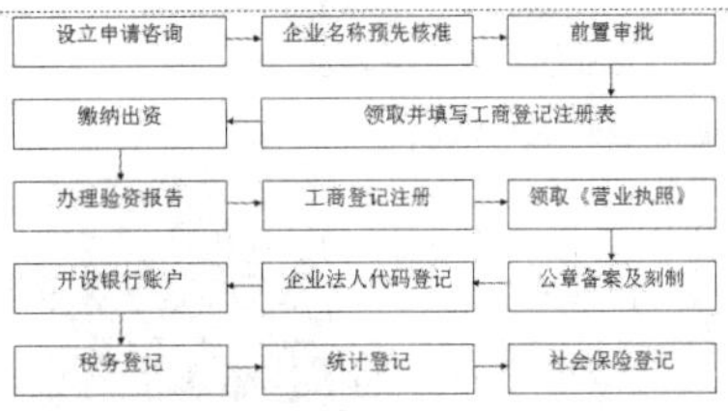

图　企业注册登记的流程

第二节　新企业的管理

——　新企业的基本特征

在创业的初期，企业有个非常明显的特点，就是更多地依靠创业者的个人创造性和英雄主义，此阶段重点是强调研发，重视市场，第一重要是怎么把新产品迅速销售出去，企业能迅速成长，因此不需要太复杂的管理和战略，通过创业者本人就可以控制整个团队。在此阶段，企业通过创造而成长。在企业不同的发展阶段，企业管理的重点、组织结构、高层管理的风格、控制体系和管理人员的报酬重点、管理模式也有所不同。

新企业的管理侧重生产和销售，组织结构是非正式的、简单、灵活而集权的，高层管理风格崇尚个人主义和创业精神，管理控制体系以追求市场结果为导向，这时管理人员的报酬很简单，就是创业者拥有所有权。这一阶段的管理模式，可以称为“以人为本”，仅通过创业者就可驱动企业的发展，体现了最大程度的人性化和自由度。

图　成长性企业发展的五个阶段

第二节　新企业的管理

——　新企业的组织设计

- 组织设计的含义
- 组织设计的原则

  精简/权责对等/统一指挥/灵活性/管理宽度/分工协作
- 组织设计的程序

  总体设计/管理岗位的设计/规定岗位的输入、输出与转换/岗位的定员、定编、定质
- 组织结构的设计

第二节　新企业的管理

——　新企业的市场营销策略

- 目标市场营销的含义

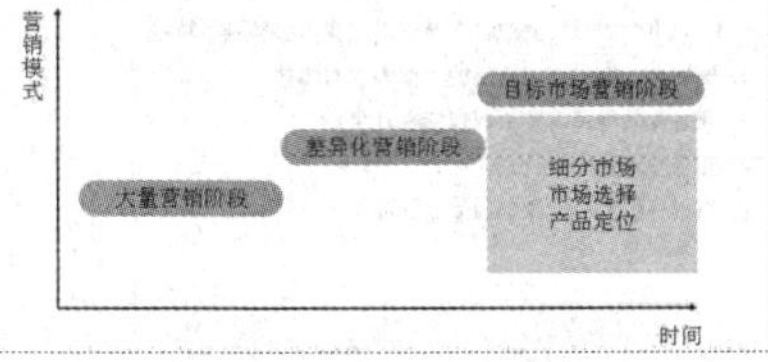

第二节　新企业的管理

——　新企业的市场营销策略

- 市场开发与定位

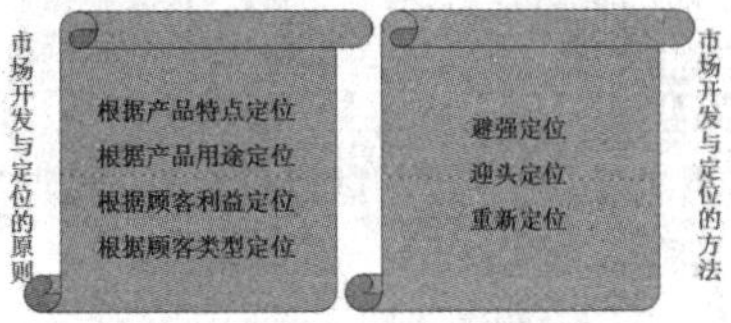

第二节　新企业的管理

——　新企业的市场营销策略

■ 市场营销战略组合

价格 → 产品 → 渠道 → 促销

第二节　新企业的管理

——　新企业的生产运作策略

技术与产品管理 → 新产品开发管理 → 技术积累管理 → 知识产权管理 → 产品线、品牌

第二节　新企业的管理

——　新企业的财务管理策略

■ 新创企业的财务管理观念

- 货币时间价值观念
- 效益观念
- 风险观念
- 知识效益和人才价值观念
- 现金流量观念
- 利润最大化观念

第二节　新企业的管理

——　新企业的人力资源管理策略

人员战略与规划	工作分析	人员招聘	人员培训
薪酬管理	绩效管理	劳资关系管理	员工职业生涯规划

第二节　新企业的管理

——　新企业的风险控制与化解

■ 新企业风险的主要来源

第二节　新企业的管理

——　新企业的风险控制与化解

■ 新企业成长阶段的风险控制和化解

- 合理授权
- 严密监控资金
- 管理规范化
- 建立风险责任机制
- 完善激励机制
- 发展核心竞争力

第七章

新企业的开办与管理

本章小结

中国民营企业的主要法律形态包括股份有限公司、有限责任公司、外资企业、中外合资企业、中外合作企业、乡镇企业、股份合作制企业、合伙企业、个人独资企业、个体工商户、农村承包经营户等。微小型企业最常见的法律形态是：个体工商户、个人独资企业、合伙企业和有限责任公司。创业者在创建和经营企业的过程中，必须了解和遵守有关法律法规，以确保自身和他人的利益没有受到非法侵害。与创业有关的法律主要包括专利法、商标法、著作权法；反不正当竞争法、合同法；产品质量法；劳动法等。此外，创建新企业时还应注意伦理问题，包括创业者与原雇主之间、创业团队成员之间、创业者和其他利益相关者之间的伦理问题等。不同类型的企业注册登记的流程不尽相同，新创企业的注册登记一般流程包括设立申请咨询-企业名称预先核准-前置审批-领取并填写工商登记注册表-缴纳出资-办理验资报告-工商登记注册-领取《营业执照》-公章备案及刻制-企业法人代码登记-开立银行账户-税务登记-统计登记-社会保险登记共计十四个环节。新企业的管理侧重生产和销售，组织结构是非正式的、简单、灵活而集权的，高层管理风格崇尚个人主义和创业精神，管理控制体系以追求市场结果为导向，这时管理人员的报酬很简单，就是创业者拥有所有权。这一阶段的管理模式，可以称为“以人为本”，仅通过创业者就可驱动企业的发展，体现了最大程度的人性化和自由度。

第七章

新企业的开办与管理

本章习题

1. 简单介绍每种企业组织形式的主要内容和基本特征。
2. 影响企业组织形式选择的关键因素有哪些？
3. 新企业的登记注册流程包括哪几步？
4. 新企业的管理重点是什么？
5. 简单介绍新企业各类职能的管理重点。

第八章

大学生创业

学习目标

1. 了解大学生创业的重要价值。
2. 掌握影响大学生创业的关键因素。
3. 分析大学生创业的优势与劣势。
4. 掌握大学生创业的实现途径。
5. 了解有关大学生创业的扶植政策。

第一节 大学生创业价值及相关因素分析

—— 大学生创业的重要价值

- 促进创业经济体系的形成
- 加速国家产业结构的调整
- 助力知识经济时代的成熟

第一节 大学生创业价值及相关因素分析

—— 影响大学生创业的关键因素

- 个人综合素质
- 个人的性格、爱好与特长
- 家庭因素
- 学校因素
- 社会因素

第一节 大学生创业价值及相关因素分析

—— 大学生创业的优势与劣势

- 优势
  - 领悟力较强
  - 自学能力强
  - 思维较活跃
  - 自信心较强
  - 新兴技术接受好
- 劣势
  - 缺乏社会经验
  - 缺乏职业经历
  - 缺乏人脉关系
  - 缺乏商业网络
  - 缺乏价值项目

第二节 大学生创业面临的瓶颈及能力提升策略

—— 大学生创业面临的瓶颈

心态限制 | 知识限制 | 经验限制 | 技术限制 | 资金限制

第二节 大学生创业面临的瓶颈及能力提升策略

—— 大学生创业能力的提升策略

- 融入社会
- 重视开局设计
- 做“熟”不做“生”
- 积累实践经验

第三节 大学生创业的扶植政策

—— 国家支持学生创业的政策和措施

- 企业注册登记方面
  - 程序更简化
  - 减免各类费用
- 金融贷款方面
  - 优先贷款支持，适当发放信用贷款
  - 简化贷款手续
  - 利率优惠
- 税收缴纳方面

第三节 大学生创业的扶植政策

—— 国家支持学生创业的政策和措施

- 企业运营方面
  - 员工聘请和培训享受减免费优惠
  - 人事档案管理免两年费用
  - 社会保险参保享有单独渠道

第三节　大学生创业的扶植政策

——　学生创业贷款优惠政策

- 国家优惠政策
- 地方优惠政策
  - 北京
  - 上海
  - 重庆
  - 太原
  - 福建
  - 青岛

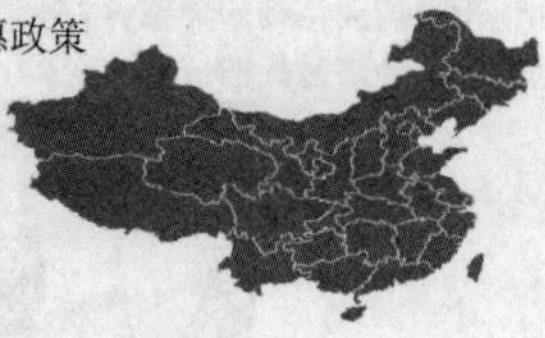

第八章

大学生创业

本章小结

大学生创业具有重要的社会价值，如可以促进创业经济体系的形成，加速国家产业结构的调整，助力知识经济时代的成熟等。影响大学生创业的关键因素包括创业者个人综合素质以及个人的性格、爱好与特长，创业者的家庭因素，创业者的学校因素和社会因素。同时我们需要认识到，大学生创业拥有其特定的竞争优势，但也存在不可回避的劣势，必须客观评价。

就大学生、研究生而言，由于其年龄、阅历与知识等方面的限制，使其在创业过程中面临较多的心态、知识、经验、技术与资金等方面的问题。面对诸多瓶颈，大学生需要积极提升个人能力。融入社会，进入欲创业的行业，了解现状，在实践中修炼自我，选择时机，发挥自己的知识优势。谨慎选择行业，精心制定开局方案。利用自身优势，借力于大学社团、寒暑假外出打工、参与教师科研项目、进入企业实际锻炼等方式积累实践经验。

国家非常重视大学生创业工程的推进，相继在企业登记注册方面、金融贷款方面、税收缴纳方面、企业运营方面出台了多项扶植性政策。各地方也响应国家号召出台各具特色的大学生创业扶植性政策措施。

第八章

大学生创业

本章习题

1. 简述大学生创业的重要价值。
2. 影响大学生创业的关键因素有哪些？
3. 大学生创业有哪些优势与劣势？
4. 简述大学生创业的实现途径。
5. 国家关于大学生创业出台了哪些扶植政策？

以上即为课程全部内容，感谢您的倾听！

创新创业教育精品课程群
——“大学生科技创新教育”

一、《大学生科技创新教育》课程网站

二、课程简介

“大学生科技创新教育”从创新性意识、思维、精神、人格、知识、能力等方面的培养入手，探寻创新与创业的结合之道，选取贴合大学生创新实际的大量真实生动的创新实

例，辅以互动、体验的训练，将理论与实践融合，为大学生成为创新型人才添加“催化剂”，使创新内化为自身的素质，从而在学习和工作中结出“创新”的硕果。

本课程立足于指导和帮助学生掌握创新的理论知识，也通过相关范例和各种活动实践，让学生学会自主训练、自主培养、自主提高，具有明确的可操作性。课程系统介绍和研究了开展大学生科技创新教育的知识体系，帮助把握大学生创新理念及创新设计的全过程。本课程的教学内容分为五个单元：

1. 创新理念的形成
2. 对创新教育和素质教育关系的认识
3. 大学生科技创新教育与创新性应用型人才培养的关系
4. 大学生科技创新教育制度的把握
5. 大学生科技创新活动的竞赛规则与实施

本课程的教学方法采用知识讲解、案例研讨、课内外实训相结合的训练和互动方法为主，重点引导学生置身于“案例和实训环境”中来寻求解决途径和方法，培养学生创新创业精神、创造性的思维能力和解决实际问题的能力。学习这门课程的学生，以分组形式参加典型案例的分析和科技创新训练，并且完成一份科技创新项目的撰写。

三、“大学生科技创新教育”建设工作总结

精品课程“大学生科技创新教育”是为适应创新性应用型人才培养模式改革的要求而设置的，起初，是作为经济管理学院的特色课程面向经管学院的全体在校大学生开设，由于该课程是一门适用于全体在校大学生学习的应用型课程，因而该课程的开设带动了全院甚至全校学生的参与，极大地推动了在校大学生的科技创新活动、各类大学生科技竞赛等赛事的开展。成效明显。一是通过该课程的开设，大学生的创新思维、创新能力以及综合素质有了明显的提升；二是锻炼了一支热心于大学生科技创新教育的、专业化的、较为稳定的师资队伍；三是该门课程的开设过程中用心打造“较为系统的教学内容、教学方法和教学管理方法”；良好的效果得益于该课程具有一套体系完善、内容先进、符合培养目标、培养规格、教学基本要求的教学大纲和教学内容的特色课程；四是我们通过该精品课程的建设，促使教材《大学生科技创新教育》在使用过程中日臻完善，2015 年出版了该教材的第二版。

应该说该课程经过近几年的不断完善，顺利完成了课程建设的立项内容目标，并取得了良好的建设成效。现将课程建设情况总结如下：

（一）课程建设成效

1. 课程建设过程中取得的理论成果

根据授课教师和学生在使用教材的过程中提出的一些意见和建议对教材不断进行修订和完善。在内容的安排和取舍上，在保持教材原有特色的前提下，在结构设计、章节内容、案例选择、实训活动上仍然把素质和能力的训练作为主线，以创新创业型人才基本素质为标准，精心提炼，意在实现从以知识传授为主向以能力提升为主的转变、从以教师讲授灌输为主向以学生参与体验为主的转变，从而调动学生学习的积极性、主动性和创造性。

“大学生科技创新教育”公共选修课程的开设的重要目的就是通过该课程的学习，使在校生实现从知识传授向能力培养和能力提升的转型。该课程建设过程中取得的理论成果真正实现了我们课程建设的初衷。

教学研究课题：

序号	项目名称	项目来源	起止时间	完成情况
1	基于创业精神与创业能力培养的高校创业教育模式研究	山东省教育科学“十二五”规划课题	2013.11—2014.11	已结项
2	山东省高校毕业生自主创业现状与推进机制研究	山东省职工教育办公室	2013.05—2013.12	已结项
3	基于高校与企业协同创新联合培养人才背景下的高校创业实践教学研究	中国高等教育学会“高等学校仪器设备及实验实践教学研究”专项课题	2013.01—2014.01	已结项
4	地方应用型高校创新创业教育体系深化研究	2015 年山东省本科高校教学改革研究项目	2015-	在研

教学研究论文和教材：

序号	成果名称	发表刊物或出版社	时间
1	大学生科技创新教育	西南财经大学出版社	2014 年 5 月第二版
2	《基于创新创业人才培养的高校创业教育研究》	《高教论坛》	2014 年
3	《基于层次分析法的经管类专业大学生创新创业能力综合评价分析》	《创新与创业教育》	2014 年
4	《创业基础》	西南财经大学出版社	2015 年 8 月第二版

表(续)

序号	成果名称	发表刊物或出版社	时间
5	《创业基础》案例实训	西南财经大学出版社	2015 年 8 月第二版
6	财务管理学案例与实训教程	西南财经大学出版社	2013 年 4 月
7	“地方高校创新创业教育评价”	《教育教学论坛》	2016 年
8	基于国家级大学生创新创业训练计划项目的地方高校创新创业教育评价及影响因素研究	《创新与创业教育》	2016 年

教学研究获奖：

序号	成果名称	获奖名称	获奖时间
1	地方高校经管类专业大学生创新创业教育体系构建与实践	第七届山东省高等教育教学成果三等奖	2014 年
2	《大学生科技创新教育》	山东省高等教育学会第二次优秀高等教育研究成果三等奖	2013 年
3	《创业基础》	优秀教材德州学院二等奖	2015 年
4	《创业基础案例与实训》	优秀教材德州学院三等奖	2015 年

2. 课程建设过程中取得的实践成果

“大学生科技创新教育”课程的开设让学生创新创业意识增强，学生积极参加各级各类大学生科技创新创业竞赛，近三年来仅经管学院的学生就获得省级以上奖项 200 余项。以下是近年来课程负责人指导的获得省级以上奖项的竞赛情况。

指导学生参加大学生科技竞赛部分获奖情况

序号	参加或承办的学生竞赛名称	获奖项目	获奖级别	获奖学生	指导教师
1	山东省电子商务大赛	悠游宅线虚拟旅游网策划书	省一等奖	董如如、王珊珊、陶雪莲、关亮、孔令超	郑晓燕、李亭
2	山东省电子商务大赛	“任务熊猫”跑腿网站	省二等奖	宁洁、匡洁、徐梦蕊、孙兰兰、崔光耀	郑晓燕、冯天忠
3	山东省电子商务大赛	“球英汇”网站创业计划书	省三等奖	周楚涵、鲁洋、王群、杨迎、刘学顺	冯天忠、郑晓燕
4	全国大学生外贸跟单技能大赛	德州学院一队	国家三等奖	高玉玉、宋丛丛	郑晓燕、韩大平
5	全国高校商业精英挑战赛商业信息化创新创业竞赛	“身未动，心已远”策划书	省三等奖	孔令超、董如如、王珊珊、陶雪莲、关亮	郑晓燕、李亭

表(续)

序号	参加或承办的学生竞赛名称	获奖项目	获奖级别	获奖学生	指导教师
6	第三届全国大学生外贸跟单技能大赛	德州学院一队	国家一等奖	周君蔚、陈燕飞	郑晓燕
7	POCIB 全国大学生外贸从业能力大赛（2013—2014 赛季）	德州学院二队	国家特等奖	高玉玉、刘文婷、丁敏、王珊珊、孙丹、黄海平、段晓明、马振云、李新慧、宋月、修亚南、沈思思、孙亚杰、王仪、夏坤、刘海平、张安飞、战丽旭、胡选东、田元元	郑晓燕、毛丽君
8	全国大学生电子商务“创新、创意及创业”挑战赛	“微影时代”——商业微电影策划书	国家一等奖 省特等奖	白壮、左江月、杜文军、孙建强、张冉冉	郑晓燕、任天晓
9	第八届山东省电子商务专业大赛	随意 Show——百变百搭鞋	省一等奖	王泽、刘亭亭、付文帅、李照起	郑晓燕
10	第八届山东省电子商务专业大赛	DIY 生态 E 线餐厅计划书	省二等奖	李惠、李雪婷、王琳琳、刘震、杨殿凯	郑晓燕
11	第三届 POCIB 全国大学生外贸从业能力大赛（2013—2014 赛季）	德州学院二队	国三等奖	陈长丽、丁雪萍、韩晓桐、郝阳阳、郝允昇、李勇、刘丽晓、柳梦楠、潘恒、宋亚楠、孙康、王振国、邢菲、薛孟珂、燕晓、杨欣欣、殷秀娟、尹继民、周璇、朱晓岚	郑晓燕
12	全国大学生电子商务“创意、创新及创业”挑战赛	“你的健康我做主”网络平台策划书	国一等奖、省特等奖	王孝利、单梁、曹彦璐、吴振天、王泽	郑晓燕 姜英华
13	全国大学生电子商务“创意、创新及创业”挑战赛	“络慢递客”寄递服务营销策划书	国家三等奖、省一等奖	徐振飞、李刚、王欣欣、刘庆、牟欣	郑晓燕 姜英华
14	全国大学生电子商务“创意、创新及创业”挑战赛	无鞋可及——“Beauty”换底鞋创业计划书	省三等奖	王泽、贾丽娜、刘亭亭、付文帅、李照起	郑晓燕 孙志胜

3. 课程建设过程中学生培养成效

“大学生科技创新教育”课程既在本院面向工商管理专业的学生作为特色课程开设，同时又面向经管学院的全体在校生作为大学生公民素质教育课的内容之一来开设，通过近几年的课程开设，学生培养成效显著。

（1）学生注册公司

“大学生科技创新教育”课程开设几年来，学生的创新思维、创业意识、创业能力等方面得到较大提升，为学生创新创业打下了坚实基础。目前，经济管理学院已有多个创新创业团队在校期间注册了公司。

经济管理学院 2015 年注册公司汇总表

序号	公司名称	类型	住所	法定代表人	注册资本	成立日期	经营范围
1	德州烨霖食品有限公司	有限公司	德城区大学西路566号德州学院大学生创业孵化基地	武刚	20万元	2015-05-21	食品销售
2	德州营梦摄影有限公司	有限责任公司（自然人投资或控股）	山东省德州市德城区广川街道办事处大学西路566号德州学院大学生创业孵化基地一层8号	陈文文	10万元	2015-06-23	摄影服务；摄影器材租赁；会议及展览服务；服装租赁（依法须经批准的项目，经相关部门批准后方可开展经营活动）
3	德州我爱团计算机信息技术有限公司	有限责任公司（自然人投资或控股）	山东省德州市德城区共青团路聚源小区1号楼门市1-2层1号	王泽	5万元	2015-07-16	计算机信息技术开发（依法须经批准的项目，经相关部门批准后方可开展经营活动）

（2）开设创新创业实验班

为了以创业带动就业，在创业基地开展创业活动，同时也使大家更好地将大学生科技创新教育的理论用于实践，经管学院专门面向在校生成立创新创业实验班、卓越会计师实验班、电子商务班、跨境电子商务班。各具特色的实验班的学员们利用课余时间参加以创新创业为主要内容的课外活动，在增强学生的创新创业亲历体验的同时，也提升了他们创新创业的技能。如创新创业实验班与企业合作，用土法压榨花生油，从花生油的备料，生产，销售等环节，完全由学生独自完成，为学生以后正式走上社会奠定了基础，培养了自己的创业及适应社会的能力。在创业实践中，不断地运用专业知识来解决生产的实际问题，不断通过研究新问题、新难点来促进生产，学生的实践能力与动手能力得到加强，专业技能在实践中得到切实的提高。使学生从上学期间的简单创业活动开始积累，逐步走向自主创业之路，从而实现创业的梦想。

（3）学生创业成果被多家媒体报道

2015 年 5 月，一篇《闫庆玲：90 后女村官立志到基层锻炼 养蘑菇趟富路》的新闻相继被各媒体报道。该新闻讲述了经济管理学院 2014 届毕业生闫庆玲的创业经历。在任职村官时，闫庆玲通过市场调查，帮助社区村民谋福利，开拓思路，奋进创新，带领村民共同致富，成为当地的一段佳话。2017 年闫庆玲由于带领所在当地致富，作为村官被推选为德州市党代表参加党代会。用她的话说：这些成绩的取得都源于在校期间经管学院给他们创造机会参加各级各类创新创业竞赛得到的锻炼。

（二）“大学生科技创新教育”课程建设存在的问题及不足

（1）实践教学目前存在困难。虽然有校企合作建立的实习基地，但很难解决平时批量学生的周实训问题，这是需要我们今后努力改进的方面。

（2）课程录像不够完善。由于录像条件和录像技术受限，目前，本课程的录像录制和网站上传工作存在质量不高现象，完整的教学录像尚需不断补充，完成全程录像后，学生即可利用课余时间补课，巩固重点、难点。

（3）课程在线交流平台功能不够。课程网站虽设计了在线交流平台，但功能较为简单，难以满足在线教学和学生自学的需要，尚需寻求专业技术人员的帮助，完善并提升在线交流平台功能，以期实现课程在线教学和学生在线自主学习。

（4）教学资源不够完善。将继续完善教学活动的网络化，搭建教学交流、讨论和学习的网络平台；及时更新已有的网络资源并补充新准则和税法改革所涉及的知识更新。

（5）“大学生科技创新教育”课程的开设首先受益的是在校大学生，该课程为他们顺利走向社会奠定了良好的理论和实践基础。但由于条件所限，课程实训场所基本没有，所谓实践能力的锻炼只能靠每年开展的大学生科技文化竞赛，有针对性的实训实验室问题急需解决。

（三）针对“大学生科技创新教育”课程的进一步建设目标

（1）进一步完善“大学生科技创新教育”课程网络建设。“大学生科技创新教育”课程网络教学资源建设已初具规模，与本课程有关的教学课件、文献资料、教学资料（包括教学大纲、教学日志、教学计划）已经上网，但网络内容的更新速度不能满足日常教学的需要，课程组将不断丰富、更新现有网络教学材料，完善网络教学内容，进一步做好深入细致的思想工作。

（2）进一步提高师资队伍的整体水平。在目前师资队伍的基础上，一是通过继续引进高学历人才、专家型的创新创业人才和鼓励教师到创新创业教育有特色的大学进修培训学习等方式，不断提高教师的专业化水平。二是鼓励从事创新创业教育的教师参加国内外高水平学术会议，努力将“大学生科技创新教育”的师资队伍建设成为具有学历层次高、业务素质精良、年龄结构和学缘结构合理、教学能力和科研能力强的教师队伍。

（3）提高大家对大学生科技创新教育的重视程度。加强学生对“大学生科技创新教育”课程学习重视程度的教育：一是教育学生对该门课程重要性的认识；二是提高教师的教学水平，注意因材施教、因人施教；三是教育学生通过该门课程的学习养成良好的思维方法，进一步发挥学生自主学习的能力，适当安排一些课堂互动内容，充分发挥学生的主观能动性。

总之，针对“大学生科技创新教育”课程建设过程中发现的问题，我们将在今后的建设工作中，通过不断加强创新创业专业化师资队伍、完善教学环节、创新教学方法与手段，充分利用现代教育技术等加以完善，以实现我们建设该门课程的最终目标，培养出更多的具有创新思维和创新能力和动手能力强、理论基础扎实的创新性复合型人才。

附：大学生科技创新教育课件

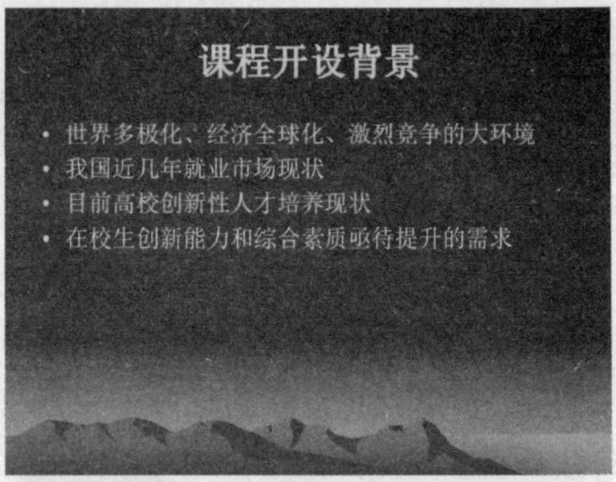

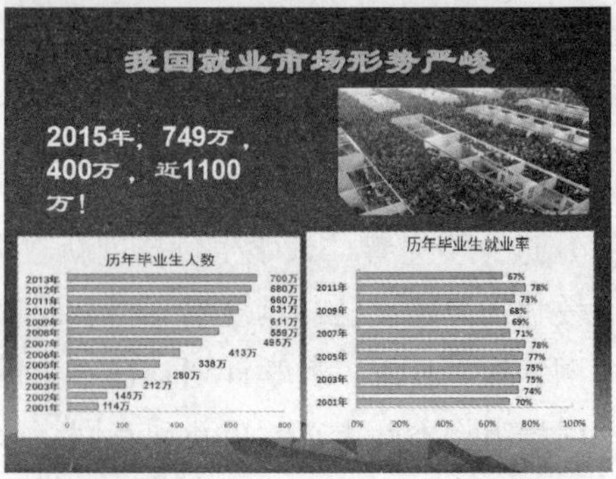

就业能力低于用工需求
就业能力欠缺，造成企业用工难

企业需要的大学生是复合型人才
“出身和学历”不重要

综合素质亟待提升
礼仪气质
语言表达
视野应变
外语计算机

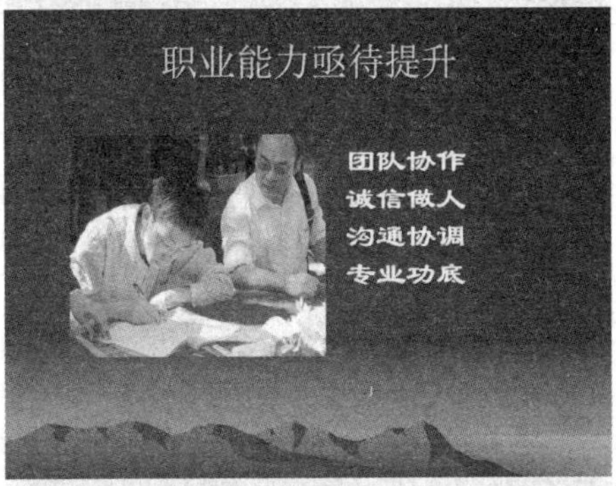
职业能力亟待提升
团队协作
诚信做人
沟通协调
专业功底

为什么我们的学校总是培养不出杰出人才？

loser
北京时间3月9日下午
“人机大战”第一场比赛结束，
AlphaGo获得比赛的胜利
李世石
AlphaGo

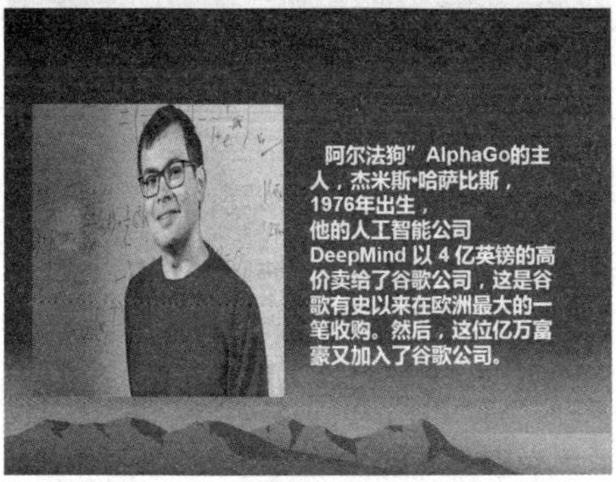
阿尔法狗” AlphaGo的主人，杰米斯·哈萨比斯，1976年出生，他的人工智能公司DeepMind 以 4 亿英镑的高价卖给了谷歌公司，这是谷歌有史以来在欧洲最大的一笔收购。然后，这位亿万富豪又加入了谷歌公司。

发言
view.sdu.edu.cn

北京大学元培学院成立暨2007

2014年9月11日，
李克强总理在第八
届夏季达沃斯论坛
上提出：掀起
的
新浪潮,构建面向人
人的“众创空间”

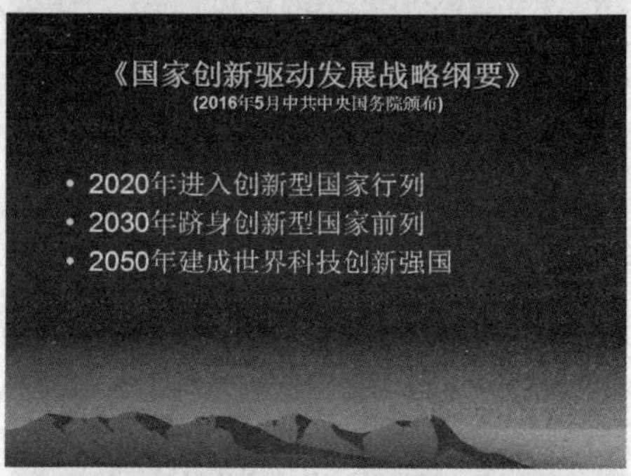
《国家创新驱动发展战略纲要》
(2016年5月中共中央国务院颁布)
• 2020年进入创新型国家行列
• 2030年跻身创新型国家前列
• 2050年建成世界科技创新强国

2015全球竞争力报告
• 中国的国际竞争力位列23位
• 创新竞争力列28位
• 高等教育及培训位居56位

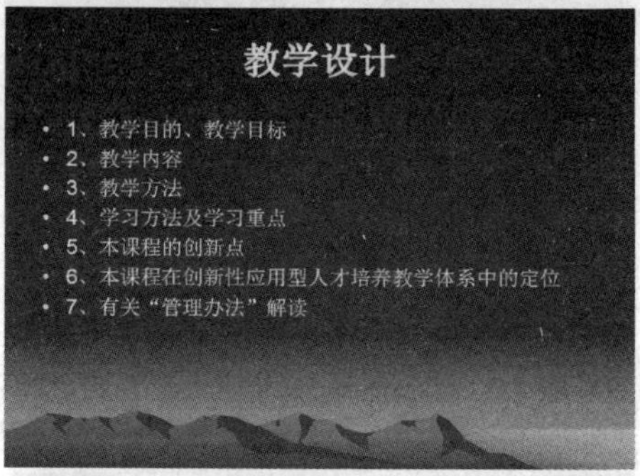
教学设计
• 1、教学目的、教学目标
• 2、教学内容
• 3、教学方法
• 4、学习方法及学习重点
• 5、本课程的创新点
• 6、本课程在创新性应用型人才培养教学体系中的定位
• 7、有关“管理办法”解读

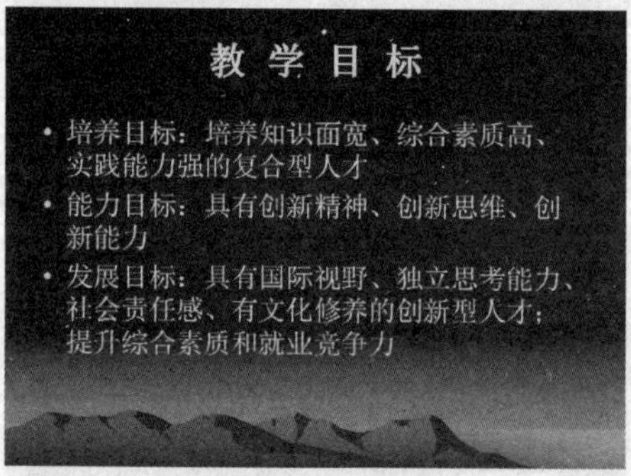
教 学 目 标
• 培养目标：培养知识面宽、综合素质高、实践能力强的复合型人才
• 能力目标：具有创新精神、创新思维、创新能力
• 发展目标：具有国际视野、独立思考能力、社会责任感、有文化修养的创新型人才；提升综合素质和就业竞争力

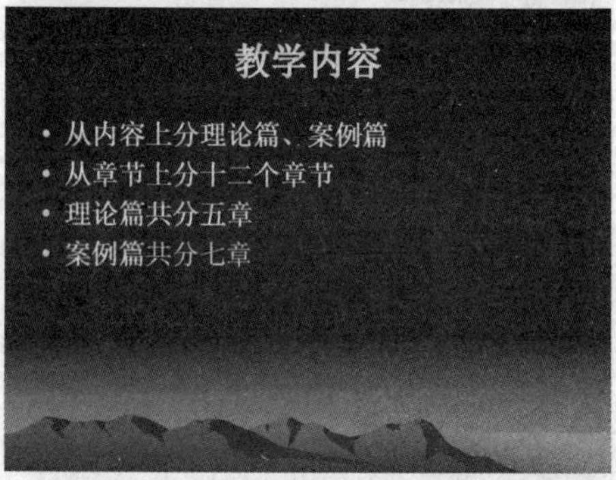
教学内容
• 从内容上分理论篇、案例篇
• 从章节上分十二个章节
• 理论篇共分五章
• 案例篇共分七章

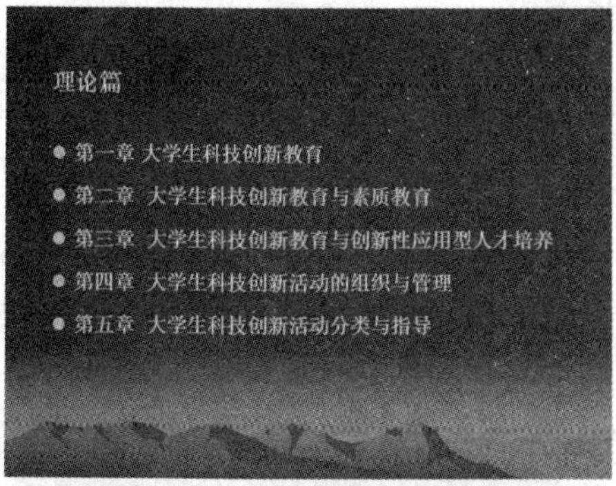
理论篇
第一章 大学生科技创新教育
第二章 大学生科技创新教育与素质教育
第三章 大学生科技创新教育与创新性应用型人才培养
第四章 大学生科技创新活动的组织与管理
第五章 大学生科技创新活动分类与指导

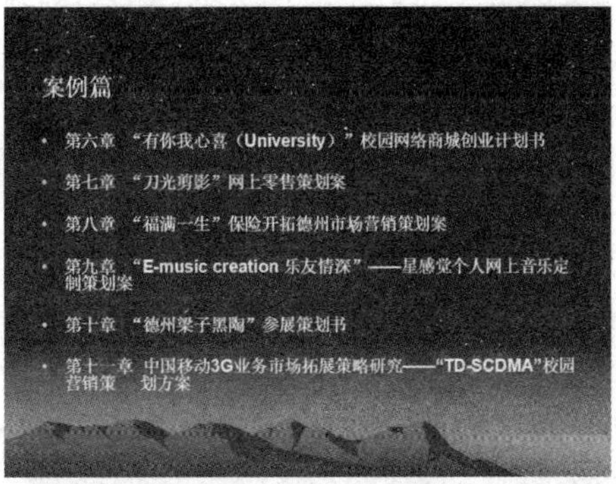
案例篇
第六章 “有你我心喜（University）”校园网络商城创业计划书
第七章 “刀光剪影”网上零售策划案
第八章 “福满一生”保险开拓德州市场营销策划案
第九章 “E-music creation 乐友情深”——星感觉个人网上音乐定制策划案
第十章 “德州梁子黑陶”参展策划书
第十一章 中国移动3G业务市场拓展策略研究——“TD-SCDMA”校园营销策 划方案

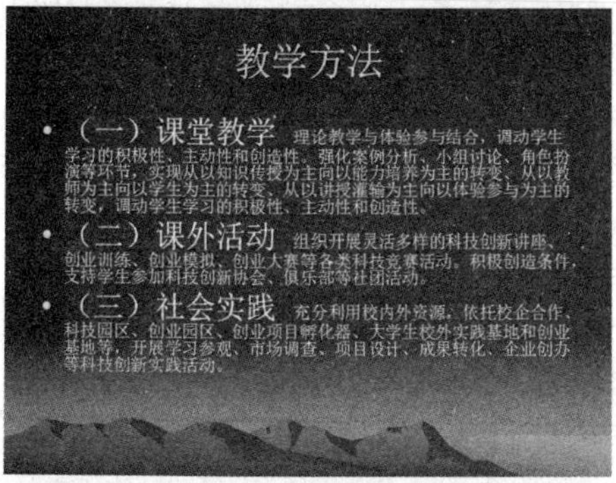
教学方法
（一）课堂教学 理论教学与体验参与结合，调动学生学习的积极性、主动性和创造性。强化案例分析、小组讨论、角色扮演等环节，实现从以知识传授为主向以能力培养为主的转变、从以教师为主向以学生为主的转变、从以讲授灌输为主向以体验参与为主的转变，调动学生学习的积极性、主动性和创造性。
（二）课外活动 组织开展灵活多样的科技创新讲座、创业训练、创业模拟、创业大赛等各类科技竞赛活动。积极创造条件，支持学生参加科技创新协会、俱乐部等社团活动。
（三）社会实践 充分利用校内外资源，依托校企合作、科技园区、创业园区、创业项目孵化器、大学生校外实践基地和创业基地等，开展学习参观、市场调查、项目设计、成果转化、企业创办等科技创新实践活动。

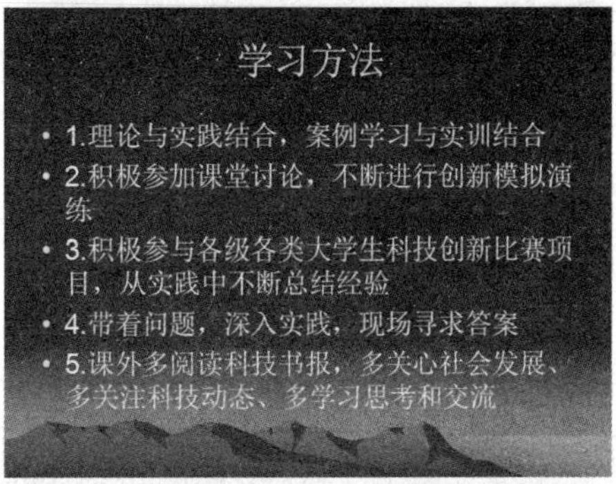
学习方法
1.理论与实践结合，案例学习与实训结合
2.积极参加课堂讨论，不断进行创新模拟演练
3.积极参与各级各类大学生科技创新比赛项目，从实践中不断总结经验
4.带着问题，深入实践，现场寻求答案
5.课外多阅读科技书报，多关心社会发展、多关注科技动态、多学习思考和交流

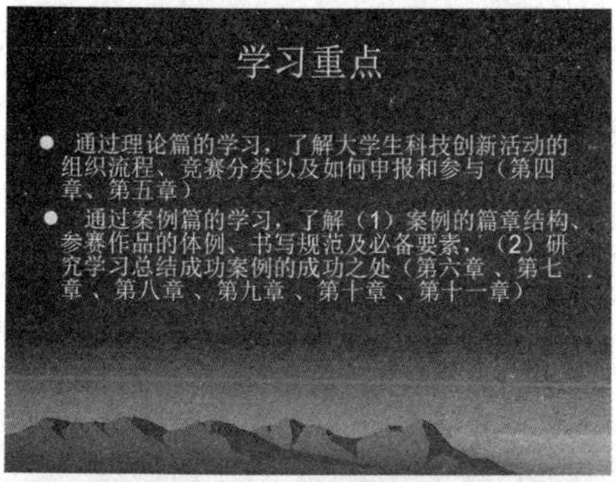
学习重点
通过理论篇的学习，了解大学生科技创新活动的组织流程、竞赛分类以及如何申报和参与（第四章、第五章）
通过案例篇的学习，了解（1）案例的篇章结构、参赛作品的体例、书写规范及必备要素，（2）研究学习总结成功案例的成功之处（第六章、第七章、第八章、第九章、第十章、第十一章）

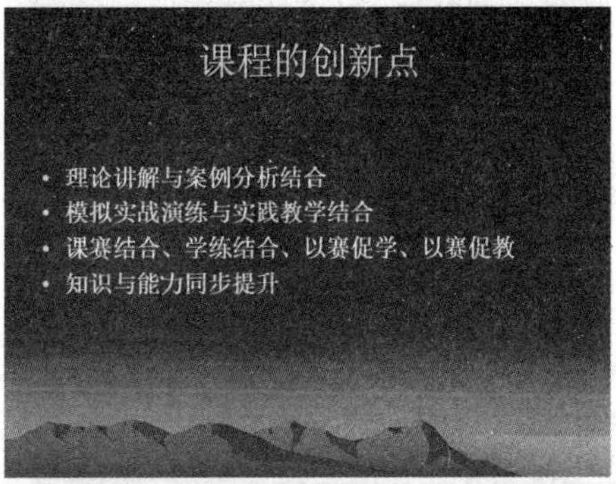
课程的创新点
理论讲解与案例分析结合
模拟实战演练与实践教学结合
课赛结合、学练结合、以赛促学、以赛促教
知识与能力同步提升

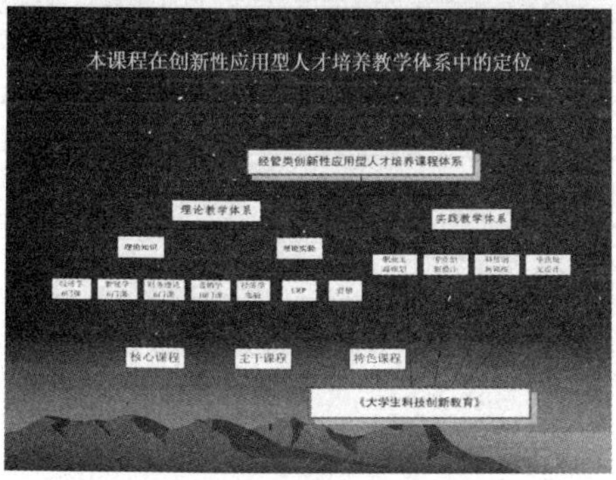
本课程在创新性应用型人才培养教学体系中的定位
经管类创新性应用型人才培养课程体系
理论教学体系
实践教学体系
ERP
核心课程
主干课程
特色课程
《大学生科技创新教育》

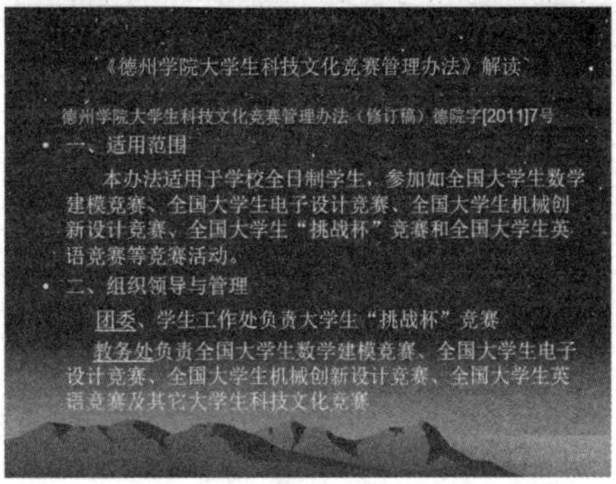
《德州学院大学生科技文化竞赛管理办法》解读
德州学院大学生科技文化竞赛管理办法（修订稿）德院字[2011]7号
一、适用范围
本办法适用于学校全日制学生，参加如全国大学生数学建模竞赛、全国大学生电子设计竞赛、全国大学生机械创新设计竞赛、全国大学生“挑战杯”竞赛和全国大学生英语竞赛等竞赛活动。
二、组织领导与管理
团委、学生工作处负责大学生“挑战杯”竞赛
教务处负责全国大学生数学建模竞赛、全国大学生电子设计竞赛、全国大学生机械创新设计竞赛、全国大学生英语竞赛及其它大学生科技文化竞赛

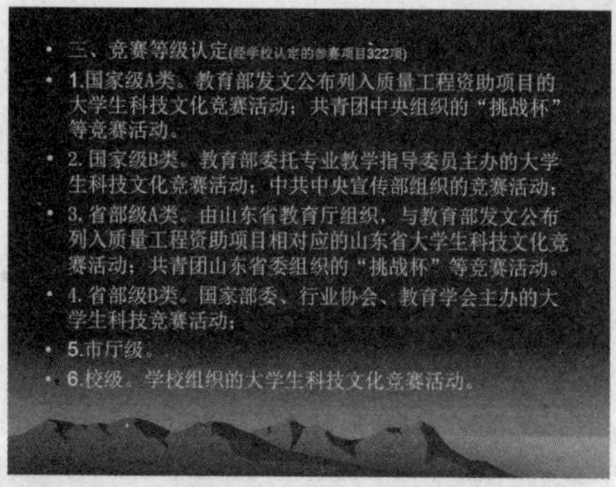
三、竞赛等级认定(经学校认定的参赛项目322项)
1.国家级A类。教育部发文公布列入质量工程资助项目的大学生科技文化竞赛活动；共青团中央组织的“挑战杯”等竞赛活动。
2.国家级B类。教育部委托专业教学指导委员主办的大学生科技文化竞赛活动；中共中央宣传部组织的竞赛活动；
3.省部级A类。由山东省教育厅组织，与教育部发文公布列入质量工程资助项目相对应的山东省大学生科技文化竞赛活动；共青团山东省委组织的“挑战杯”等竞赛活动。
4.省部级B类。国家部委、行业协会、教育学会主办的大学生科技竞赛活动；
5.市厅级。
6.校级。学校组织的大学生科技文化竞赛活动。

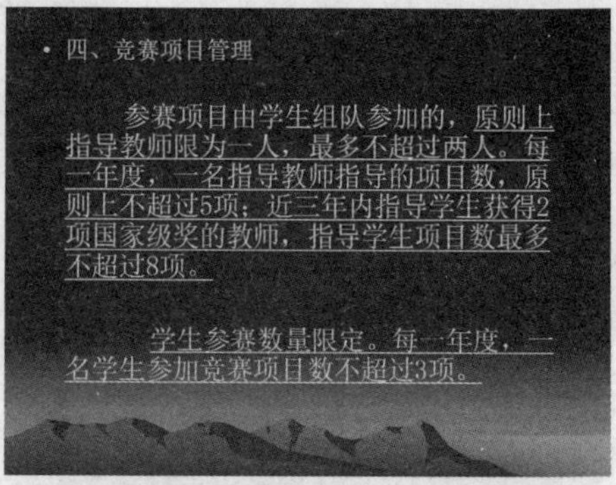
四、竞赛项目管理
参赛项目由学生组队参加的，原则上指导教师限为一人，最多不超过两人。每一年度，一名指导教师指导的项目数，原则上不超过5项；近三年内指导学生获得2项国家级奖的教师，指导学生项目数最多不超过8项。
学生参赛数量限定。每一年度，一名学生参加竞赛项目数不超过3项。

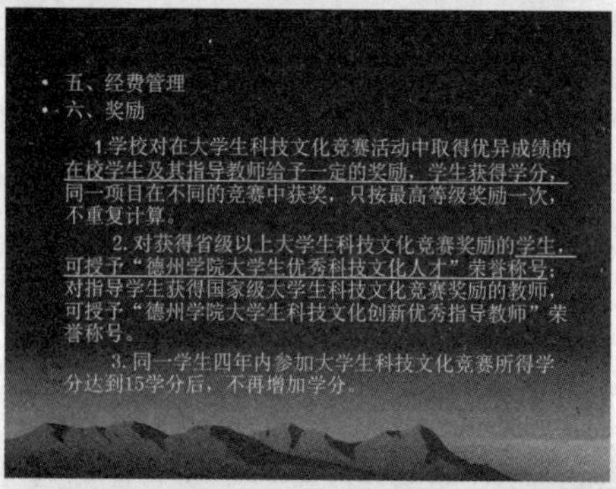
五、经费管理
六、奖励
1.学校对在大学生科技文化竞赛活动中取得优异成绩的在校学生及其指导教师给予一定的奖励，学生获得学分，同一项目在不同的竞赛中获奖，只按最高等级奖励一次，不重复计算。
2.对获得省级以上大学生科技文化竞赛奖励的学生，可授予“德州学院大学生优秀科技文化人才”荣誉称号；对指导学生获得国家级大学生科技文化竞赛奖励的教师，可授予“德州学院大学生科技文化创新优秀指导教师”荣誉称号。
3.同一学生四年内参加大学生科技文化竞赛所得学分达到15学分后，不再增加学分。

德州学院大学生科技文化竞赛类别等级、奖励规定一览表

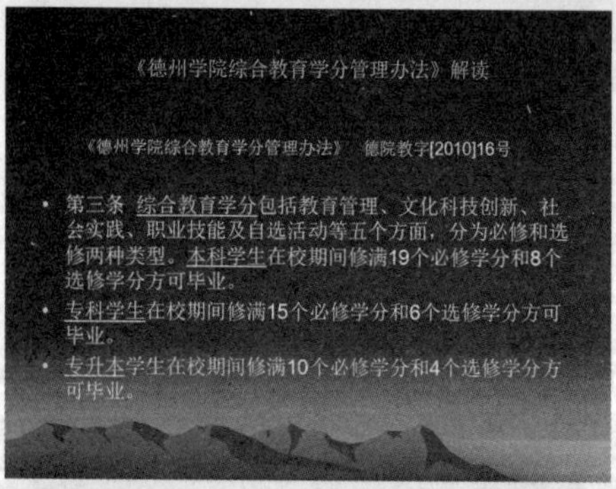
《德州学院综合教育学分管理办法》解读
《德州学院综合教育学分管理办法》 德院教字[2010]16号
第三条 综合教育学分包括教育管理、文化科技创新、社会实践、职业技能及自选活动等五个方面，分为必修和选修两种类型。本科学生在校期间修满19个必修学分和8个选修学分方可毕业。
专科学生在校期间修满15个必修学分和6个选修学分方可毕业。
专升本学生在校期间修满10个必修学分和4个选修学分方可毕业。

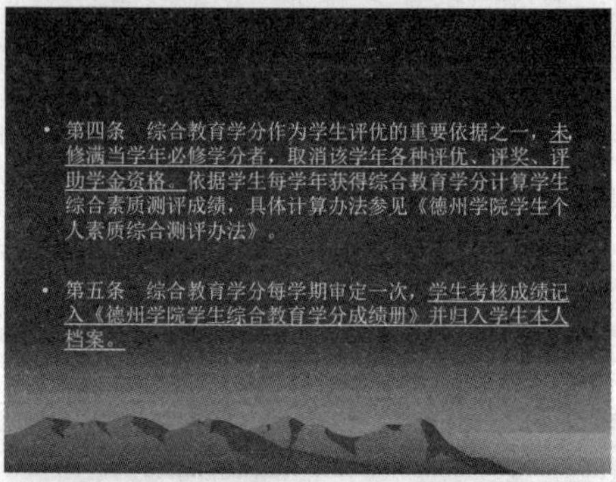
第四条 综合教育学分作为学生评优的重要依据之一，未修满当学年必修学分者，取消该学年各种评优、评奖、评助学金资格。依据学生每学年获得综合教育学分计算学生综合素质测评成绩，具体计算办法参见《德州学院学生个人素质综合测评办法》。
第五条 综合教育学分每学期审定一次，学生考核成绩记入《德州学院学生综合教育学分成绩册》并归入学生本人档案。

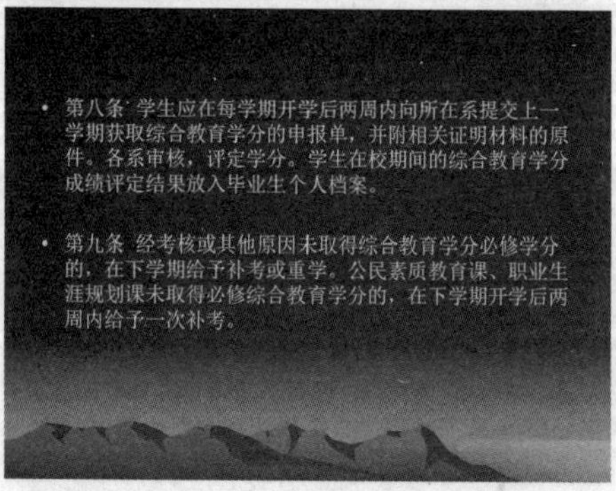
第八条 学生应在每学期开学后两周内向所在系提交上一学期获取综合教育学分的申报单，并附相关证明材料的原件。各系审核，评定学分。学生在校期间的综合教育学分成绩评定结果放入毕业生个人档案。
第九条 经考核或其他原因未取得综合教育学分必修学分的，在下学期给予补考或重学。公民素质教育课、职业生涯规划课未取得必修综合教育学分的，在下学期开学后两周内给予一次补考。

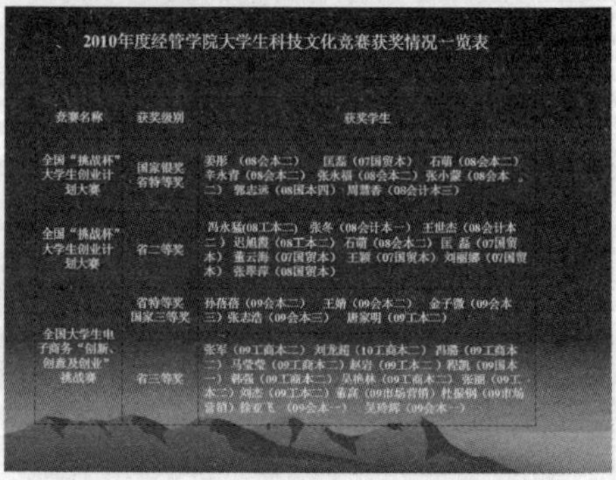
2010年度经管学院大学生科技文化竞赛获奖情况一览表
竞赛名称
获奖级别
获奖学生
全国“挑战杯”大学生创业计划大赛
国家银奖 省特等奖
姜彤（08会本二） 匡磊（07国贸本） 石萌（08会本二）辛永青（08会本二）张永福（08会本二）张小蒙（08会本二）郭志远（08国本四）周慧香（08会计本三）
全国“挑战杯”大学生创业计划大赛
省二等奖
冯永猛(08工本二) 张冬（08会计本一） 王世杰（08会计本二）迟旭霞（08工本二）石萌（08会本二）匡 磊（07国贸本）董云海（07国贸本）王颖（07国贸本）刘丽娜（07国贸本）张翠萍（08国贸本）
全国大学生电子商务“创新、创意及创业”挑战赛
省特等奖 国家三等奖
孙蓓蓓（09会本二） 王婧（09会本二） 金子微（09会本三）张志浩（09会本三） 唐家明（09工本二）
省三等奖

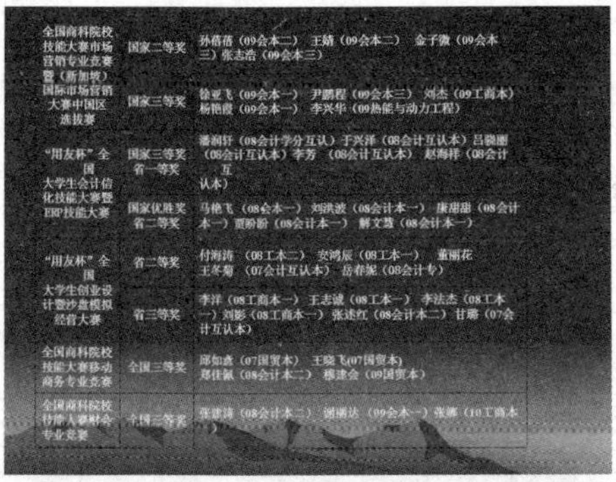

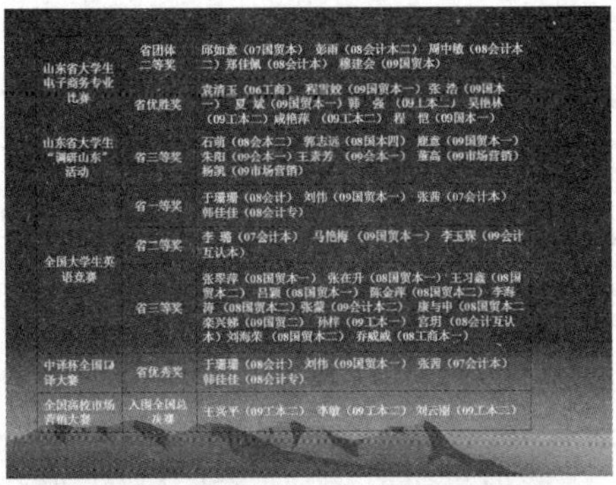

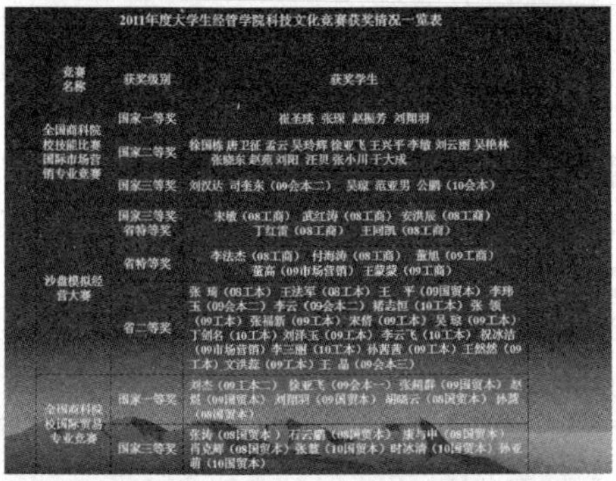

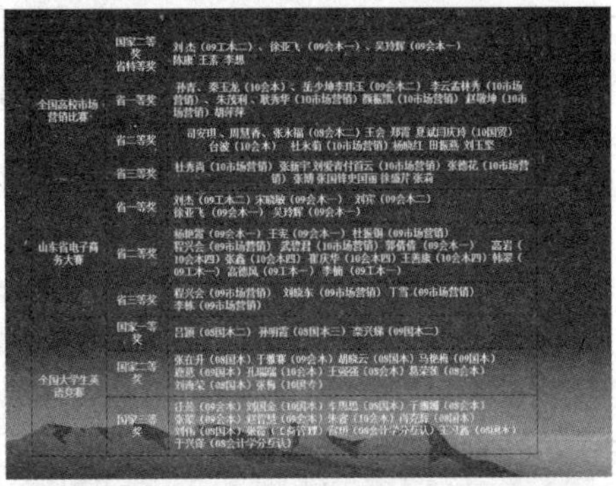

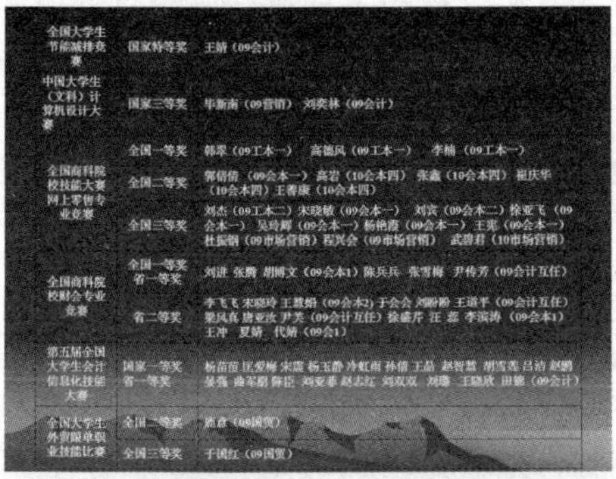

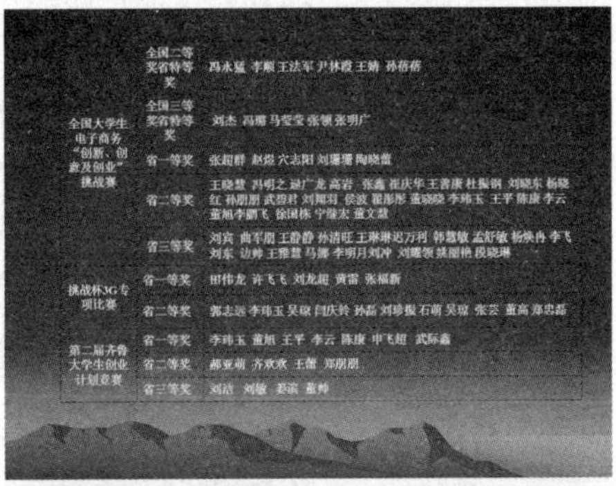

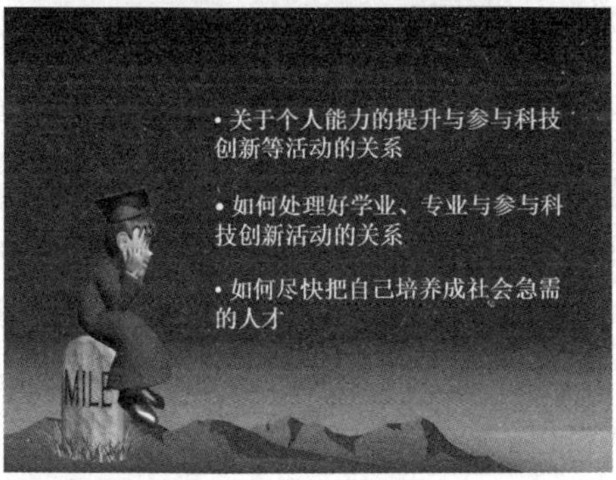
• 关于个人能力的提升与参与科技创新等活动的关系
• 如何处理好学业、专业与参与科技创新活动的关系
• 如何尽快把自己培养成社会急需的人才
MILE

谢谢大家！
E-mail:dzuzhxy@126.com

创新创业教育精品课程群——“创业基础”

一、“创业基础”课程网站

二、课程简介

创业教育始于美国。20 世纪 80 年代，美国开始进入知识经济时代，美国大学的创业教育和大学生的创业活动正是始于这个时期。1998 年 10 月，联合国教科文组织在巴黎召开该组织成立 50 年以来首次世界高等教育会议，发表了《21 世纪的高等教育：展望与行动世界宣言》和《高等教育改革与发展的优先行动框架》。两个文件都强调，必须把培养学生的创业技能和创业精神作为高等教育的基本目标。

我国创业教育经历了摸索阶段、萌芽阶段和发展阶段，当前已进入普及阶段。在创业教育普及阶段，高等学校一方面要通过开展创业教育更好地推进高等教育自身的改革，提高教育教学质量，为推进创业型经济发展和创新型国家建设培养优秀人才；另一方面要通过创业教育提高学生的职业素质和职业能力，促进大学生的有效就业与创业。

随着我院创新性应用型人才培养思路的逐步清晰，“创业基础”先后在经济管理系各专业开设。2010 年，为适应我院培养创业型人才的需要，我院把“创业基础”作为全校所有经济管理类专业学生的必修课和其他非经济管理类学生的选修课。学院和经济管理系加大力量开展“创业基础”课程研究、教学研究、教学资源建设和师资力量培养，成立了专门的课程组，积极建设网络课程，统一教学内容、教学进度、考试内容等。本课程的定位和教学目标更加明确，教学方法不断改进，教学经验得以传承和共享，构建了立体化的教学资料体系，师资队伍得到锻炼，在课程规范和课程建设方面取得了较大进步。

三、“创业基础”建设工作总结

“创业基础”课程是在德州学院基于四位一体理念的山东省创业教育创新实验区任务的要求下，首先在经济管理学院面向全院学生开设的特色课程，该课程的开设带动了全院及全校学生参与创新创业活动的积极性。之后，在 2012 年教育部下发关于在有条件的高等学校开设“创业基础”必修课的文件后，我校实时开设了面向全校学生的公共选修课。每学期有 10 余院系的 30 多个专业的 140 名学生选修该门课程。从开设的效果看，这是一门颇受学生欢迎且适应全体在校大学生学习需要的应用型课程。该课程是具备“热心于高校创新创业教育且经验丰富的师资队伍、完全符合教育部要求的教材和教学内容、创业理论和实践紧密结合的教学方法”的特点的示范性课程。我们建设该精品课程，目的是使创业教育形成一支拥有高水平的学科带头人，科研和教学水平高，力量强，结构合理，长期稳定的师资队伍，把该门课程打造成具有一套体系完善、内容先进、符合培养目标和培养规格及教学基本要求的教学大纲和教学内容的特色课程。

自 2014 年被批准为校级精品课程之后，经过两年多的不懈努力完成了课程建设的立项内容目标，并取得了良好的建设成效，每年学生选课踊跃，连续两年被学生评价为优秀。现将课程建设情况总结如下：

（一）课程建设成效

1. 课程建设过程中取得的理论成果

围绕“创业基础”精品课程，我们使用了两部正式出版的教材《创业基础》和《创业基础案例与实训》，并且根据两部教材的授课教师和学生在使用过程中提出的一些意见和建议不断进行修订和完善。在内容的安排和取舍上，在保持两部教材原有特色的前提下，在结构设计、章节内容、案例选择、实训活动上仍然把创业素质和能力的训练作为主线，以创业型人才基本素质为标准，精心提炼，意在实现从以知识传授为主向以能力提升为主的转变、从以教师讲授灌输为主向以学生参与体验为主的转变，从而调动学生学习的积极性、主动性和创造性。

“创业基础”公共选修课程的开设的重要目的就是通过该课程的学习，使教育教学实现从知识传授向学生能力培养和能力提升的转型。在教学实践中，根据师生反馈意见，经课程授课团队共同研讨决定对课程的周学时数进行调整，由原来的 4 个周学时数变更为 2 学时数。同时，在建设过程中，也取得了一些理论和实践教学成果（见下表）。

教学研究课题：

序号	项目名称	项目来源	起止时间	完成情况
1	基于创业精神与创业能力培养的高校创业教育模式研究	山东省教育科学“十二五”规划课题	2013.11—2014.11	已结项
2	山东省高校毕业生自主创业现状与推进机制研究	山东省职工教育办公室	2013.05—2013.12	已结项
3	基于高校与企业协同创新联合培养人才背景下的高校创业实践教学研究	中国高等教育学会“高等学校仪器设备及实验实践教学研究”专项课题	2013.01—2014.01	已结项
4	地方应用型高校创新创业教育体系深化研究	2015 年山东省本科高校教学改革研究项目	2015-	在研

教学研究论文和教材：

序号	成果名称	发表刊物或出版社	时间
1	大学生科技创新教育	西南财经大学出版社	2014 年 5 月第二版
2	《基于创新创业人才培养的高校创业教育研究》	《高教论坛》	2014 年
3	《基于层次分析法的经管类专业大学生创新创业能力综合评价分析》	《创新与创业教育》	2014 年
4	《创业基础》	西南财经大学出版社	2015 年 8 月第二版
5	《创业基础》案例实训	西南财经大学出版社	2015 年 8 月第二版
6	财务管理学案例与实训教程	西南财经大学出版社	2013 年 4 月
7	“地方高校创新创业教育评价”	《教育教学论坛》	2016 年

表(续)

序号	成果名称	发表刊物或出版社	时间
8	基于国家级大学生创新创业训练计划项目的地方高校创新创业教育评价及影响因素研究	《创新与创业教育》	2016年

教学研究获奖：

序号	成果名称	获奖名称	获奖时间
1	地方高校经管类专业大学生创新创业教育体系构建与实践	第七届山东省高等教育教学成果三等奖	2014年
2	《大学生科技创新教育》	山东省高等教育学会第二次优秀高等教育研究成果三等奖	2013年
3	《创业基础》	优秀教材德州学院二等奖	2015年
4	《创业基础案例与实训》	优秀教材德州学院三等奖	2015年

2. 课程建设过程中取得的实践成果

“创业基础”课程教师指导学生参加大学生科技竞赛部分获奖情况

序号	参加或承办的学生竞赛名称	获奖项目	获奖级别	获奖学生	指导教师
1	山东省电子商务大赛	悠游宅线虚拟旅游网策划书	省一等奖	董如如、王珊珊、陶雪莲、关亮、孔令超	郑晓燕、李亭
2	山东省电子商务大赛	“任务熊猫”跑腿网站	省二等奖	宁洁、匡洁、徐梦蕊、孙兰兰、崔光耀	郑晓燕、冯天忠
3	山东省电子商务大赛	“球英汇”网站创业计划书	省三等奖	周楚涵、鲁洋、王群、杨迎、刘学顺	冯天忠、郑晓燕
4	全国大学生外贸跟单技能大赛	德州学院一队	国家三等奖	高玉玉、宋丛丛	郑晓燕、韩大平
5	全国高校商业精英挑战赛商业信息化创新创业竞赛	“身未动，心已远”策划书	省三等奖	孔令超、董如如、王珊珊、陶雪莲、关亮	郑晓燕、李亭
6	第三届全国大学生外贸跟单技能大赛	德州学院一队	国家一等奖	周君蔚、陈燕飞	郑晓燕
7	POCIB全国大学生外贸从业能力大赛（2013—2014赛季）	德州学院二队	国家特等奖	高玉玉、刘文婷、丁敏、王珊珊、孙丹、黄海平、段晓明、马振云、李新慧、宋月、修亚南、沈思思、孙亚杰、王仪、夏坤、刘海平、张安飞、战丽旭、胡选东、田元元	郑晓燕、毛丽君
8	全国大学生电子商务“创新、创意及创业”挑战赛	“微影时代”——商业微电影策划书	国家一等奖 省特等奖	白壮、左江月、杜文军、孙建强、张冉冉	郑晓燕、任天晓

表(续)

序号	参加或承办的学生竞赛名称	获奖项目	获奖级别	获奖学生	指导教师
9	第八届山东省电子商务专业大赛	随意 Show——百变百搭鞋	省一等奖	王泽、刘亭亭、付文帅、李照起	郑晓燕
10	第八届山东省电子商务专业大赛	DIY 生态 E 线餐厅计划书	省二等奖	李惠、李雪婷、王琳琳、刘震、杨殿凯	郑晓燕
11	第三届 POCIB 全国大学生外贸从业能力大赛（2013—2014 赛季）	德州学院二队	国家三等奖	陈长丽、丁雪萍、韩晓桐、郝阳阳、郝允昇、李勇、刘丽晓、柳梦楠、潘恒、宋亚楠、孙康、王振国、邢菲、薛孟珂、燕晓、杨欣欣、殷秀娟、尹继民、周璇、朱晓岚	郑晓燕
12	全国大学生电子商务“创意、创新及创业”挑战赛	“你的健康我做主”网络平台策划书	国家一等奖、省特等奖	王孝利、单梁、曹彦璐、吴振天、王泽	郑晓燕 姜英华
13	全国大学生电子商务“创意、创新及创业”挑战赛	“络慢递客”寄递服务营销策划书	国家三等奖、省一等奖	徐振飞、李刚、王欣欣、刘庆、牟欣	郑晓燕 姜英华
14	全国大学生电子商务“创意、创新及创业”挑战赛	无鞋可及——“Beauty”换底鞋创业计划书	省三等奖	王泽、贾丽娜、刘亭亭、付文帅、李照起	郑晓燕 孙志胜

3. 课程建设过程中学生培养成效

“创业基础”课程既在经管学院作为特色课程开设，又面向全校学生开设选修课。通过近三年的课程开设，学生培养成效显著。

（1）学生注册公司

“创业基础”课程开设几年来，学生的创新思维、创业意识、创业能力等方面得到较大提升，为学生创业打下了坚实基础。目前，经济管理学院已有多个创业团队在校期间注册了公司，并已开始盈利，收获了自己人生的第一桶金。

经济管理学院 2015 年注册公司汇总表

序号	公司名称	类型	住所	法定代表人	注册资本	成立日期	经营范围
1	德州烨霖食品有限公司	有限公司	德城区大学西路 566 号德州学院大学生创业孵化基地	武刚	20 万元	2015-05-21	食品销售

表(续)

序号	公司名称	类型	住所	法定代表人	注册资本	成立日期	经营范围
2	德州营梦摄影有限公司	有限责任公司（自然人投资或控股）	山东省德州市德城区广川街道办事处大学西路566号德州学院大学生创业孵化基地一层8号	陈文文	10万元	2015-06-23	摄影服务；摄影器材租赁；会议及展览服务；服装租赁（依法须经批准的项目，经相关部门批准后方可开展经营活动）
3	德州我爱团计算机信息技术有限公司	有限责任公司（自然人投资或控股）	山东省德州市德城区共青团路聚源小区1号楼门市1-2层1号	王泽	5万元	2015-07-16	计算机信息技术开发（依法须经批准的项目，经相关部门批准后方可开展经营活动）

（2）开设创新创业实验班

为了以创业带动就业，在创业基地开展创业活动，成立了创新创业实验班、卓越会计师实验班。实验班的学员们利用课余时间参加以创新创业为主要内容的课外活动，增强学生创新创业的亲历体验，提升创新创业技能。实验班与企业合作，用土法压榨花生油，花生油的备料、生产、销售等环节，完全由学生独自完成，为学生以后正式走上社会奠定了基础，培养了自己的创业及适应社会的能力。在创业实践中，不断地运用专业知识来解决生产的实际问题，不断通过研究新问题、新难点来促进生产，学生的实践能力与动手能力得到加强，专业技能在实践中得到切实提高，使学生从上学期间的简单创业活动开始积累，逐步走向自主创业之路，实现心中创业的梦想。

（3）学生创业成果被多家媒体报道

2015年5月，一篇《闫庆玲：90后女村官立志到基层锻炼 养蘑菇趟富路》的新闻相继被各媒体报道。该新闻讲述了经济管理学院2014届毕业生闫庆玲的创业经历。在任职村官时，闫庆玲通过市场调查，帮助社区村民谋福利，开拓思路，奋进创新，带领村民共同致富，成为当地的一段佳话。2017年闫庆玲由于带领所在当地致富，作为村官被推选为德州市党代表参加党代会。用她的话说：这些成绩的取得都源于在校期间经管学院给他们创造机会参加各级各类创新创业竞赛得到的锻炼。

（二）“创业基础”课程建设过程中存在的问题及不足

（1）课程网站建设中在线交流平台功能不完善。课程网站设计了在线交流平台，但功能较为简单，难以满足在线教学和学生自学的需要，尚需寻求专业技术人员的帮助，完善并提升在线交流平台功能，以期实现课程在线教学和学生在线自主学习。

（2）实践教学目前存在困难。虽然有校企合作建立的实习基地，但很难解决平时批量学生的周实训问题，这是需要我们今后努力改进的方面。

（3）师生共同参与的创新创业科研项目少，目前实践能力的锻炼多数靠大学生科技文化竞赛，创业实践能力的提升受到限制。

（4）“创业基础”课程开设过程中，由于条件所限，有针对性的虚拟社会商业环境的创业实验室缺乏问题亟待解决。

（三）“创业基础”课程今后建设目标

（1）力争使“创业基础”课程在不远的将来成为我校的公共必修课。围绕教育部以及山东省关于对创业教育的文件精神的要求，结合社会对大众创业、万众创新的支持，希望学校职能部门做好顶层设计，做好宣传和引导。从教师和学生两大群体出发，提倡教师将创业教育与教师的专业课教学有机结合，使其成为教师培养学生实践能力的有力抓手。另外，对学生进行正确的引导，为他们提供参与创新创业的平台和机会。力争“创业基础”课程在不远的将来成为我校的公共必修课，让广大学生受益。

（2）进一步完善“创业基础”课程网络建设。“创业基础”课程网络教学资源建设已初具规模，与本课程有关的教学课件、文献资料、教学资料（包括教学大纲、教学日志、教学计划）已经上网，但网络内容的更新速度不能满足日常教学的需要，课程组将不断丰富、及时更新现有网络教学材料，完善网络教学内容。

（3）进一步提高师资队伍的整体水平。在目前师资队伍的基础上，通过继续引进高学历人才、专家型的创新创业教学师资和鼓励教师到创新创业开展得有特色的高校单科进修等方式，不断提高教师的教学水平。鼓励教师参加国内外创新创业的学术会议，努力将“创业基础”的师资队伍打造成创新创业理论水平高、专业技能强、独具我校创新创业特色的教师队伍。

附件：“创业基础”课件

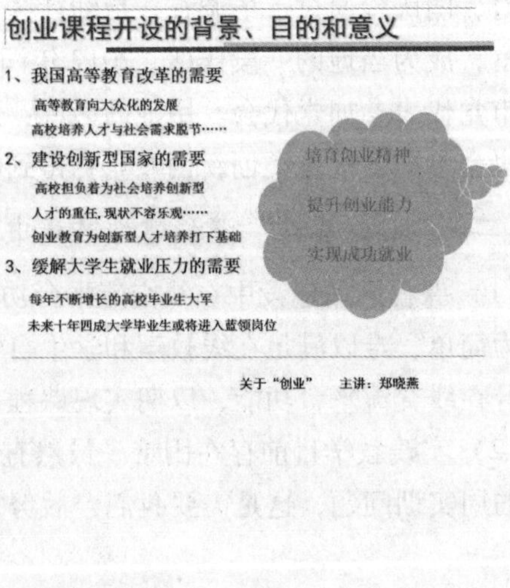

创业教育发展历程

中国创业教育理念的提出

- 1989年，北京召开“面向21世纪教育国际研讨会”提出“创业教育”，并称之为“第三本教育护照”
- 1991年，《面向21世纪教育振兴计划》提出“加强对教师和学生的创业教育，鼓励创办高新技术企业”
- 2012年8月1日，教育部印发了《普通本科学校创业教育教学基本要求(试行)》，明确规定在在普通高等学校开展创业教育

【教育部：将创业教育设为本科必修课】

关于“创业”　主讲：郑晓燕

大众创业、万众创新

2014年9月11日，李克强总理在第八届夏季达沃斯论坛上提出：掀起大众创业、万众创新的新浪潮，构建面向人人的“众创空间”……

关于“创业”　主讲：郑晓燕

以创新引领创业 以创业带动就业

2015年全国普通高校毕业生就业创业工作网络视频会议

积极推动毕业生自主创业，力争实现大学生创业人数和比例有明显增长。要加强创新创业教育，强化学生创业实践和分类指导，建立健全创业成果和学分转化教学管理制度，实行弹性学制，支持大学生休学创业。

关于“创业”　主讲：郑晓燕

关于“创业”　主讲：郑晓燕

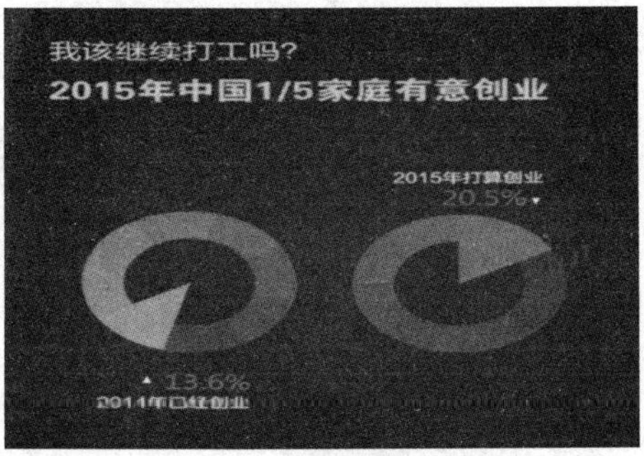

关于“创业”　主讲：郑晓燕

关于“创业”　主讲：郑晓燕

关于“创业”　主讲：郑晓燕

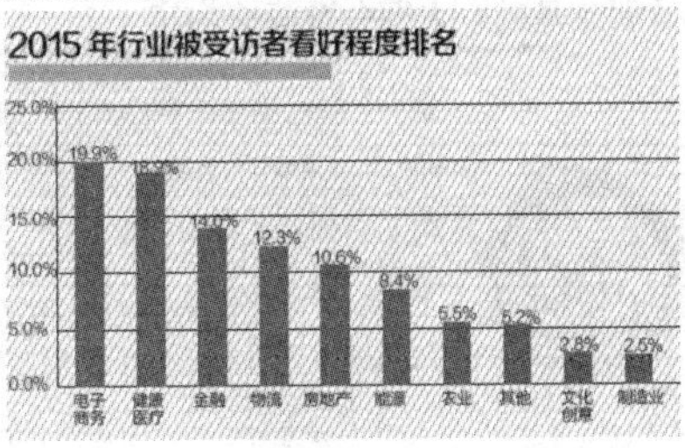

关于“创业”　主讲：郑晓燕

关于“创业” 主讲：郑晓燕

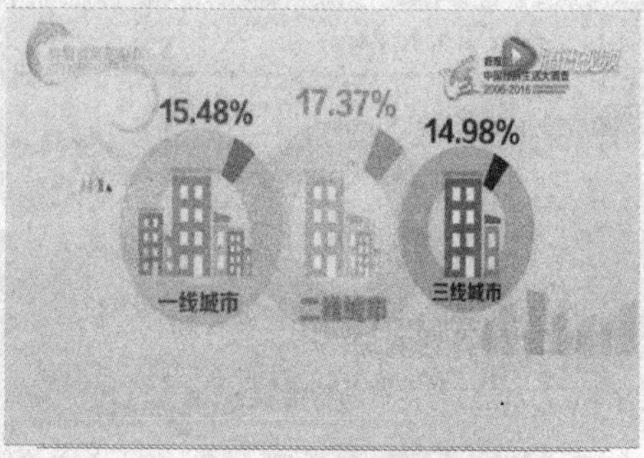

关于“创业” 主讲：郑晓燕

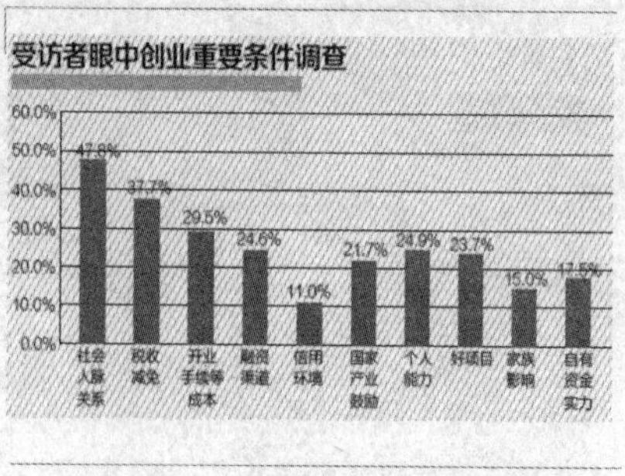

关于“创业” 主讲：郑晓燕

关于“创业” 主讲：郑晓燕

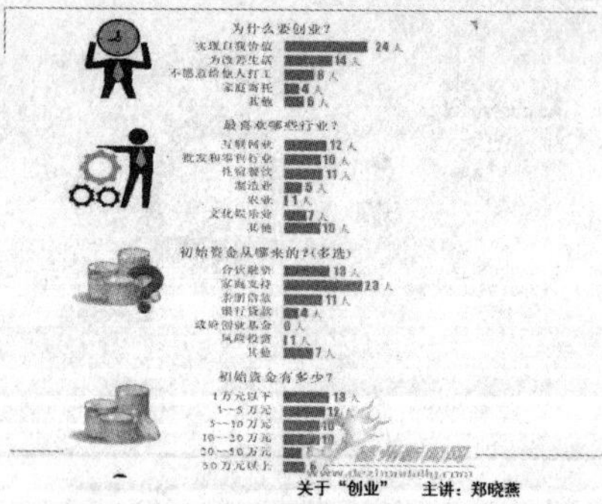

关于“创业” 主讲：郑晓燕

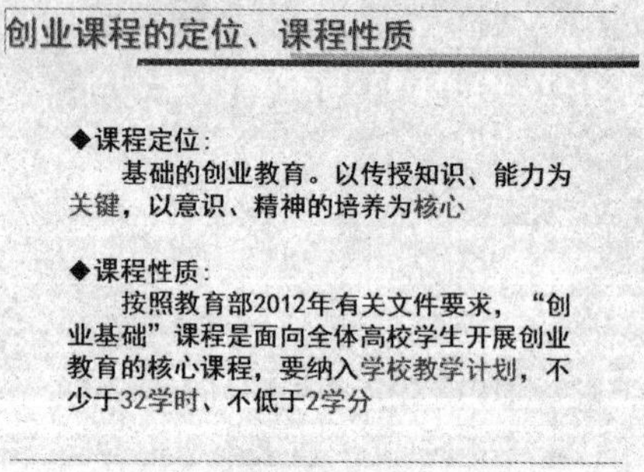

关于“创业” 主讲：郑晓燕

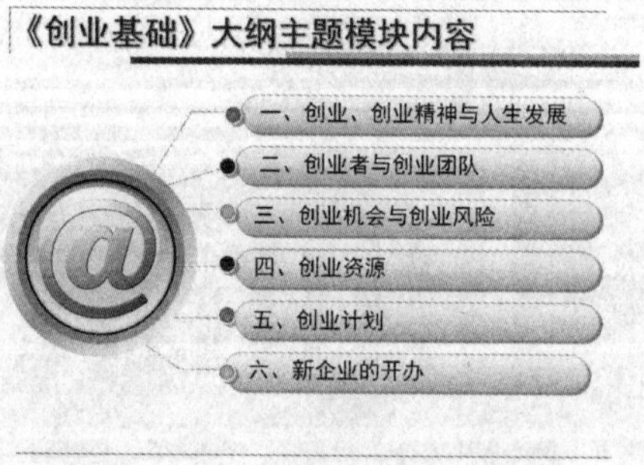

关于“创业” 主讲：郑晓燕

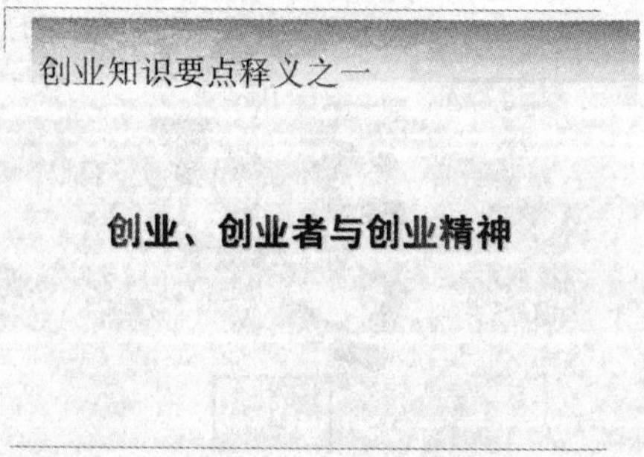

关于“创业” 主讲：郑晓燕

狭义的创业
是指有创业意愿和创业能力的劳动者通过自筹资金、自找项目、自主经营、自负盈亏、自担风险创办公司、合作组织或者开展个体经营的活动。

企业是指依法设立的以盈利为目的、从事商品的生产经营和服务活动的独立核算的经济组织。

广义的创业是指成就事业。

关于“创业”　主讲：郑晓燕

创业的要素：

机会：创业成功的首要因素。

团队：创业的关键组成要素。

资源：创业不可或缺的因素。

关于“创业”　主讲：郑晓燕

饭
www.flymeal.
飞饭外卖订餐网

创业机会的把握

“飞饭外卖订餐平台”是中国最先进的网络订餐O2O平台之一。成立于2009年10月，由西安交通大学2名研究生联合创建。到2011年9月份，飞饭线上拥有外卖餐厅超过6000家，覆盖7所高校、8个城区，每天上千人的外卖选择，是西安地区主要的外卖订餐服务平台。

关于“创业”　主讲：郑晓燕

关于“创业”　主讲：郑晓燕

创业者需具备的创业特质

关于“创业”　主讲：郑晓燕

创业者的关键特质：

1、果断决策。面对新环境时能立即采取行动，制定并实施明确的行动方案。（行动力）

2、创新思维。在寻找目标，尝试各种方法的过程中突破思维定势。（好奇心）

3、坚韧毅力一旦明确目标，绝不轻易放弃。（忍耐力）

关于“创业”　主讲：郑晓燕

成功创业者的特质举例

（1）**不断创新**（福布斯30岁以下30人创业榜-应向阳）

（2）**善于学习**（北大法学硕士买米粉）

（3）**充满激情**（“西少爷”肉夹馍成功经验）

（4）**勇于冒险**（敢于“第一个吃螃蟹”的史玉柱）

（5）**勤奋坚持**（“新东方”的创始人俞敏洪）

（6）**有一定的成长经历\学历背景**

（7）**杰米斯与他的“阿尔法狗”**（好奇心）

关于“创业”　主讲：郑晓燕

福布斯30岁以下30人创业榜---应向阳

2014年11月，福州友宝电子科技有限公司（“邮宝智能快递终端”）收入700万元。目前，应向阳的团队已获得4项专利，另有6项发明专利正在公示，拥有的专利在同行业最多。

关于“创业”　主讲：郑晓燕

北大法学硕士卖米粉
伏牛堂
《我硕士毕业为什么卖米粉》
为什么做这个?他说我爱这个，我说你会这个吗?他说因为我爱这个，所以我就拿出我法学硕士的这个智商，来研究这个。
----投资人与张天一的对话
关于"创业"　主讲：郑晓燕

loser
北京时间3月9日下午
"人机大战"第一场比赛结束，
AlphaGo获得比赛的胜利
李世石
AlphaGo
关于"创业"　主讲：郑晓燕

"阿尔法狗"AlphaGo的主人，杰米斯·哈萨比斯，1976年出生，他的人工智能公司DeepMind以4亿英镑的高价卖给了谷歌公司，这是谷歌有史以来在欧洲最大的一笔收购。然后，这位亿万富豪又加入了谷歌公司。
关于"创业"　主讲：郑晓燕

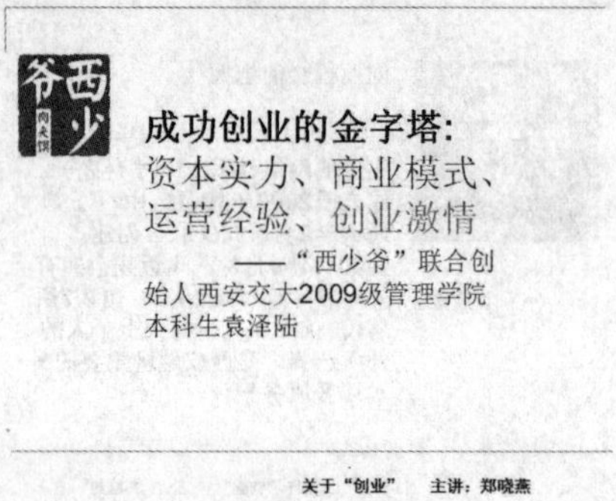
西少爷
成功创业的金字塔：
资本实力、商业模式、
运营经验、创业激情
——"西少爷"联合创始人西安交大2009级管理学院本科生袁泽陆
关于"创业"　主讲：郑晓燕

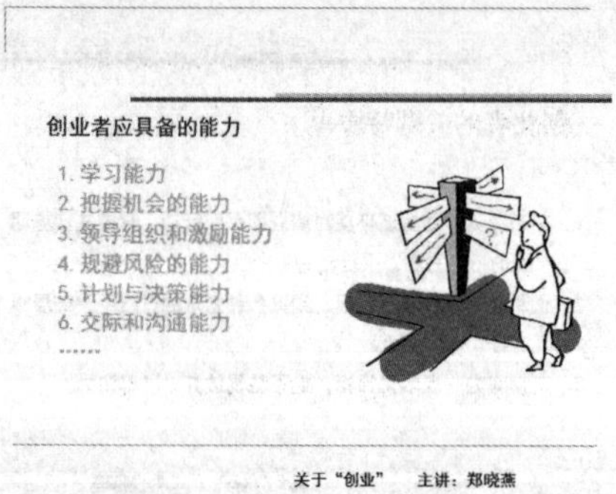
创业者应具备的能力
1. 学习能力
2. 把握机会的能力
3. 领导组织和激励能力
4. 规避风险的能力
5. 计划与决策能力
6. 交际和沟通能力
……
关于"创业"　主讲：郑晓燕

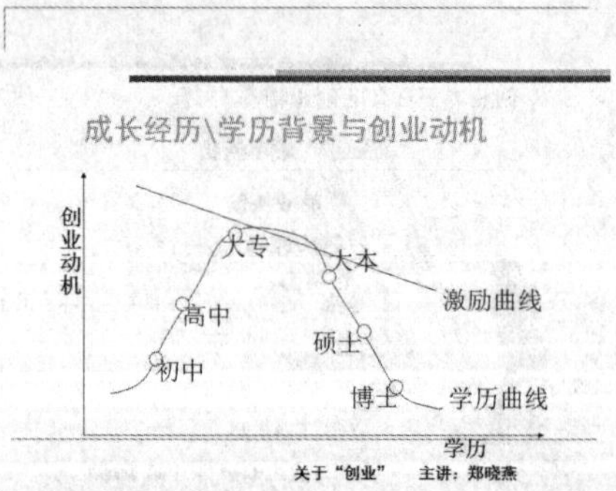
成长经历\学历背景与创业动机
创业动机
大专
大本
激励曲线
高中
硕士
初中
博士
学历曲线
学历
关于"创业"　主讲：郑晓燕

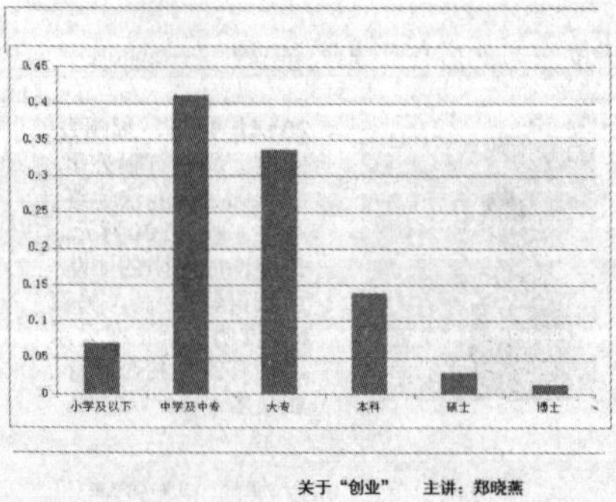
0.45
0.4
0.35
0.3
0.25
0.2
0.15
0.1
0.05
0
小学及以下
中学及中专
大专
本科
硕士
博士
关于"创业"　主讲：郑晓燕

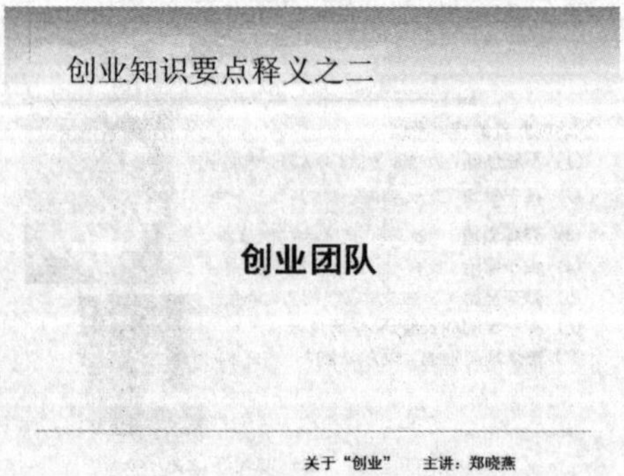
创业知识要点释义之二
创业团队
关于"创业"　主讲：郑晓燕

创业知识要点释义之二

创业团队的构成要素（5p）

- 1、创业团队的定位(place)
- 2、目标(purpose)
- 3、人(people)
- 4、计划(plan)
- 5、权限(power)

关于“创业” 主讲：郑晓燕

视频1：大雁团队精神
视频2：狼之团队合作
视频3：三个和尚（团队合作的心理）

关于“创业” 主讲：郑晓燕

牛大坊
niudafang.com

邓毓博，是兰州大学应用数学专业博士，2011年计算机专业博士后毕业，曾在兰州大学信息学院任教。邓毓博告诉记者，他的“牛大坊兰州牛肉拉面研发团队”核心成员有5人，其中有2个硕士，1个博士，2个为博士后。

邓毓博是兰州本地人，2013年9月开始筹备开设“网络牛肉面馆”---牛大坊源于他的博士后同学在兰州旅游时，曾有连吃两碗牛肉面的经历，打动了自小就有牛肉面情结的兰州人邓毓博。

关于“创业” 主讲：郑晓燕

邓毓博的团队找到了一位兰州本地从事牛肉面行业30余年的老师傅。**汤**---买了好几口大锅，一次买20多斤牛肉熬汤。**面**---邓毓博团队将超市、农贸市尝淘宝网上适合的面条全都买了回来，逐个试吃--挂面、湿面、真空冻干面、烘干面，吃了近5个月的面条。经过8个月的反复试验，一款零添加防腐剂，保质期一年的“网络版牛肉面”问世了。**销售**--邓毓博邀请了近500名兰州本地人和200余名外地人，进行了试吃。200多个牛肉面礼盒，在表弟的婚礼上，送给每位来宾。

关于“创业” 主讲：郑晓燕

2015年1月20日，作为甘肃兰州“名片”的牛肉拉面，2014年末，经博士团队改良研制后，变身全国首款原汤型可携带食品在网络平台上热卖。上线销售8小时就有100个订单，12天里一共售出了1万份。“我们的愿望是让全国各地甚至国外的客人，随时随地都能吃到与在兰州街头一样的牛肉面。”

关于“创业” 主讲：郑晓燕

创业知识要点释义之二

创业团队案例：

1、新东方创业团队---中国第一个海外成功上市的民营教育机构

2、西游记西天取经团队----黄金组合团队

关于“创业” 主讲：郑晓燕

创业知识要点释义之三

创业机会与创业风险

关于“创业” 主讲：郑晓燕

关于“创业” 主讲：郑晓燕

《福布斯》中文版公布了2013年“中国30位30岁以下创业者”名单，应向阳，出生于1989年的西安小伙，以福州友宝电子科技有限公司“邮宝智能快递终端”创始人兼CEO的身份上榜。应向阳的另一个身份是福建师范大学教育学院教育技术专业大四学生。“邮宝”已从最初在福州试点，发展到北京、上海等10多个城市500多个网点，用户覆盖近60万人，日处理快递数约10000件。

关于“创业”　主讲：郑晓燕

随着近年网购日渐火爆，许多高校门口常见的景象是：一群学生在快递“小山堆”中找寻快件。应向阳正是其中的一员，有时候电力实验正做到紧要关头，却接到电话说从深圳网购的元器件和芯片已经到了。由于下一步的实验就要用到元器件，所以他不得不为了收快递而中断实验。

那要是有一个设备，能让快递员把包裹放到里面去，然后用户有空时再去领，是不是方便很多？要是有这样的设备，网购的人不用担心因没人在家而出现“门把手签收”、“消防栓签收”这样的神签收；也不用担心家里只有老人或小孩时，被假快递员入室抢劫……

关于“创业”　主讲：郑晓燕

风险：在确定网点时，最难的是成本和位置的选择。希望设备放在位置显眼、方便快递员停放车辆的地方，但许多小区面积不大，不适合作为网点。在西安铺设网点时，由于“网点很分散，造成设备浪费”，公司损失了100多万元。
在风险防控上，自己考虑不周，眼下有几十万元尾款未收回。另外，总有一些不够诚信的客户，只有通过调整合同违约责任等方法来维护公司的合法权益……

关于“创业”　主讲：郑晓燕

大学生创业被坑，背上百万债务

山东交通学院一学生23岁开公司，没想到请来的总经理是骗子

23岁的田丽欣是山东交通学院即将毕业的学生。同时，他还是济南帝佰机械科技有限公司的董事长。2013年7月，还是大三学生的田丽欣创建了自己的公司。本来前景光明的公司，因为“遇人不淑”，命运大转折。田丽欣任命相识仅一个月的殷浩明为总经理，对方偷用公司公章，与脚手架租赁公司签订合同，随后倒卖了脚手架。这样一来，田丽欣和公司背负了百万债务。

本报记者　张玉君

“发明大王”创业
23岁当董事长

关于“创业”　主讲：郑晓燕

缺少法律意识风险意识 创业者可能会吃大亏

山东泰泉律师事务所王红瑞律师介绍，这个案件争议的焦点在于田丽欣在签订共同承担债务协议书时是否受胁迫。如果田丽欣有足够的证据证明，他是在人身自由受到极大限制的情况下签订该协议，那么，根据法律规定，田丽欣可以申请法院撤销该协议。不过从目前法院的判决情况来看，田丽欣递交的证据不能达到法院裁定撤销该协议的标准，所以，田丽欣需要进一步补充证据。这是该案能否扭转的关键。

对此，智库创吧总经理李铭分析说，这起案子反映出这名刚刚起步的创业者没有风险意识，没有充分考虑到公司的经营风险。同时，也体现了他法律意识的淡薄。

成立公司，就需要对外承担责任，在成立之初就应当有比较健全的规章制度，法律条文的约束是十分有必要的。“公司的规章制度不是应付工商或税务的纸上谈兵，而是能真正起到规避经营风险的作用。”李铭说。

关于“创业”　主讲：郑晓燕

识别创业机会的一般过程（举例）

1. 机会搜索：现有企业、专利、产品许可证、特许专营、研究机构、大学
2. 机会识别：行业展览、客户需求、分销商和批发商、竞争者、咨询机构
3. 机会评价：蒂蒙斯等评价标准，最终创造和识别你的创业机会

关于“创业”　主讲：郑晓燕

创业风险概述

创业风险的分类

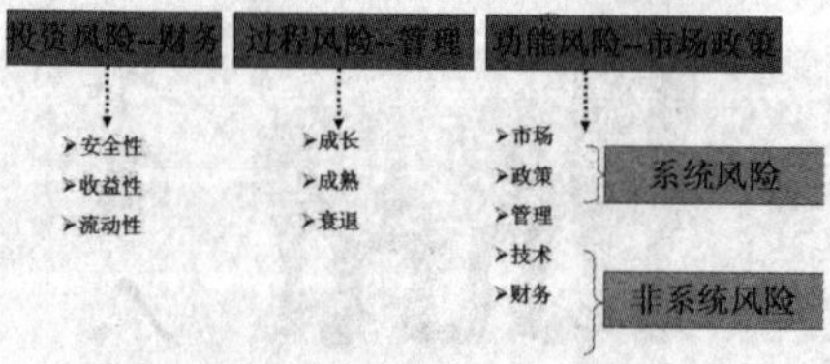

关于“创业”　主讲：郑晓燕

风险防范的策略

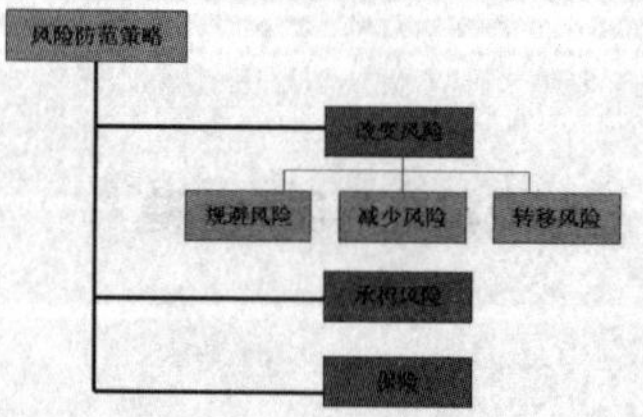

关于“创业”　主讲：郑晓燕

商业模式概述

商业模式（Business Model）是指一个完整的产品、服务和信息流体系。包括每一个参与者和其在其中的作用，以及每一个参与者的潜在利益和相应的收益来源和方式。

商业模式是一种将产品或服务实现商业化的过程，这一过程包含了：

价值创造

价值传递

利润获取

现代企业竞争不是产品的竞争，而是商业模式的竞争---德鲁克

关于"创业" 主讲：郑晓燕

商业模式的发展

店铺模式

搭售模式

B2B模式Business To Business

B2C模式business to customer

020模式Online To Offline

广告收益模式

"店商+电商+零售商"的复合模式（云商）

关于"创业" 主讲：郑晓燕

中国最先进的网络订餐O2O平台之一。飞饭线上拥有外卖餐厅超过6000家，覆盖7所高校、8个城区，每天上千人的外卖选择，是西安地区主要的外卖订餐服务平台。

关于"创业" 主讲：郑晓燕

植入互联网思维的"西少爷"

2014年4月8日，北京市五道口。清华大学门外不远处一个超市广场上，"西少爷"肉夹馍第一家店开业了。这是一个不足10平方米。

"凭各家互联网公司的工牌和名片吃一周"。

合伙人的"码农"的身份，履历中不乏腾讯、阿里巴巴、百度、小米、搜狐、宝洁和普华永道等大公司的名字。

采集"大数据"线上线下互动助推销量的优势。

关于"创业" 主讲：郑晓燕

2014年5月开业这一天，"西少爷"仅肉夹馍就卖了1500个。开业100天里，五道口店销售了20万个肉夹馍。

2014年结束时，他们的"五家店"销售超过100万个肉夹馍，经过新一轮融资扩张筹划之后，2015年的"西少爷"计划增开到30家店以上，营业收入超过1亿元。

关于"创业" 主讲：郑晓燕

创业知识要点释义之四

创业资源

关于"创业" 主讲：郑晓燕

创业资源

资源就是任何一个主体，在向社会提供产品或服务的过程中，所拥有或者所能够支配的能够实现自己目标的各种要素以及要素组合。

创业资源是企业创立以及成长过程中所需要的各种生产要素和支撑条件。而创业本身也是一种资源的重新整合。简单地说，"创业资源"就是创业者所需具备的一些创业条件。

创业资源不在于拥有，而在于整合。

不是在有资源情况下去创业，而是在资源少的时候如何最优化，在没有资源的情况下找机会。

关于"创业" 主讲：郑晓燕

创业资源

- 五类创业资源
  - 技术资源
  - 信息资源
  - 人力资源
  - 资金资源
  - 社会资源

创业就是如何有效地整合上述资源

关于"创业" 主讲：郑晓燕

创业资源

需要什么资源？

何时需要资源？

如何获得资源？

关于“创业”　主讲：郑晓燕

张天一生于1990年，伏牛堂创始人，北大法学硕士。今年四月，他写的《我硕士毕业为什么卖米粉》在朋友圈广为传播，“硕士粉”一时成为热词。
论资源：一是他说因为我爱这个，所以我就拿出我法学硕士的这个智商，来研究这个。二是在这个互联网时代，我能精准地找到北京大约30到40万接受我这个口味的湖南人。我不需要满足2000万人的胃。

关于“创业”　主讲：郑晓燕

2014 年4月成立。凑了10万块钱，开了一家30平的，自嘲为一流的商圈、十流的位置的牛肉米粉店。
团队资源：团队成员从原来的4个人变成14个人，场所由30平方变成了180平。
霸蛮衫，湖南人就明白其中意思。现在已经卖掉300多件。

关于“创业”　主讲：郑晓燕

在三个月的时间，卖了15301碗粉，目标就是要卖掉10万碗粉。一直做到让所有的湖南人爱辣的人把我的面吃到山穷水尽。得到真格投资创始人徐小平的肯定和投资

关于“创业”　主讲：郑晓燕

技术资源------ 大学生创业的关键资源

自有的技术
团队的技术
购买的技术
挖来的技术
技术外包

关于“创业”　主讲：郑晓燕

信息资源----- 大学生创业的关键资源

- 市场信息
- 项目信息
- 资金信息
- 政府法规信息
- ……

信息资源不对称

关于“创业”　主讲：郑晓燕

人力资源----企业健康起步和持续成长的关键资源，

- 初始创业者
  - 提出核心理念的人
  - 牵头组织资源的人
  - 带领团队实施的人
  - ……

关于“创业”　主讲：郑晓燕

人力资源

创业激情
教育背景
工作经验
社会关系

- 核心成员
- 管理团队
- 其他人脉资源
- …

关于“创业”　主讲：郑晓燕

社会资源----需要挖掘和争取的资源

政府部门资源、金融部门资源

- 政府法规
  - 特别是新近发布的创业政策
- 政府是信息的主要产生地
- 政府是信息的主要扩散渠道

关于“创业” 主讲：郑晓燕

融资渠道

创业资金来源

（一）个人资金
（二）向亲朋好友融资
（三）天使投资
（四）商业银行贷款
（五）信用担保体系融资
（六）创业投资
（七）风险资本
（八）政府项目

关于“创业” 主讲：郑晓燕

中国的天使投资

- http://www.myvc.com.cn/
- http://www.vc20.cn/

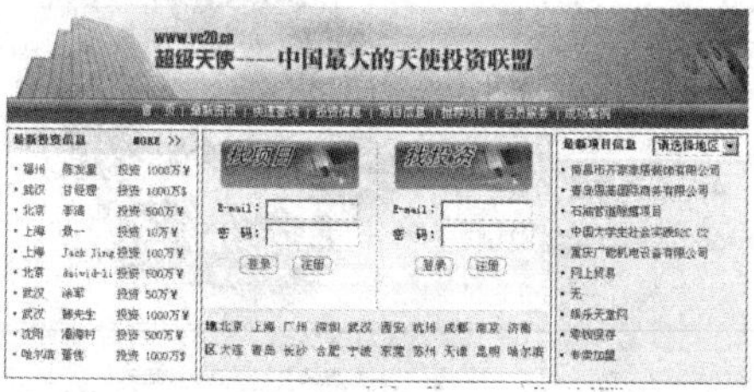

兼职猫获百万级天使投资：大四学生获多家VC追
2013 年 10 月，“兼职猫”的第一个版本上线
2014 年 4 月，“兼职猫”拿到创新谷的 100 万元天使投资，9 月完成 Pre-A 轮融资。王锐旭说，“兼职猫”目前估值已经过亿。“兼职猫”已经覆盖全国 40 多个城市，拥有 100 多万学生用户和 3 万多企业用户。
“兼职猫”每天收到的岗位申请次数接近 1 万，申请成功率在 80% 以上。

关于“创业” 主讲：郑晓燕

王锐旭---2015年1月28日被李克强总理接见的90后创业者。是一个典型的潮汕创业者，大学四年，他没少折腾。用他自己的话说，“校园里能赚钱的事情我们都做过”。大学四年他不仅没有挂科，还获得各种奖学金5次，曾获得创新创业训练项目国家、省级立项各一项，还获得了“中国优秀科普志愿者”、“千名志愿者”称号，首届广州青年创意创业大赛一等奖，“2014挑战杯”广东省创业实践赛金奖，“粤港澳”移动互联网设计大赛一等奖等三十多个奖项。

关于“创业” 主讲：郑晓燕

关于“创业” 主讲：郑晓燕

2014年3月获得了IDG数百万天使轮投资，2014年7月获得了顶级投资机构数千万A轮投资

郭列出生于 1989 年，华中科技大学毕业后加入腾讯，2013 年离开腾讯创业，并于 2013 年底创办脸萌，2014年 6 月，脸萌居于 APP 排行榜第一。

关于“创业” 主讲：郑晓燕

创业知识要点释义之五

创业计划

关于“创业” 主讲：郑晓燕

创业计划书

定义：创业计划书用以描述与拟创办企业相关的内外部环境条件和要素特点，为业务的发展提供指示图和衡量业务进展情况的标准。包括市场营销、财务分析、生产管理、人力资源（团队）等相关计划的综合体。

是创业的行动导向和路线图

关于“创业”　主讲：郑晓燕

创业计划书

作用：是一份全方位的商业计划，其主要用途是递交给投资商。以便于他们能对企业或项目做出评判，吸引借款人和投资者，从而使企业获得融资。创业计划书有相对固定的格式，它几乎包括反映投资商所有感兴趣的内容。解决三个“W”的问题

关于“创业”　主讲：郑晓燕

创业计划基本结构

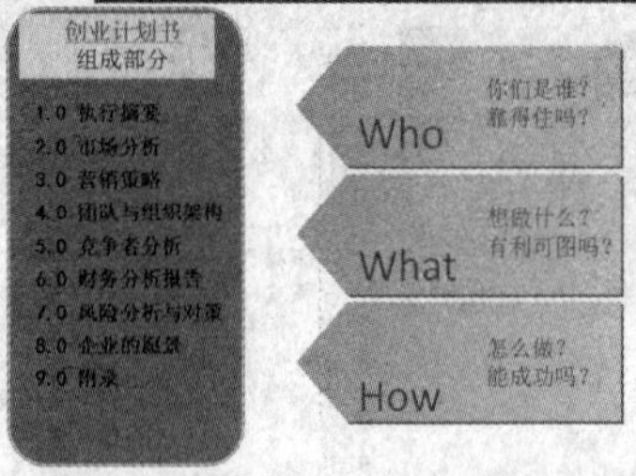

关于“创业”　主讲：郑晓燕

市场调查

主要内容：

1、经营环境调查
2、市场需求调查
3、顾客情况调查
4、竞争对手调查
5、市场营销策略调查

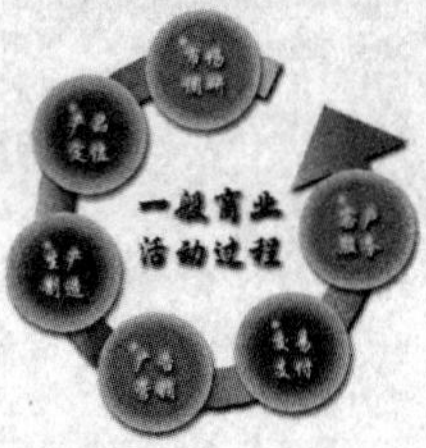

关于“创业”　主讲：郑晓燕

市场定位

首先通过调查明确你的客户群是谁？他们需要什么？他们何时购买？在哪里购买？他们为什么购买（市场的5W）。以便于进行市场定位。没有最好的产品，只有最好的定位。

关于“创业”　主讲：郑晓燕

竞争分析

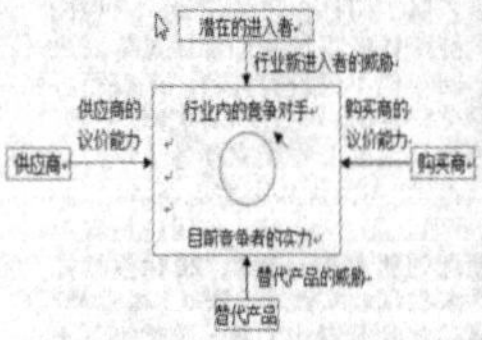

关于“创业”　主讲：郑晓燕

目标客户

指企业产品针对的对象，是企业产品的直接购买者或使用者。目标顾客要解决的根本问题是，企业准备向哪些市场区间传递价值。

包括消费者市场、生产者市场、中间商市场、政府市场、国际市场

关于“创业”　主讲：郑晓燕

SWOT分析

优势（Strength）	劣势（Weakness）
1、擅长什么 2、组织中有什么新技术 3、能做什么别人做不到的 4、和别人有什么不同 5、顾客为什么来 6、最近因何成功	1、什么做不到 2、缺乏什么技术 3、别人有什么比我们好 4、不能够满足何种顾客 5、最近因何失败
机会（Opportunity）	**威胁（Threat）**
1、市场中有什么适合我们的机会 2、可以学什么技术 3、可以提供什么新的服务 4、可以吸引什么新的顾客 5、怎么可以与众不同 6、组织在5-10年的发展	1、市场最近有什么改变 2、竞争者最近在做什么 3、是否赶上顾客需求的改变 4、政经环境改变是否会伤害到组织 5、是否有什么事情可能会威胁到组织的生存

关于“创业”　主讲：郑晓燕

营销策略

企业中心	4P：	产品 价格 渠道 销售 product price place promotion
顾客中心	4C：	顾客 成本 便利 沟通 consumer cost convenience communication
企业和顾客	4R：	关联 反应 关系 回报 relevance reaction relationship reward

关于“创业” 主讲：郑晓燕

财务报表

财务报表亦称对外会计报表，是会计主体对外提供的反映会计主体财务状况和经

三个主要报表

资产负债表

现金流量表

利润表

当老板钱一定要算清楚，

否则吃大亏哦！

关于“创业” 主讲：郑晓燕

部分创业计划书的启发

关于“创业” 主讲：郑晓燕

创业知识要点释义之六

新企业的开办

关于“创业” 主讲：郑晓燕

成立新企业

企业开办的相关概念：法人、企业法人、法定代表人、企业性质、公司章程、注册资金

企业的注册类型： 个体工商户、个人独资企业、合伙企业、有限责任公司、股份有限公司

创业相关的法律：专利法、商标法、著作权法、反不正当竞 争法、公司法、合同法、产品质量法、劳动法等

关于“创业” 主讲：郑晓燕

1、注册企业

1	核名	到工商局领取并填写“企业（字号）名称预先核准申请表”，检索是否重名，核发“企业（字号）名称预先核准通知书”
2	租房	签订租房合同，提供房产证的复印件
3	编写合同章程	在工商局网站下载样本，修改后，由所有股东签名
4	刻私章	法人私章（方形的）
5	领取银行询证函	到会计事务所领取“银行询证函”：必须是原件，会计事务所盖鲜章
6	开立公司验资户	需带公司章程、工商局发的核名通知、法人代表的私章、身份证、用于验资的钱、空白征询函表格
7	办理验资报告	银行出具的股东缴款单、银行盖章后的征询函、公司章程、核名通知、房租合同、房产证复印件、到会计事务所办理验资报告

关于“创业” 主讲：郑晓燕

1、注册企业

8	注册公司	到工商局领取并填写系列表格，带上核名通知、公司章程、房租合同、房产证复印件、验资报告，3个工作日后可领取营业执照
9	刻章	凭营业执照，到公安局指定的刻章社，去刻公章、财务章
10	办理企业组织机构代码证	凭营业执照到技术监督局办理，发预先受理代码证明文件，凭文件可以办理税务登记证、银行基本户开户手续。15个工作日后可领取企业组织机构代码证
11	开立公司基本户	携带营业执照正本原件、身份证、组织机构代码证、公章、财务章、法人章等
12	办理税务登记	领取执照的30日内到当地税务局申请领取税务登记证。办理时必须有一会计，出具会计资格证和身份证
13	申请领购发票	到国税局申请发票，每个月按时报税（即便是零申报也要报）

关于“创业” 主讲：郑晓燕

新企业成立、生存与管理

关于“创业” 主讲：郑晓燕

叫个鸭子"创始人曲博2004年加入百度，任百度贴吧第一届管理员，自19岁至今在百度工作10年，期间未离开，离职前全面负责百度大事件及节日营销，百度核心用户体系搭建。
"叫个鸭子"外卖品牌从2014年5月已经浮出水面，当时有些投资人已经盯上该项目。

关于"创业"　主讲：郑晓燕

准备规划组织阶段：
1、名号响，"叫个鸭子"满足你对鸭子的一切幻想
2、噱头炫，配送人员佩戴谷歌眼镜、开酷炫的Mini Cooper车 。目的有二：1）用户在微博、微信上点击"叫个鸭子"的那一刻是处于好奇，而自身好奇与对鸭肉美味的垂涎才把用户转化为消费者，消费者进行消费行为，此时消费者需要的 是惊喜；2）眼镜记录下消费者惊喜的表情，分享到网上（如果他们允许），日后做成Video送给消费者，制造第二次尖叫。
3、特制包装盒印象小创意，如每份鸭子另购土豪鸭蛋仅限5枚
"叫个鸭子"成立于2014年，中餐连锁品牌，以自制秘方烹制的鸭子为主打产品，取材河北白洋淀无催化的生态鸭。

关于"创业"　主讲：郑晓燕

运营管理阶段："叫个鸭子"团队其他成员，主要来自互联网及媒体行业，是一群热爱传统美食的85后、90后吃货。目前，团队约50人。
"叫个鸭子"在半年时间内，吸引了六位天使投资人参与到"叫鸭大军"，其中包括有华谊兄弟创始人王中磊、黄太吉创始人赫畅等。六位天使投资人对"叫个鸭子"的宣传意义远大于他们的资金投入。
"叫个鸭子"的未来还不在"鸭子"身上，苦心研究鸭子的周边产品。把"叫个鸭子"品牌打响。只有想不到没有做不到，只要做就会出个结果。

关于"创业"　主讲：郑晓燕

创业常见的困难

1、创业初期，身兼数职，压力倍增
2、资金短缺，无法扩大再生产
3、生意冷清，没有达到预想成效
4、接待客户，
……

关于"创业"　主讲：郑晓燕

大学生创业优惠多多

- 自2013年起，山东省一次性创业补贴标准大幅提高，首次领执照并正常经营1年以上，给予一次性3000元创业补贴；吸纳3人及以上补5000元.
- 大学生创业资金不足的可申请最高10万元小额担保贷款
- 自2013年10月起，临沂大学生自主创业最高可获10万元，不超过2年的无息贷款.
- 2013年10月29日，新华网登载时评：国务院明确取消公司最低注册资本限制，降低创业的成本……

关于"创业"　主讲：郑晓燕

大学生创业优惠多多（举例）

大学生花1元钱就可申办个体工商户

本报2013年6月4日讯(记者 李榕) 23岁的刘杰是德州学院2009级工商管理专业的学生,去年创办了德州市第一家由在校生注册的有限责任公司,并在全省创业大赛中获得德州赛区一等奖。然而临近毕业,刘杰却放弃创业,选择去找一份工作,"在某种程度上,就业也是一次很好的创业"

关于"创业"　主讲：郑晓燕

"做最大的大学生服务类网站"

2013年06月04日　来源：齐鲁晚报

"麻雀虽小,五脏俱全。"说起自己正在经营的"麻雀网",即将毕业的大四学生张浩一脸兴奋。24岁的张浩就读于德州学院2009级经管系国际贸易专业,目前已经有了两个经营性网站,有一支最多达到过50人的团队,两家网站已经开始盈利……即将去北京工业大学读研究生,他希望借助研究生的平台将网站做大。"团队中4、5个人已经确定要跟我一同去北京,我的目标是将'麻雀网'的总部设在北京,把它发展成为全国最大、最全的专属大学生的服务类网站。"

关于"创业"　主讲：郑晓燕

管理团队

张浩

CEO

创业演讲。2014年10月，创立融美科技，2015年5月份，融美科技上海分公司成立，2015年10月20日，张浩代表融美科技接受了CCTV“赢在品牌”节目的专题采访。2015年一年累计销售额突破1000万，融美科技市场占有率达到30%，稳居市场前三名。

张浩，德州学院经济管理学院国际经济与贸易级2009学生，早在大学期间就创办了专属于大学生的求职网站-求职空间。获得德州日报、德州电视台、德州晚报专题报道，并且被德州电台评为德州四大杰出青年。之后创办了专属于大学生的分类信息网站-麻雀网，获得齐鲁晚报的专访。研究生读书期间，创办B2B电子商务网站-商渠网，被中国青年报、北京晚报争相报道，并且经常受邀在各大高校做创业演讲。

关于“创业”　主讲：郑晓燕

融美科技张浩 V

1月22日 16:55 来自 iPhone 6s Plus

融美科技：做p2p网贷平台，做众筹网站，做APP理财软件，做征信系统，做第三方支付系统，就找融美科技。我们掌握互联网金融核心技术。官网：网页链接

北京·富顿中心B座

关于“创业”　主讲：郑晓燕

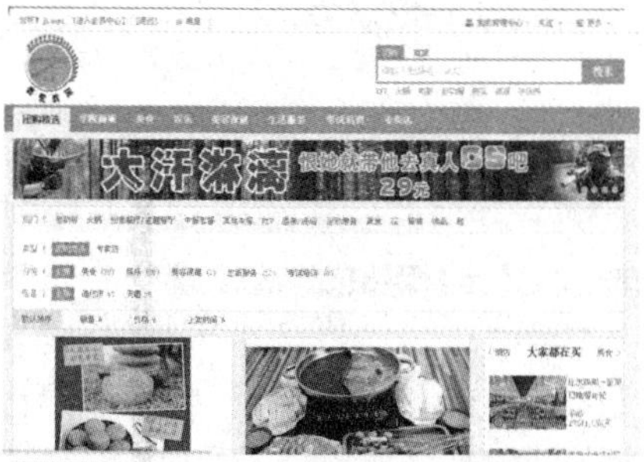

关于“创业”　主讲：郑晓燕

王冰崧，1991年出生
经管学院2011级工商管理专业学生
在校期间创业注册公司—梅斯塔桑有限公司，如今他经营着一家以香水分销为主要业务的电子商务公司
德州青年创业的代表人物之一
2010年用借来的2000元创业摸索，到北京批发衣服，自己当模特，在淘宝上卖

关于“创业”　主讲：郑晓燕

不折不扣的“香水百科”

与众不同的“香水玩家”

关于“创业”　主讲：郑晓燕

关于“创业”　主讲：郑晓燕

结束语

祝大家学业有成！
祝大家创业成功！

今天很残酷，明天很残酷，后天很美好！— 马云

关于“创业”　主讲：郑晓燕

谢谢大家

联系方式：13515340988
E-mail：dzuzhxy@126.cn

关于“创业”　主讲：郑晓燕

创新创业教育精品课程群——“创业融资”

一、“创业融资”课程网站

二、课程简介

“创业融资”是德州学院创业教育课程群五大核心课程之一，属于创业教育创新实验区学生必修课，也是全校公共选修课。本课程以培养学生的创新精神、训练学生创业能力为理念实施教学，由相子国教授主讲，课程总课时为 32 学时。

该课程是在“证券投资”和“个人理财技巧”两门公选课的基础上发展形成的，经过近10年的教学实践和不断摸索，已形成一支成熟的教学团队，教学理念也日渐清晰。近两年来，创业融资教学团队根据教育部对高等教育开展创新创业教育的要求，以主要培养学生的创业精神和创业融资能力为课程的教学目标，重新设计了创业融资课程内容和相应教学方法，全面构建了科学的教学体系，最终形成了以培养学生创业中的资金筹集技巧和实践操作能力为核心的理论和实践教学体系，完成了自编教材、教学课件、案例库等课程相关资源的建设，确保了课程的教学质量。

三、“创业融资”建设工作总结

“创业融资”课程是基于山东省创业教育创新实验区建设，面向全校有志于创新创业的学生和创业教育创新实验班开设的一门公共选修课。

（一）本课程建设目标

本课程是在“创业基础”课程开设后的一门创业教育继续教学课程，旨在传授学生创业融资的测算、融资手段以及融资风险等知识，培养学生降低融资成本、防范金融风险的意识，增强其创业竞争力。

（二）本课程建设情况

（1）本课程2014年获得学校精品课程建设立项。当年组建了相子国、杨颖、许本强、孙志胜和彭萍五人组成的课程建设团队，开展“创业融资”课程研究与教材的编写工作。

（2）2014年9月，杨颖在《合作经济与科技》上发表“地方‘创业融资’课堂教学方法体系创新”的文章。彭萍在《合作经济与科技》上发表“创业与就业课程体系建设研究”的文章。

（3）《创业融资》教材2014年10月由西南财经大学出版社出版。

（4）2014年11月，许本强在《合作经济与科技》上发表“应用型地方本科院校创业教育研究”的文章。

（5）2016年1月，彭萍在“教书育人（高教论坛）”上发表“地方高校创新创业教育评价——基于国家级大学生创新创业训练计划项目的数据”的文章。

（6）2016年4月，杨颖、武兵在《创新与创业教育》上发表“地方创新创业教育实践教学体系设计”的文章。

（三）支撑材料

（1）《创业融资》教材一部。

（2）课程研究论文5篇。

（四）德州学院精品课程建设质量评价课程评价表

院（部）：经济管理学院　　　　课程名称：创业融资　　　　课程负责人：相子国

一级指标	二级指标	主要观测点	评价标准	分值（M_i）	评分等级（K_i）					分值小计
					A	B	C	D	E	
					1.0	0.8	0.6	0.4	0.2	
教学队伍 10分	1-1 课程负责人与主讲教师	教师风范、学术水平与教学水平	课程负责人与主讲教师师德好，学术造诣高，教学能力强，教学经验丰富，教学特色鲜明。课程负责人近三年每次主讲该课程学时数不少于本课程学时数的50%	3分	√					3
	1-2 教学队伍结构及整体素质	知识结构、年龄结构、人员配置与青年教师培养	教学团队中的教师责任感强、团结协作精神好；有合理的知识结构、年龄结构和学缘结构，并根据课程需要配备辅导教师；青年教师的培养计划科学合理，并取得实际效果；鼓励有行业背景的专家参与教学团队	3分	√					3
	1-3 教学改革与研究	教研活动与教学成果	教学思想活跃，教学改革有创意；教研活动推动了教学改革，取得了明显成效，有省部级以上的教学成果、规划教材或教改项目；发表了高质量的教研论文	4分	√					4

表(续)

<table>
<tr><th rowspan="3">一级指标</th><th rowspan="3">二级指标</th><th rowspan="3">主要观测点</th><th rowspan="3">评价标准</th><th rowspan="3">分值(M_i)</th><th colspan="5">评分等级(K_i)</th><th rowspan="3">分值小计</th></tr>
<tr><th>A</th><th>B</th><th>C</th><th>D</th><th>E</th></tr>
<tr><th>1.0</th><th>0.8</th><th>0.6</th><th>0.4</th><th>0.2</th></tr>
<tr><td rowspan="4">教学内容
15分</td><td rowspan="3">2-1
课程内容</td><td rowspan="3">课程内容设计</td><td>课程内容设计要根据人才培养目标，体现现代教育思想，符合科学性、先进性和教育教学的规律</td><td>3分</td><td>√</td><td></td><td></td><td></td><td></td><td>3</td></tr>
<tr><td>理论课程内容常规与创新、经典与时效的知识关系处理得当，具有基础性、研究性、前沿性，能及时把学科最新发展成果和教改教研成果引入教学</td><td>4分</td><td>√</td><td></td><td></td><td></td><td></td><td>4</td></tr>
<tr><td>实验课程内容（含独立设置的实验课）的技术性、综合性和探索性的关系处理得当，能有效培养学生的实践能力和创新能力</td><td>3分</td><td></td><td>√</td><td></td><td></td><td></td><td>2.4</td></tr>
<tr><td>2-2
教学内容组织</td><td>教学内容组织与安排</td><td>理论联系实际，课内课外结合，融知识传授、能力培养、素质教育于一体；鼓励开展相关实习、社会调查或其他实践活动，成效显著</td><td>5分</td><td>√</td><td></td><td></td><td></td><td></td><td>5</td></tr>
<tr><td rowspan="3">教学条件
10分</td><td>3-1
教材及相关资料</td><td>教材及相关资料建设</td><td>选用优秀教材（含国家或省优秀教材、国外高水平原版教材或高水平的自编教材）；课件、案例、习题等相关资料丰富，并为学生的研究性学习和自主学习提供了有效的文献资料；实验教材配套齐全，能满足教学需要</td><td>4分</td><td></td><td></td><td>√</td><td></td><td></td><td>2.4</td></tr>
<tr><td>3-2
实践教学条件</td><td>实践教学环境的先进性与开放性</td><td>实践教学条件能很好满足教学要求；能进行开放式教学，效果明显（理工类课程能开出高水平的选作实验）</td><td>3分</td><td>√</td><td></td><td></td><td></td><td></td><td>3</td></tr>
<tr><td>3-3
网络教学环境</td><td>网络教学资源和硬件环境</td><td>网络硬件环境良好，课程网站运行良好，教学资源丰富，辅教、辅学功能齐全，并能有效共享</td><td>3分</td><td>√</td><td></td><td></td><td></td><td></td><td>3</td></tr>
</table>

表(续)

一级指标	二级指标	主要观测点	评价标准	分值(M_i)	评分等级(K_i)					分值小计
					A	B	C	D	E	
					1.0	0.8	0.6	0.4	0.2	
教学方法与手段 15分	4-1 教学设计	教学理念与教学设计	重视探究性学习、研究性学习，体现以学生为主体的教育理念；能根据课程内容和学生特点，进行合理的教学设计（包括教学方法、教学手段、考核方式等）	5分		√				4
	4-2 教学方法	多种教学方法的使用及其效果	重视教学方法改革，能灵活运用多种恰当的教学方法，有效调动学生学习积极性，促进学生学习能力发展；在实际应用中的效果好	5分		√				4
	4-3 教学手段	信息技术的应用与常规教学技能	恰当充分地使用现代教育技术手段开展教学活动，并在激发学生学习兴趣和提高教学效果方面取得实效；PPT或板书设计精致、有特色，课堂教学语言流畅、严谨、简明生动	5分		√				4

表(续)

一级指标	二级指标	主要观测点	评价标准	分值（M_i）	评分等级（K_i）					分值小计
					A	B	C	D	E	
					1.0	0.8	0.6	0.4	0.2	
教学效果 50分	5-1 同行及校内督导组评价	校外专家及校内督导组评价与声誉	证明材料真实可信，评价优秀；有良好声誉	4分		√				3.2
	5-2 学生评价	学生评价意见	学生评价原始材料真实可靠，结果优良，应有学校教务部门出具的近三年的学生评教数据的佐证材料	4分		√				3.2
	5-3 录像资料效果评价	课堂实录	能有效利用各种教学媒体、富有热情和感染力地对问题进行深入浅出的阐述，重点突出、思路清晰、内容阐述娴熟、信息量大；教学内容能反映或联系学科发展的新思想、新概念、新成果，能启迪学生的思考、联想及创新思维；录像资料学生使用率高，学习效果明显	15分		√				12
	5-4 网络使用效果评价	网络资源	网络资源齐全，学生通过网络学习方便，可以互动交流，离开课堂也可以自由学习；学生利用网络资源学习积极性高，有效地实现了在线学习与师生互动交流	15分		√				12
	5-5 实践教学评价	学生实践	学生各方面能力有所提升，会独立思考和自主学习，动手能力强	12分		√				9.6
总分合计										84.8

注：在相应表格中画“√”，并计算各项“分值小计”，最后算出“总分合计”

附："创业融资"课件

创业融资

杨颖

经济管理学院

本章学习目标

- 了解创业过程中的资源需求和资源获取方法。
- 掌握创造性整合资源的途径。
- 理解创业资金筹募渠道和风险。
- 掌握创业资源管理的技巧和策略。

主要内容

- 一、创业资源
- 二、创业融资
- 三、创业资源管理

一、创业资源

创业资源是什么？

你认为创业需要那些资源？

【引导案例1】"空手套白狼"

一位优秀的商人杰克，有一天对儿子说
- 杰克：我已经决定好了一位女孩子，我要你娶她
- 儿子：我自己要娶的新娘我自己决定
- 杰克：但我说的这个女孩可是比尔盖茨的女儿哦
- 儿子：哇！那样的话……

在一个聚会上，杰克走向了比尔盖茨
- 杰克：我来帮你的女儿介绍个好丈夫
- 比尔：我女儿还不想嫁人呢
- 杰克：但我说的这个年轻人可是世界银行的副总裁哦
- 比尔：哇！那这样的话……

接着，杰克去见世界银行的总裁
- 杰克：我想介绍一位年轻人来当贵行的副总裁
- 总裁：我们已经有很多副总裁了，够多了
- 杰克：但我说的这位年轻人可是比尔盖茨的女婿哦
- 总裁：哇！那这样的话……

最后，杰克的儿子娶了比尔盖茨的女儿，又当上世界银行的副总裁

【引导案例2】

中国太平洋建设集团董事局主席严介和在2005年胡润百富榜和从排名66位跃居到第二位，成为财富增长最快的人。他曾语出惊人："我觉得中国遍地是黄金，想怎么赚就怎么赚。不过经商靠的是智慧。" 用智慧赚钱有一个更加典型的例子。

第25届奥运会在西班牙巴塞罗那举行。该市一家电器商店老板在奥运会召开前宣称："如果西班牙运动员在本届奥运会上得到的金牌总数超过10枚，那么顾客自6月3日到7月24日，凡在本商店购买电器，就都可以得到退还的全额货款。"这个消息轰动了巴塞罗那全市，甚至西班牙各地都知道了这件事。显而易见，大家此时在这家电器商店买电器，就等于抓住了一次可能得到全额退款的机会。于是，人们争先恐后地到那里购买电器。一时间，顾客云集，虽然店里的电器价格较贵，但商店的销售量还是猛增。

然而人们梦想的事情发生了。才到7月4日，西班牙的运动员就获得了10金1银，正好超过了该商店老板承诺的退款底线。此时距7月24日还有20天的时间。如果以前购买电器的退款已成定局，那么在后20天内购买的电器无疑也得退款，于是人们比以前更加卖力地抢购该商店的电器。 眼看老板要亏死了，但别急，老板是一位充满智慧的人。他在发布广告之前，他先去保险公司投了专项保险。保险公司的体育专家仔细分析了西班牙往届奥运会，西班牙得到的金牌数最多也没超过5枚，一致认为不可能超过10枚金牌，于是接受了这个保险。这位老板这一次可以说是赢定了。西班牙运动员在本届奥运会上得到的金牌总数超过了10枚，电器商店要退的货款，届时将全部由保险公司赔偿。

犹太人被誉为最会做生意的人，他们在孩子小的时候就会教育：要用智慧赚钱，当别人说一加一等于二的时候，你应该想到大于三。一天，一位犹太人父亲问儿子一磅铜的价格是多少?儿子答35美分。父亲说："对，整个得克萨斯州都知道每磅铜的价格是35美分，但作为犹太人的儿子，应该说成是3.5美元，你试着把一磅铜做成门把看看。"20年后，父亲死了，儿子独自经营铜器店。他做过铜鼓，做过瑞士钟表哂上的簧片，做过奥运会的奖牌，他曾把一磅铜卖到3500美元，这时他已是麦考尔公司的董事长了。 世界上所有富翁都是最会用头脑里的智慧赚钱的，你就是把他变成穷光蛋，他很快又是富翁，因为他失去了资金，失去厂房，但他还有智慧。

洛克菲勒曾放言："如果把我所有财产都抢走，并将我扔到沙漠上，只要有一支驼队经过，我很快就会富起来。" 让我们再来看看脑白金和黄金搭档的热销，史玉柱的东山再起告诉我们，只要把脑子用活，失败了还会成功，再赚钱是不成问题的。 我们许多人用体力赚钱，不少人用技术赚钱，很少人用知识赚钱，极少人是用智慧赚钱的。在财富时代，智慧的人太少太少，有智慧又能抓住商机的人更是凤毛麟角。只要我们开动脑筋，发挥智慧，就可以把握机会，成为财富的主人。

来源：《世界创业实验室》

知识点一：创业资源概念及种类

创业资源：指企业创立以及成长过程中所需要的能够实现创业目标的各种要素组合。

其内涵有以下几个方面 ：

- 创业资源是企业创立以及成长过程中所需要的用以实现创业目标的生产要素和支撑条件。
- 创业资源中各种要素必须有效组合才能发挥其最大效用。
- 创业者要了解创业所需的各种资源，分析现有的资源状况，明确资源缺口和关键资源，并选择适当的途径和适当的时机获取适当的资源，把创业资源放在重要位置，对其反复估量权衡。

创业资源的种类

创业资源包括*有形资源*和*无形资源*

- 有形资源主要是实物资产和资金
- 无形资源包括社会资本、技术及专业人才

知识点二：创业资源特点

- 创业资源比一般商业资源更加有限，其目的在于取得能力优势
- 创业资源获取以非市场途径居多
- 创业资源难以模仿，难以替代

知识点三：影响创业资源获取的因素

- 创业者拥有的创业网络
- 创业者特质
- 初始资源

知识点四：创业资源获取的途径与技能

创业资源获取途径：市场途径和非市场途径。

什么是市场途径？

什么是非市场途径？

二、创业融资

【核心问题】

- 创业者为什么难以融到资金？
- 创业者可以从哪里获得资金？
- 如何确定融资的需求量？
- 为什么要准备创业计划书？

经典案例：狂赚71倍：软银投资阿里巴巴

- 创业伊始，第一笔风险投资救急
- 1999年年初，马云决定回到杭州创办一家能为全世界中小企业服务的电子商务站点。回到杭州后，马云和最初的创业团队开始谋划一次轰轰烈烈的创业。大家集资了50万元，在马云位于杭州湖畔花园的100多平方米的家里，阿里巴巴诞生了。
- 这个创业团队里除了马云之外，还有他的妻子、他当老师时的同事、学生以及被他吸引来的精英。比如阿里巴巴首席财务官蔡崇信，当初抛下一家投资公司的中国区副总裁的头衔和75万美元的年薪，来领马云几百元的薪水。

经典案例：狂赚71倍：软银投资阿里巴巴

- 他们都记得，马云当时对他们所有人说："我们要办的是一家电子商务公司，我们的目标有3个：
- 第一，我们要建立一家生存102年的公司；
- 第二，我们要建立一家为中国中小企业服务的电子商务公司；
- 第三，我们要建成世界上最大的电子商务公司，要进入全球网站排名前十位。"
- 狂言狂语在某种意义上来说，只是当时阿里巴巴的生存技巧而已。

经典案例：狂赚71倍：软银投资阿里巴巴

- 成立初期，公司是小到不能再小，18个创业者往往是身兼数职。好在网站的建立让阿里巴巴开始逐渐被很多人知道。来自美国的《商业周刊》还有英文版的《南华早报》最早主动报道了阿里巴巴，并且令这个名不见经传的小网站开始在海外有了一定的名气。
- 有了一定名气的阿里巴巴很快也面临到资金的瓶颈：公司账上没钱了。当时马云开始去见一些投资者，但是他并不是有钱就要，而是精挑细选。
- 即使囊中羞涩，他还是拒绝了38家投资商。

经典案例：狂赚71倍：软银投资阿里巴巴

- 马云后来表示，他希望阿里巴巴的第一笔风险投资除了带来钱以外，还能带来更多的非资金要素，例如进一步的风险投资和其他的海外资源。而被拒绝的这些投资者并不能给他带来这些。
- 就在这个时候，现在担任阿里巴巴CFO的蔡崇信的一个在投行高盛的旧关系为阿里巴巴解了燃眉之急。以高盛为主的一批投资银行向阿里巴巴投资了500万美元。这一笔"天使基金"让马云喘了口气。

经典案例：狂赚71倍：软银投资阿里巴巴

- 第二轮投资，挺过互联网寒冬
- 让他意料不到的是，更大的投资者也注意到了他和阿里巴巴。1999年秋，日本软银总裁孙正义约见了马云。孙正义当时是亚洲首富。孙正义直截了当地问马云想要多少钱，而马云的回答却是他不需要钱。孙正义反问道："不缺钱，你来找我干什么？"马云的回答却是："又不是我要找你，是人家叫我来见你的。"
- 这个经典的回答并没有触怒孙正义。第一次见面之后，马云和蔡崇信很快就在东京又见到了孙正义。

经典案例：狂赚71倍：软银投资阿里巴巴

- 孙正义表示将给阿里巴巴投资3000万美元，占30%的股份。但是马云认为，钱还是太多了，经过6分钟的思考，马云最终确定了2000万美元的软银投资，阿里巴巴管理团队仍绝对控股。
- 从2000年4月起，纳斯达克指数开始暴跌，长达两年的熊市寒冬开始了，很多互联网公司陷入困境，甚至关门大吉。但是阿里巴巴却安然无恙，很重要的一个原因是阿里巴巴获得了2500万美元的融资。
- 马云提出关门把产品做好，等到春天再出去。冬天很快就过去了，互联网的春天在2003年开始慢慢到来。

经典案例：狂赚71倍：软银投资阿里巴巴

- 第三轮融资 完成上市目标
- 2004年2月17日，马云在北京宣布，阿里巴巴再获8200万美元的巨额战略投资。这笔投资是当时国内互联网金额最大的一笔私募投资。
- 2005年8月，雅虎、软银再向阿里巴巴投资数亿美元。
- 之后。阿里巴巴创办淘宝网，创办支付宝，收购雅虎中国，创办阿里软件。一直到阿里巴巴上市。

经典案例：狂赚71倍：软银投资阿里巴巴

- 2007年11月6日，全球最大的B2B公司阿里巴巴在香港联交所正式挂牌上市，正式登上全球资本市场舞台。随着这家B2B航母登陆香港资本市场，此前一直受外界争论的“B2B能不能成为一种商务模式”也有了结果。
- 11月6日10时，港交所开盘，阿里巴巴以30港币，较发行价13.5港元涨122%的高价拉开上市序幕。小幅震荡企稳后，一路单边上冲。

经典案例：狂赚71倍：软银投资阿里巴巴

- 阿里巴巴最后以39.5港元收盘，较发行价涨了192.59%，成为香港上市公司上市首日涨幅最高的“新股王”，创下香港7年以来科技网络股神话。
- 当日，阿里巴巴交易笔数达到14.4万多宗。输入交易系统的买卖盘为24.7万宗，两项数据都打破了工商银行2006年10月创造的纪录。
- 按收盘价估算，阿里巴巴市值约280亿美元，超过百度、腾讯，成为中国市值最大的互联网公司。

经典案例：狂赚71倍：软银投资阿里巴巴

- 在此次全球发售过程中，阿里巴巴共发行了8.59亿股，占已发行50.5亿总股数的17%。按每股13.5港元计算，共计融资116亿港元(约15亿美元)。加上当天1.13亿股超额配股权获全部行使，融资额将达131亿港元(约16.95亿美元)，接近谷歌纪录(2003年8月，谷歌上市融资19亿美元)。
- 阿里巴巴的上市，成为全球互联网业第二大规模融资。在此次路演过程中，许多投资者表示，错过了谷歌不想再错过阿里巴巴。

经典案例：狂赚71倍：软银投资阿里巴巴

- 风险投资大赚一把
- 作为阿里巴巴集团的两个大股东，雅虎和软银在阿里巴巴上市当天账面上获得了巨额的回报。阿里巴巴招股说明书显示，软银持有阿里巴巴集团29.3%股份，而在行使完超额配售权之后，阿里巴巴集团还拥有阿里巴巴公司72.8%的控股权。
- 由此推算，软银间接持有阿里巴巴21.33%的股份。到收盘时，阿里巴巴股价达到39.5港元，软银间接持有的阿里巴巴股权价值55.45亿美元。若再加上2005年雅虎入股时曾套现1.8亿美元，软银当初投资阿里巴巴集团的8000万美元如今回报率已高达71倍。

经典案例：狂赚71倍：软银投资阿里巴巴

- 案例评鉴
- 软银不是阿里巴巴最初的风险投资商，却是坚持到最后的一个
- 软银投资阿里巴巴8000万美元，回报率达71倍。软银中国控股公司总裁及首席执行官薛村禾称：“我预测，3～5年内阿里巴巴的市值将至少是现在的5倍。”
- 1999年10月，马云私募到手第一笔天使投资500万美元，由高盛公司牵头，联合美国、亚洲、欧洲一流的基金公司参与。

经典案例：狂赚71倍：软银投资阿里巴巴

- 在阿里巴巴的第二轮融资中，软银开始出现。从此，这个大玩家不断支持马云，才使得阿里巴巴能够玩到今天的规模。
- 2000年，马云为阿里巴巴引进第二笔融资，2500万美元的投资来自软银、富达、汇亚资金、TDF、瑞典投资6家风险投资商，其中软银为2000万美元，阿里巴巴管理团队仍绝对控股。
- 2004年2月，阿里巴巴第三次融资，再从软银等风险投资商手中募集到8200万美元，其中软银出资6000万美元。

经典案例：狂赚71倍：软银投资阿里巴巴

- 马云及其创业团队仍然是阿里巴巴的第一大股东，占47%股份；第二大股东为软银，约占20%；富达约占18%；其他几家股东合计约15%。
- 软银不仅给阿里巴巴投入了资金，在后来的发展中还给了阿里巴巴足够的支持。尤其是2001年到2003年的互联网低谷时期，投资人伴随阿里巴巴整个团队一路挺过来了。
- 雅虎介入阿里巴巴不过两年，同样获益甚厚。作为阿里巴巴集团的大股东，雅虎间接持有阿里巴巴28.4%的股权，其市值高达73亿美元。

经典案例：狂赚71倍：软银投资阿里巴巴

- 此外，雅虎还以基础投资者身份，投资7.76亿港元购买了阿里巴巴新股，购入价格为13.5港元每股，占7.1%的股份，IPO当天升值到22.7亿港币。
- 而一些风险投资商显然错过了最好的收获期。从阿里巴巴集团的第三轮融资开始，早期的一些风险投资商已经开始陆续套现。1999年阿里巴巴创办之初的天使投资高盛集团因战略调整，退出了中国风险投资市场。其所持股份被新加坡的寰慧投资(GGV)接手。事实上，寰慧投资的创始人托马斯(Thomas)早在1999年就以个人身份投资了阿里巴巴。

经典案例：狂赚71倍：软银投资阿里巴巴

- 此后，包括富达等在内的风险投资商又陆续套现。到阿里巴巴上市之前，只有软银一家风险投资商还一直在阿里巴巴的股份中牢牢占据主要地位，其他风险投资商已经全部退出。
- 美国IDG集团亚洲区总裁熊晓鸽在与软银亚洲投资基金首席合伙人阎焱、赛伯乐(中国)投资有限公司董事长朱敏进行《对话投资人：资本力量》时表示，IDG没有投资阿里巴巴，让他觉得很失败。

经典案例：狂赚71倍：软银投资阿里巴巴

- 软银选择阿里巴巴的原因
- 薛村禾在接受国外媒体采访时回忆，当时中国B2B领域共有四大公司，除阿里巴巴，还有8848、MeetChina和Sparkice，而选择阿里巴巴的重要原因是马云及其团队的坚定信念，尤其是18个创业合伙人的精神。
- 薛村禾说：“当年我们放弃别的机会，集中精力投资马云这个团队。我们并不是神仙，一眼就能看到阿里巴巴的未来，也只能看到电子商务这个大方向，但为什么最后选择马云这个团队呢？

经典案例：狂赚71倍：软银投资阿里巴巴

- 了解他多一点的人就知道，他能把很多人聚在周围，团队非常厉害。VC很重要的是判断团队。”
- 软银认为，马云有一种独特的分享意识以及不平凡的领导才能。薛村禾评价称，马云是性格非常饱满的人，非常有远见，如果今天还不是一个世界级的领袖人物的话，他也一定可以成为一个英雄。另外，马云这个人是战略家也是战术家。而且他执行力也很强。

经典案例：狂赚71倍：软银投资阿里巴巴

- 马云评风险投资：VC永远是舅舅
- 马云的口才很好。马云说：“跟风险投资谈判，腰挺起来。但眼睛里面是尊重。你从第一天就要理直气壮，腰板挺硬。当然，别空说。你用你自己的行动证明，你比资本家更会挣钱。我跟VC讲过很多遍，你觉得你比我有道理，那你来干，对不对？”
- 马云认为：“创业者和风险投资商是平等的，VC问你100个问题的时候你也要问他99个。在你面对VC的时候。你要问他投资你的理念是什么？

经典案例：狂赚71倍：软银投资阿里巴巴

- 我作为一个创业者。在企业最倒霉的时候，你会怎么办？如果你是好公司，当七八个VC会追着你转、追着你转的时候，你让他们把你的计划和方法写下来，同时你的承诺每年是什么都要写下来，这是互相的约束，是婚姻合同。跟VC之间的合作是点点滴滴，你告诉他我这个月会亏、下个月会亏，但是只要局势可控VC都不怕，最可怕的是局面不可控。所以跟VC之间的沟通交流非常的重要，不一定要找大牌。跟VC沟通过程当中，不要觉得VC是爷、VC永远是舅舅。你是这个创业孩子的爸爸妈妈，你知道把这个孩子带到哪去。

经典案例：狂赚71倍：软银投资阿里巴巴

- 舅舅可以给你建议、给你钱，但是肩负着把孩子养大的职责是你，VC不是来替你救命的，只是把你的公司养得更大。”
- 马云是这样评价孙正义的：“他是一个非常有智慧的人。我见过很多VC，但很多VC并不明白我们要做什么，但这个人六七分钟就明白我想做什么。我跟他的区别，我是看起来很聪明，实际上不聪明。那哥们儿是看起来真不聪明，但他是很聪明的人，真正叫大智慧的人。”

经典案例：狂赚71倍：软银投资阿里巴巴

- **私募股权投资人通常采取的投资策略**
- 私募股权投资人通常采取的投资策略有联合投资、分段投资、匹配投资和组合投资。
- 1．联合投资
- 对于风险较大、投资额较高的项目或企业。投资人往往联合其他投资机构或个人共同投资。牵头的投资人持有的股份最多。这样。对于创业企业来讲，也可以享有更多的投资者的资源。但也不是投资者越多越好，因为投资者太多，难免发生冲突和内耗。

经典案例：狂赚71倍：软银投资阿里巴巴

- 2. 分段投资
- 在创业企业发展的早期，各方面的风险大，资金需求则相对较小。而随着时间的推移，风险逐步减少，资金需求却逐步增加，对于发展情况不是逐步趋好而是趋坏的项目，投资人可以在下一轮投资时慎重考虑是否进一步追加投资。对于那些已经没有挽救希望的企业，则通过清算等手段尽可能收回前期投资。这种分阶段多次投资的策略，使投资人可以根据风险的变化进退自如，以尽可能避免投资的损失。

经典案例：狂赚71倍：软银投资阿里巴巴

- 3. 匹配投资
- 匹配投资是指投资人在对项目或企业进行投资时，要求项目的经营管理者或创业企业要投入相应的资金。匹配投资将风险投资者与创业企业捆在了一起，促使创业企业或项目经营管理者加强管理，从而降低了投资风险。

经典案例：狂赚71倍：软银投资阿里巴巴

- 4 .组合投资
- 不要把鸡蛋放在一个篮子里。投资人在进行投资时一般不把资金全部投向一个项目或企业。而是分散投向多个项目或企业。这样一来，一个或几个项目或企业的损失就可能从另外的项目或企业的成功中得到补偿，从而就可以避免风险投资公司全军覆没的危险。
- 因为，一般说来，几个项目同时失败的可能性较一个项目失败的可能性要小得多。

经典案例：狂赚71倍：软银投资阿里巴巴

- 在投资人投资阿里巴巴的案例中，显然是运用了联合投资、分段投资的策略。分段投资体现在阿里巴巴在上市前共进行了三轮融资；联合投资体现在阿里巴巴在上市前的第一轮和第三轮融资，都是投资者一起投资的，如第一轮是高盛、富达投资、新加坡政府科技发展基金等4家投资者一起投资，第三轮是软银、富达投资、IDF、雅虎一起联合进行投资的(第二轮是软银单独进行投资的)。

知识点一：创业融资为什么难？

1. 创业融资难的理论解释
   - ➢不确定性理论
   - ➢信息不对称理论。
2. 创业融资难的困境
   - ➢创业企业缺少可以抵押的资产
   - ➢创业企业没有可参考的经营情况。
   - ➢创业企业的融资规模相对较小

知识点二：创业所需资金测算

（一）种子期资金测算

种子期资金需求较少，所需资金主要包括技术开发费、市场调研费和创意可行性论证费等。其中技术开发费测算可以实验、产品试制实际费用支出为依据进行测算。市场调研费和创意论证费可以采取向专业调研机构询价的方式进行测算。

（二）创业期的启动资金测算

- ➢ 创办企业时所需的资金主要由以下几个部分组成：（1）设备：包括生产设备、办公设备、工具以及类似项目的购置费用。（2）建筑：包括房屋、装饰、木工和电工修理固定设施所需的费用。（3）预付款：包括房租、营业执照及其它类似的预付费用。（4）经营周转：至少有能支付三、四个月的经营资金，包括工资、广告费、维修 费、偿还债款、购买材料和能源的费用等。（5）存货：半成品、产成品、原材料等占用的资金。
- ➢ 根据企业种类、规模大小、经营地点、竞争对手等情况，创业者首先需要分别列示公司运营所需的设备、建筑物、办公用品的详细项目和数量，根据市场价格进行固定资产资金需要量测算，其次，列示所需存货数量，根据市场价格测算流动资产资金需要量。第三，将启动费用按项目进行细致分类，包括注册费用、房租、人员工资、日常经营周转费、税金、保险费等等，按照当前市场价进行计算汇总测算总体费用支出的资金需要量。第四，考虑到存在许多不可预知因素，为确保费用估算的准确度，创业者可以将每项实际费用多估算出一部分，以应对可能出现的意外支出需要。第五，合计测算出所需启动资金的总额并进行复查。
- ➢ 由于创业风险较大，创业者经过以上估算可以初步测算出所需启动资金的数量，为提高估算的准确性，创业者可以通过向同行、供应商、行业协会、退休企业高管、连锁加盟机构、创业机构咨询所需启动资金数额，与自己测算数值进行比较，择优确定启动资金数量。

（三）成长期后的资金需求测算

- 营业收入百分比法

  请财务专家帮忙测算

  聘用财务人员测算

知识点三：融资渠道

- 自我融资
- 亲朋好友融资
- 天使投资
- 商业银行贷款
- 担保机构融资
- 政府创业扶持基金融资

天使投资

- 天使投资起源于纽约百老汇，是自由投资者或非正式机构对有创意的创业项目或小型初创企业进行的一次性的前期投资，是一种非组织化的创业投资渠道。天使投资具有直接向企业进行权益投资；不仅提供现金还提供专业知识和社会资源方面的支持；程序简单，短时期内资金就可到位等特征。
- 天使投资虽是风险投资的一种，但两者有着较大差别。其一，天使投资是一种非组织化的创业投资形式，其资金来源大多是民间资本，而非专业的风险投资商。其二，天使投资的门槛较低，有时即便是一个创业构思，只要有发展潜力，就能获得资金，而风险投资一般对这些尚未诞生或嗷嗷待哺的“婴儿”兴趣不大。对刚刚起步的创业者来说，既吃不了银行贷款的“大米饭”，又沾不了风险投资“维生素”的光，在这种情况下，只能靠天使投资的“婴儿奶粉”来吸收营养并茁壮成长。

- 中国的天使投资人群体逐渐崛起于2004年。一批曾受益于新经济、受益于天使投资和风险投资的年轻创业家再次投身于新经济，扶持初创期的企业。早期企业因其规模和投资时机等因素，尚不能得到风险投资机构的青睐，面临进一步发展的困境。天使投资人群体适时而生，在很大程度上解决了早期融资问题。而由于多数天使投资人曾是成功的创业家，无论从管理运营方面，还是在下一步融资时，都能为初创期企业带来经验和价值。

邓锋 北极光风险投资资深合伙人

- 北极光风险投资基金资深合伙人邓锋拥有南加利福尼亚大学的电脑工程系硕士、清华大学电子工程学硕士、和沃顿商学院的工商管理硕士学位。1997年，邓锋与好友柯严和谢青创建了NetScreen技术公司，使之成为世界上领先的网络安全设备供应商之一。2001年NetScreen在美国纳斯达克上市。2004年NetScreen被Juniper Networks以40亿美金并购。在创建NetScreen公司前，邓锋曾服务于英特尔公司。邓锋在计算机系统设计和芯片设计领域拥有五个美国专利。
- 2005年，邓锋与柯严创建了北极光风险投资基金，集中投资于与TMT 领域相关的具有中国战略的企业，先后投资了珠海矩力、展讯通信、红孩子及知名网上婚介百合网等项目。邓峰本人也以天使投资人的身份介入十几家初创型企业。

知识点四：融资渠道策略

（一）创业融资前的准备

- 建立个人信用
- 积累社会资本
- 写作创业计划
- 测算不同阶段的资金需求量

（二）创业融资渠道选择策略

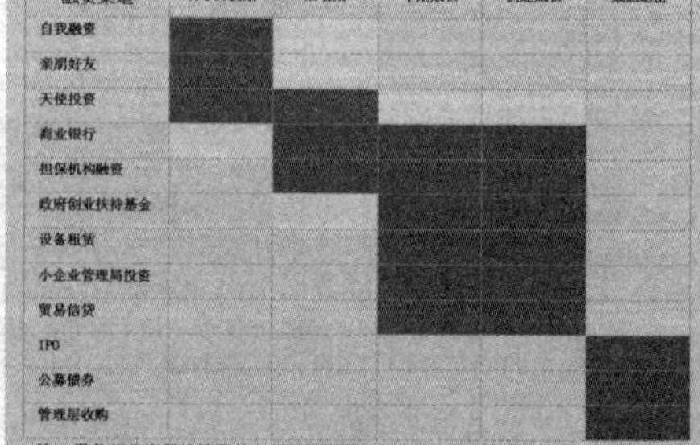

注：黑色部分表示该阶段的主要融资渠道，灰色部分表示该阶段的次要融资渠道。

二、创业资源管理

创业者在企业成长的各个阶段都会努力争取用尽量少的资源来推进企业的发展，他们需要的不是拥有资源，而是要控制这些资源。

——霍华德·史蒂文森

有限资源的创造性利用

- 有限资源的创造性利用：利用手头现有资源直接做事。
- “利用手头资源”意味着与努力寻找和获取新资源比较而言，手头的资源对解决当前问题非常重要 。
- “直接做事”意味着要立即行动。也就是说，创业者要对机会作出快速反应，而不要瞻前顾后，过于深思熟虑错失良机

创业资源开发的推进方法

- 依靠自有资源，“步步为营”
- 资源约束下的“创造性拼凑”策略
- 发挥资源的杠杆效应

【课堂案例1】 蒙牛借力

- 牛根生和他的创业团队把一个一无奶源、二无工厂、三无市场的“三无企业”发展成了年销售额达21亿元的大型企业。成功的核心因素之一就是借力。
- 逆向经营。面对困境，公司董事会在创业之初就确定了“先建市场，后建工厂”的发展战略，并通过“借鸡生蛋”迅速做大企业。
- 虚拟联合。蒙牛与当地政府协商，让他们组织建奶站，与蒙牛签订常年供应合同。蒙牛品牌的影响和从不拖欠资金的信誉使当地政府放心，奶站是当地人自己出钱建的，自然尽心尽力，质量、数量都有保证，这样就形成了双赢。
- 统一战线。蒙牛一直宣扬和伊利是兄弟，互相间应相互促进，共建“中国乳都”的形象概念。
- 国际化之梦。借助摩根士丹利、鼎晖、英联三大国际财团，蒙牛一直在寻找和搭建向国际化发展的平台。
- 牛根生就是这样用别人的钱干自己的事，用智慧、灵活的战略、战术创造了奶制品世界的神话。

问题一：关键资源是什么？

- 奶源、工厂、市场

问题二：如何整合资源？

- 通过造势和品牌打开国内市场
- 通过品牌、市场和技术换取乳品厂的合作
- 通过虚拟联合获得稳定奶源
- 依托产业链赢得巨额风险投资

【课堂案例2】借力修天桥

国际商场是天津市第一家上市公司，邻南京路，这是一条十分繁忙的主干道，对面就是繁华的商业街。在国际商场开业时，门口并没有过街天桥，行人穿越南京路很不方便也不安全。应该修天桥！估计经过那里的人都会产生这样的想法，但政府一直没有行动。

有一天，一个年轻人没有认为这是政府该干的事情。他找到政府商量，提出用自己的钱修天桥，但政府要允许他在天桥上挂广告牌。

不花钱还让老百姓高兴，政府觉得不错，就同意了。这个年轻人拿到政府批文，立即想到找可口可乐那样的大公司洽谈广告业务。

在这样繁华的街道上立广告牌，这是大公司求之不得的事情。很快，这个年轻人从大公司那里拿到广告的定金。他用这笔钱修建了天桥还略有剩余。天桥修建好了，广告也挂上了，年轻人从大公司那里拿到余款，获得了第一桶金。

谢谢大家的合作！

希望将来大家也都成为自己事业的掌舵人！

正德厚生 臻于至善

创新创业教育精品课程群——“创业营销”

一、“创业营销”课程网站

二、课程简介

营销对于新创企业的成功与否往往起着决定性的作用，创业者必须时刻注意从营销的角度来考虑创业活动中的每个环节。对于大多数年轻的创业者来说，既缺乏资金和社会关系，又缺乏商业经验，所拥有的只是创业激情和对某种新产品的原始构思或某种新技术的初步设想。要取得成功，除了勇气、勤奋和毅力外，还必须依赖于有效的创业营销来获得创业所需的各种资源。

“创业营销”课程是一门应用性和实践性非常强的课程。本课程以市场营销活动为主线，系统地研究创业市场环境分析、创业目标市场战略选择、创业营销调研与预测、创业营销组合策略实施等理论与实务。通过本课程的教学，学生能较全面地掌握创业营销基础理论和创业营销的方法；同时，强化创业营销实践技能的培养，使学生学会用创业营销理论分析和解决企业实际问题，培养学生作为未来创业者所具备的营销技能，为学生毕业后走入社会进行创业管理实践打下必要的理论基础。

三、“创业营销”课程建设工作总结

（一）课程整体建设情况

按照学校建设省级精品课程的总体要求，以培养应用型会计人才为目标，经管学院组织对工商管理专业多门课程实施联合申报，构建了以创业为主体的系统课程群。

创业营销课程群整合了“市场营销学”“创业管理”两门以实践应用为特色的应用课程，实现了从理论到实践、从基础到提升的工商管理专业知识的提升。“市场营销学”是专业必修课，“市场营销学”以工商管理基础理论和基本原理知识掌握为培养核心，为学生奠定理论基础。“创业管理”是对基础理论的运用和提升，二者构成完整的创业管理理论体系。“创业管理”以企业为对象，以电子媒介为工具，整合基础技能和管理学中各不同环节的管理技能为一体，对学生创业能力全面整合。通过理论平台和实训平台的相互融合，创业管理系统课程群形成了一个由简到繁、层次分明的知识体系和系统化的实训能力体系。这一整合使课程内容重点突出、层次分明，实践训练与理论学习有机融合，较好地体现了应用型人才培养目标的要求。

实现课程群的整合优化后，就课程内容体系而言，其有效解决了部分教学内容在不同课程中重复的问题。在此基础上重新设计的整体内容体系和各课程具体内容分布逻辑层次鲜明、重点难点突出，较好地满足了能力培养目标的知识诉求。就人才培养而言，以创业管理为实践核心的系统设计与理论知识体系的有机融合，更加凸显了工商管理专业重实践、强技能的专业特点，更加符合本专业人才培养目标的要求。就教学资源建设而言，在经管学院目前实践教学条件难以满足教学需要的现实环境下，实训体系整体设计将充分发挥现有资源的共享效益，有效解决实验场地紧缺的问题。

这一课程群的构建促进了工商管理专业教师的交流和合作，改变传统各自为政开展教学研究的状况，充分带动了教师开展系统性教学研究的积极性和主动性，也有助于产生系列研究成果，为质量工程建设奠定坚实的基础。

（二）教学实施及教学效果

1. 课程内容设计以能力培养和创业营销为导向

创业与营销课程通过对当前高校毕业生就业现状与形势分析，以增强学生创业营销能力为引领，以引导高校学生理性规划职业生涯发展为课程主线，以就业观念、职业生涯规划理念、创业知识与能力为依据，按照学生的认知特点，采用理论与实践相结合的方式设计课程内容。通过真实岗位能力或技术应用能力分析，确定相应的创业就业技能或能力模块，设置对应的实训项目。在课程内容设计上，强调理论性和实践性的有机统一，分解出创业就业所需的能力要素，形成由基础技能、核心技能和综合技能构成的教学内容体系：职业生涯规划、创业准备与训练、就业准备与训练三大模块。

创业与营销课程教学目的在于在明确职业岗位人才规格，知识结构，能力结构目标定位的基础上对高校学生的创业与就业观念进行科学指导，帮助他们正确认识企业在社会经济中的作用，了解创办和经营企业的基本知识和实践技能，理性评估自身特质，确立创业定位，合理规划学业生涯和职业生涯，掌握一定的创业技能和技巧，形成正确的创业观念，从而将课程目标对准某种职业，落实到具体岗位，就业方向直接在学校人才培养的课程方案中清晰体现，使课程目标直接与就业目标挂钩，缩短学校教育与就业需求之间的距离。

2. 课程实施采用全程化、分阶段模式

高校学生创业与营销教育是一个延续不断的过程，创业与营销课程的建设需构建一个从入学到毕业的全程化的课程体系。创业与营销教育从大学一年级开始，贯穿整个大学学习的全过程，让大学生从进入大学就开始关注创业。在贯穿全程的基础上，课程设置还应针对大学期间不同阶段学生的生理、心理特点，教育教学内容各有侧重。如职业生涯规划教学环节应在大一、大二阶段统一开课，主要帮助学生树立就业观念，增强就业意识，强化竞争意识，培养创业精神，开展职业生涯规划，培养职业能力和职业素养，让学生进一步明确学习目的，加强学习的主动性，加强综合能力的训练，着重自主创业、考研、出国、求职等就业方式的指导。创业训练教学环节在大三阶段统一开课，着重创业技能培训及自主创业的引导。创业训练教学环节在大四阶段统一开课，主要进行创业政策的学习、创业形势的分析、就业信息的收集、求职准备、择业技巧、心理调适、职业测评等具体问题的指导和实用战术的训练。

入学教育应该从大一开始，根据学生自身的特点，帮助他们对自己未来的职业生涯进行规划，使他们尽快找到正确的人生定位和奋斗目标。在大一、大二阶段，最重要的是把学生的职业理想树立和专业毕业流向结合起来，进行职业生涯规划启蒙，引导学生树立正确的人生观、价值观、择业观，帮助大学生认清毕业时面临的创业压力，使学生明白就业是自己的事，就业过程中最具竞争力的是自己的能力与素质，帮助学生逐步确立将来的创业方向，进行自我认知训练及试探性的职业生涯设计，合理规划大学期间的生活及将来的出路。并对学生进行职业发展规划验证，指导学生进行职业兴趣、职业能力、职业倾向测试，了解其心理、性格特征和与之相适应的职业适应范围，修改和完善职业生涯发展规划。

大三、大四阶段是创业发展规划的实施阶段，应指导学生根据自己的职业发展方向、创业意愿增加创业与营销课程，联系实际，针对目前严峻的就业形势，鼓励学生增加参与竞争的筹码。本阶段主要以咨询、分类指导、模拟训练、案例分析的形式进行，引导学生提高自己的水平，为将来的创业储备知识和能量。既要引导他们认真学习，掌握过硬的专业技能，重点培养各种能力，又要为他们提供实践和培训的机会，培养较强的实践能力。通过创业过程各个环节的技巧指导与训练，让学生掌握创业思维方法、创业方向的选择、创业机会的识别、创业团队和创业资源管理的技巧与方法等。就业准备及训练课程则要坚持理论与实践相结合，突出实践环节；结合就业形势，既加强就业准备及训练课的理论教学，又指导学生参与择业实践的训练，通过模拟择业实际过程，提高择业的技巧和能力，提高其择业竞争力。

3. 课程特色突出实践创新

在课程设置的过程中，还要结合学校专业优势和学生的专业特点，突出可行性和实用性，精心制订创业营销教育教学计划，改革教学方法，加强师生互动、情景模拟、角色扮演、案例教学等教法，实现课程体系与相关技能平台、创业就业实践平台、创业就业实践项目的相互支撑。强化实践教学环节，通过知识讲授、分组讨论、案例分析等活动项目组织教学，倡导学生在项目活动中树立自主意识、职业意识和创业意识，确立正确的创业发展目标，为实现自身创业发展和成功打下扎实的基础。

通过讲座、创业生涯规划大赛、模拟面试、创业就业实践、岗位实训等方式对课程进行有益补充，开展创业规划、技能培训、创业形势讲解、技巧辅导等方面的讲座和指导活动。建立创业实践与实战体系，通过创业实践提供真实工作预览，提升学生就业能力。以创业指导中心为依托，以“挑战杯”及“创新·创意·创业”等创业大赛为平台，在校园内大力推进创业教育。邀请校内外专家学者、企业负责人、成功创业校友为大学生授课，讲述创业就业知识和相关专业技术知识。为提升学生的就业能力，构建学生与社会联系、到单位实践就业的畅通渠道，建立教学实习与创业实践基地，为学生到企业实践搭建平台。

（三）精品课程建设取得的主要成效

1. 教研教改

（1）出版教材情况

著作名称	发表或出版单位	出版时间	作者情况
创业营销	西南财经大学出版社	2014/8	卜庆娟主编
创业营销	西南财经大学出版社	2014/8	李朝辉副主编

（2）主持的科研课题

课题名称	项目来源	时间	作者
山东省产业发展与升级研究的金融约束与对策	山东省自然基金	2014	汤志强
基于组织支持感的烟草公司核心员工激励机制研究	德州烟草公司	2013	汤志强
基于服务主导逻辑视角的虚拟品牌社区价值共创机理研究	教育部人文社科青年项目	2015	卜庆娟
山东德州烟草有限公司德城营销部企业文化建设与推进研究	德州烟草公司	2013	卜庆娟
农村消费市场“四位一体”价值共创营销模式与策略研究	德州烟草公司	2014	卜庆娟
农村消费市场“四位一体”价值共创营销模式与策略研究	德州邮政	2015	卜庆娟

（3）教学研究论文

论文（著）题目	期刊名称	时间	作者
虚拟品牌社区顾客价值共创互动行为的测量及验证	当代财经	2016. 05	卜庆娟、金永生、李朝辉
互动一定创造价值吗？——顾客价值共创互动行为对顾客价值的影响	外国经济与管理	2016. 09	卜庆娟、金永生、李朝辉
虚拟品牌社区环境下顾客参与价值共创对品牌体验的影响	财经论丛	2014. 07	李朝辉
体验式教学在《创业营销》课程中的应用	合作经济与科技	2014. 10	李朝辉
德州市农业产业化企业 SWOT 分析及战略选择	合作经济与科技	2014. 12	李朝辉、王慧敏
高校“人力资源管理”课程说课研究	教书育人（高教论坛）	2015. 03	李朝辉
价值到底是由谁创造的？——价值创造模式的演化及创造主体的角色变迁	德州学院学报	2016. 06	卜庆娟、李朝辉
我国服务贸易竞争力分析	中国市场	2014. 12	李京、宋振宇
济南房地产行业发展现状及对策研究	企业家天地（下半月刊）	2014. 11	凌刚、潘光杰

表(续)

论文(著)题目	期刊名称	时间	作者
电视购物顾客满意度研究	产业与科技论坛	2015. 10	潘光杰
试论创业营销课程教学中的课程设计	创新与创业教育	2014. 10	潘光杰
互联网时代针对女性消费者的网络口碑营销	合作经济与科技	2014. 04	潘光杰

2. 教学获奖情况

获奖时间	获奖类型	颁奖单位
2013 年	国际市场营销大赛三等奖(汤志强)	中国商业联合会
2014 年	第四届全国大学生电子商务“创新、创意及创业”挑战赛(潘光杰)	教育部高职高专经济类专业教学指导委员会
2015 年	第五届全国大学生电子商务“创新、创意及创业”挑战赛(潘光杰)	教育部高等学校电子商务类专业指导委员会
2014 年	德州学院教研成果二等奖(卜庆娟、李朝辉)	德州学院
2015 年	德州学院校级教学骨干(卜庆娟)	德州学院
2015 年	第五届全国大学生电子商务创新、创意及创业挑战赛总决赛(宋振宇)	教育部高等学校电子商务类专业指导委员会

创新创业教育精品课程群
——“商务礼仪与谈判”

一、“商务礼仪与谈判”课程网站

二、课程简介

“商务礼仪与谈判”是一门理论和实践密切结合的应用性创新创业专业课程，主要介绍商务礼仪以及谈判的有关知识、技巧和方法，具有知识面广、实用性强、实践性强、系统性强的特点，是创新创业教育课程群中的一门专业课程。面向全院公选课学生，对学生职业能力的培养和职业素养养成起着主要支撑作用。

通过本课的学习，要求学生掌握有关商务礼仪与谈判基本知识和基本理论，熟练并能创造性地运用沟通及谈判的策略和技巧，并能在实践中运用这些理论与技巧进行商务活动，使学生具备商务谈判者应具备的素质和条件，为今后从事网络营销、电子商务等职业打下基础。

三、"商务礼仪与谈判"课程建设情况

（一）教材选用

正在编写的《商务礼仪与谈判》，尚未出版。

（二）教师队伍

1. 师资培养

在几年的教学历程中，我们始终重视对"商务礼仪与谈判"课程的教学研究与改革，主要从以下几方面做了大量的工作：

（1）以培养学生的实践应用能力、创新能力为出发点，确立课程教学重点和对学生进行考查的重点，确定了理论与实践相结合、重在实践的教学流程，并以此为依据编制和修订课程教学大纲、选定教材、更新教学方法。坚持不懈地以这一方向为标准提高教学质量。

（2）注重教师队伍的建设。为保障教学过程的顺利进行，我们建设了一支业务能力强、教学经验丰富、水平高的教师队伍。教师队伍无论在学历结构、职称结构、教学经历和实践工作经历方面，还是在年龄结构方面，都达到了很好的人员配备。

（3）规范教学过程管理、提升教学效果。一是规范课堂教学，建立了切实有效的激励和评价机制；二是以培养学生能力为主题坚持开展教研活动；三是改进和更新教学方法与手段。

（4）形成多媒体教学、案例教学、体裁教学法等大信息含量和技术含量的现代教法体系。

2. 师资队伍整体结构

要实现培养既有较高理论水平又有较强实践能力的高校人才培养目标，我们必须有一支高水平的师资队伍。为了把我们的教师培养成一支具有综合素质高、专业理论深、实践能力强、知识更新速度快、能熟练应用现代化的教学手段进行理论和实践教学的队伍，我们着重做了以下几点工作。

（1）学位提升计划：目前整个教师队伍 75% 的人取得硕士学位，其中 25% 的教师是在读博士。

（2）教研活动计划：大力开展教学研讨活动，重点组织集体备课和教学研究。

（3）督导培养计划：请大学督导协助培养优秀青年教师，面对面点评。

（4）赛前辅导计划：鼓励青年教师参加各种竞赛，并预先辅导。

（5）短期培训计划：针对急需的课程方向或研究方向，送出培养或高访学习。

（6）学期成功计划：以学期和教研室为单位，制定个人预期成长目标。

（7）双向交流计划：邀请国内外学者，来校进行学术交流和讲学；也可派出教师讲学。

通过以上措施基本解决了教师成长问题，青年骨干教师队伍初步形成，教学梯队结构较为合理，专家与学生评价效果良好。

3. 人员构成

姓名	性别	出生年月	专业技术职务	职业资格证书	学科专业	承担教学任务	专任教师/兼职教师
王景平	女	1962.12	教授			理论教学	专任教师
韩大平	女	1979.02	讲师	跟单员	国贸	理论教学	专任教师
毛丽君	女	1979.09	讲师	跟单员	国贸	理论、实践教学	专任教师
闫冬云	女	1980.04	讲师		国贸	教学、实践	专任教师

学历结构：硕士 3 人，占 75%；学士 1 人，占 25%。

年龄结构：50~60 岁 1 人，占 25%；30~40 岁 3 人，占 75%。

职称结构：教授 1 人，占 25%；讲师 3 人，占 75%。

学缘结构：教师的学位来自不同的高等院校，学缘结构合理。

主讲教师年龄结构合理，保持了教学梯队建设的持续性，知识面较为广泛，所从事专业涵盖工商管理、国贸，保持了教学梯队的多元性，针对不同的教学环节群策群力，取得良好的效果。

教学队伍中大部分教师获得过德州学院教学奖励。

（三）课程建设

1. 课程性质与作用

“商务礼仪与谈判”是一门理论和实践密切结合的应用性创新创业专业课程，主要介绍商务礼仪以及谈判的有关知识、技巧和方法，具有知识面广、实用性强、实践性强、系统性强的特点，是创新创业教育课程群中的一门专业课课。面向全院公选课学生，对学生职业能力的培养和职业素养养成起着主要支撑作用。

通过本课的学习，要求学生掌握有关商务礼仪与谈判的基本知识和基本理论，熟练并能创造性地运用沟通及谈判的策略和技巧，并能在实践中运用这些理论与技巧进行商务活动，使学生具备商务谈判者应具备的素质和条件，为今后从事网络营销、电子商务等职业奠定基础。

2. 课程设计理念与思路

（1）课程设计理念

“商务礼仪与谈判”课程是创新创业的专业课程。在课程的教学上，遵循以学生为主体、以教师为主导的教育理念，针对理论教学和实践教学的不同特点，把创业教育、素质教育贯穿于教学全过程，合理进行教学设计，推进教学方法和教学手段改革，恰当运用现代教育技术，着力培养学生的实践能力和综合素质，全面提高教学质量。贯彻学以致用、以“用”促学、边“用”边学、学“用”结合的教育理念，有效调动学生的学习积极性，激发学生的学习兴趣，提高教学效果。

（2）总体思路

通过本课程的学习使学生熟悉和理解商务礼仪以及谈判的基本理论、基本程序、基本策略，同时使其树立正确的沟通理念并掌握基本的沟通方法、技巧及其沟通艺术，了解商务活动的相关礼仪，并尽可能依据自身的性格心理特征，初步形成自己的沟通与谈判风格，并将所学知识与实践结合，能够分析案例，解决现实问题，平衡处理沟通过程中遇到的错综复杂的风险、策略、利益关系。

3. 具体目标

（1）知识目标

①形象礼仪、社交礼仪的基本知识；

②基本沟通、商务沟通、网络沟通的基本知识；

③谈判知识、谈判技巧、谈判策略。

（2）能力目标

①社交能力；

②沟通能力；

③谈判能力。

（3）素质目标

①培养职业兴趣；

②规范职业行为；

③强化职业技能；

④塑造职业精神。

（四）实践教学

“商务礼仪与谈判”课程重视实习实训基地建设，整合实践教学资源，使其能够更好地满足创新型人才培养要求。强化实践教学环节，创新实践教学模式，提高实践教学质量，切实提高大学生的实践能力和创新能力。

已具备的实践教学资源——德州学院经济管理学院配备的实训室，配置了足够数量的计算机、会议桌、椅子、音响系统等硬件设施。此外，企业商务谈判模拟软件、ERP实训室、人力资源实训室、商务谈判实训室等，为实训教学的开展提供了必要的条件。

附："商务礼仪与谈判"实训教学大纲

一、实训项目名称

《商务礼仪与谈判谈判》

实训总学时：8　实训总学分：0.5

适用专业：创业教育创新实验区学生

先修课程："创业基础""创业融资""创业营销"

二、实训目的

通过模拟商务谈判的实训，可以使学生熟悉商务礼仪的基本知识、商务谈判的基本程序及结构，增强谈判技巧的运用能力，增强感性认识，并可从中进一步了解、巩固与深化已经学过的理论和方法，提高发现问题、分析问题以及解决问题的能力，并在谈判过程中能够举止得体，为将来走上工作岗位打下良好的基础。

三、实训方式及要求

方式：通过分组，由学生扮演不同的谈判方人员就给定的背景资料展开谈判。

要求：

（1）遵守相关法律法规，不得在谈判中发表违法言论。

（2）按实训内容，认真进行准备，积极开展调查活动，刻苦学习，并做好实习日记。

（3）在实训期间应尽可能地多参与谈判，熟练掌握各种谈判技巧，通晓商务礼仪。

四、实训内容及时间分配

1. 递解名片训练1学时
2. 站姿、坐姿、走姿、微笑的训练1学时
3. 有效沟通训练1学时
4. 报告撰写1学时
5. 制订有效的商务谈判模拟方案2学时
6. 谈判策略的运用2学时

五、实训考核内容及成绩评定标准

考核内容为：

谈判技巧的适当应用；

商务礼仪的正确使用。

整个实训课程满分为100分，其中包括出勤率10分；60分及格。

六、实训教材及实训指导书

《商务礼仪与谈判》《商务谈判制胜艺术》

（五）学习参考

1. 书籍类

（1）菲利普·科特勒：《营销管理》，上海人民出版社，2003年版

（2）纪宝成：《市场营销学教程》，中国人民大学出版社，1989年版

（3）迈克尔·波特：《竞争优势》，华夏出版社 ，2001年版

（4）晁钢令：《市场营销学》，上海财经大学出版社 ，2003年版

（5）李品媛：《现代商务谈判》，东北财经大学出版社，2007年版

（6）李爽：《商务谈判》，清华大学出版社，2007年版

（7）周延波：《商务谈判》，科学出版社，2006年版

（8）陈福明，王红蕾：《商务谈判》，北京大学出版社，2006年版

（9）周海涛：《商务谈判成功技巧》，中国纺织出版社，2006年版

（10）李伟：《商务谈判》，科学出版社，2006年版

（11）李蔚：《推销革命：超越CI的CS战略》，四川大学出版社，1996年版

（12）李蔚：《推销之魂——CI战略与策略》，四川大学出版社，1994年版

（13）张德，吴剑平：《企业文化与CI策划》，清华大学出版社，2000年版

（14）刘志超：《现代推销学》，广东高等教育出版社，2004年版

（15）易开刚：《现代推销学》，上海财经大学出版社，2008年版

（16）吴健安：《现代推销理论与技巧》，高等教育出版社，2008年版

（17）黄漫宇：《商务沟通》，机械工业出版社，2006年版

（18）王慧敏：《商务沟通教程》，中国发展出版社，2006年版

（19）蒋春堂，蒋冬梅：《谈判学》，武汉大学出版社，2004年版

（20）〔美〕罗伊·列维奇等著，万勇译《谈判实务》，人民邮电出版社，2004年版

（21）〔美〕朱丽叶· 尼伦伯格等著，庞丽霞译《成功谈判的秘诀》，书海出版社，2005年版

（22）金正昆：《职场礼仪》，中国人民大学出版社，2008年版

（23）金正昆：《商务礼仪》，北京大学出版社，2005年版

（24）金正昆：《现代商务礼仪》，中国人民大学出版社，2008年版

2. 杂志类

（1）《销售与市场》

（2）《中国营销导刊》

（3）《演讲与口才》

（4）《现代营销》

（六）学习指南

1. 课程简介

“商务礼仪与谈判”是一门理论和实践密切结合的应用性创新创业专业课程，主要介绍商务礼仪以及谈判的有关知识、技巧和方法，具有知识面广、实用性强、实践性强、系统性强的特点，是创新创业教育课程群中的一门专业课课。面向全院公选课学生，对学生职业能力的培养和职业素养养成起着主要支撑作用。

通过本课程的学习，要求学生掌握有关商务礼仪与谈判基本知识和基本理论，熟练并能创造性地运用沟通及谈判的策略和技巧，能在实践中运用这些理论与技巧进行商务活动，使学生具备商务谈判者应具备的素质和条件，为今后从事网络营销、电子商务等职业奠定基础。

2. 课程特色

自2009年，德州学院开展山东省创业教育创新实验区创建活动以来，基于创业教育为素质选拔、知识传授、能力培养和创业带动就业“四位一体”的理念，2012年，被山东省教育厅评为省级人才培养模式创新实验区。由创新创意实验区、产品（创意）研发实验区、创业计划实验区和创业企业孵化区四部分构成的实验区整体规划已基本完成。

2013年，实验区按照规划建设任务和教育部办公厅关于印发《普通本科学校创业教育教学基本要求（试行）》的通知（教高厅〔2012〕4号）编写出版了《创业基础》和《创业基础案例与实训》公共选修课教材，并在全校范围内开设了创业基础、创业融资、创业营销、创业与就业等公共选修课程，取得了积极的反应和良好的效果。

根据创业教育创新实验区工作小组安排，“商务礼仪与谈判”课程教学团队在本课程教学讲义、案例与实训基础上，正式编写出版《商务礼仪与谈判》教学教材

3. 教学大纲

《商务礼仪与谈判》教学大纲如下：

前言

“商务礼仪与谈判”是一门理论和实践密切结合的应用性创新创业专业课程，主要介绍商务礼仪以及谈判的有关知识、技巧和方法，具有知识面广、实用性强、实践性强、系统性强的特点，是创新创业教育课程群中的一门专业课课。面向全院公选课学生，对学生职业能力的培养和职业素养养成起着主要支撑作用。

通过本课程的学习，要求学生掌握有关商务礼仪与谈判基本知识和基本理论，熟练并能创造性地运用沟通及谈判的策略和技巧，能在实践中运用这些理论与技巧进行商务活动，使学生具备商务谈判者应具备的素质和条件，为今后从事网络营销、电子商务等职业奠定基础。

教学目的及要求

第一章　商务礼仪概述

（1）理解礼仪的含义、起源、发展和种类；

（2）掌握商务礼仪的概念和原则；

（3）了解商务礼仪的作用和特征。

第二章　基本商务礼仪

（1）了解仪容礼仪、称谓礼仪知识；

（2）明晰人际交往的空间和见面礼节；

（3）掌握着装礼仪、体态礼仪和交谈礼仪。

第三章　一般沟通

（1）理解商务沟通的含义与构成要素；

（2）明晰影响沟通的因素；

（3）掌握有效沟通的技巧；

（4）了解自我沟通的作用和方法、步骤。

第四章　管理沟通

（1）掌握商务沟通中沟通与说服的技巧；

（2）掌握与同事、上级、下属沟通的方法和技巧；

（3）掌握与客户沟通的原则和技巧。

第五章　商务谈判准备阶段

（1）了解谈判团队组建原则和谈判人员基本素质要求；

（2）掌握谈判准备阶段的资料收集途径和资料整理；

（3）熟悉谈判议程的制作及基本内容。

第六章　商务谈判开局阶段

（1）理解开局阶段的基本任务和开局气氛的营造；

（2）掌握谈判开局阶段的基本谈判策略和语言使用原则；

（3）了解开局阶段的基本原则和开局阶段的行为禁忌。

第七章　商务谈判磋商阶段及策略

（1）掌握商务谈判报价的策略和技巧；

（2）掌握交易磋商中让步的策略和技巧，学会制造僵局和处理僵局的策略和技巧；

（3）通过模拟谈判实训环节的设计，掌握并熟练运用商务谈判磋商阶段的策略和技巧。

第八章　商务谈判中的结束

（1）了解谈判结束的含义；

（2）学会判断谈判对方的成交意图，把握谈判结束的时机；

（3）把握商务谈判结束的技术准备和技巧。

教学目标及安排

本课程共分为三大知识模块，分别为礼仪、沟通、谈判模块。主要内容及要求见下表：

序号	内容及课时安排	教学目标		活动安排
1	形象礼仪 3 课时	知识目标	①掌握商务人员化妆、发型等仪容礼仪；②掌握商务人员职业装的穿着礼仪；③掌握站姿、坐姿、走姿、蹲姿及手势的规范要求；④掌握商务人员交际语言礼仪；⑤掌握商务人员表情礼仪。	案例导入课程 教师讲授 学生讨论 案例 学生分析训练 总结评价
		技能目标	①理解商务个人的仪容仪表仪态礼仪对于打造个人形象、塑造企业文化、提升全社会文明程度的重要意义并能设计自己的职业形象；②在职业场合正确地运用体态及表情传达对他人的礼貌和尊敬；③强调学以致用，将礼仪规范与日常行为养成相结合；④增强人际沟通能力。	
2	社交礼仪 5 课时	知识目标	①掌握商务人员见面的礼节；②掌握商务人员交谈的礼节；③掌握商务人员接待、拜访的礼节；④掌握商务人员宴请礼仪。	案例导入课程 教师讲授 学生讨论 分析案例 学生训练 总结评价
		技能目标	①培养学生的沟通协调能力；②培养学生的语言表达能力；③培养学生的应变能力；④培养学生的社交能力。	
3	一般沟通 4 课时	知识目标	①听话的技巧；②说话的技巧；③非语言沟通技巧；④网络沟通技巧；⑤电话沟通技巧。	案例导入课程 教师讲授 学生讨论 分析案例 学生训练 总结评价
		技能目标	①培养学生的沟通协调能力；②培养学生的语言表达能力；③培养学生的应变能力；④培养学生的社交能力。	
4	管理沟通 4 课时	知识目标	①与领导沟通；②与下属沟通；③跨部门沟通；④同级沟通。	案例导入课程 教师讲授 学生讨论 分析案例 学生训练 总结评价
		技能目标	①培养学生的沟通协调能力；②培养学生的语言表达能力；③培养学生的应变能力；④培养学生的社交能力。	

表(续)

序号	内容及课时安排	教学目标		活动安排
5	谈判准备 4课时	知识目标	①谈判班子的组织；②谈判资料和信息的收集；③谈判目标的制定与谈判议程的拟定；④物质条件的准备。	案例导入课程 教师讲授 学生讨论 分析案例 学生训练 总结评价
		技能目标	①商务谈判活动的认知及信息收集能力；②商务谈判策划能力、策略应用能力；③商务谈判基本沟通能力、基本操作能力；④商务谈判基本操作能力，包括协商能力、商务谈判合同拟订能力等。	
6	谈判开局 4课时	知识目标	①开局气氛的营造；②谈判摸底。	案例导入课程 教师讲授 学生讨论 分析案例 学生训练 总结评价
		技能目标	①商务谈判活动的认知及信息收集能力；②商务谈判策划能力、策略应用能力；③商务谈判基本沟通能力、基本操作能力；④商务谈判基本操作能力，包括协商能力、商务谈判合同拟订能力等。	
7	谈判磋商 6课时	知识目标	①报价策略；②还价策略；③让步策略；④僵局与破解策略。	案例导入课程 教师讲授 学生讨论 分析案例 学生训练 总结评价
		技能目标	①商务谈判活动的认知及信息收集能力；②商务谈判策划能力、策略应用能力；③商务谈判基本沟通能力、基本操作能力；④商务谈判基本操作能力，包括协商能力、商务谈判合同拟订能力等。	
8	谈判结束 2课时	知识目标	①结束的方式；②结束谈判。	案例导入课程 教师讲授 学生讨论 分析案例 学生训练

授课计划

授课计划		
章节	内容	教学课时
第一章	礼仪的概念和构成	3
第二章	基本商务礼仪	5
第三章	一般沟通	4

表(续)

授课计划		
章节	内容	教学课时
第四章	管理沟通	4
第五章	商务谈判准备阶段	4
第六章	商务谈判开局阶段	4
第七章	商务谈判磋商阶段及策略	4
第八章	商务谈判的结束	4
合计		32

四、“商务礼仪与谈判”建设工作总结

“商务礼仪与谈判”是一门理论和实践密切结合的应用性创新创业专业课程，主要介绍商务礼仪以及谈判的有关知识、技巧和方法，具有知识面广、实用性强、实践性强、系统性强的特点，是创新创业教育课程群中的一门专业课程。面向全院公选课学生，对学生职业能力的培养和职业素养养成起着主要支撑作用。

“商务礼仪与谈判”课程的各位老师在学院和系部的领导下，不断探索创新，通过对“商务礼仪与谈判”课程的课程内容、教学方法和教学手段的改革，开始探索采用一体化教学模式进行课堂教学，从而优化了课堂教学效果。该课程建设工作到目前为止已经取得了阶段性成果。

1. 课程建设的成果

（1）课程建设取得初步成果

课程结合公选课学生的实际特点，积极推进教学改革。针对创新、创业能力对学生的要求，我们对传统的教学模式进行了大胆改革和创新，提出并实践了情景模拟教学法、案例教学法、多媒体辅助教学、角色扮演等多种教学方法。随着教学模式及教学方法的改革，组织教师整理前期在课程建设过程中所取得的阶段性成果，通过项目组成员的不懈努力，现已初步完成了商务礼仪课程教学大纲的修订、情境创设、课程整体设计、合格课程评价标准、教学课件的制作工作。

（2）教师素质得到明显提高

“商务礼仪与谈判”课程教学改革和教学质量的提高，教师的素质是关键。我们非常重视教师素质的提高，不但要求教师具有较强的语言能力、优良的教学技能，还要求教师掌握现代化教学手段，并开展科研活动。我系严把新教师引进关、培训关，提升教师队伍

的整体学历层次。鼓励教师相互学习，开展教学竞赛，提升教师的教学水平。

（3）课外实践丰富多彩

配合学院大力开展课外实践活动，从单一的课堂教学转移到以校园活动和日常行为为主的大课堂。课外实践激发了学生的学习兴趣，为学生形成良好的行为素质打下了良好的基础，适应学生多样化和个性化的需求。商务礼仪知识竞赛、校园礼仪大赛、演讲、辩论赛等竞赛活动、礼仪讲座等课外实践活动形成了一个多形式、多渠道、多手段、学习氛围更浓厚、范围更广大、参加人数更多的学习环境。

2. 项目建设过程中的问题

目前，“商务礼仪与谈判”的授课仍然安排在传统教室，教学环境和教学条件还受到很大的制约。这种现状，既不利于调动和发挥学生自主学习的积极性，更不利于学生综合实际应用能力的培养。在此条件下，教师无法利用多媒体教学课件和各种音、视频立体地呈现教学内容以抓住学生的注意力、激发学生的兴趣。

3. 下一步教学改革的措施

（1）加大改革力度，不断总结和积累经验，全面采用新的教学模式；鼓励教师积极参与教学改革工作，通过不同渠道，加强对教师的教学技能和使用现代化教学手段的培训，完成在新教学模式中角色的转换。

（2）改变原来以教师讲授为主的单一课堂教学模式为具有我校特色的“商务礼仪与谈判”课堂教学与实践教学相结合的教学模式。实现课堂教学与开放式自主学习相结合、多媒体教学与网络教学相结合、课内教学与课外实践活动相结合。采取“课堂教学互动、课外学习自主”的开放式教学方式。

根据“商务礼仪与谈判”课程教学要求，新的教学模式为：多媒体教学+课堂模拟+课外实践+教师辅导。在此模式下，教师充分利用多媒体教学课件和各种音、视频立体地呈现教学内容，紧紧抓住学生的注意力，激发学生的兴趣，并及时获得学生的反馈信息。

4. 增加课外实践活动，促进校园礼仪素质养成

课外实践是商务礼仪教学中一个不可或缺的辅助手段。加强课外实践的建设，营造良好的学习氛围，以配合和加强教学实践改革活动。继续支持学生的各种社团活动；通过丰富多彩、生动活泼的课外活动形式，使教学从单一的班级教学转移到以校园为主的大课堂的学习，形成一个学习氛围更浓厚的大的学习环境，提高学生的学习兴趣，从而激发学生的学习热情，调动学生学习的主动性和积极性，提升广大同学的能力。

总之，“商务礼仪与谈判”课程建设中，各位老师进行了努力探索，取得了初步成绩，其中存在的问题也不少。相信在领导、专家的指导和大力支持下，在全体教师的共同努力下，“商务礼仪与谈判”课程建设会取得更大的成效，不断积累经验，总结经验，把下一阶段的建设工作做好。

创新创业教育精品课程群——“创业与就业”

一、“创业与就业”课程网站

二、课程简介

“创业与就业课程”是遵循职业教育规律，针对大学生特点组合开设的一门体现高等教育就业导向的综合性课程，强调理论性和实践性的有机统一，内容包括职业生涯规划、创业准备与训练、就业准备与训练等。通过课程学习，让学生了解国家就业方针和政策，掌握职业生涯规划的基本理论和方法，促使大学生理性规划自身发展，在学习过程中自觉提高就业能力和生涯管理能力，有效促进大学生求职择业与自主创业。开设这一课程，对于帮助高校学生了解社会需要及认识自身优势、促进学生职业素质发展、激发创业精神具有十分重要的意义。

本课程以促进高校学生就业为导向，旨在加强职业指导与就业服务，拓宽毕业生就业渠道，引导学生转变就业观念，开展创业教育。通过对当前高校毕业生就业现状与形势进行分析，对当代高校在校生就业观念和创业意识进行调研，以增强学生就业创业能力为引领，以引导高校学生理性规划个人职业生涯发展为课程主线，以各专业学生应共同具备的就业观念、职业生涯规划理念、创业知识与能力为依据，按照学生的认知特点，采用理论与实践相结合的方式设计教学内容，通过知识讲授、分组讨论、案例分析等活动项目组织教学，倡导学生在项目活动中树立自主意识、职业意识和创业意识，确立正确的职业发展目标，为实现自身职业发展和职业成功打下扎实的基础。

本课程分为职业生涯规划、创业训练与就业训练三个教学环节。职业生涯规划教学环节合计 8 学时，在大一阶段统一开课；创业训练教学环节合计 12 课时，在大二阶段统一开课；就业训练教学环节合计 12 课时，按照课程内容安排分别在大三、大四阶段统一开课。其中，穿插职业生涯规划大赛、创业计划大赛等教学与实践内容。本课程总课时为 32 课时。

三、“创业与就业”建设工作总结

“创业与就业”课程是遵循职业教育规律，针对大学生特点组合开设的一门体现高等教育就业导向的综合性课程，强调理论性和实践性的有机统一，内容包括职业生涯规划、创业准备与训练、就业准备与训练等。通过课程学习，让学生了解国家就业方针和政策，掌握职业生涯规划的基本理论和方法，促使大学生理性规划自身发展，在学习过程中自觉提高就业能力和生涯管理能力，有效促进大学生求职择业与自主创业。开设这一课程，对于帮助高校学生了解社会需要及认识自身优势、促进学生职业素质发展、激发创业精神具有十分重要的意义。

（一）教学资源在教学过程中的使用情况

结合教学实际，本课程充分利用现有的由书面教材、电子教材、网络课件、案例分析、试题库和系列参考书等构成的立体化教材体系，主教材采用的是 2014 年西南财经大学出版社出版、本课程组编写的《创业与就业》，采用的参考教材有 2007 年济南出版社出版，本校杨照征、郝永发、范晓丽主编的《大学生职业生涯规划与就业指导》，2015 年西南财经大学出版社出版，郑晓燕、相子国主编的《创业基础》。采用案例教学法，构建互动教学模式，鼓励学生积极参与课堂讨论，提高课程的兴趣性与教学效果。根据市场需要和本学科的发展，不断充实和完善教学内容；网络课件，便于学生自学，并测试学习效果，教学资源在教学过程中运用恰当、充分。

（二）教学实施及教学效果

1. 课程内容设计以能力培养和创业就业为导向

“创业与就业”课程通过对当前高校毕业生就业现状与形势的分析，以增强学生创业就业能力为引领，以引导高校学生理性规划职业生涯发展为课程主线，以就业观念、职业生涯规划理念、创业知识与能力为依据，按照学生的认知特点，采用理论与实践相结合的方式设计课程内容。通过真实岗位能力或技术应用能力分析，确定相应的创业就业技能或能力模块，设置对应的实训项目。在课程内容设计上，强调理论性和实践性的有机统一，分解出创业就业所需的能力要素，形成由基础技能、核心技能和综合技能构成的教学内容体系：职业生涯规划、创业准备与训练、就业准备与训练三大模块。

“创业与就业”课程教学目的在于在明确职业岗位人才规格、知识结构、能力结构目标定位的基础上对高校学生的创业与就业观念进行科学指导，帮助他们正确认识企业在社会经济中的作用，了解创办和经营企业的基本知识和实践技能，理性评估自身特质，确立创业定位；使学生了解就业形势与政策，合理规划学业生涯和职业生涯，掌握一定的求职择业技能和技巧，形成正确的就业观念；将课程目标对准某种职业，落实到具体岗位，就业方向直接在学校人才培养的课程方案中清晰体现，使课程目标直接与就业目标挂钩，缩短学校教育与就业需求之间的距离。

2. 课程实施采用全程化、分阶段模式

高校学生创业与就业教育是一个延续不断的过程，“创业与就业”课程的建设需构建一个从入学到毕业的全程化的课程体系。创业与就业教育从大学一年级开始，贯穿整个大学学习的全过程，让大学生从进入大学就开始关注创业与就业。在贯穿全程的基础上，课程设置还应针对大学期间不同阶段学生的生理、心理特点，教育教学内容各有侧重。如职业生涯规划教学环节应在大一、大二阶段统一开课，主要帮助学生树立就业观念，增强就业意识，强化竞争意识，培养创业精神，开展职业生涯规划，培养职业能力和职业素养，让学生进一步明确学习目的，加强学习的主动性，加强综合能力的训练，着重自主创业、考研、出国，求职等就业方式的指导。创业训练教学环节在大三阶段统一开课，着重创业技能培训及自主创业的引导。就业训练教学环节在大四阶段统一开课，主要进行就业政策的学习、就业形势的分析、就业信息的收集、求职准备、择业技巧、心理调适、职业测评等具体问题的指导和实用战术的训练。

入学教育应该从大一开始，根据学生自身的特点，帮助他们对自己未来的职业生涯进行规划，使他们尽快找到正确的人生定位和奋斗目标。在大一、大二阶段，最重要的是把学生的职业理想树立和专业毕业流向结合起来，进行职业生涯规划启蒙，引导学生树立正确的人生观、价值观、择业观，帮助大学生认清毕业时面临的就业压力，使学生明白就业是自己的事，就业过程中最具竞争力的是自己的能力与素质，帮助学生逐步确立将来的就业方向，进行自我认知训练及试探性的职业生涯设计，合理规划大学期间的生活及将来的出路。对学生进行职业发展规划验证，指导学生进行职业兴趣、职业能力、职业倾向测试，了解其心理、性格特征和与之相适应的职业适应范围，修改和完善职业生涯发展规划。

大三、大四阶段是职业发展规划的实施阶段，应指导学生根据自己的职业发展方向、创业就业意愿增加创业与就业课程，联系实际，针对目前严峻的就业形势，鼓励学生增加参与竞争的筹码。本阶段主要以咨询、分类指导、模拟训练、案例分析的形式进行，引导学生提高自己的水平，为将来的创业、就业储备知识和能量。既要引导他们认真学习，掌握过硬的专业技能，重点培养各种能力，又要为他们提供实践和培训的机会，培养较强的实践能力。通过创业过程各个环节的技巧指导与训练，让学生掌握创业思维方法、创业方向的选择、创业机会的识别、创业团队和创业资源管理的技巧与方法等。就业准备及训练课程则要坚持理论与实践相结合，突出实践环节；结合就业形势，既加强就业准备及训练课的理论教学，又指导学生参与择业实践的训练，通过模拟择业实际过程，提高择业的技巧和能力，提高其择业竞争力。

3. 课程特色突出实践创新

在课程设置的过程中，还要结合学校专业优势和学生的专业特点，突出可行性和实用性，精心制订创业就业教育教学计划，改革教学方法，加强师生互动、情景模拟、角色扮演、案例教学等教法，实现课程体系与相关技能平台、创业就业实践平台、创业就业实践项目的相互支撑。强化实践教学环节，通过知识讲授、分组讨论、案例分析等活动项目来组织教学，倡导学生在项目活动中树立自主意识、职业意识和创业意识，确立正确的职业发展目标，为实现自身职业发展和职业成功打下扎实的基础。

通过讲座、职业生涯规划大赛、模拟面试、创业就业实践、岗位实训等方式对课程进行有益补充，开展职业规划、技能培训、就业形势讲解、就业技巧辅导等方面的讲座和指导活动。建立就业实践与实战体系，通过就业实践提供真实工作预览，提升学生就业能力。以创业指导中心为依托，以“挑战杯”及“创新·创意·创业”等创业大赛为平台，在校园内大力推进创业教育。邀请校内外专家学者、企业负责人、成功创业校友为大学生授课，讲述创业就业知识和相关专业技术知识。为提升学生的就业能力，构建学生与社会联系、到单位实践就业的畅通渠道，建立教学实习与就业实践基地。举办大型的就业实践双选会，为学生到企业实践搭建平台。

（三）课程建设近年来的主要成果

1. 教研项目

序号	项目名称	承担教师	时间
1	地方应用型高校创新创业教育体系深化研究	郑晓燕	2015
2	基于国家级大学生创新创业训练计划项目的地方高校创新创业教育评价及影响因素研究	彭萍	2016

2. 教研论文

序号	论文名称	作者	发表时间
1	基于大学生创业的经管类经济法实践教学研究	张燕	2015.12
2	地方高校创新创业教育评价	彭萍	2016.01

3. 教研获奖

序号	获奖名称	获奖教师	时间
1	优秀教材德州学院三等奖	彭萍	2015
2	2014年全国高等学校创业教育工作先进个人	彭萍	2015
3	德州市第二十八次社会科学优秀成果三等奖	彭萍	2015
4	优秀教材德州学院二等奖	郑晓燕	2015
5	优秀教材德州学院三等奖	郑晓燕	2015
6	德州学院四维课程观摩比赛三等奖	张燕	2015
7	全国多媒体课件大赛（课件组）优秀奖	张燕	2015
8	全国多媒体课件大赛（微课组）优秀奖	张燕	2015

4. 教材建设

序号	教材名称	编者	出版时间
1	创业基础（第二版）	郑晓燕、相子国主编	2015.08
2	经济法案例与实训教程	张燕主编	2015.08

注：课程建设之前的相关成果已列示于课程网站上

（四）课程反馈及持续改进情况

从评教中即可看出，本课程及授课教师受到师生的一致好评，主要体现在：教学内容更新快，教学方法运用得当，教师教学态度认真严谨，专业基础扎实，具有丰富的教学和实践经验，注重对学生实际运用能力的培养，开阔学生视野，善于启发、引导学生，教学手段和教学方法运用灵活，课堂教学气氛活跃，互动式教学效果好。但学生也普遍反映教学内容太多，教学进度太快，学习难度大。对此，我们从如下几方面进行改进：

（1）继续完善课程录像。由于录像条件和录像技术受限，目前，本课程只完成了部分章节的录像录制和网站上传工作，完整的教学录像尚需不断补充，完成全程录像后，学生即可利用课余时间补课，巩固重点。

（2）完善课程在线交流平台功能。课程网站虽设计了在线交流平台，但功能较为简单，难以满足在线教学和学生自学的需要，尚需寻求专业技术人员的帮助，完善并提升在线交流平台功能，以期实现课程在线教学和学生在线自主学习。

（3）继续完善教学资源。将继续完善教学活动的网络化，搭建教学交流、讨论和学习的网络平台；及时更新已有的网络资源并补充新准则和税法改革所涉及的知识更新。

附：“创业与就业”课件

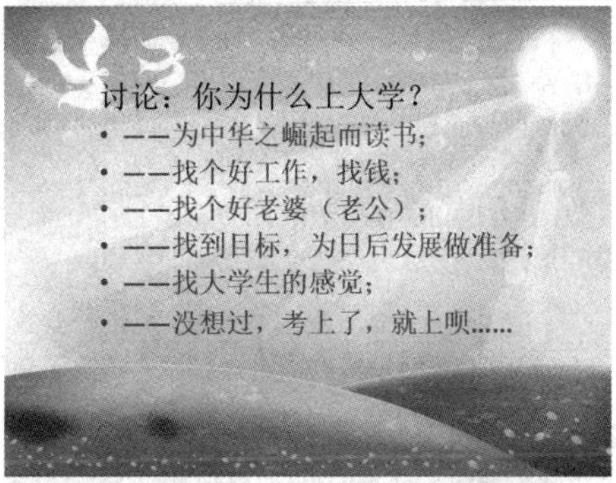

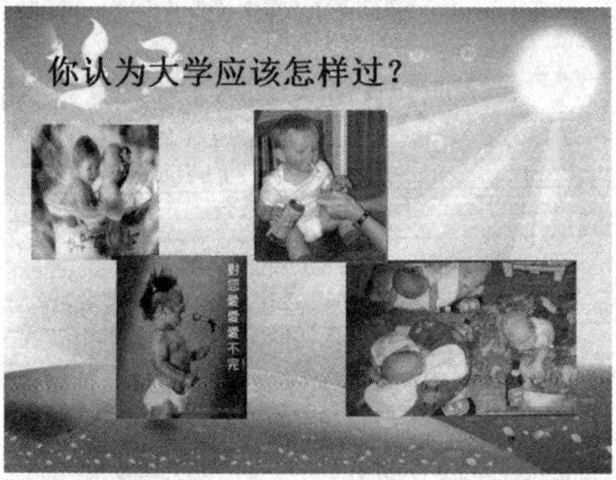

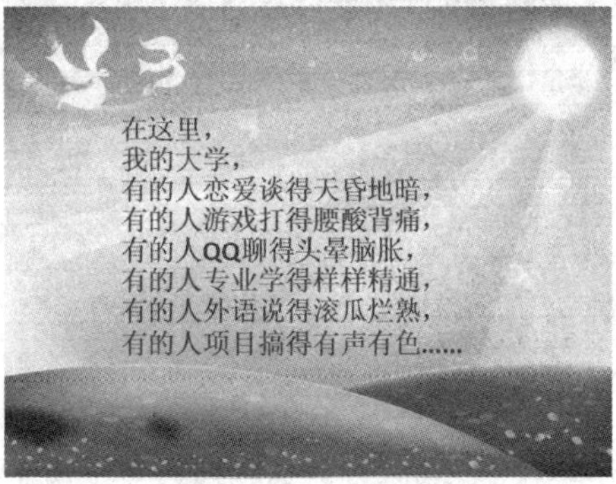

找工作？
考公务员？
创业？
大学生毕业后的方向？
出国？
考研？

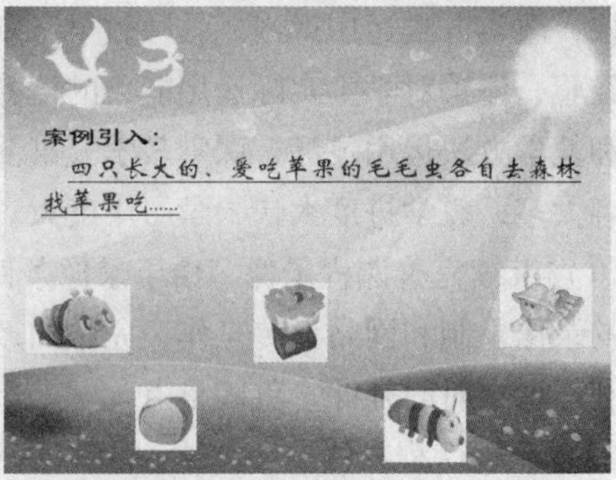
案例引入：
四只长大的、爱吃苹果的毛毛虫各自去森林找苹果吃……

第一只毛毛虫根本就不知道这是一棵苹果树，没有目的，不知终点；没想过什么是生命的意义，为什么而活着。
（分析）毫无目标，一生盲目，没有自己人生规划的糊涂虫，不知道自己想要什么。遗憾的是，我们大部分的人都是像第一只毛毛虫那样活着。

第二只毛毛虫知道这是一棵苹果树，找到了一个大苹果就扑上去大吃一顿，但它发现要是选择另外一个分枝，它就能得到一个大得多的苹果。
（分析）虽然知道自己想要什么.但不知道该怎么去得到苹果.在习惯的正确标准指导下.做出了一些看似正确却使它渐渐远离苹果的选择.而曾几何时.正确的选择离它又是那么接近。

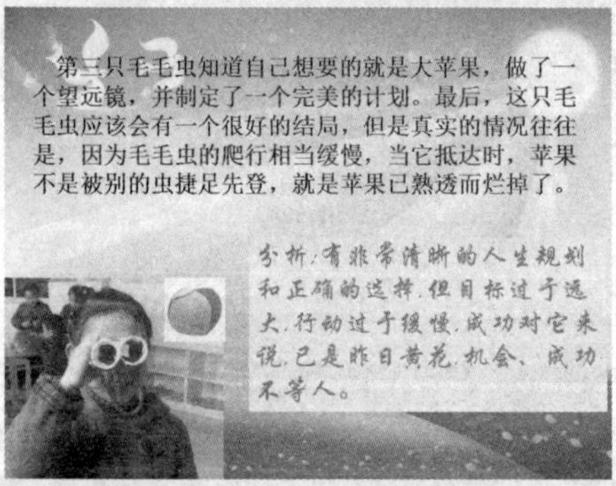
第三只毛毛虫知道自己想要的就是大苹果，做了一个望远镜，并制定了一个完美的计划。最后，这只毛毛虫应该会有一个很好的结局，但是真实的情况往往是，因为毛毛虫的爬行相当缓慢，当它抵达时，苹果不是被别的虫捷足先登，就是苹果已熟透而烂掉了。
分析:有非常清晰的人生规划和正确的选择.但目标过于远大.行动过于缓慢.成功对它来说.已是昨日黄花.机会、成功不等人。

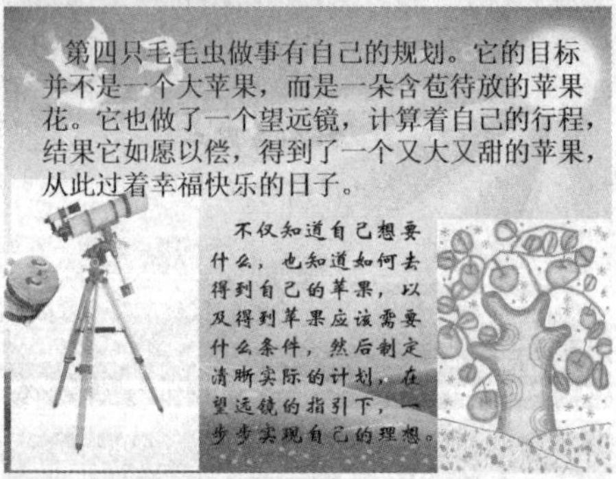
第四只毛毛虫做事有自己的规划。它的目标并不是一个大苹果，而是一朵含苞待放的苹果花。它也做了一个望远镜，计算着自己的行程，结果它如愿以偿，得到了一个又大又甜的苹果，从此过着幸福快乐的日子。
不仅知道自己想要什么，也知道如何去得到自己的苹果，以及得到苹果应该需要什么条件，然后制定清晰实际的计划，在望远镜的指引下，一步步实现自己的理想。

• 大学
• 这个人生重要的关口
• 我们有多少人是
• 没有经过任何筹划就上路了……

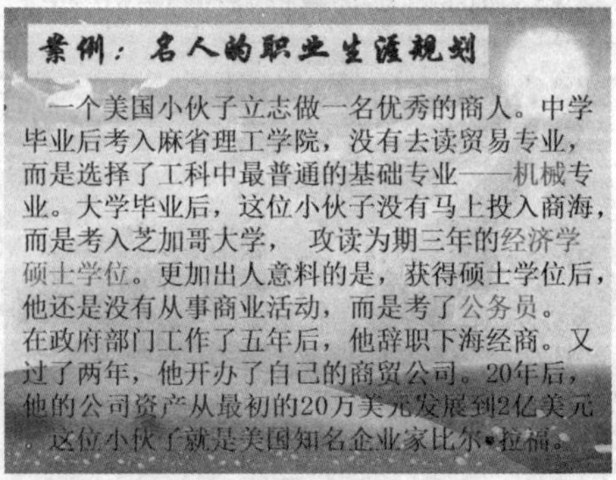
案例：名人的职业生涯规划
一个美国小伙子立志做一名优秀的商人。中学毕业后考入麻省理工学院，没有去读贸易专业，而是选择了工科中最普通的基础专业——机械专业。大学毕业后，这位小伙子没有马上投入商海，而是考入芝加哥大学，攻读为期三年的经济学硕士学位。更加出人意料的是，获得硕士学位后，他还是没有从事商业活动，而是考了公务员。
在政府部门工作了五年后，他辞职下海经商。又过了两年，他开办了自己的商贸公司。20年后，他的公司资产从最初的20万美元发展到2亿美元
这位小伙子就是美国知名企业家比尔•拉福。

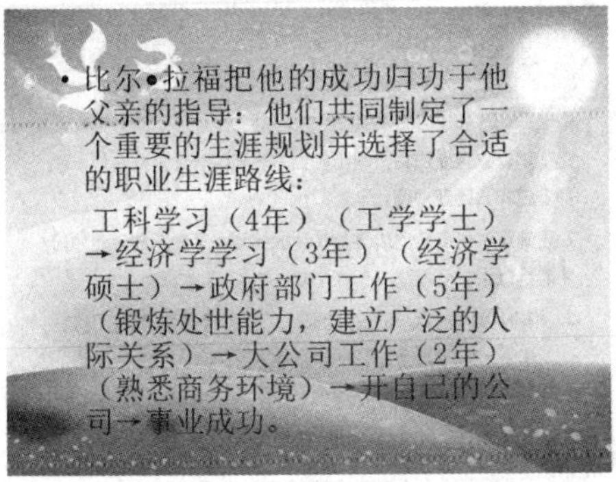

• 比尔•拉福把他的成功归功于他父亲的指导：他们共同制定了一个重要的生涯规划并选择了合适的职业生涯路线：
工科学习（4年）（工学学士）→经济学学习（3年）（经济学硕士）→政府部门工作（5年）（锻炼处世能力，建立广泛的人际关系）→大公司工作（2年）（熟悉商务环境）→开自己的公司→事业成功。

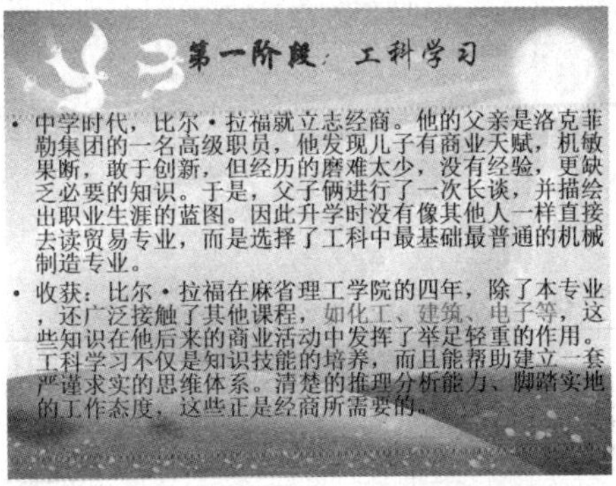

第一阶段：工科学习
• 中学时代，比尔·拉福就立志经商。他的父亲是洛克菲勒集团的一名高级职员，他发现儿子有商业天赋，机敏果断，敢于创新，但经历的磨难太少，没有经验，更缺乏必要的知识。于是，父子俩进行了一次长谈，并描绘出职业生涯的蓝图。因此升学时没有像其他人一样直接去读贸易专业，而是选择了工科中最基础最普通的机械制造专业。
• 收获：比尔·拉福在麻省理工学院的四年，除了本专业，还广泛接触了其他课程，如化工、建筑、电子等，这些知识在他后来的商业活动中发挥了举足轻重的作用。工科学习不仅是知识技能的培养，而且能帮助建立一套严谨求实的思维体系。清楚的推理分析能力、脚踏实地的工作态度，这些正是经商所需要的。

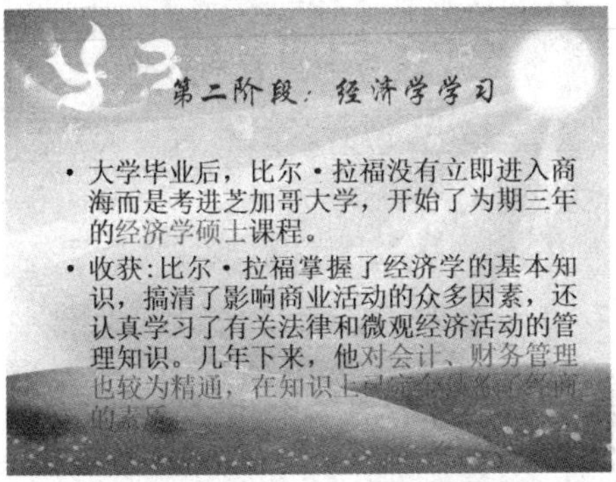

第二阶段：经济学学习
• 大学毕业后，比尔·拉福没有立即进入商海而是考进芝加哥大学，开始了为期三年的经济学硕士课程。
• 收获:比尔·拉福掌握了经济学的基本知识，搞清了影响商业活动的众多因素，还认真学习了有关法律和微观经济活动的管理知识。几年下来，他对会计、财务管理也较为精通，在知识上

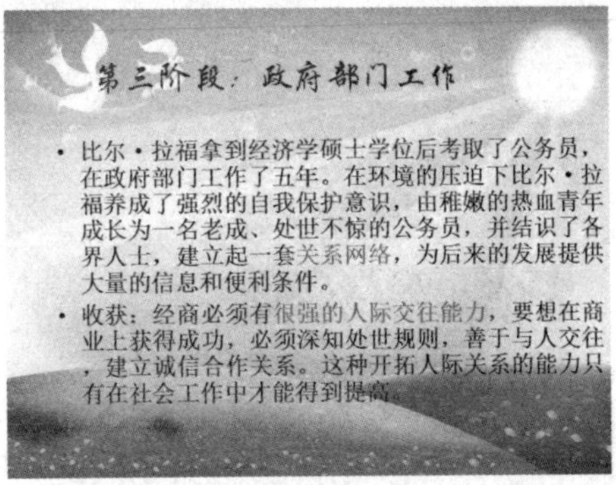

第三阶段：政府部门工作
• 比尔·拉福拿到经济学硕士学位后考取了公务员，在政府部门工作了五年。在环境的压迫下比尔·拉福养成了强烈的自我保护意识，由稚嫩的热血青年成长为一名老成、处世不惊的公务员，并结识了各界人士，建立起一套关系网络，为后来的发展提供大量的信息和便利条件。
• 收获：经商必须有很强的人际交往能力，要想在商业上获得成功，必须深知处世规则，善于与人交往，建立诚信合作关系。这种开拓人际关系的能力只有在社会工作中才能得到提高。

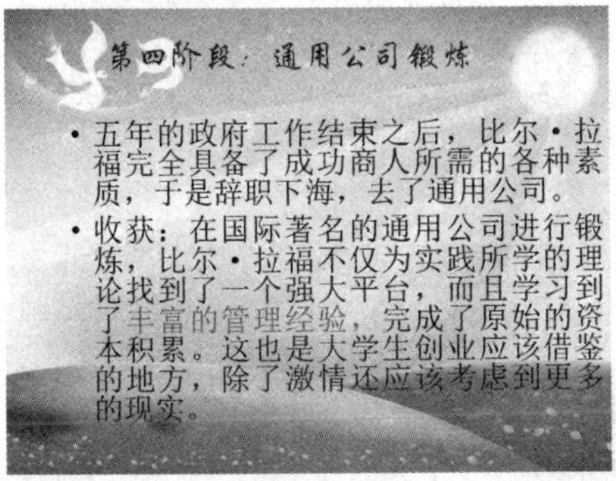

第四阶段：通用公司锻炼
• 五年的政府工作结束之后，比尔·拉福完全具备了成功商人所需的各种素质，于是辞职下海，去了通用公司。
• 收获：在国际著名的通用公司进行锻炼，比尔·拉福不仅为实践所学的理论找到了一个强大平台，而且学习到了丰富的管理经验，完成了原始的资本积累。这也是大学生创业应该借鉴的地方，除了激情还应该考虑到更多的现实。

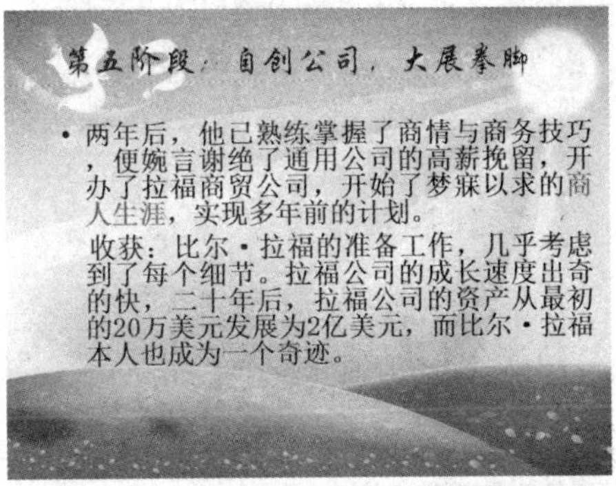

第五阶段：自创公司，大展拳脚
• 两年后，他已熟练掌握了商情与商务技巧，便婉言谢绝了通用公司的高薪挽留，开办了拉福商贸公司，开始了梦寐以求的商人生涯，实现多年前的计划。
收获：比尔·拉福的准备工作，几乎考虑到了每个细节。拉福公司的成长速度出奇的快，二十年后，拉福公司的资产从最初的20万美元发展为2亿美元，而比尔·拉福本人也成为一个奇迹。

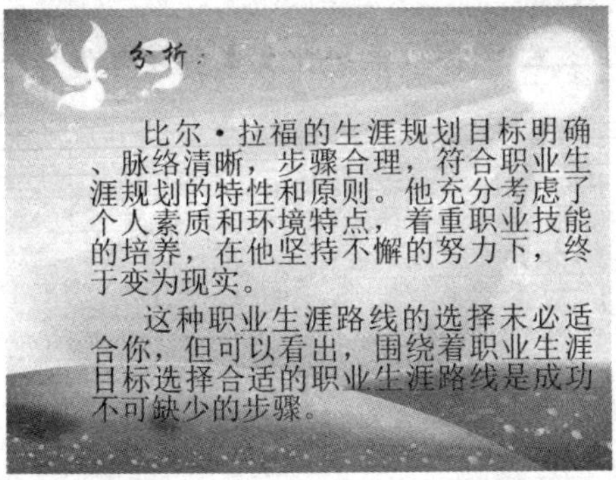

分析：
比尔·拉福的生涯规划目标明确、脉络清晰，步骤合理，符合职业生涯规划的特性和原则。他充分考虑了个人素质和环境特点，着重职业技能的培养，在他坚持不懈的努力下，终于变为现实。
这种职业生涯路线的选择未必适合你，但可以看出，围绕着职业生涯目标选择合适的职业生涯路线是成功不可缺少的步骤。

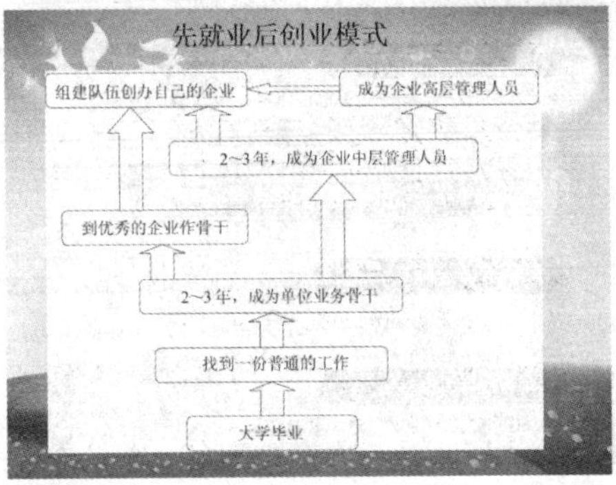

先就业后创业模式
组建队伍创办自己的企业
成为企业高层管理人员
2~3年，成为企业中层管理人员
到优秀的企业作骨干
2~3年，成为单位业务骨干
找到一份普通的工作
大学毕业

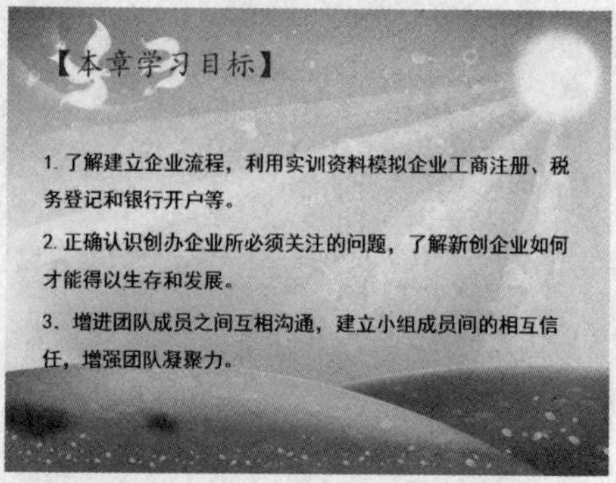

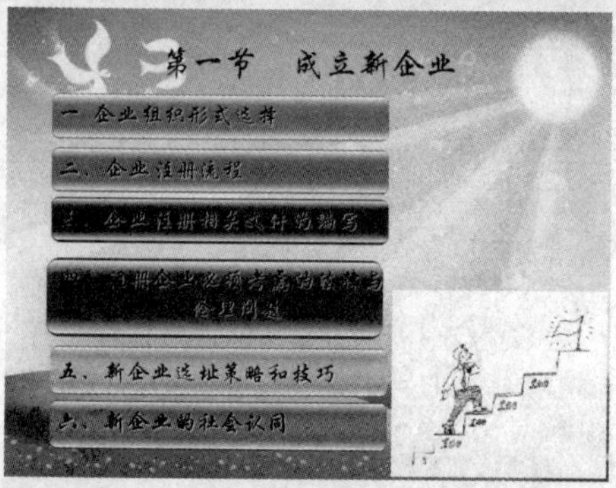

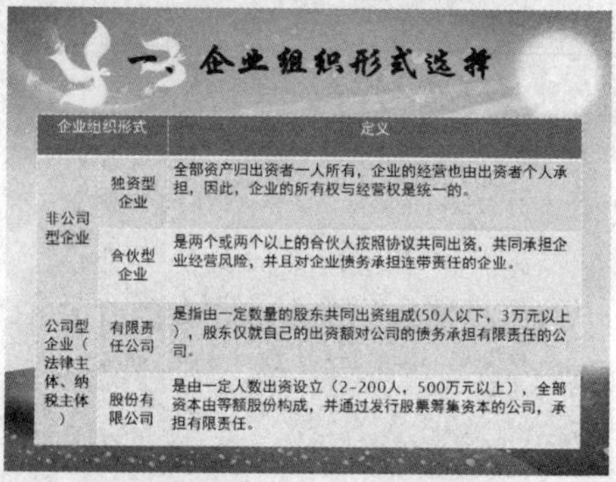

企业组织形式		定义
非公司型企业	独资型企业	全部资产归出资者一人所有，企业的经营也由出资者个人承担，因此，企业的所有权与经营权是统一的。
	合伙型企业	是两个或两个以上的合伙人按照协议共同出资，共同承担企业经营风险，并且对企业债务承担连带责任的企业。
公司型企业（法律主体、纳税主体）	有限责任公司	是指由一定数量的股东共同出资组成(50人以下，3万元以上)，股东仅就自己的出资额对公司的债务承担有限责任的公司。
	股份有限公司	是由一定人数出资设立（2-200人，500万元以上），全部资本由等额股份构成，并通过发行股票筹集资本的公司，承担有限责任。

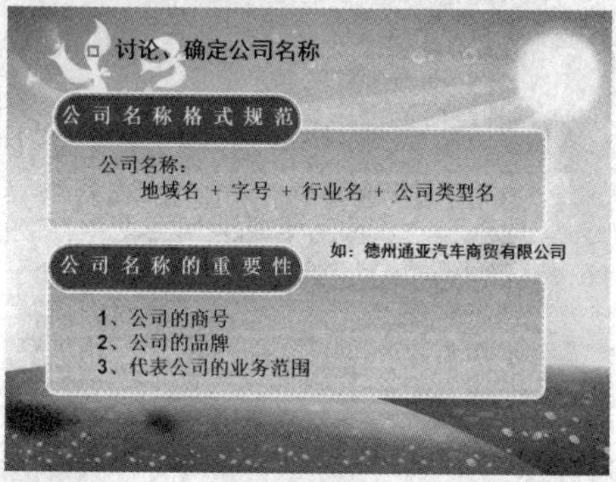

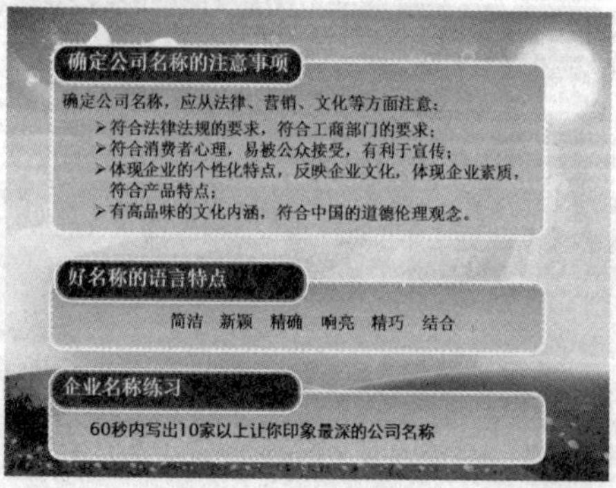

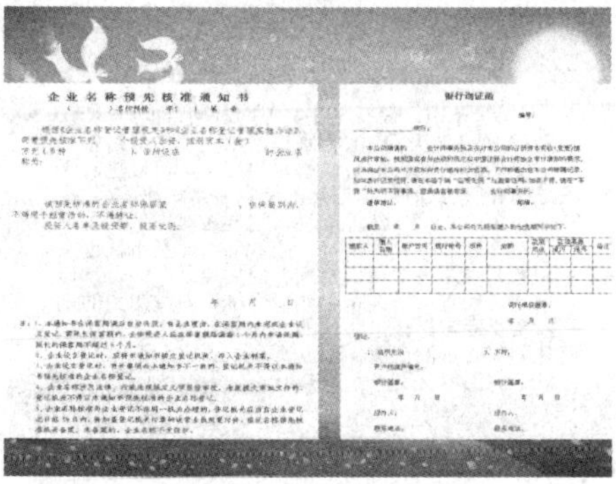
企业名称预先核准通知书
银行询证函

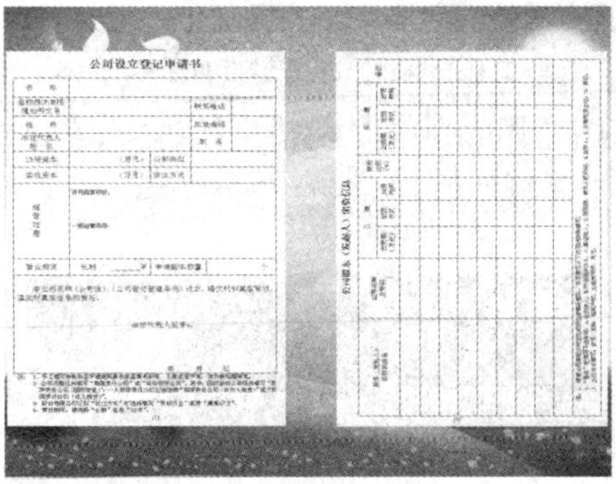
公司设立登记申请书

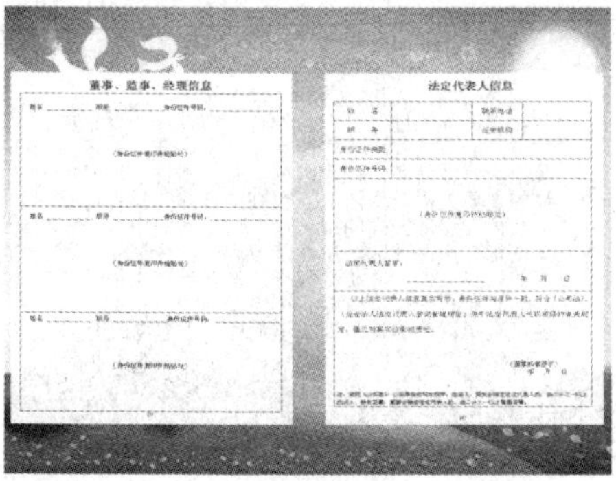
董事、监事、经理信息
法定代表人信息

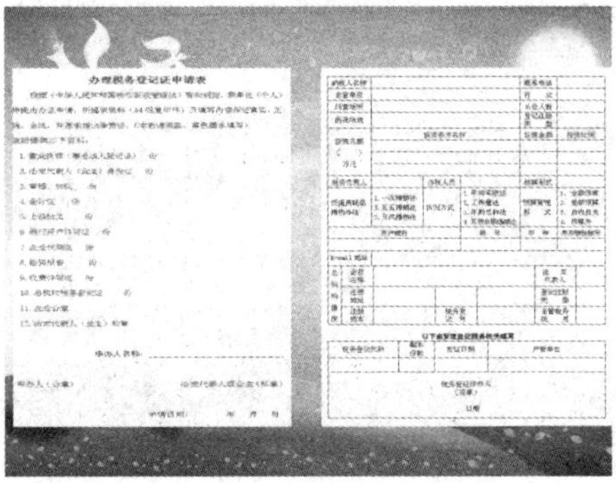
办理税务登记证申请表

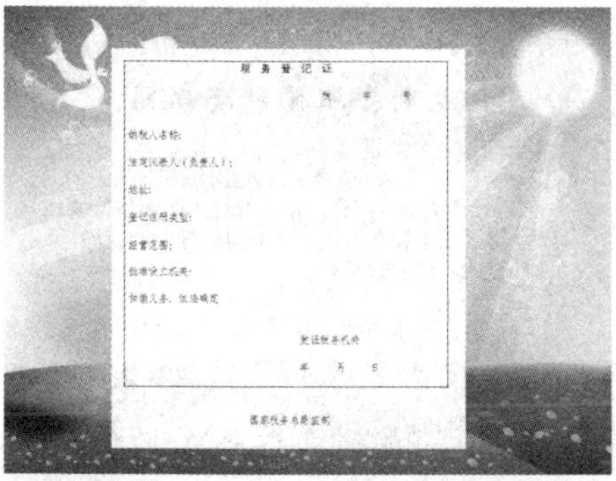
税务登记证

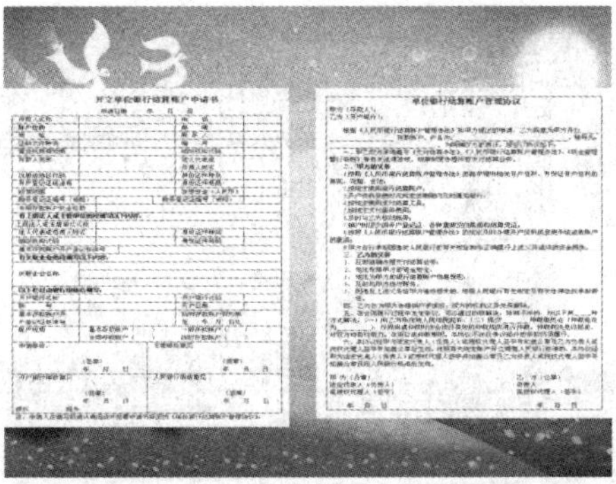
开立单位银行结算账户申请书
单位银行结算账户管理协议

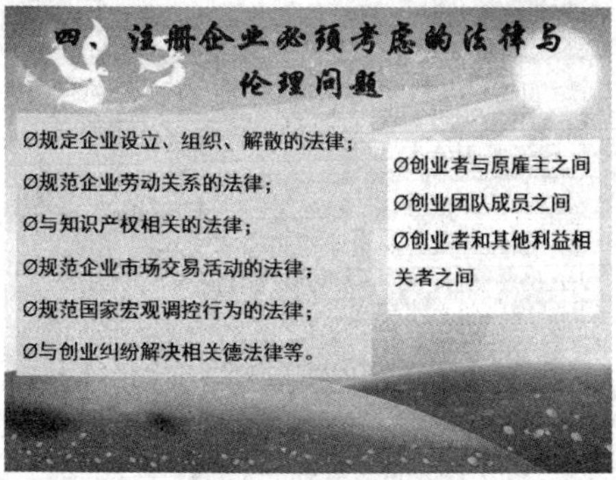
四、注册企业必须考虑的法律与伦理问题
Ø规定企业设立、组织、解散的法律；
Ø规范企业劳动关系的法律；
Ø与知识产权相关的法律；
Ø规范企业市场交易活动的法律；
Ø规范国家宏观调控行为的法律；
Ø与创业纠纷解决相关德法律等。
Ø创业者与原雇主之间
Ø创业团队成员之间
Ø创业者和其他利益相关者之间

五、新企业选址策略和技巧
企业选址战略
v 经济战略；
v 就近战略；
v 聚合战略；
v 人气战略。
企业选址技巧
❖选择路口位置；
❖选择同行密集的地段；
❖选择地势较好的道路及路面；
❖选择正确走向。

案例分析：选对人，赚对钱，香水加油站重又飘香
俗话说，水往低处流，货往高价卖。如果能用更低成本满足同等质量的产品或服务，低价替代物的出现就会产生赚钱的机会。香水加油站由于省去了高昂的品牌香水包装费用，在质量同等的情况下，价钱却很低，而且投资额要比开设专卖店要小得多。看上去应该是个赚钱的项目，但为什么宋女士却不久就面临倒闭呢？
迷迭香香水馆
魅惑女人香
CHANEL创办人Coco Chanel：
A woman who doesn't wear perfume has no future.
不用香水的女人没有未来

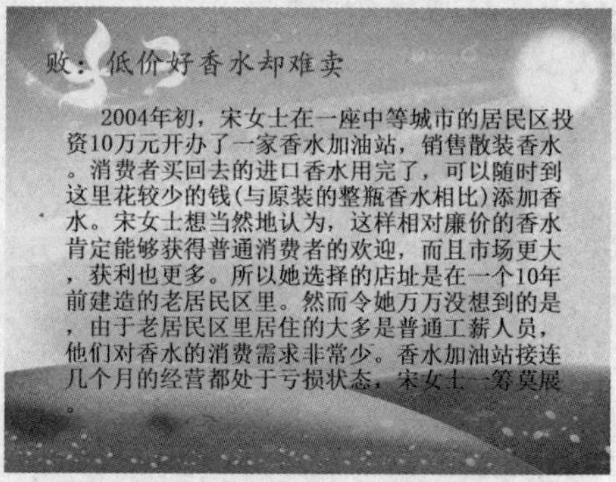
败：低价好香水却难卖
2004年初，宋女士在一座中等城市的居民区投资10万元开办了一家香水加油站，销售散装香水。消费者买回去的进口香水用完了，可以随时到这里花较少的钱(与原装的整瓶香水相比)添加香水。宋女士想当然地认为，这样相对廉价的香水肯定能够获得普通消费者的欢迎，而且市场更大，获利也更多。所以她选择的店址是在一个10年前建造的老居民区里。然而令她万万没想到的是，由于老居民区里居住的大多是普通工薪人员，他们对香水的消费需求非常少。香水加油站接连几个月的经营都处于亏损状态，宋女士一筹莫展。

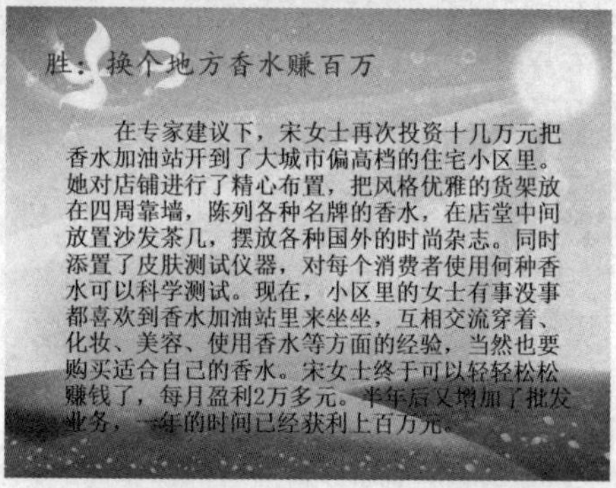
胜：换个地方香水赚百万
在专家建议下，宋女士再次投资十几万元把香水加油站开到了大城市偏高档的住宅小区里。她对店铺进行了精心布置，把风格优雅的货架放在四周靠墙，陈列各种名牌的香水，在店堂中间放置沙发茶几，摆放各种国外的时尚杂志。同时添置了皮肤测试仪器，对每个消费者使用何种香水可以科学测试。现在，小区里的女士有事没事都喜欢到香水加油站里来坐坐，互相交流穿着、化妆、美容、使用香水等方面的经验，当然也要购买适合自己的香水。宋女士终于可以轻轻松松赚钱了，每月盈利2万多元。半年后又增加了批发业务，一年的时间已经获利上百万元。

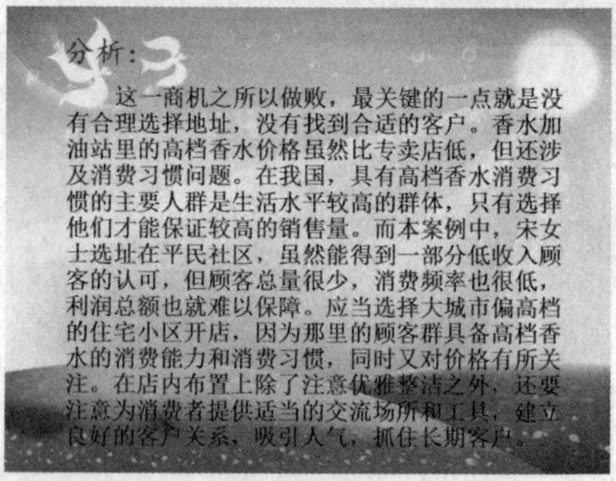
分析：
这一商机之所以做败，最关键的一点就是没有合理选择地址，没有找到合适的客户。香水加油站里的高档香水价格虽然比专卖店低，但还涉及消费习惯问题。在我国，具有高档香水消费习惯的主要人群是生活水平较高的群体，只有选择他们才能保证较高的销售量。而本案例中，宋女士选址在平民社区，虽然能得到一部分低收入顾客的认可，但顾客总量很少，消费频率也很低，利润总额也就难以保障。应当选择大城市偏高档的住宅小区开店，因为那里的顾客群具备高档香水的消费能力和消费习惯，同时又对价格有所关注。在店内布置上除了注意优雅整洁之外，还要注意为消费者提供适当的交流场所和工具，建立良好的客户关系，吸引人气，抓住长期客户。

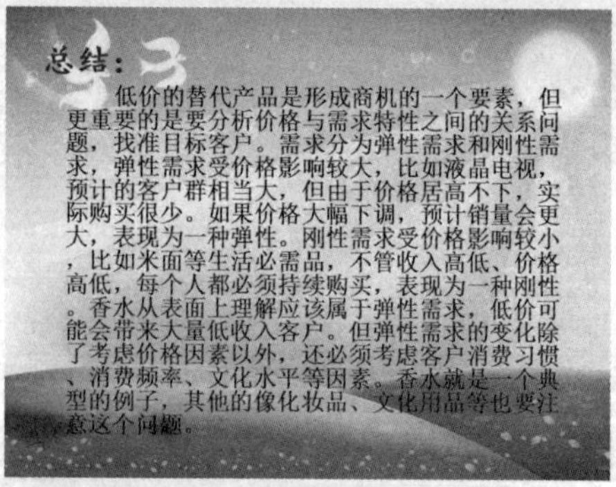
总结：
低价的替代产品是形成商机的一个要素，但更重要的是要分析价格与需求特性之间的关系问题，找准目标客户。需求分为弹性需求和刚性需求，弹性需求受价格影响较大，比如液晶电视，预计的客户群相当大，但由于价格居高不下，实际购买很少。如果价格大幅下调，预计销量会更大，表现为一种弹性。刚性需求受价格影响较小，比如米面等生活必需品，不管收入高低、价格高低，每个人都必须持续购买，表现为一种刚性。香水从表面上理解应该属于弹性需求，低价可能会带来大量低收入客户。但弹性需求的变化除了考虑价格因素以外，还必须考虑客户消费习惯、消费频率、文化水平等因素。香水就是一个典型的例子，其他的像化妆品、文化用品等也要注意这个问题。

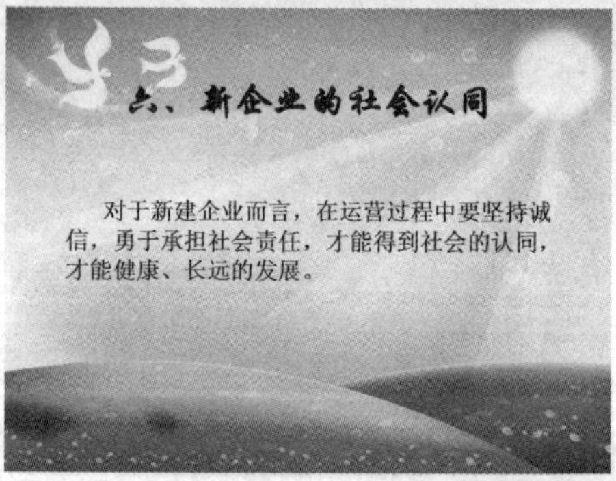
六、新企业的社会认同
对于新建企业而言，在运营过程中要坚持诚信，勇于承担社会责任，才能得到社会的认同，才能健康、长远的发展。

第二节 新企业生存管理
一、新企业管理的特殊性
二、新企业成长的驱动因素
三、新企业成长管理的技巧和策略
四、新企业的风险控制和化解

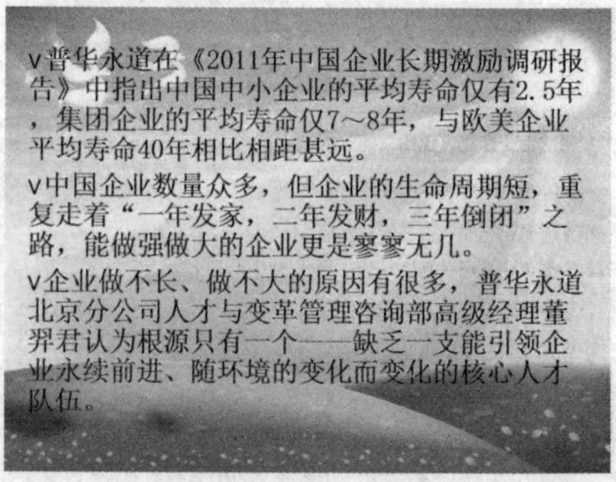
v普华永道在《2011年中国企业长期激励调研报告》中指出中国中小企业的平均寿命仅有2.5年，集团企业的平均寿命仅7~8年，与欧美企业平均寿命40年相比相距甚远。
v中国企业数量众多，但企业的生命周期短，重复走着“一年发家，二年发财，三年倒闭”之路，能做强做大的企业更是寥寥无几。
v企业做不长、做不大的原因有很多，普华永道北京分公司人才与变革管理咨询部高级经理董羿君认为根源只有一个——缺乏一支能引领企业永续前进、随环境的变化而变化的核心人才队伍。

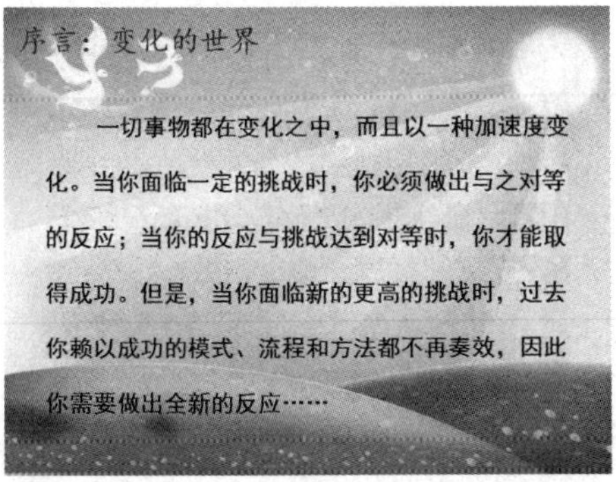
序言：变化的世界
一切事物都在变化之中，而且以一种加速度变化。当你面临一定的挑战时，你必须做出与之对等的反应；当你的反应与挑战达到对等时，你才能取得成功。但是，当你面临新的更高的挑战时，过去你赖以成功的模式、流程和方法都不再奏效，因此你需要做出全新的反应……

观念的转移
如果仅仅期望一点点进步，那么只需要改变人们的行为和心态即可；但若要追求重大的改变和进步，则一定要改变观念。

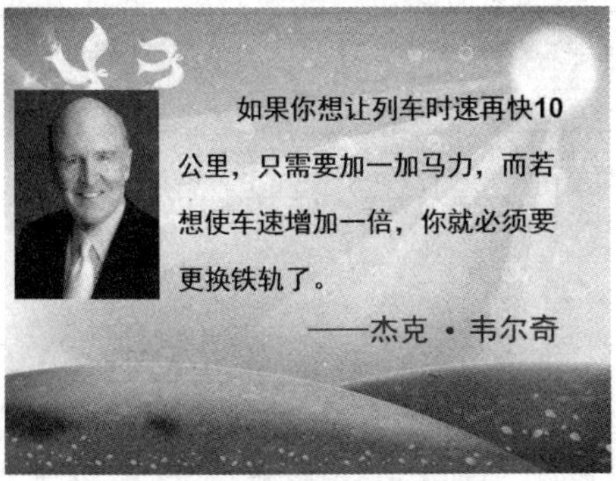
如果你想让列车时速再快10公里，只需要加一加马力，而若想使车速增加一倍，你就必须要更换铁轨了。
——杰克 · 韦尔奇

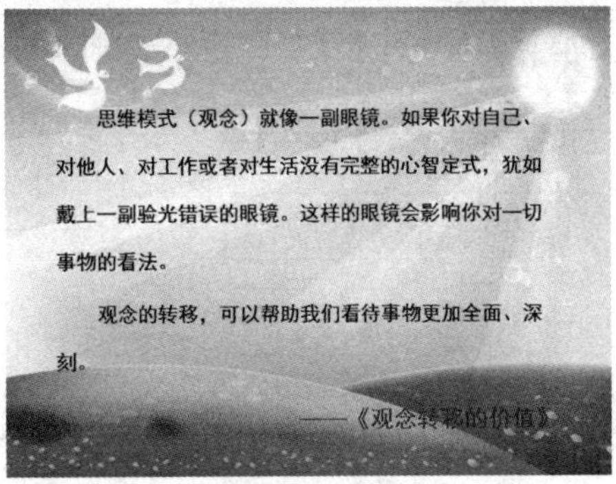
思维模式（观念）就像一副眼镜。如果你对自己、对他人、对工作或者对生活没有完整的心智定式，犹如戴上一副验光错误的眼镜。这样的眼镜会影响你对一切事物的看法。
观念的转移，可以帮助我们看待事物更加全面、深刻。
——《观念转移的价值》

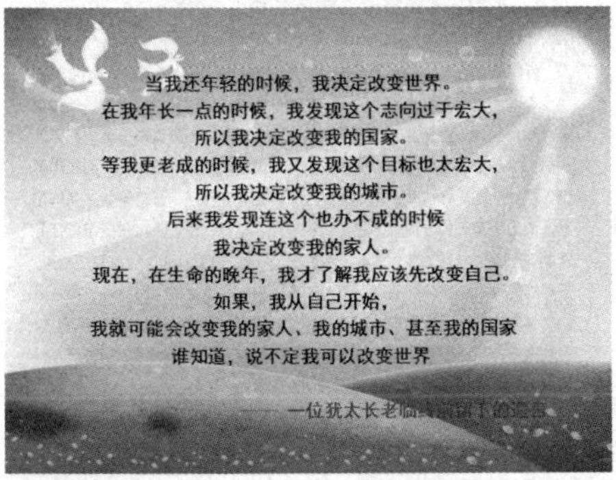
当我还年轻的时候，我决定改变世界。
在我年长一点的时候，我发现这个志向过于宏大，
所以我决定改变我的国家。
等我更老成的时候，我又发现这个目标也太宏大，
所以我决定改变我的城市。
后来我发现连这个也办不成的时候
我决定改变我的家人。
现在，在生命的晚年，我才了解我应该先改变自己。
如果，我从自己开始，
我就可能会改变我的家人、我的城市、甚至我的国家
谁知道，说不定我可以改变世界

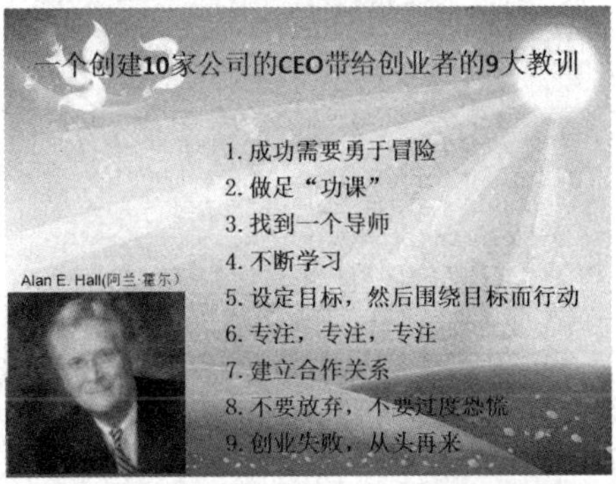
一个创建10家公司的CEO带给创业者的9大教训
Alan E. Hall(阿兰·霍尔)
1. 成功需要勇于冒险
2. 做足"功课"
3. 找到一个导师
4. 不断学习
5. 设定目标，然后围绕目标而行动
6. 专注，专注，专注
7. 建立合作关系
8. 不要放弃，不要过度恐慌
9. 创业失败，从头再来

一、新企业管理的特殊性
（一）是以生存为首要目标的行动阶段
（二）是主要依靠自有资金创造自由现金流的阶段
（三）是充分调动"所有的人做所有的事"的群体管理阶段
（四）是一种"创业者亲自深入运作细节"的阶段

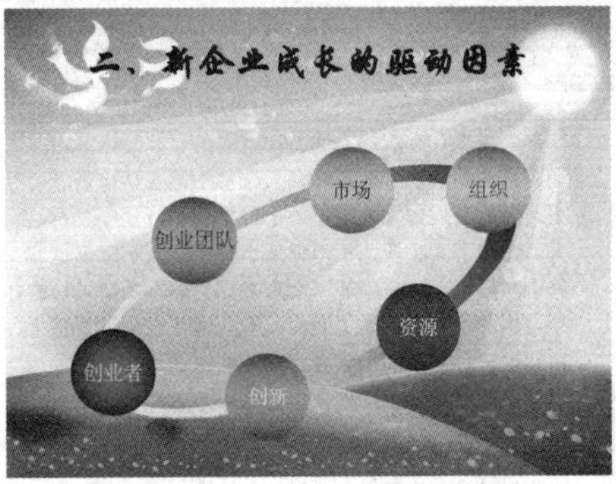
二、新企业成长的驱动因素
市场
组织
创业团队
资源
创业者
创新

《成功人士的七个习惯》
THE 7 HABITS OF HIGHLY EFFECTIVE PEOPLE
Wisdom and Insight from
STEPHEN R. COVEY
习惯之一：积极主动别指望谁能推你走
——个人愿景的原则
习惯之二：以终为始忠于自己的人生计划
——自我领导的原则
习惯之三：要事第一选择当前该做的事
——自我管理的原则
习惯之四：追求双赢远离角斗场
——人际领导的原则
习惯之五：善于沟通换位思考的原则
——同理心交流的原则
习惯之六：统合综效 1+1可以大于2
——创造性合作的原则
习惯之七：不断更新全方位平衡自我
——自我成长的原则

三、新企业成长管理的技巧和策略
（一）整合外部资源，追求外部成长
（二）保持持续成长的人力资本
（三）实现从创造资源到管理利用好资源的转变
（四）形成比较固定的企业价值观和文化氛围
（五）注重用成长的方式解决成长过程中的问题
（六）从过分追求速度转到突出企业的价值增加

四、新企业的风险控制和化解
（一）制定风险缓解计划
（二）构筑风险监控体系
（三）实施风险化解措施

案例分析：展思路，揽客户，“女人吧”划分美丽空间
随着时代的进步、生活的改善，人们的需求从生存的需要、安全的需要上升到精神的需要、文化的需要，由此带来的商机组成了我们生活的一部分。然而满足这种精神文化需求在操作上相对传统需求困难更多，古女士的“女人吧”就曾经陷入困境。

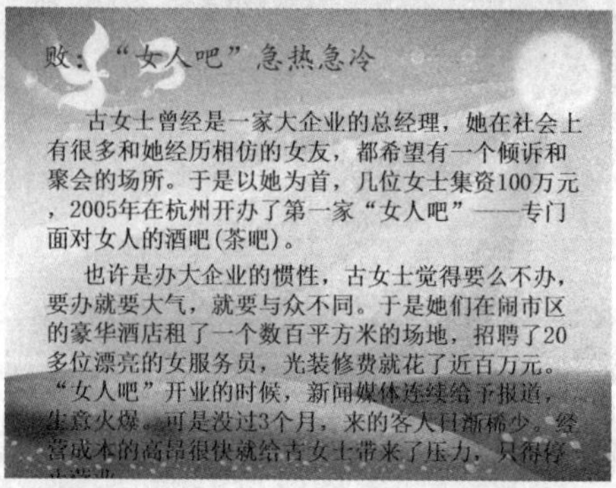
败：“女人吧”急热急冷
古女士曾经是一家大企业的总经理，她在社会上有很多和她经历相仿的女友，都希望有一个倾诉和聚会的场所。于是以她为首，几位女士集资100万元，2005年在杭州开办了第一家“女人吧”——专门面对女人的酒吧(茶吧)。
也许是办大企业的惯性，古女士觉得要么不办，要办就要大气，就要与众不同。于是她们在闹市区的豪华酒店租了一个数百平方米的场地，招聘了20多位漂亮的女服务员，光装修费就花了近百万元。“女人吧”开业的时候，新闻媒体连续给予报道，生意火爆。可是没过3个月，来的客人日渐稀少。经营成本的高昂很快就给古女士带来了压力，只得停

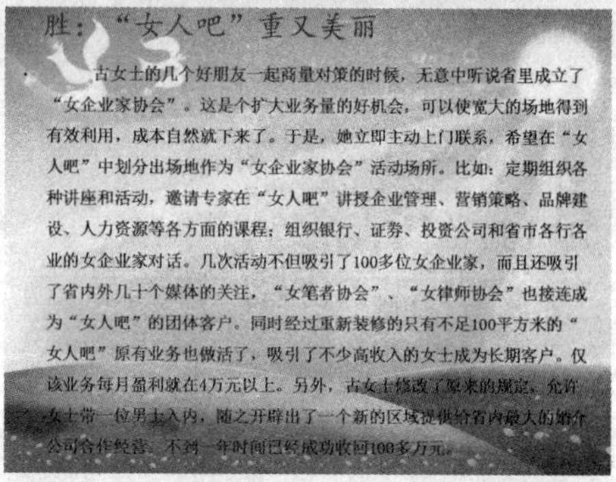
胜：“女人吧”重又美丽
古女士的几个好朋友一起商量对策的时候，无意中听说省里成立了“女企业家协会”。这是个扩大业务量的好机会，可以使宽大的场地得到有效利用，成本自然就下来了。于是，她立即主动上门联系，希望在“女人吧”中划分出场地作为“女企业家协会”活动场所。比如：定期组织各种讲座和活动，邀请专家在“女人吧”讲授企业管理、营销策略、品牌建设、人力资源等各方面的课程；组织银行、证券、投资公司和省市各行各业的女企业家对话。几次活动不但吸引了100多位女企业家，而且还吸引了省内外几十个媒体的关注，“女笔者协会”、“女律师协会”也接连成为“女人吧”的团体客户。同时经过重新装修的只有不足100平方米的“女人吧”原有业务也做活了，吸引了不少高收入的女士成为长期客户。仅该业务每月盈利就在4万元以上。另外，古女士修改了原来的规定，允许女士带一位男士入内，随之开辟出了一个新的区域提供给省内最大的婚介公司合作经营。不到一年时间已经成功收回100多万元。

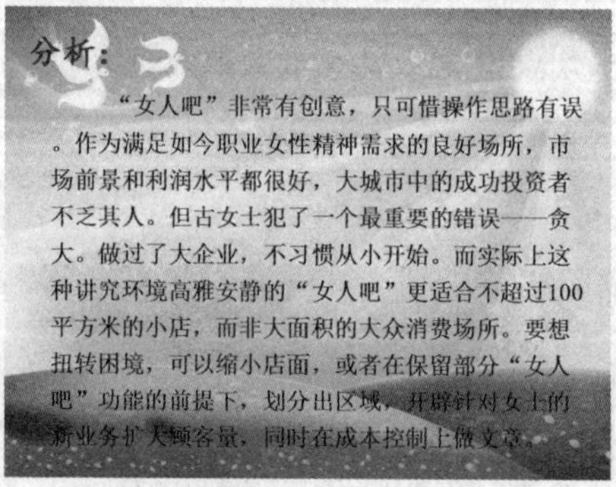
分析：
“女人吧”非常有创意，只可惜操作思路有误。作为满足如今职业女性精神需求的良好场所，市场前景和利润水平都很好，大城市中的成功投资者不乏其人。但古女士犯了一个最重要的错误——贪大。做过了大企业，不习惯从小开始。而实际上这种讲究环境高雅安静的“女人吧”更适合不超过100平方米的小店，而非大面积的大众消费场所。要想扭转困境，可以缩小店面，或者在保留部分“女人吧”功能的前提下，划分出区域，开辟针对女士的新业务扩大额容量，同时在成本控制上做文章。

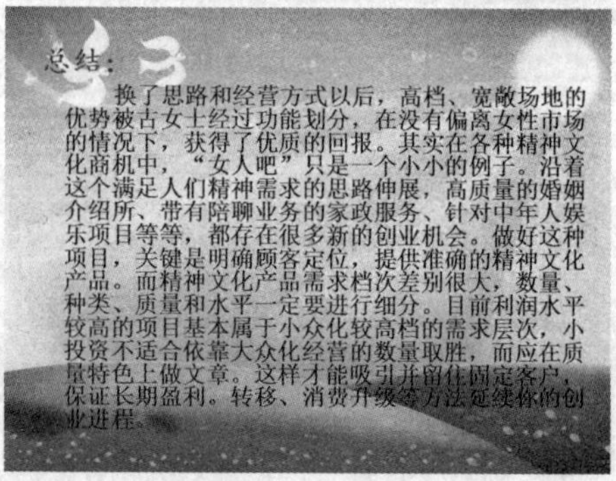
总结：
换了思路和经营方式以后，高档、宽敞场地的优势被古女士经过功能划分，在没有偏离女性市场的情况下，获得了优质的回报。其实在各种精神文化商机中，“女人吧”只是一个小小的例子。沿着这个满足人们精神需求的思路伸展，高质量的婚姻介绍所、带有陪聊业务的家政服务、针对中年人娱乐项目等等，都存在很多新的创业机会。做好这种项目，关键是明确顾客定位，提供准确的精神文化产品。而精神文化产品需求档次差别很大，数量、种类、质量和水平一定要进行细分。目前利润水平较高的项目基本属于小众化较高档的需求层次，小投资不适合依靠大众化经营的数量取胜，而应在质量特色上做文章。这样才能吸引并留住固定客户，保证长期盈利。转移、消费升级等方法延续你的创业进程。

案例分析：换功能，谋出路，草坪商机不再枯萎
如今，一种产品的用途往往不仅仅局限在该产品的基本功能，如果深入调查或改造，市场空间会更大。草坪就是这样一个产品，毛老板就通过这一特点，扭转了创业败局。

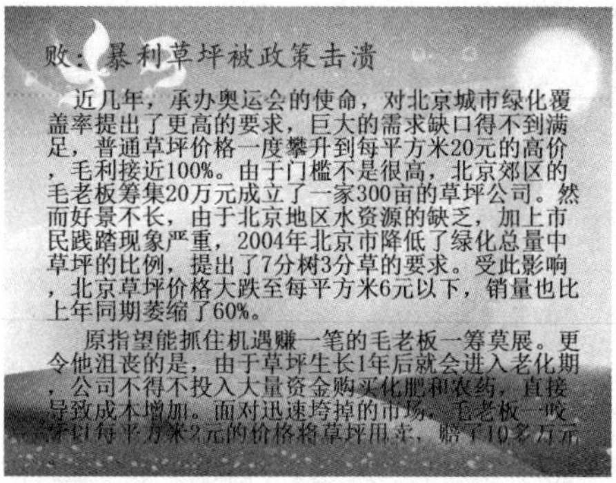
败：暴利草坪被政策击溃
近几年，承办奥运会的使命，对北京城市绿化覆盖率提出了更高的要求，巨大的需求缺口得不到满足，普通草坪价格一度攀升到每平方米20元的高价，毛利接近100%。由于门槛不是很高，北京郊区的毛老板筹集20万元成立了一家300亩的草坪公司。然而好景不长，由于北京地区水资源的缺乏，加上市民践踏现象严重，2004年北京市降低了绿化总量中草坪的比例，提出了7分树3分草的要求。受此影响，北京草坪价格大跌至每平方米6元以下，销量也比上年同期萎缩了60%。
原指望能抓住机遇赚一笔的毛老板一筹莫展。更令他沮丧的是，由于草坪生长1年后就会进入老化期，公司不得不投入大量资金购买化肥和农药，直接导致成本增加。面对迅速垮掉的市场，毛老板一咬牙以每平方米2元的价格将草坪甩卖，赔了10多万元

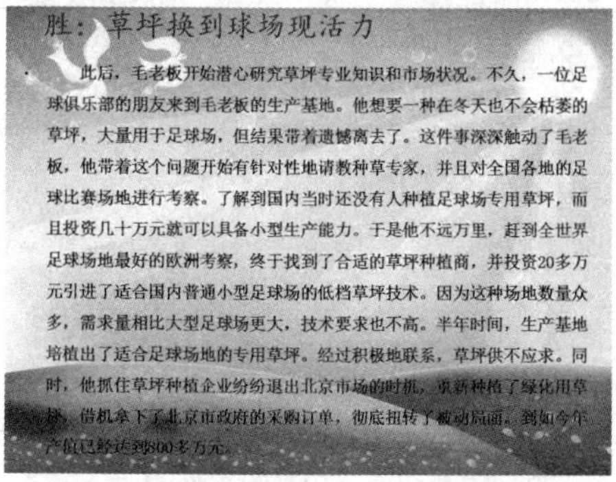
胜：草坪换到球场现活力
此后，毛老板开始潜心研究草坪专业知识和市场状况。不久，一位足球俱乐部的朋友来到毛老板的生产基地。他想要一种在冬天也不会枯萎的草坪，大量用于足球场，但结果带着遗憾离去了。这件事深深触动了毛老板，他带着这个问题开始有针对性地请教种草专家，并且对全国各地的足球比赛场地进行考察。了解到国内当时还没有人种植足球场专用草坪，而且投资几十万元就可以具备小型生产能力。于是他不远万里，赶到全世界足球场地最好的欧洲考察，终于找到了合适的草坪种植商，并投资20多万元引进了适合国内普通小型足球场的低档草坪技术。因为这种场地数量众多，需求量相比大型足球场更大，技术要求也不高。半年时间，生产基地培植出了适合足球场地的专用草坪。经过积极地联系，草坪供不应求。同时，他抓住草坪种植企业纷纷退出北京市场的时机，重新种植了绿化用草坪，借机拿下了北京市政府的采购订单，彻底扭转了被动局面。到如今年产值已经达到800多万元。

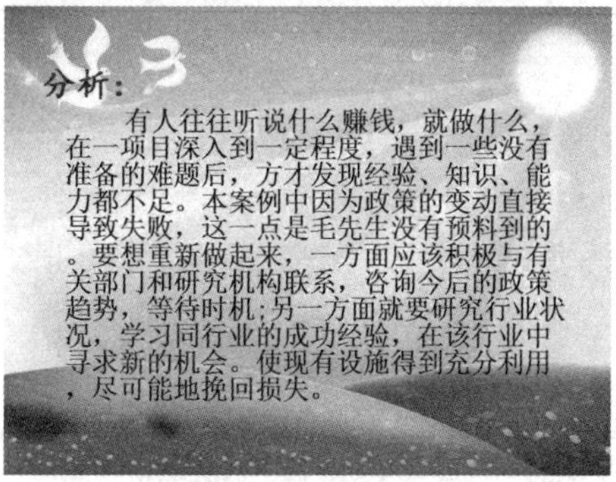
分析：
有人往往听说什么赚钱，就做什么，在一项目深入到一定程度，遇到一些没有准备的难题后，方才发现经验、知识、能力都不足。本案例中因为政策的变动直接导致失败，这一点是毛先生没有预料到的。要想重新做起来，一方面应该积极与有关部门和研究机构联系，咨询今后的政策趋势，等待时机；另一方面就要研究行业状况，学习同行业的成功经验，在该行业中寻求新的机会。使现有设施得到充分利用，尽可能地挽回损失。

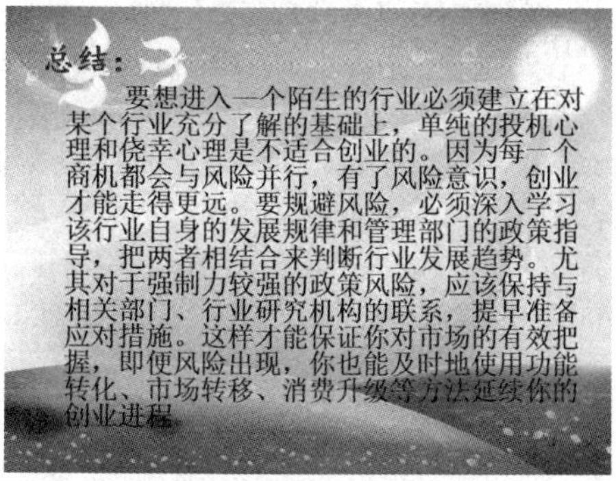
总结：
要想进入一个陌生的行业必须建立在对某个行业充分了解的基础上，单纯的投机心理和侥幸心理是不适合创业的。因为每一个商机都会与风险并行，有了风险意识，创业才能走得更远。要规避风险，必须深入学习该行业自身的发展规律和管理部门的政策指导，把两者相结合来判断行业发展趋势。尤其对于强制力较强的政策风险，应该保持与相关部门、行业研究机构的联系，提早准备应对措施。这样才能保证你对市场的有效把握，即便风险出现，你也能及时地使用功能转化、市场转移、消费升级等方法延续你的创业进程。

谢谢各位！

第五部分

创新创业教育成果获奖情况

山东省省级教学成果获奖证书

山东省省级教学成果奖获奖证书

获奖成果：地方高校经管类专业大学生创新创业教育体系构建与实践

获 奖 者：郑晓燕 相子国 杨 颖 张 锋 彭 萍 毛丽君 姜英华

获奖等级：三等奖

证 书 号：GJ20143116

山东省省级教学成果奖评审委员会

二〇一四年七月三十日

山东省教育科学优秀成果奖获奖证书

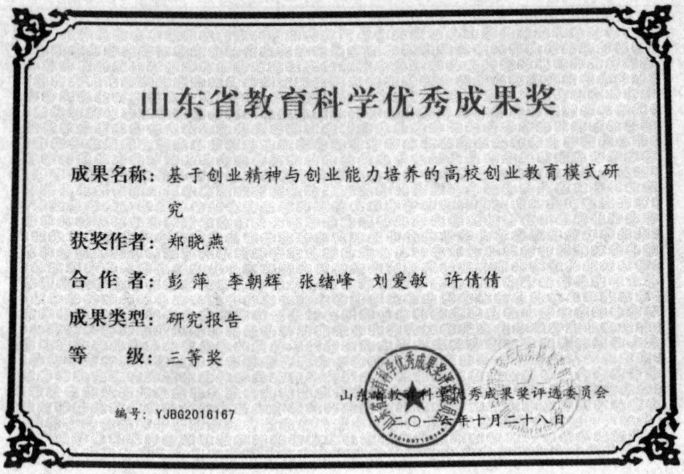

山东省教育科学优秀成果奖

成果名称：基于创业精神与创业能力培养的高校创业教育模式研究

获奖作者：郑晓燕

合 作 者：彭萍 李朝辉 张绪峰 刘爱敏 许倩倩

成果类型：研究报告

等　　级：三等奖

编号：YJBG2016167

山东省教育科学优秀成果奖评选委员会

二〇一六年十月二十八日

全国高等学校创业教育优秀论文获奖证书（一）

IEEC

获奖证书

李保海 同志：

您的作品地方新建本科院校“三位一体”创新创业教育模式的探索与实践—以德州学院为例，在2013年全国高等学校创业教育优秀论文评审中，获 一 等奖。

特发此证！

中国高等教育学会创新创业教育分会

二〇一四年六月二十七日

全国高等学校创业教育优秀论文获奖证书（二）

IEEC

获奖证书

郑晓燕 李玉霞 同志：

您的作品基于层次分析法的经管类专业大学生创新创业能力综合评价分析，在全国高等学校创业教育优秀论文评审中，获二等奖。

特发此证！

中国高等教育学会创新创业教育分会

二〇一五年十一月

全国高等学校创业教育优秀论文获奖证书（三）

《创业基础》优秀教材获奖证书

荣誉证书

德州学院 2013—2014 年度优秀教材奖

教材名称：《创业基础》

获 奖 者：郑晓燕、相子国

获奖等级：二等奖

德 州 学 院

二〇一五年三月

证书编号：B [illegible]190

《创业基础案例与实训》优秀教材获奖证书

荣誉证书

德州学院 2013—2014 年度优秀教材奖

教材名称：《创业基础案例与实训》

获 奖 者：郑晓燕

获奖等级：三等奖

证书编号：B 150216

德州学院

二〇一五年三月

全国高等学校创业教育先进个人获奖证书

IEEC

获奖证书

郑晓燕同志：

您在高等学校创业教育工作中表现突出，特授予“2013年全国高等学校创业教育工作先进个人”称号。

特发此证！

中国高等教育学会创新创业教育分会

二〇一四年六月二十七日

全国高等学校创业教育研究与实践先进单位奖牌

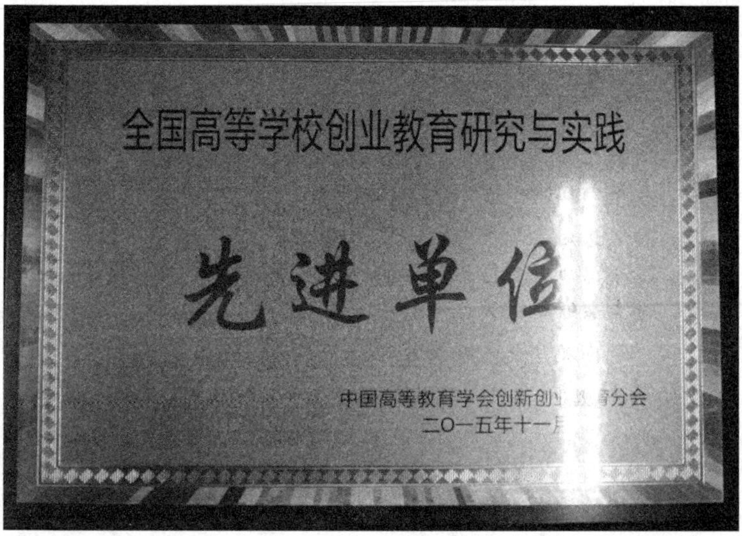

山东省企业培训与职工教育重点课题研究成果

荣誉证书

李亭 杨淑萍 肖凤华 闫冬云同志：

您的《“创业失败复原”视角下的大学生创业者社会网络行为研究》在2015年山东省企业培训与职工教育重点课题研究评比中荣获二等奖。

特发此证，以资鼓励。

山东省职工教育与职业教育优秀科研成果

荣誉证书

李亭同志：

您的《社会网络结构对于大学生创业意向影响的调查报告》荣获 2014—2015 年度山东省职工教育与职业教育优秀科研成果二等奖。

特发此证，以资鼓励

二〇一五年十二月

创新创业优秀指导教师证书

荣誉证书

Honorary certificate

郑晓燕 同志：

在第五届全国大学生电子商务“创新、创意及创业”挑战赛中荣获 最佳学校组织工作者奖

特发此证，以资鼓励。

证书编号：GS051237001

教育部高等学校电子商务类专业教学指导委员会

2015年6月23日

荣誉证书

CERTIFICATE OF HONOR

POCIB

全国大学生外贸从业能力大赛

2015-2016赛季（秋季赛）

指导老师二等奖

郑晓燕

德州学院经济管理学院三队

中国国际贸易学会

全国外经贸职业教育教学指导委员会

荣誉证书
CERTIFICATE OF HONOR
POCIB
全国大学生外贸从业能力大赛
2015-2016赛季（秋季赛）
指导老师二等奖
毛丽君
德州学院经济管理学院一队
中国国际贸易学会
全国外经贸职业教育教学指导委员会

荣誉证书
CERTIFICATE OF HONOR
POCIB
全国大学生外贸从业能力大赛
2015-2016赛季（秋季赛）
指导老师二等奖
韩大平
德州学院经济管理学院二队
中国国际贸易学会
全国外经贸职业教育教学指导委员会

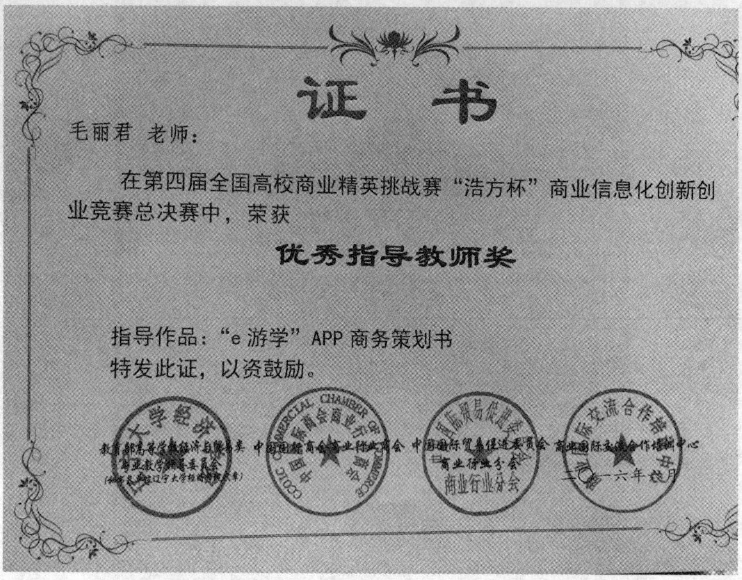

证 书

毛丽君 老师：

在第四届全国高校商业精英挑战赛“浩方杯”商业信息化创新创业竞赛总决赛中，荣获

优秀指导教师奖

指导作品：“e 游学”APP 商务策划书

特发此证，以资鼓励。

教育部高等学校经济与贸易类专业教学指导委员会 中国国际商会商业行业商会 中国国际贸易促进委员会商业行业分会 商业国际交流合作培训中心

二〇一六年六月

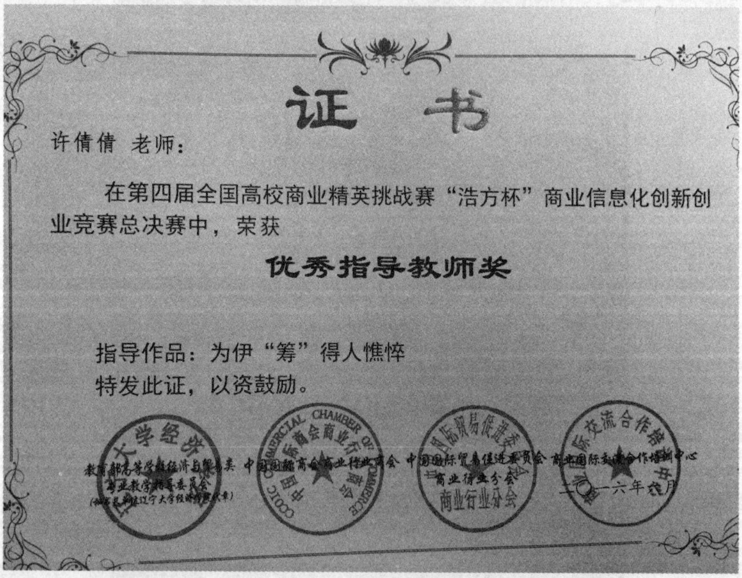

证 书

许倩倩 老师：

在第四届全国高校商业精英挑战赛“浩方杯”商业信息化创新创业竞赛总决赛中，荣获

优秀指导教师奖

指导作品：为伊“筹”得人憔悴

特发此证，以资鼓励。

教育部高等学校经济与贸易类专业教学指导委员会 中国国际商会商业行业商会 中国国际贸易促进委员会商业行业分会 商业国际交流合作培训中心

二〇一六年六月

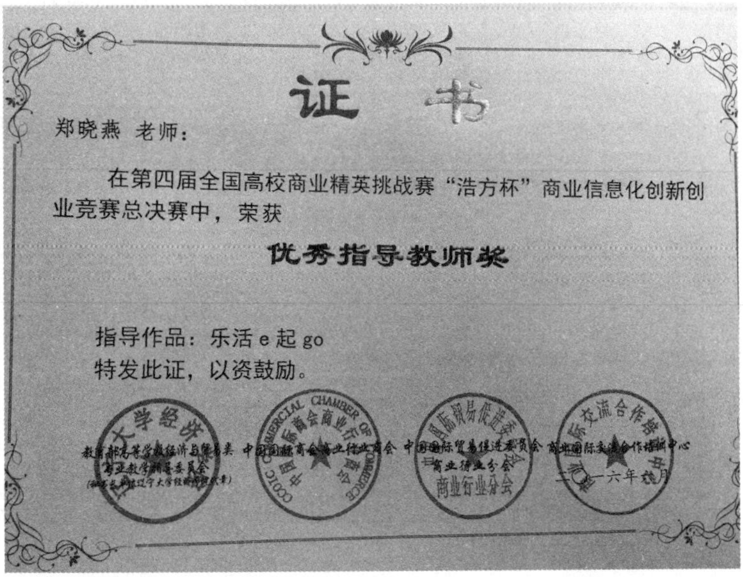

证 书

郑晓燕 老师：

在第四届全国高校商业精英挑战赛“浩方杯”商业信息化创新创业竞赛总决赛中，荣获

优秀指导教师奖

指导作品：乐活 e 起 go

特发此证，以资鼓励。

教育部高等学校经济与贸易类专业教学指导委员会 中国国际商会商业行业商会 中国国际贸易促进委员会商业行业分会 商业国际交流合作培训中心

二〇一六年[illegible]月

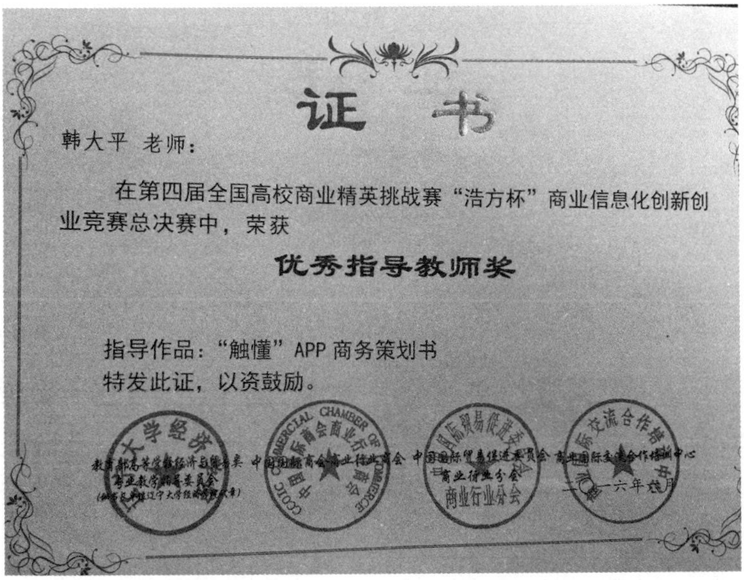

证 书

韩大平 老师：

在第四届全国高校商业精英挑战赛“浩方杯”商业信息化创新创业竞赛总决赛中，荣获

优秀指导教师奖

指导作品：“触懂”APP 商务策划书

特发此证，以资鼓励。

教育部高等学校经济与贸易类专业教学指导委员会 中国国际商会商业行业商会 中国国际贸易促进委员会商业行业分会 商业国际交流合作培训中心

二〇一六年[illegible]月

证书

姜英华 老师：

在2016年全国高校商业精英挑战赛“国泰安杯”流通业创新实践竞赛暨第三届海峡两岸大学生流通业创新实践大赛大陆地区决赛中，获得

优秀指导教师奖

指导团队：万晟商贸有限公司

特发此证，以资鼓励。

教育部高等学校经济与贸易类专业教学指导委员会
（秘书长单位辽宁大学经济学院代章）

中国国际商会商业行业商会　中国国际贸易促进委员会商业行业分会

二〇一六年十月三十日

证书

郑晓燕　老师：

在 2016 年全国高校商业精英挑战赛商业信息化创新创业竞赛山东省选拔赛暨第十届山东省电子商务专业竞赛总决赛中荣获 优秀指导教师 奖。

特发此证，以资鼓励。

教育部高等学校经济与贸易类专业教学指导委员会（秘书长单位辽宁大学经济学院代章）　中国国际商会商业行业商会　中国国际贸易促进委员会商业行业分会　商业国际交流合作培训中心

二〇一六年五月十日

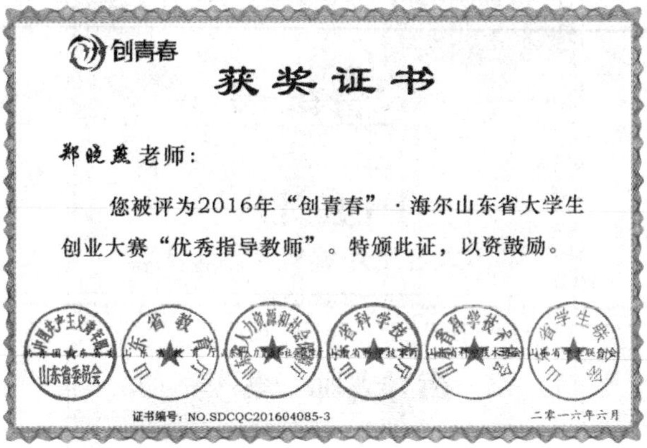

创青春

获奖证书

郑晓燕老师：

您被评为2016年“创青春”·海尔山东省大学生创业大赛“优秀指导教师”。特颁此证，以资鼓励。

证书编号：NO.SDCQC201604085-3　　二零一六年六月

荣誉证书

CERTIFICATE OF HONOR

POCIB

全国大学生外贸从业能力大赛

2016-2017赛季（秋季赛）

指导老师二等奖

郑晓燕

德州学院经济管理学院

中国国际贸易学会

全国外经贸职业教育教学指导委员会

荣誉证书
CERTIFICATE OF HONOR

POCIB
全国大学生外贸从业能力大赛
2016-2017赛季（秋季赛）

指导老师一等奖

毛丽君
德州学院经济管理学院

中国国际贸易学会
全国外经贸职业教育教学指导委员会

荣誉证书
CERTIFICATE OF HONOR

POCIB
全国大学生外贸从业能力大赛
2016-2017赛季（秋季赛）

指导老师二等奖

韩大平
德州学院经济管理学院

中国国际贸易学会
全国外经贸职业教育教学指导委员会

证 书

郑晓燕 老师：

在 2017 年全国高校商业精英挑战赛商业信息化创新创业竞赛山东省选拔赛暨第十一届山东省电子商务专业竞赛总决赛中荣获 **优秀指导教师** 奖。

特发此证，以资鼓励。

证 书

郑晓燕 老师：

在 2016 年全国高校商业精英挑战赛商业信息化创新创业竞赛山东省选拔赛暨第十届山东省电子商务专业竞赛总决赛中荣获 电子商务专业教学名师 奖。

特发此证，以资鼓励。

证　书

郑晓燕 老师：

在 2017 年全国高校商业精英挑战赛商业信息化创新创业竞赛山东省选拔赛暨第十一届山东省电子商务专业竞赛总决赛中荣获 **电子商务专业教学名师** 奖 特发此证，以资鼓励。

教育部高等学校经济与贸易类专业教学指导委员会（秘书处挂靠辽宁大学经济学院代章）　中国国际贸易促进委员会商业行业分会　中国国际商会商业行业商会　商业国际交流合作培训中心

二〇一七年五月七日

附录

山东省2015年度教学改革研究项目“地方应用型高校创新创业教育体系深化研究”进展情况

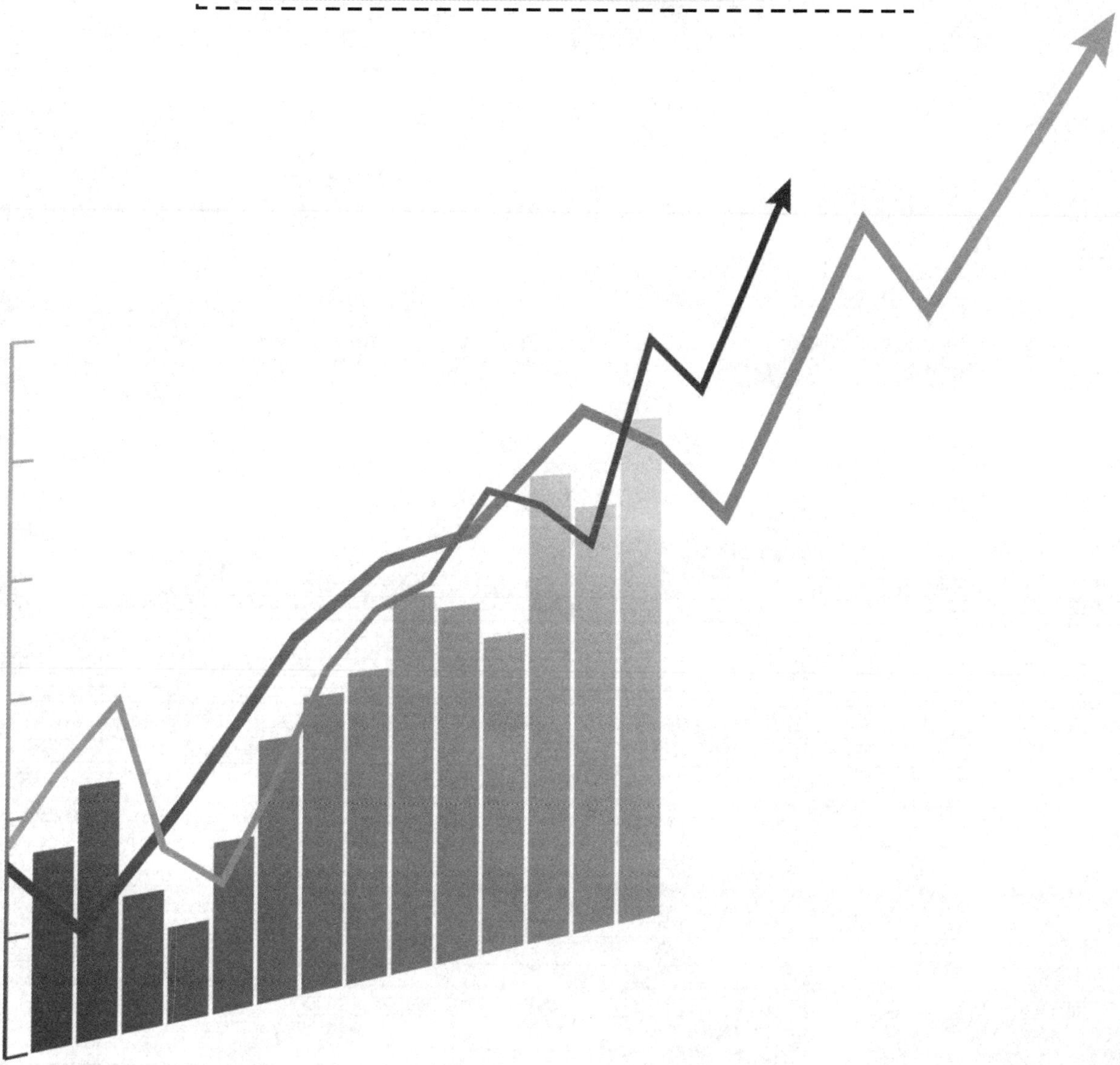

项目立项通知书

山 东 省 教 育 厅

鲁教高函〔2015〕12号

山东省教育厅
关于公布2015年度山东省本科高校
教学改革研究项目名单的通知

各普通本科高等学校：

根据《山东省教育厅关于进一步加强本科高校教学改革研究项目管理工作的通知》(鲁教高字〔2015〕2号，以下简称《通知》)，我厅组织专家对申报项目进行了评审和公示，确定2015年度省级本科高校教学改革研究项目320项（教改立项名单见附件），其中面上项目219项，重点项目95项，重大项目6项。现将名单予以公布，并就有关事项通知如下：

一、相关高校负责项目的具体管理，应严格执行《通知》要求，切实加强项目管理和指导，组织好项目的实施、经费使用及项目进展情况的监督检查，确保立项项目按时按质完成。

二、项目主持人负责项目的具体实施。项目研究时间一般为2～4年，项目实施过程中，应按照实施计划开展研究与实践，建立完整的工作档案，及时通过网上管理平台展现团队工作情况、研究进展和研究成效等，努力提高项目研究水平和效益。

三、省教育厅负责项目的监督检查与鉴定验收。省教育厅对立项项目提供经费资助，组织开展结题及鉴定验收工作。

附件：2015年度山东省本科高校教学改革研究项目名单

山东省教育厅

2015年11月27日

—2—

项目编号	项目名称	项目类别	立项单位	负责人
2015M034	小学教育专业教学能力分阶段集中培养的实践教学模式研究	面上	德州学院	钟铧
2015M035	基于地方特色工艺的艺术设计专业实践教学体系建构——以德州黑陶为例	面上	德州学院	胡玲玲
2015M036	地方应用型高校创新创业教育体系深化研究	面上	德州学院	郑晓燕
2015M037	地方本科院校行政管理专业德才兼备的智慧型人才培养模式研究	面上	德州学院	赵环秀
2015M038	地方本科院校“厚德明法、通情晓理”的基层法治人才培养体系的研究与实践	面上	德州学院	陈伟
2015M039	转型中的人文地理与城乡规划专业人才培养模式创新研究	面上	菏泽学院	刘杰
2015M040	综合职业能力导向的经管类专业“理实一体化”实践教学模式研究	面上	济南大学	安强身
2015M041	学分制背景下社会工作专业实践教学模式及运行机制创新研究	面上	济南大学	龚晓洁
2015M042	全周期项目驱动式翻转课堂对强化学生自主创新能力培养研究	面上	济南大学	赵东
2015M043	基于职业教育“跨界”发展视角的高职-本科贯通培养体系研究—以酒店管理专业为例	面上	济南大学	蒋婷
2015M044	基于能力培养的工程专业新型教学模式构建与实践	面上	济南大学	周春华
2015M045	基于工程素养培养的高校基础课教学范式优化研究	面上	济南大学	杨波
2015M046	基于 SAMR 模式的大学生自主学习能力培养及评价体系研究	面上	济南大学	陈晓洁
2015M047	基于创业小组的大学生创业能力培养模式研究与实践	面上	济宁学院	林范学
2015M048	以团队为中心的医学免疫学大班制翻转课堂的探索和实践	面上	济宁医学院	马群
2015M049	精神医学－行为医学－应用心理学特色学科专业群的构建与发展	面上	济宁医学院	李功迎
2015M050	MOOC 在地方高校教学中有效应用的策略研究	面上	济宁医学院	曹明平
2015M051	应用型人才培养导向下的金属材料专业核心课程教学改革与实践	面上	聊城大学	倪俊杰

—5—

项目开题报告

山东省本科高校教学改革研究项目

开 题 报 告

项 目 类 别：省级项目

项 目 编 号：2015M036

项 目 名 称：地方应用型高校创新创业教育体系深化研究

项目主持人：郑晓燕

所 在 单 位：德州学院

填 表 日 期：201603

山东省教育厅制

填表说明

1. 开题活动主要研讨项目研究的可行性，重在理清思路，确定研究重点和难点，进行研究任务分工。

2. 开题活动原则上应在项目立项后两个月内，由项目主持学校教研管理部门负责组织实施；同一批立项项目同时进行，并邀请相关领域的专家加以指导。

3. 本表一式2份，学校教研管理部门及项目组各存1份。“主持学校意见”可由项目主要完成学校教研管理部门盖章、签字。

一、开题活动简况：开题时间、地点、主持人、评议专家（5~7人）、参与人员等。
开题时间：2015年12月17日
地点：德州学院综合楼7楼会议室
主持人：朱秀英教授
评议专家：朱秀英教授、徐静教授、姜山秀教授、李洪亮教授、张玉红副教授
参与人员：2015年山东省本科高校教育教学改革研究项目主持人、课题组成员、参与开题报告会的专家、教务处相关工作人员、其他教师。

二、开题报告要点：题目、目标、内容、方法、组织、分工、进度、预期成果等，要求具体明确、可操作，限3 000字（可加页）。
题目：地方应用型高校创新创业教育体系深化研究
目标：

完善和建立以引导学生形成创新创业意识和创新创业精神为导向、以培养创新创业能力为目标、以模拟和实操创新创业过程为核心、体现地方应用型高校人才培养诉求的地方应用型高校“一二三四”创新创业教育体系。

内容：
本课题的主要研究内容包括以下四部分：

（1）确立创新创业教育培养目标，构建地方应用型高校“一二三四”创新创业教育体系框架。

（2）完善两大创新创业基础教育体系——创新教育体系和创业教育体系。

（3）构建创新创业实践教学平台，实现创新创业实践全面“落地”。

（4）建立完善的创新创业教育保障机制，确保创新创业教育培养目标的实现。

方法：
(1) 运用系统论理论工具，结合社会调查数据，在文献研究的基础上，准确定位地方应用型高校创新创业教育人才培养目标，根据培养目标诉求，构建地方应用型高校“一二三四”创新创业教育体系。
(2) 运用文献研究法，在总结国内外创新创业理论教育经验的基础上，通过对社会调查数据的分析，准确把握当前地方应用型高校创新创业教育理论课程实施现状和存在的问题。基于数据分析和问题剖析，从地方应用型高校人才培养诉求出发，重新设计创新教育子系统和创业教育子系统的理论教学体系。
(3) 运用社会调查法，准确把握地方应用型高校创新创业实践的具体实施途径和已建立的保障机制，总结经验，重新设计适应地方应用型高校特点的创新创业实践落地平台和保障机制，进而解决创新创业教育实践“落地”难的关键问题。
(4) 采用实践检验方法，将构建的“一二三四”创新创业教育体系运用于创新创业教育实践，不断完善地方应用型高校创新创业教育体系，并根据实践结果进行修订。
组织：

由课题负责人组织课题组全体成员根据课题设计要求和分工，在开题后具体部署各阶段工作，课题负责人全程跟踪和主持开展各项工作。

表(续)

分工：
彭萍：主要负责创新创业实践教育体系研究、精品课程群建设、阶段性论文撰写
杨淑萍：主要负责文献综述、创新创业理论教育体系研究、精品课程群建设、论文撰写
杨颖：主要负责“一二三四”创新创业教育体系搭建和方案设计工作、研究报告撰写
相子国：主要负责实践教育平台设计与实践操作指导工作，参与研究报告撰写
李洪亮：主要负责保障机制的构建和协调
毛丽君：主要负责创新创业实践教育指导、精品课程群建设及研究报告的撰写
姜英华：主要负责创新创业实践教育指导、精品课程群建设及研究报告的撰写
杨晓霞：主要负责学生创业实践指导及研究报告的撰写
进度：

2015 年 4 月—2015 年 7 月，对国内外高校创新创业教育体系和创新创业教育模式已有研究成果进行分析整理。

2015 年 7 月—2015 年 12 月，初步构建地方应用型高校“一二三四”创新创业教育体系框架以及创新和创业教育的理论教学体系和实践教学体系的构建内容。

2016 年 1 月—2016 年 12 月，搭建创新创业实践基地平台、借助大学生创业教育创新试验区建设工作，探索实施创新创业教育体系，并通过在实践中的检验，对地方应用型高校“一二三四”创新创业教育体系框架进行完善。

批准立项日—2017 年 4 月，补充修订再版完成创新创业教育系列教材的出版，同时提交较为完善的“地方应用型高校‘一二三四’创新创业教育体系”研究报告一篇，2017 年年底申请结项。

预期成果：

通过开展课题研究达到以下两个预期目标：①构建地方应用型高校“一二三四”创新创业教育体系，为今后地方应用型高校创新创业教育的全面推开提供理论指导，解决当前大学生创新创业教育体系不健全、不系统的顶层设计问题，加快地方应用型高校创新创业教育改革的步伐。②以创新和创业教育体系为两翼、以创新创业实践基地、大学生创业孵化基地和大学生创业教育创新试验区为核心的三平台和四保障机制支撑而形成的创新创业教育体系将使地方应用型高校的在校大学生在创新创业教育理论学习中实现人格塑造和专业技能的有机融合、在实践操作中展开创业的亲身体验，真正达到大学生创新创业学习与实践的融合、成人与成才的融合，最终推动地方应用型高校的创新创业教育实现由模拟走向实践、由设想变为实操、由学校走向社会的预期效果。

基于以上目标预期形成以下成果：

表(续)

<table>
<tr><td>
(1) 论文：撰写并发表创新创业教育研究论文2~3篇。
(2) 精品课程群：按照省级精品课程的要求，高质量完成创新创业教育精品课程群建设。
(3) 研究报告：提交“地方应用型高校‘一二三四’创新创业教育体系深化研究”的研究报告。
(4) 设计方案：完成特色鲜明、系统完善的“地方应用型高校创新创业教育体系设计方案”。

项目主持人签名
年　月　日
</td></tr>
<tr><td>
三、专家评议要点：侧重于对项目组汇报要点逐项进行可行性评估，并提出意见和建议，限1 000字。

专家可行性评估：
(1) 课题研究目标明确，研究价值高，具有极强的实践价值。
(2) 课题研究内容设计合理，研究思路清晰，研究基础较好，理论研究可行性较强。
(3) 课题研究方法与研究内容较为匹配，能较好地解决研究的核心问题，确保课题研究的全面展开。
(4) 课题组织安排科学，人员分工清晰，符合课题研究的特点。
(5) 课题进度安排科学合理，课题研究时间有保障。
(6) 课题研究的预期目标实现的可能性较大，能确保课题最终成果的形成。
专家意见和建议：
(1) 增加校际交流和专家咨询的次数，以便提高课题研究的普适性和质量。
(2) 建议将本课题的研究内容与目前的人才培养目标和课程体系做好衔接。
(3) 课题的研究不仅面向经管类学生，更要以全校学生的创新创业作为研究样本，以便实现构建地方应用型高校创新创业教育体系的最终目标。

评议专家签名：
年　月　日
</td></tr>
</table>

四、重要变更：侧重说明对照项目申请书、根据评议专家意见所做的研究计划调整，限1 000字（可加页）。

根据专家意见和建议我们课题组将原来的课题进行逐项对比，将在今后的研究中进行以下4个方面的补充和完善。

（1）增加校际交流和专家咨询，以便提高课题研究的普适性和质量。

（2）做好本课题的研究内容与目前的人才培养目标和课程体系的衔接工作。

（3）课题的研究不仅面向经管类学生，更要以全校学生的创新创业作为研究样本，为地方应用型高校的创新创业教育提供更有针对性的借鉴。

项目主持人签名

年　　月　　日

	用途	金额（元）
经费预算情况	办公费	17 000
	印刷费	25 000
	差旅费	2 000
	咨询费	4 000
	专家论证、劳务费	6 000
	图书购置费	8 000
	结题、鉴定等费用	8 000
	合计	70 000

项目主持学校意见：

同意开题

单位负责人（签章）：单位公章

年 月 日

项目中期检查汇报

山东省本科高校教学改革研究项目

地方应用型高校创新创业教育体系深化研究

课题负责人 郑晓燕

附件 1：

山东省高等学校教学改革立项项目

中期报告书

项 目 名 称：地方应用型高校创新创业教育体系深化研究

项 目 编 号：2015M036

项 目 级 别：省级项目

项目主持人：郑晓燕

学 校 名 称：德州学院

填表日期：2017.05

山东省教育厅制

填表说明

本表用于检查2015年度山东省教学改革项目研究中期进展情况，由项目主要完成学校教研管理部门负责组织项目组填写并存档。

封面“项目级别”栏，填写内容：“省级项目”或“省级重点项目”。

<table>
<tr><td rowspan="2">项目信息</td><td>项目组成员及变动情况</td><td>彭萍、杨淑萍、杨颖、相子国、李洪亮、毛丽君、姜英华、李亭、张锋、马良、张燕、严冬云、肖风华、许倩倩</td></tr>
<tr><td>经费额度及来源</td><td>5万元财政拨款；2万元学校配套</td></tr>
<tr><td>项目进展情况</td><td colspan="2">（本阶段所做工作，取得的阶段性成果，分项列出）
1. 完成了课题研究的核心内容，构建了全新的地方应用型高校创新创业教育体系。
2. 撰写阶段性论文4篇：其中“地方高校创新创业教育评价——基于国家级大学生创新创业训练计划项目的数据”发表于《教书育人》（高教论坛）2016第6期；另外3篇正在投稿中。
3. 系列教材的完善：围绕前期正式出版的6部创新创业系列教材，其中的3部（《大学生创新创业教育》《创业基础》《创业基础案例与实训》）进行了再版完善。
4. 指导学生参加科技文化竞赛先后取得国家级奖励61项，省级奖励28项。
5. 完成三门精品课程及课程群的后期建设、总结和完善。
6. 创业实践阶段性成果：创业实践平台不断完善，效果显著（包括4个部分）。
一是建设了经管类专业创新创业虚拟社会商业环境试验室；
二是先后与三个企业进行人才培养校企合作，创新创业校企合作实践平台正在拓宽；
三是仅2016年学生取得技能证书601项，学生的创业实践技能不断提升；
四是2016—2017年课题组成员指导学生参加各类竞赛取得国家级奖励61项，省部级奖励28项。
7. 围绕该课题，课题组于2016年12月8日组织部分高校和企业的有关专家进行了进一步论证。根据专家的论证意见，课题组正在继续对课题的研究进行后期完善。</td></tr>
<tr><td>存在的主要问题及解决方案</td><td colspan="2">存在的主要问题：
一是围绕该课题研究论文已经完成4篇，但是在国家级核心期刊上发表论文有难度；
二是创业实践项目进入学校孵化基地缺少有创业实战经验的指导老师及配套的制度管理，缺少了创业项目的后期管理，导致有的项目半途而废。
解决措施：
一是课题组继续完善论文，力争发表。同时，课题组正在积极准备出版两部著作，以弥补论文发表的缺憾；
二是通过校企合作尽早培养创新创业教育的双师型教师；
三是与合作企业签订长期稳定的创业人才互派协定；
四是尽早建成学校创业学院或创业示范园，以专业化的平台和配套的管理为创新创业学生提供高质量的服务。</td></tr>
</table>

表(续)

<table>
<tr><td rowspan="11">经费使用情况</td><td>用途</td><td>金额（元）</td></tr>
<tr><td>课题材料印刷费</td><td>17 377</td></tr>
<tr><td>图书购置费</td><td>3 100</td></tr>
<tr><td>课题研究办公耗材费用</td><td>13 673</td></tr>
<tr><td>劳务费</td><td></td></tr>
<tr><td></td><td></td></tr>
<tr><td></td><td></td></tr>
<tr><td></td><td></td></tr>
<tr><td></td><td></td></tr>
<tr><td></td><td></td></tr>
<tr><td></td><td></td></tr>
<tr><td>主要承担项目学校意见</td><td colspan="2">学校分管负责人
（签章）
学校（公章）
年　月　日</td></tr>
</table>

项目研究进展情况

1. 地方应用型高校“一二三四”创新创业教育体系已完成设计。

2. 构建了两大创新创业基础教育体系——创新教育体系和创业教育体系。

3. 完成了创新创业实践教学体系构建。

4. 设计了确保教育目标实现的保障体系。

5. 课题研究核心内容已完成。

已取得的阶段性研究成果

1. 取得的创新创业理论成果：

撰写阶段性研究论文—4篇，已正式发表1篇“地方高校创新创业教育 评价——基于国家级大学生创新创业训练计划项目的数据”发表于《教书育人》（高教论坛）

成果获奖—创新创业研究成果“基于创业精神与创业能力培养的高校创业教育模式研究”2016年10月获山东省教育科学优秀成果三等奖

已取得的阶段性研究成果

- 2. 围绕创新创业正式出版的6部系列教材，已有3部进行了再版完善。

《大学生科技创新教育》
《创业基础》
《创业基础案例与实训》
《创业融资》
《创业营销》
《创业与就业》

已取得的阶段性研究成果

- 3. 先后两次充实并完善创新创业教育精品课程及课程群

创业管理
大学生科技创新教育
创业基础

已取得的阶段性研究成果

- 4. 创业实践平台不断完善，效果显著

一是建设了经管类专业创新创业虚拟社会商业环境试验室

二是先后与三个企业建立了人才培养校企合作，创新创业校企合作实践平台正在拓宽

三是仅2016年学生取得技能证书601项，学生的创业实践技能不断提升

四是2016—2017年课题组成员指导学生参加各类竞赛取得国家级奖励61项，省部级奖励28项

已取得的阶段性研究成果

- 5. 公共选修课《创业基础》每学期面向全校开设，选修的学生涉及10余个院系、近30个专业。特别是跨专业学生的创业热情被点燃
- 6. 面向经管类学生开设《大学生科技创新教育》特色课程，学生参与科技创新及科技文化竞赛的热情高涨。

已取得的阶段性研究成果

▸ 7.

专 家 论 证 意 见

2016年12月8日，《地方应用型高校创新创业教育体系深化研究》项目组邀请来自于中国农业大学、潍坊学院、泰山学院等高等院校和新道科技股份有限公司、济南文化教育集团等企业的专家组成专家组对《地方应用型高校创新创业教育体系深化研究》课题研究成果进行了论证。专家组成员听取了项目组汇报，查阅了相关材料，进行了认真质询，经充分讨论，形成如下鉴定意见：

1.课题组在梳理国内外大学生创新创业教育体系已有研究成果的基础上，从地方应用型高校人才培养目标的特点出发，运用系统研究的方法，将大学生创新教育与创业教育有机融合于现有人才培养体系中，科学贯穿于大学生培养的全过程，提出了适宜于地方应用型高校大学生创新创业教育的特色理念，并构建了全新的创新创业教育体系。所构建的地方应用型高校创新创业教育体系既体现了高等教育人才培养的基本要求，又凸显了创新创业教育的特殊性和独具创新性。

2.课题组构建的"[illegible]"地方应用型高校大学生创新创业教育体系在准确分析创新教育与创业教育的个性和共性的基础上，清晰地界定了创新教育与创业教育的逻辑关系，更为科学地解决了当前将创新教育和创业教育混为一谈的关键难题。

3.课题组构建的创新教育与创业教育的理论教学体系，系统科学，操作性强，特色鲜明，既体现了高等教育人才培养对创新创业能力培养的最新要求，又体现了地方高校服务于区域经济发展需要的市场诉求。所构建的课程结构，形成了前沿理论与实践指导兼具的课程内容，形成了一套行之有效的教学方法，体现了高等教育人才培养发展的未来趋势，代表了地方应用型高校人才培养模式改革的方向。

4.课题组构建的三大实践平台充分体现了创新创业能力培养为先，实践操作机制密切结合的教育理念，使大学生的创新创业教育不仅停留于理论和假设，而是真正落到实处，彻底解决了理论与实践脱节的问题，使学生的实践和动手能力在接受有针对性的教育中得到了很大的提升，有效地推动了地方

已取得的阶段性研究成果

专家姓名	单位	职务	职称
[illegible]	泰山学院商学院	院长	教授
[illegible]	济南文华集团公司	董事长	
[illegible]	潍坊学院	经济管理学院副院长	教授
[illegible]	泰山学院	经管学院副院长	副教授
[illegible]	新道科技股份有限公司	山东分公司总经理	
[illegible]	泰山职业旅游学院	党总支书记	副研究员
[illegible]	山东智博教育科技有限公司	董事长	
[illegible]	中国农业大学	[illegible]	讲师

下一阶段研究计划

- 提交全面详实的地方应用型高校“一二三四”创新创业教育体系
- 争取将课题组撰写完成的论文“基于国内外比较的我国应用型高校创新创业教育深化研究”在核心期刊发表
- 完成课题的综合研究报告
- 完成课题研究的全部工作，组织专家鉴定

存在问题及解决方法

- **存在的主要问题：**

一是围绕该课题研究论文已经完成4篇，但是在国家级核心期刊上发表论文有难度。

二是创业实践项目进入学校孵化基地缺少跟进有创业实战经验的指导老师及配套的制度管理，缺少了创业项目的后期管理，有时半途而废......

存在问题及解决方法

▸ 解决措施：

一是课题组继续完善论文，力争在核心期刊发表

二是通过校企合作尽早培养创新创业的双师型教师

三是真正建立与合作企业达成创业人才的长期稳定的互派制度

四是尽早建成学校创业学院或创业示范园，以专业化的平台和配套的管理为创新创业学生提供高质量地服务

敬请各位专家批评指正

2017年5月

项目建设工作总结

2015年度山东省高校教改立项项目：地方应用型高校创新创业教育体系深化研究

项目负责人　郑晓燕

一、项目研究的必要性分析

1. 国外研究现状

（1）创新创业教育的研究和发展历程

由于国外将创新视为创业教育的一部分，因此，其已有创新创业教育的研究都采用创业教育这一概念展开。国外对创业教育（Entrepreneurship Education）概念的界定主要着眼于创业活动，比较通行的是全美CELCEE给出的定义，即创业教育指提供人们以概念和技能，辨别他人忽略的机会，具备洞察力、自我评估能力和知识技能，在他人犹豫不决时果断地行动的过程。

美国是世界上最早开设创业教育课程的国家，也是创业教育最成功的国家。1947年，哈佛大学商学院麦尔斯·梅斯教授开设了“新创业企业管理”课程，从而开创了美国高校开展创业教育的先河。

美国的一些教育机构和学者最早开始探索创业教育，并从学术意义上研究创业活动。1970年，普渡大学（Purdue University）召开第一次创业学术会议，与会者以成功案例——主要以麻省理工学院的分拆公司、硅谷等为中心进行了分析交流，内容也初步涉及了大学生的创业问题。1973年，在加拿大的多伦多举行了第一届创业研究国际性会议，专家们结合案例探讨了创业研究与大学开展创业教育的双向互动关系，在其后的曼谷会议正式提出创业教育的要求，并在印、泰、中、菲等国家开展实验（Hebert，R. F. & A. N. Link，1989）。1974年杰弗里·蒂蒙斯（Jeffry A. Timmons）出版了世界上第一本创业课程教材*New Venture Creation*，提出以系统的课程设计培养学生的创业能力，采用以“以问题为中心”和大量案例分析的鲜活教学方式促使学生积极思考。1978年，美国百森商学院（Babson College）成立了美国第一个创业研究中心，1979年开始提供大学生创业主修课程教育。1987年，美国管理学会将创业研究作为一个分领域正式纳入管理学科。20世纪90年代以后，美国创业学教育和研究的领军人物杰弗里·蒂蒙斯教授形成了系列研究成果及实践经验，他和小斯蒂芬·斯皮内利所著的《创业学》一书，在创业管理、新企业创建、创业融资、风险投资、创新性课程开发等方面进行了系统研究，成为美国乃至世界创业教育的框架和标准。杰罗德·海尔在"大学创业教育的变化：进化领域的实证研究"（1998）研究报告中指出教育目标、管理与课程发展议题、课程特性等是影响创业教育结果的三因素。

（2）创新创业教育体系的研究现状

由于对创新创业教育的研究主要围绕创业教育展开，所以，创新创业教育体系的研究也主要体现在创业教育体系方面。至今，美国已有 1 600 多所大学形成了系统、完善的创业教育教学体系（Kuratko，2005）。每一学校根据自身的情况，又形成了相对独特的创业教育体系。哈佛、斯坦福、芝加哥三所大学，不约而同地从通识教育的理念出发来开展它们的创业教育，教会学生懂得从创业者的角度思考问题，并把创业能力的提升视为创业教育的重点，但各自的教学方式又有所不同。百森商学院在建构创业课程时，把适应未来创业所需的创业意识、创业者个性特质、创业核心能力等"创业遗传代码"以及有关创业的社会知识进行整合，将科学教育和人文教育进行整合，使学生置身于社会经济文化的大背景下，关注与创业有关的经济问题与社会问题。这种课程整合理论指导下构建的课程体系，被誉为美国高校创业教育课程化的基本范式（Kuratko，2005）。

美国学者皮特·罗宾逊和马克思·哈尼在所著的《美国大学创业教育》一文中，在对大专院校学生广泛的电话调查的基础上，提出创业家精神是组织使命中的一个关键因素，认为这是对高校创业教育实施质量进行评估的重要参考系数，并且提出了创业教育课程的三个主要目标。加利福尼亚大学的卡罗林·布朗在《创业教育教学指导》一文中，首先对创业教育进行了定义，比较和区分了商业教育和创业教育两个不同的概念，并论述了创业教育必备的要素，最后将重点放在对创业教育课程开设的论述上，对美国各类型学校的创业教育课程进行了详细而系统的介绍。

杰弗里·蒂蒙斯认为，创业教育的课程体系应包括理论课程和实践课程两部分，该课程体系成为美国大学创业教育学科化的基本模式。他在百森商学院开设的创业课程体系分为五部分，即战略与商业机会、创业者、资源需求与商业计划、创业企业融资和快速成长。加里博士（Dr. Gary）在扬斯敦州立大学和威斯康星大学任教期间开创了创业教育课程的学位模式（Chair Holder Model）。该模式强调创业教育的课程应该贯穿于大学本科生阶段、研究生阶段及 MBA 教育阶段，以必修课和选修课的形式完成才可以取得学位。如大学本科阶段的创业教育课程主要集中于大三、大四两个年级，大三以必修课为主，如"创业简介""创造、创新和产品开发"等；大四以选修课为主，如"创业实务""创业讲座系列"等。北卡罗来纳州立大学的撒迪厄斯（Thaddeus，2010）和贝丽尔（Beryl，2010）提倡将创业教育课程中的经济、财政、会计、企业等因素融入通识教育中，为学生提供更好的就业创业机遇。McMullan 和 Long 提出构建包括创业意识、创业能力、创业知识结构和创业实务操作等方面的创业知识课程体系，并辅以相关基础课、专业课。

综上所述，国外高校创业教育已经进入成熟阶段，主要体现在创业教育理念已被普遍认同、创业教育体系比较完善、创业教育实践形成规模并取得显著的产出转化效果。但由于文化背景、教育体制、社会制度等与中国迥异，其研究成果不能为中国高校照搬套用。

2. 国内研究现状

（1）创新创业教育研究现状

国内学者对创新创业教育的研究晚于国外。在借鉴国外已有研究成果的基础上，国内的早期研究没有特别区分创新创业教育与创业教育的区别，对创新创业教育大部分都采用了创业教育这一概念展开研究。我国高等教育界对创业教育理念的正式回应见于1999年1月公布的《面向21世纪教育振兴行动计划》。在高等教育领域针对大学生创业教育的研究兴起于2001年。2002年4月，教育部确定9所院校作为开展创业教育的试点院校，创业教育开始引起关注。有关创业教育的研究成果最初主要是介绍性和指南性的。代表性的著作是全国高校大学生信息咨询与就业指导中心所著的《知识创业：大学生就业指南》，从“创业背景”“创业环境”“创业理念”和“现今创业者所需的素质”四个方面阐释创业，指导大学生全面理解创业，积极参与创业。其后，学者们对创业教育的概念进行探讨，先后提出了不同的观点。李树茂（2003）提出：创业教育，英文为“Enterprise Education”，是通过创业教育教学活动培养学生创业能力的教育，即在加强基本理论和基础教育的同时，以培养学生创业精神和创业能力基本价值取向的教育。创业的内容包括“就业”和“创造新的就业岗位”。就业不是被动地等待分配工作，而是积极、主动地寻找可能的工作岗位以及通过开创性的工作使其成为现实工作的过程；创业教育不是“就业”而是“创造新的就业岗位”。

其后，有研究者以小企业经营过程中可能遇到的问题为核心，要求创业教育围绕问题进行，涉及人力资源管理、市场营销、财务管理、融资等方面的知识，对大学生创业进行全程性指导。

随着高校大学生创新创业教育重要性日益彰显，有研究者开始对大学生“创业教育”进行整体性思考，“教育”色彩逐渐浓厚。有学者指出创业教育重在创业素养教育，是就业教育的一种新理念与新模式，其价值取向是激发学生的创业意识，培育学生的创业精神，提高学生的创业能力（徐华平，2004）；席升阳主编了《中国创业学》（2005）系列丛书，以此为积淀，其博士学位论文《我国大学生创业教育的理论与实践研究》（2007）指出我国创业教育囿于创业管理的“创业学”，而缺乏教育资源，提出了创业教育的理念和活动目标。

自2001年以来，我国在高等教育研究领域与创业教育相关的学术研究主要集中于以下两个方面：一是译介国外开展创业教育的相关信息和成果，运用比较研究，结合实际探索我国创业教育的前进方向（张帆，张玮，2003）；二是针对如今大学生就业面临的现实性问题，强调大学生创业的重要作用，尝试性地提出若干创业教育的思路或建议（中华人民共和国高等教育司，2006）。

刘鲁庆、李丽红（2014）指出，目前国内关于创业教育的研究正处于由概念、起源、意义等理论初期阶段过渡到原则、方法和路径探讨等体系构建阶段的转化期。创业教育研究还存在以下三个主要问题：首先，创业教育研究在学术理论界尚未引起足够的重视，还未形成创业教育的理论研究框架，创业教育理论“范式”与体系“规制”也尚未出现，缺乏量化的深入研究；其次，教育领域研究创业教育脱离创业过程，把创业教育与创业活动割裂开来，导致现实的创业活动与学校的创业教育相剥离；最后，在关于创业教育实践问题研究中，大多为政策性呼吁，对创业实施过程中的具体问题进行策略分析阐述的很少。

（2）创新创业教育体系研究现状

由于创新创业教育的早期研究和概念界定并没有区分创新创业教育与创业教育，而是直接用创业教育代替了创新创业教育，因此，创新创业教育体系的早期研究也是以创业教育体系研究为核心展开的。国内最早开展创业教育体系研究的是哈尔滨工程大学王永友（2003），他从创业教育的目标体系、内容体系、专家体系、过程体系四个方面进行了阐述。王永祯（2004）提出了创业教育的基本模型。二者的研究可以看作是对创业教育体系研究的开端。其特点是研究内容宽泛，缺乏对创业教育体系框架的具体设计和创构，没有形成成熟的、明确的创业教育体系框架。

2005 年以来，国内开始了对创业教育体系的集中研究。其研究视角主要包括三个层面：一是创业教育体系构成研究；二是创业教育体系子系统研究；三是不同类型的高等学校创业教育体系研究。

在第一类研究中李景旺（2006）、戴育滨（2008）、曲殿彬（2009）等学者的研究成果基本代表了当前学界的研究水平。他们认为创业教育体系由 5 个子系统构成，分别是目标体系、课程体系、制度体系、保障体系和评价体系。杜海东（2011）将创业教育体系划分为三个层面，分别是由“创业课程”“创业模拟”“创业实践”“创业孵化”组成的核心部分，由“创业大赛”“创业论坛”“创业辅导”组成的辅助部分，以及由创业研究组成的支撑部分。这一层面的研究特点是对创业教育体系的探讨缺乏具体指向，没有结合国内高校的类型和人才培养目标进行论述（按照对创新创业人才的分类，创新创业人才分为学术型创新创业人才和应用型创新创业人才，两类人才归属于不同类型高校的培养目标）。对创业教育子系统研究讨论最集中的是创业教育课程体系设计。杨雪萍（2008）、余为（2010）等建议创业教育课程体系包括必修课（如企业管理、市场营销等主体课程等）和选修课（如财务管理、人力资源管理、生产流程与操作、商业法律等）两大类。纪玉超（2010）提出以融合的理念促进创业教育课程体系与现有教育教学体系的协调发展，即以实践为特点的模块课程与专业课程的相互融合。鲁淑华（2012）提出开设普及型和专业型创业教育课程的理念，并对创业教育课程的开设时间、教学方法和手段提出了构想。学者们就创业教育课程体系达成了如下共识：创业教育课程体系要体现系统性和综合性；创业教育课程要与专业课程相融合；理论课程要与实践课程相结合。应当看到，创业型人才的培养是一个系统工程，需要校内外结合、课内外结合、理论与实践结合。创业教育课程体系属于创业教育体系的一个分支，是开展创业教育的核心部分，但不是全部。高校创业教育除了要设计合理的课程体系，还要具备相应的目标体系、内容体系、制度体系、实践体系等。

按照高校类别不同对创业教育体系进行分类研究的文献中，应用型本科院校的研究文献有 9 篇，时间集中在 2010—2014 年。张素红（2012）、贾学彬（2012）、白绍业（2014）从各自所在学校的角度研究了创业教育体系的构建。张素红针对金陵科技学院的实际情况构建了该校创业教育的保证体系、课程体系和活动体系，其中课程体系包括必修课、选修课、讲座课和模拟实践课四个模块。贾学彬主要从培训体系和保证体系两个层面设计了宿州学院的创业教育体系。白绍业从课程体系和实践体系两个方面进行了简单分析。徐苗苗（2012）从创业教育的内容、方法、师资体系和评价体系方面研究了创业教育体系的建立。朱柏青（2012）对创业教育课程体系和课外创业教育方式进行了梳理。张建斌（2013）在《以就业为导向的应用型本科院校创业教育体系构建研究》中，分析了基于就业导向的创业教育课程设置、教学模式和保障体系的构建。侯亚辉（2013）把创业教育体系分成创业课程模块、创业大赛模块和创业论坛模块。戴贵芬（2014）的研究仅仅提出了创新创业教育体系构建的初步思路，没有形成成熟的研究结论。

从以上国内外已有研究成果现状可以看出：国外主要集中于创业教育体系的研究虽然已取得较高的实践价值，但受限于我国的外部环境和教育环境的差异性，因而使许多成果不能在我国的许多高校特别是地方应用型高校的创新创业教育实践中直接使用。而国内已有研究成果中，大量的成果集中于课程体系的设计，虽然不同学者就创业教育体系的概念和实践等问题进行了研究，但研究成果呈现出零散、各自为政、以阶段性为主的现状，并没有形成一个科学的体系。同时，以地方应用型高校为研究对象开展创新创业教育体系的成果并不多见。特别值得注意的是，已有研究没有很好地解决两个方面的问题：一是大多集中于创业教育体系的探讨，没有将创新教育与创业教育纳入同等重要的位次进行阐述，忽视了创新教育与创业教育的有机融合问题；二是近两年的相关研究概念的提出虽然转变为创新创业教育体系，但都只是进行了简单的构想和思考，没有系统、完整的体系构架，更没有较为翔实的研究成果。

综上所述，国内外研究现状表明，当前创新创业教育体系的研究存在以下四个突出问题：第一，国外的创业教育体系研究成果的直接借鉴可行度低；第二，国内创新创业教育体系的研究成果没有形成系统、科学的创新创业教育体系框架，多局限于某一层次或某一环节的研究，忽视了创业教育的系统性、长期性与开放性，割裂了高校与社会创业教育的有效衔接；第三，忽视了创新教育的特殊性和与创业教育的有机融合；第四，缺乏适应地方应用型高校人才培养诉求的针对性研究成果。

本项目组自2009年以来，对创新创业教育体系做了大量的研究，在获批“山东省人才培养创新试验区：‘基于四位一体理念的创业教育创新实验区’”的基础上，构建了德州学院“四位一体”的创业教育体系（见图1），建设了“创业教育”校级精品课程群和“大学生科技创新教育”“创业管理”校级精品课程，承担了中国高等教育学会专项课题“基于高校与企业协同创新联合培养人才背景下的高校创业实践教学研究”和山东省“十二五”教育科学规划项目“基于创业精神与创业能力培养的高校创业教育模式研究”的研究工作；主编并出版了省级人才培养创新试验区系列教材——《大学生科技创新教育》《创业基础》《创业基础案例与实训》《创业融资》《创业营销》和《创业与就业》；在经管类专业试点形成的教学成果“地方高校经管类专业大学生创新创业教育体系构建与实践”获得山东省第七届高等教育教学成果三等奖。在该教学成果中，重点构建的“两体系、四平台”的地方高校经管类专业大学生创新创业教育体系（见图2），取得了明显的成效。

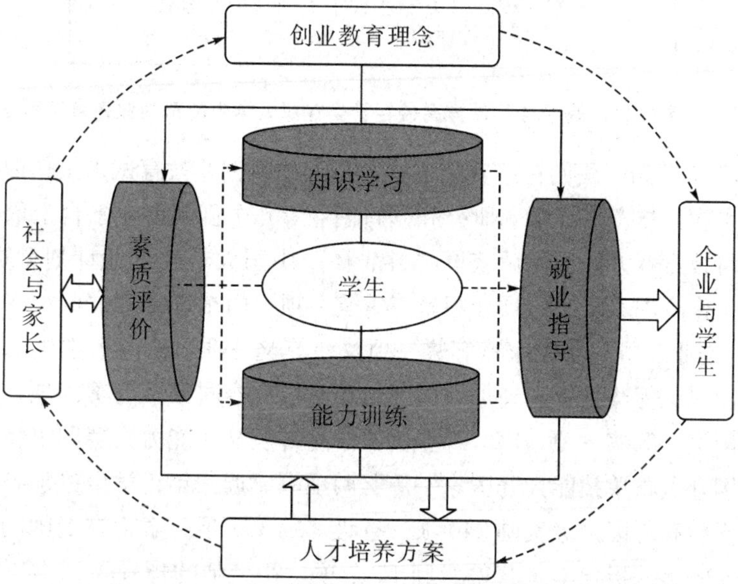

图1 德州学院人才培养创新实验区“四位一体”创业教育体系

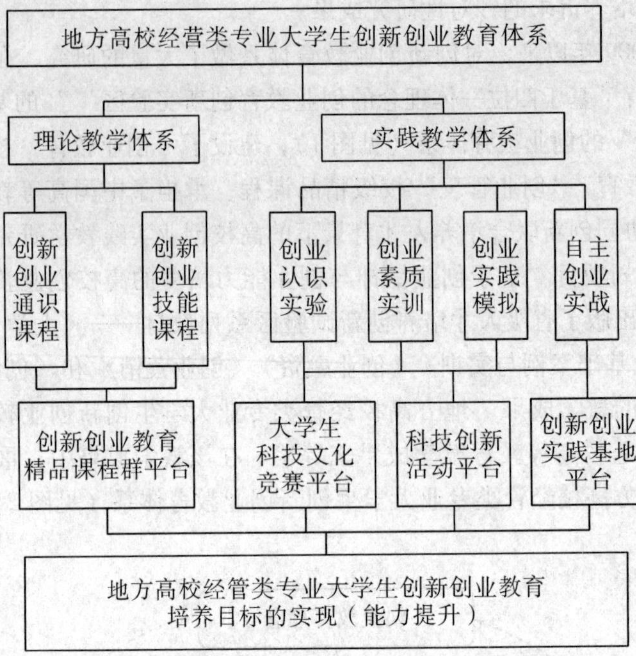

图2 “两体系、四平台”地方高校经管类专业大学生创新创业教育体系框架

2010—2013 年期间，我们在经管类专业进行的创新创业教育试点工作取得的明显成效还表现在：学生在科技竞赛、学术研究和创新创业等几个创新创业平台上取得了丰硕的成果。特别是在科技竞赛方面，先后获得“挑战杯”中国大学生创业计划竞赛、“挑战杯”大学生课外学术作品国家银奖一项和国家三等奖一项，山东省特等奖两项，全国电子商务“创新、创意、创业”挑战赛国家特等奖一项、一等奖三项，全国大学生节能减排社会实践与科技竞赛国家二等奖一项，新加坡国际市场营销大赛国家一等奖四项，用友杯会计信息化技能大赛国家一等奖一项，POCIB 全国大学生外贸从业能力大赛国家特等奖一项、一等奖三项，全国外贸跟单技能大赛国家一等奖两项等。近三年，学生参加各级各类大学生科技文化竞赛先后获得国家级奖励 246 项，省级奖励 197 项。学生在老师的指导下，正式发表学术论文 421 篇，指导学生获得专利 12 余项。在老师的指导下，学生的创业项目先后有 7 项入选学校创业孵化基地，有的已取得了较好的经济及社会效益。学生的创业事迹被《齐鲁晚报》进行报道。

我们的研究及成果极大地丰富了学校创新创业教育的教材和课程资源，解决了大学生创新创业教育理论与实践脱节的问题，实现了地方高校经管类专业大学生创新创业教育的系统化和科学化，夯实了我校创新创业教育的基础。然而，就“地方应用型高校创新创业教育体系”研究而言，我们的前期研究还存在三个问题：首先，研究范围有局限性，前期成果仅针对经管类专业进行了大量相关研究，对地方应用型高校的创新创业教育体系的针对性和指导性不强；其次，在创新创业实践方面只解决了理论教育的“软着陆”，实践方面虽然在经管类专业有所尝试，但未能有效实现创新创业教育由学校走向社会的全面“落地”；最后，在创新创业教育保障机制和体制方面还缺乏与之配套的研究和探索。

正是基于对国内外研究现状和本课题组前期研究基础的分析，本课题组对已有研究进行全面深化和实质性重构，针对前期研究中存在的核心问题，运用系统整合方法，从地方应用型高校的人才培养诉求入手，在考虑创新教育特殊性和与创业教育融合的同时，兼顾专业教育与创新创业教育的融合，全面重构地方应用型高校创新创业教育体系。深化和重构之后的本课题研究将为转型后的地方应用型高校的创新创业教育改革提供有价值的指导和借鉴，为我国的创新创业教育研究增添新的成果支撑。

二、研究的内容、方法

（一）研究内容

本课题基于对过去五年来已有成果的梳理，以系统论基本原理进行科学整合和重构，试图构建一个适应地方应用型高校人才培养诉求、体现专业教育与创新创业教育融合、实现学生由学校走向社会创业的地方应用型高校“一二三四”创新创业教育体系，为地方应用型高校的创新创业教育提供一个系统、科学的理论指导和实践操作体系，实现创新创业人才培养目标的诉求。因此，本课题的主要研究内容包括以下四部分：

（1）确立创新创业教育培养目标，构建地方应用型高校“一二三四”创新创业教育体系框架。

在文献研究和实践经验总结的基础上，首先明确地方应用型高校创新创业教育培养目标——培养具有创新思维、创业精神、创业能力、综合素质高、实践能力强的创新创业复合型人才；其次，确立创新创业教育的发展目标——培养具有国际视野、独立思考能力、社会责任感和文化修养的创新创业型人才；再次，根据培养目标，设计地方应用型高校创新创业教育体系，即建立以引导学生形成创新创业意识与理念为突破、以培养创新创业能力为目标、以模拟和实操创新创业过程为核心的“一二三四”的创新创业教育体系。该体系中的“一”是指创新创业教育体系，“二”是指创新教育和创业教育两大基础教育，“三”是指创新创业实践基地、大学生创业孵化基地和大学生创业教育创新试验区三大实践平台；“四”是指组织机构保障机制、师资保障机制、资金保障机制和创新创业成果评价机制四大保障机制。具体构成框架如图 3 所示。

（2）完善两大创新创业基础教育体系——创新教育体系和创业教育体系。

创新创业基础教育包括创新教育和创业教育两大体系，每一体系又分为理论教育和实践教育两方面。根据地方应用型高校大学生创新创业教育需求，在借鉴、吸收、整合的基

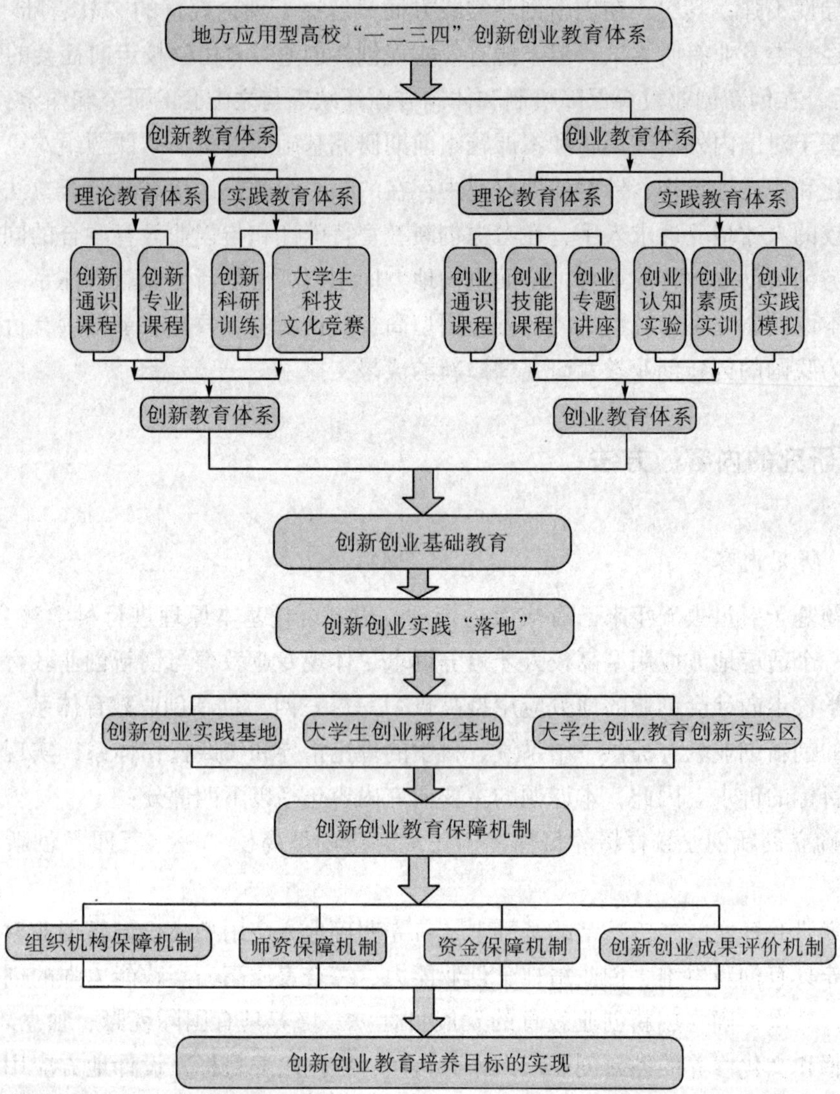

图3　地方应用型高校“一二三四”创新创业教育体系框架

础上，通过开展精品课程群建设，优化重组，从而形成以创新创业通识课程为基础，以创新专业课程和创业技能课程为提升的地方应用型高校创新创业教育理论教学体系；以学生创新创业能力培养为核心，结合我们在大学生科技创新教育和创业教育工作中的有益尝试，通过借助创新科研训练、大学生科技竞赛、创新认知实验、创业素质实训和创业实践模拟等实践教育平台来培养学生的创新思维、创业能力，实现知识向能力的转化，从而夯实地方应用型高校创新创业的基础教育。

（3）构建创新创业实践教学平台，实现创新创业实践全面“落地”。

在认真总结目前我国大学生创新创业教育现状及经验教训的基础上，借鉴国内外大学生创新创业教育相关研究成果，结合我校在大学生科技创新教育和创业教育工作中的有益尝试，搭建以创新创业实践基地、大学生创业孵化基地和大学生创业教育创新试验区为支撑的创新创业实践教育平台（见图4），从而完成创新创业意识培养、新产品研发与制造、实用新型技术开发与设计、创业企业规划、商业模式开发与设计、创业企业开办与孵化和创业企业运营等实践教学任务，使大学生的创新创业进入实战操作，既强化实践教学的有效性，又切实解决了创新创业教育实践环节的落地。

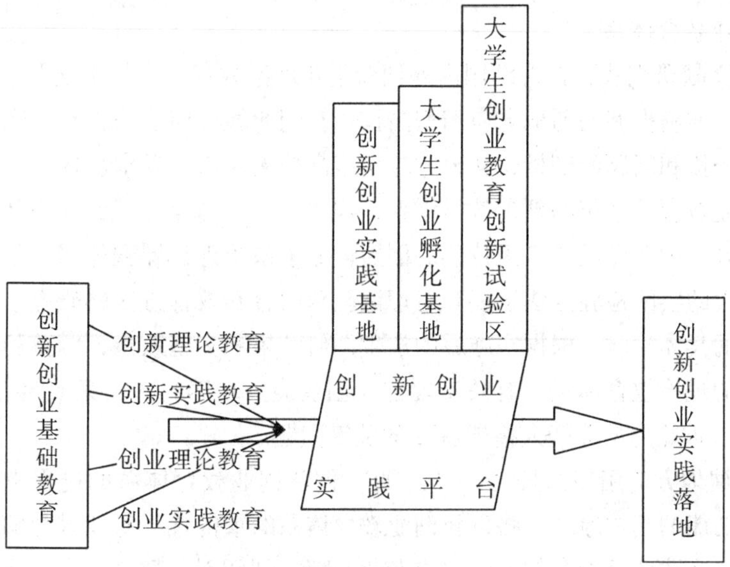

图4 创新创业实践教育平台

（4）建立完善的创新创业教育保障机制，确保创新创业教育培养目标的实现。

完善的创新创业教育保障机制主要包括资金保障机制、师资保障机制、组织机构保障机制和创新创业成果评价保障机制。在资金保障机制中，主要加大对创新创业实践基地、大学生创业孵化基地和大学生创业教育创新试验区的投入，设立专门基金对创新创业学生和教师予以扶持和奖励；在师资保障机制方面，通过参加创业教育师资培训、深入企业调研和创业体验来提高现有创新创业师资水平或培养创新创业教师，或直接外聘富有创业实践经验的指导教师，从而以高水平的师资队伍来保障高质量的创新创业教育。在组织机构保障机制中，设置专门的创新创业教育管理机构，在目前高校已设置的创新创业中心的基础上，下设管理部门，如创新创意部、创业实践部等，解决多数院校各自为政以及职责不明的问题，并建立科学、完整的管理机制，切实推进和实施创新创业教育。在创新创业成果评价机制中，首先确立创新创业成果的评价指标、评价方法，然后对已有的创新创业成果进行客观评价，并根据评价结果给予后续扶持和相应奖励，促进创新创业成果转化的同时推进学生成功创业，提升地方应用型高校创新创业教育效果。

（二）研究方法

本课题主要运用系统论、文献研究法、社会调查法等理论分析方法进行地方应用型高校创新创业教育体系的设计和构建，并结合实践检验法对构建体系进行检验和完善，以解决本课题研究的关键问题。

（1）运用系统论理论工具，结合社会调查数据，在文献研究的基础上，准确定位地方应用型高校创新创业教育人才培养目标，根据培养目标诉求，构建地方应用型高校“一二三四”创新创业教育体系。

（2）运用文献研究法，在总结国内外创新创业理论教育经验的基础上，通过对社会调查数据的分析，准确把握当前地方应用型高校创新创业教育理论课程实施现状和存在的问题。基于数据分析和问题的剖析，从地方应用型高校人才培养诉求出发，重新设计创新教育子系统和创业教育子系统的理论教学体系，构建以创新创业通识课程为基础、创新创业技能课程为提升、创业专题讲座为特色的创新创业子系统理论课程体系。基于此，借助于精品课程群建设的实践检验方法，展开对理论教育内容和教育方法的研究，并开展理论课程体系科学性的具体检验，根据实施后的学生调研结果和实施效果，调整和完善创新和创业教育子系统的理论教育体系，有效实现创新创业能力培养与人文素质培养的有机融合，进而解决当前“重能力培养轻人格塑造”的关键问题。

（3）在构建地方应用型高校“一二三四”创新创业教育体系的过程中，运用系统论环境影响系统功能的基本原理，将创新创业教育体系的重构置于专业教育的环境中，通过课程体系对接、实践体系融合的方法解决专业教育与创新创业教育的有机融合问题，实现专业教育和创新创业教育的同步发展。

（4）运用社会调查法，准确把握地方应用型高校创新创业实践的具体实施途径和已建立的保障机制，总结经验，重新设计适应地方应用型高校特点的创新创业实践落地平台和保障机制，进而解决创新创业教育实践“落地”难的关键问题。

（5）采用实践检验方法，将构建的“一二三四”创新创业教育体系运用于创新创业教育实践，不断完善地方应用型高校创新创业教育体系，并根据实践结果分析和对比研究，提高地方应用型高校“一二三四”创新创业教育体系的可行性和科学性，为转型后的地方应用型高校创新创业教育的开展提供指导和借鉴。

三、研究成果

1. 预期效果

（1）地方应用型高校“一二三四”创新创业教育体系的构建完成将为今后地方应用

型高校创新创业教育的全面推开提供理论指导，解决当前大学生创新创业教育体系不健全、不系统的顶层设计问题，加快地方应用型高校创新创业教育改革的步伐。

（2）以创新和创业教育体系为两翼，以创新创业实践基地、大学生创业孵化基地和大学生创业教育创新试验区为核心的三平台和四保障机制支撑而形成的创新创业教育体系将使地方应用型高校的在校大学生在创新创业教育理论学习中实现人格塑造和专业技能的有机融合、在实践操作中展开创业的亲身体验，真正达到大学生的创新创业学习与实践的融合、成人与成才的融合，最终推动地方应用型高校的创新创业教育实现由模拟走向实践、由设想变为实操、由学校走向社会的预期效果。

2. 目前取得的阶段性成果

由于该教改课题于2015年11月被正式批准为2015年山东省属本科高校教学改革研究项目，到目前为止，研究时间短，因此，课题设计预期研究成果还在课题组的研究过程中。取得的部分成果如下：

（1）课题组成员彭萍的论文“地方高校创新创业教育评价——基于国家级大学生创新创业训练计划项目的数据”发表于《教书育人》（高教论坛）2016年第6期

（2）课题负责人郑晓燕主编的教材《创业基础》和《创业基础案例与实训》于2015年8月再版

（3）课题负责人郑晓燕2015年指导学生参加全国大学生电子商务“创意、创新及创业”挑战赛并获省级二等奖1项

（4）课题负责人郑晓燕2015年指导学生参加全国大学生电子商务“创意、创新及创业”挑战赛并获省级三等奖1项

（5）课题负责人郑晓燕2015年指导学生参加第九届山东省电子商务专业大赛获得省级一等奖2项

（6）课题负责人郑晓燕参加2015年全国高校商业精英挑战赛流通业经营模拟竞赛暨第二届海峡两岸大学生流通业经营模拟大赛并获得国家二等奖1项

（7）课题负责人郑晓燕指导学生参加2015年第五届POCIB全国大学生外贸从业能力大赛获得国家级二等奖1项

四、项目具体安排及进度

2015年4月—2015年7月，对国内外高校创新创业教育体系和创新创业教育模式已有研究成果进行分析整理。

2015年7月—2015年12月，构建地方应用型高校“一二三四”创新创业教育体系框架，完善创新和创业教育的理论教学体系和实践教学体系，完成阶段性成果。

2016年1月—2016年12月，计划搭建创新创业实践基地平台，创建机构健全、较为

完善的大学生创业孵化基地和大学生创业教育创新试验区建设工作，全面实施创新创业教育体系，并通过在实践中的检验进行修订和完善。目前这一工作正在进行中。

按照课题组的研究计划，2017 年 1 月—2017 年 4 月，补充完成创新创业教育系列教材的出版，同时提交较为完善的“地方应用型高校‘一二三四’创新创业教育体系”研究报告一篇，2017 年年底申请结项。

五、研究工作收获及存在的问题

1. 收获

（1）把“创业基础”和“大学生科技创新教育”课的开设作为课题研究的第一手材料，促进了课题组成员研究水平和能力的提高。

本课题组成员多数都是我院创新创业师资团队兼职成员，他们由于对创新创业工作的热爱走到了一起，目前国内创新创业正在兴起但可资借鉴的规范化的理论和实践经验颇少，因此，在文献检索、调研、资料分析和课题研究过程中，他们坚持在干中学，在学中干，结合“创业基础”公选课的开设，积累了丰富的教学经验，也为今后的研究工作打下了更好的实践基础。

（2）课题组成员在不断丰富的创新创业系列教材的编写过程中，积累了大量的理论工作经验，为课题的高质量完成打下了理论基础。

（3）课题组成员在指导大学生参加各类创新创业大赛中积累经验。为课题的研究奠定实践基础。

（4）创业实验班的开设，不仅实现了面向大学生的创业教育的落地，而且为课题组的研究的实践环节提供了很好的借鉴。

2. 研究过程中存在的问题

在课题的研究过程中，我们在课题的实践环节做了一些有意义的尝试，但在整体的把控上仍存在一些问题，如我们预期构建的地方应用型高校“一二三四”创新创业教育体系，国内研究中几乎没有可资借鉴的资料和经验。国内已有研究成果中，大量的成果集中于课程体系的设计，虽然不同学者就创业教育体系的概念和实践等问题进行了研究，但研究成果呈现出零散、各自为政、以阶段性为主的现状，并没有形成一个科学的体系。同时，以地方应用型高校为研究对象开展创新创业教育的成果并不多见。特别值得注意的是，已有研究没有很好地解决两个方面的问题：一是大多集中于创业教育体系的探讨，没有将创新教育与创业教育纳入同等重要的位次进行阐述，忽视了创新教育与创业教育的有机融合；二是近两年的相关研究概念的提出虽然转变为创新创业教育体系，但都只进行了简单的构想和思考，没有系统、完整的体系构架，更没有较为翔实的研究成果。从国内外研究现状来看，当前创新创业教育体系的研究存在以下四个突出的问题：第一，国外的创业教育体系研究成果的直接借鉴可行度低；第二，国内创新创业教育体系的研究成果没有形成系统、科学的创新创业教育体系框架，多局限于某一层次或某一环节的研究，忽视了创业教育的系统性、长期性与开放性，割裂了高校与社会创业教育的有效衔接；第三，忽视了创新教育的特殊性和与创业教育的有机融合；第四，缺乏适应地方应用型高校人才培养诉求的针对性研究成果。因此，在创新创业教育体系框架搭建过程中难免在科学性、系统性特别是可操作性上虽经努力但仍欠缺。目前，课题组成员正在通过多方努力，解决研究过程中遇到的问题，争取达到我们课题的最优效果。

项目中期专家论证意见

专 家 论 证 意 见

2016年12月 8 日，《地方应用型高校创新创业教育体系深化研究》项目组邀请来自于中国农业大学、潍坊学院、泰山学院等高等院校和新道科技股份有限公司、济南文化教育集团等企业的专家组成专家组对《地方应用型高校创新创业教育体系深化研究》课题研究成果进行了论证。专家组成员听取了项目组汇报，查阅了相关材料，进行了认真质询，经充分讨论，形成如下鉴定意见：

1.课题组在梳理国内外大学生创新创业教育体系已有研究成果的基础上，从地方应用型高校人才培养目标的特点出发，运用系统研究的方法，将大学生创新教育与创业教育有机融合于现有人才培养体系中，科学贯穿于大学生培养的全过程，提出了适宜于地方应用型高校大学生创新创业教育的特色理念，并构建了全新的创新创业教育体系。所构建的地方应用型高校创新创业教育体系既体现了高等教育人才培养的基本要求，又凸显了创新创业教育的特殊性而独具创新性。

2.课题组构建的“一二三四”地方应用型高校大学生创新创业教育体系在准确分析创新教育与创业教育的个性和共性的基础上，清晰地界定了创新教育与创业教育的逻辑关系，更为科学地解决了当前将创新教育和创业教育混为一谈的关键难题。

3.课题组构建的创新教育与创业教育的理论教学体系，系统科学、操作性强、特色鲜明，既体现了高等教育人才培养对创新创业能力培养的最新要求，又体现了地方高校服务于区域经济发展需要的市场诉求。所构建的课程结构、形成了前沿理论与实践指导兼具的课程内容，形成了一套行之有效的教学方法，体现了高等教育人才培养发展的未来趋势，代表了地方应用型高校人才培养模式改革的方向。

4.课题组构建的三大实践平台充分体现了创新创业能力培养为先，实践操作机制密切结合的教育理念，使大学生的创新创业教育不仅停留于理论和假设，而是真正落到实处，彻底解决了理论与实践脱节的问题，使学生的实践和动手能力在接受有针对性的教育中得到了很大的提升，有效地推动了地方高校大学生创新创业教育改革的深化。

5.课题组设计的四大保障机制确保了创新创业教育体系实施的有效性，为创新创业教育体系的全面实施提供了制度、师资、资金等关键资源保障的设计思路，使构建的地方应用型高校创新创业教育体系实施的可行性得到保障。

总体而言，课题组研究成果在山东省地方高校创新创业教育领域的研究中达到了领先水平，对全国同类院校创新创业教育改革具有示范推广价值，研究成果整体水平达到国内先进。

专家姓名	单位	职务	职称
[illegible]	泰山学院商学院	院长	教授
[illegible]	济南文华[illegible]	董事长	
[illegible]	潍坊学院	经济管理学院副院长	教授
[illegible]	泰山学院	经管学院副院长	副教授
于美玲	新道科技股份有限公司	山东分公司总经理	
于刚	泰山护理职业学院	党委书记	副研究员
[illegible]	山东智才教育科技有限公司	董事长	
[illegible]	中国科学院大学	中国创新方法研究会	讲师
[illegible]	中国农业大学	教授	中国创新创业研究会会长